Sicherungsmaßnahmen im Insolvenzeröffnungsverfahren

Europäische Hochschulschriften

Publications Universitaires Européennes
European University Studies

Reihe II
Rechtswissenschaft

Série II Series II
Droit
Law

Bd./Vol. 3791

PETER LANG
Frankfurt am Main · Berlin · Bern · Bruxelles · New York · Oxford · Wien

Simone Lenenbach

Sicherungsmaßnahmen im Insolvenzeröffnungsverfahren

Anordnungsvoraussetzungen und -wirkungen am Beispiel der § 21 Abs. 2 Nr. 2, 3 InsO, §§ 30 d Abs. 4, 153 b ZVG

PETER LANG
Europäischer Verlag der Wissenschaften

Bibliografische Information Der Deutschen Bibliothek
Die Deutsche Bibliothek verzeichnet diese Publikation in der Deutschen Nationalbibliografie; detaillierte bibliografische Daten sind im Internet über <http://dnb.ddb.de> abrufbar.

Zugl.: Freiburg (Breisgau), Univ., Diss., 2003

D 25
ISSN 0531-7312
ISBN 3-631-51717-3

www.peterlang.de

Meinem Großvater

Vorwort

Die Arbeit hat im Wintersemester 2002/2003 der Albert-Ludwigs-Universität Freiburg im Breisgau als Dissertation vorgelegen. Das Manuskript habe ich im Winter 2002 abgeschlossen. Die bis zum Oktober 2002 veröffentlichte Rechtsprechung und Literatur wurde eingearbeitet.

Mein besonderer Dank gilt Herrn Prof. Dr. Dr. h. c. Dieter Leipold, der mir die Möglichkeit zu dieser Arbeit eröffnet hat und die Arbeit durch eine intensive Betreuung gefördert hat. Herrn Prof. Dr. Rolf Stürner danke ich für sein konstruktives Zweitgutachten.

Meinem Mann Dr. Markus Lenenbach, LL.M. (Ann Arbor) und meiner Familie danke ich für ihre umfassende Unterstützung und ihr großes Verständnis sowie Christina Seeck und Christina Waha für ihre Korrekturarbeit.

Freiburg i. Br., Juli 2003 *Simone Lenenbach*

Inhaltsverzeichnis

C. Erforderlichkeit

Teil 2 – Anordnungsmöglichkeiten

A. Verfügungsbeschränkungen und Verfügungsverbote

B. Die Untersagung und einstweilige Einstellung der Zwangsvollstreckung

Einführung

Die am 1. 1. 1999 in Kraft getretene Insolvenzordnung hat die Regelungen der Konkurs- und Vergleichsordnung in einem einheitlichen Verfahren zusammen gefaßt und das Nebeneinander von Konkursordnung und Gesamtvollstreckungsordnung beseitigt. Die Konkursziele sind modifiziert, die allgemeinen Konkursvorrechte abgeschafft und die gesicherten Gläubiger in das Verfahren einbezogen worden. Es sollten Anreize für eine rechtzeitige Eröffnung der Insolvenzverfahren geschaffen werden. Dies scheint dem Gesetzgeber zum Teil gelungen zu sein, denn die Quote der mangels Masse abgewiesenen Insolvenzverfahren hat sich von 72 % im Jahr 1998 auf 54 % im Jahr 2001 reduziert.[1]

Als neue Institute sind der Insolvenzplan, die Eigenverwaltung sowie die Restschuldbefreiung eingeführt worden. Das Anfechtungsrecht wurde verschärft und die Gläubigerautonomie zu stärken versucht. Insgesamt sollte ein marktkonformes Recht geschaffen werden, das sich durch eine besondere Flexibilität auszeichnet. Im Rahmen dieser neuen Insolvenzordnung sind die Sicherungsmaßnahmen des Eröffnungsverfahrens im Vergleich zu den § 106 KO, § 12 VglO und § 2 Abs. 3, 4 GesO deutlich ausführlicher geregelt. Insbesondere ist das alte konkursrechtliche Institut der Sequestration von der vorläufigen Insolvenzverwaltung abgelöst worden, die mit den §§ 21, 22 InsO eine umfangreiche Regelung erfahren hat. Daneben sind die Möglichkeiten, im Eröffnungsverfahren Zwangsvollstreckungsmaßnahmen zu verhindern, im Vergleich zur Konkursordnung „*erheblich erweitert*" worden,[2] und dem Insolvenzgericht steht ein abgestuftes Instrumentarium an Verfügungsbeschränkungen und -verboten zur Verfügung.

In der vorliegenden Arbeit werden aus dem Katalog der Sicherungsmaßnahmen im Eröffnungsverfahren die Verfügungsbeschränkungen und -verbote des § 21 Abs. 2 Nr. 2 InsO und die Beschränkung von Zwangsvollstreckungsmaßnahmen nach § 21 Abs. 2 Nr. 3 InsO und gemäß den Normen des Gesetzes über die Zwangsversteigerung und die Zwangsverwaltung herausgegriffen. Bei diesen Sicherungsmaßnahmen – wie auch bei allen anderen – stellen sich hinsichtlich der verfahrensrechtlichen Anordnungsvoraussetzungen zahlreiche Probleme. Da das Insolvenzrecht ein stark durch die Praxis geprägtes Rechtsgebiet ist, findet sich, was die prozessualen Fragen angeht, wenig grundlegende Literatur, viele Aussagen sind knapp und ohne Begründung. Dies gilt insbesondere für Abhandlungen über die verfahrensrechtlichen Regeln. Es ist in der Praxis vor allem „*im-*

---

1 Quelle: Presseerklärung Nr. 86/02 des Statistischen Bundesamtes vom 13. 2. 2002, in: NZI 2002, 196.

2 *Jungmann* NZI 1999, 352.

mer wieder festzustellen, daß die verfahrensrechtlichen Voraussetzungen nur unzureichend oder gar nicht geprüft werden, Sicherungsmaßnahmen immer noch formularmäßig erfolgen."[3] In dem Anliegen, dieser Praxis Abhilfe zu schaffen, werden neben den bereits genannten Sicherungsmaßnahmen die allgemeinen, bei allen Sicherungsmaßnahmen auftretenden prozessualen Fragen behandelt.

Zunächst wird bei den verfahrensrechtlichen Problemen der zulässige Antrag als Anordnungsvoraussetzung der Sicherungsmaßnahmen behandelt. Im Zusammenhang mit einem Antrag auf Eröffnung eines Insolvenzverfahrens ergeben sich hinsichtlich der Zulässigkeit des Antrags Probleme, die durch die besondere Situation des Eröffnungsverfahrens ihr spezifisches Gepräge erhalten. Aus der starken Praxisorientierung des Insolvenzrechts resultiert in diesem Bereich eine uneinheitliche oder unscharfe Diktion. Dies zeigt sich beispielweise bei der Frage, was die Zulassung des Antrages bedeutet. Aus den Voraussetzungen eines zulässigen Antrages als Grundlage einer Anordnung von Sicherungsmaßnahmen ergibt sich zwangsläufig auch das Problem des Umfangs der Amtsermittlungspflicht der Insolvenzgerichte.

Für jede Anordnung von Sicherungsmaßnahmen ist darüber hinaus der Sinn und Zweck des § 21 InsO entscheidend, da dieser den äußeren Rahmen vorgibt, in dem sich die Anordnung sämtlicher Sicherungsmaßnahmen bewegen kann. Um eine gesetzeskonforme Handhabung des § 21 InsO zu gewährleisten, ist Klarheit über den Sinn und Zweck des § 21 InsO erforderlich. Eine weitere Begrenzung der Anordnungsmöglichkeiten im konkreten Einzelfall ergibt sich aus dem Tatbestandsmerkmal der Erforderlichkeit. Neben dem Begriff und dem Inhalt der Erforderlichkeit wird deren Verhältnis zur Verhältnismäßigkeit und zum Ermessen des Insolvenzgerichts behandelt.

Bei den Verfügungsbeschränkungen und -verboten liegt der Schwerpunkt der Bearbeitung in der Abgrenzung, der rechtlichen Einordnung und den Wirkungen der abgeschwächten Formen der Verfügungsbeschränkungen. Denn nur der stärkst mögliche Eingriff, der vorgezogene Übergang der Verwaltungs- und Verfügungsbefugnis, ist mit den §§ 21 Abs. 2 Nr. 2, 22 Abs. 1 S. 1 InsO ausdrücklich geregelt worden.

Wie sich zeigen wird, werfen die Normen, nach denen Zwangsvollstreckungen im Eröffnungsverfahren einstweilig eingestellt oder untersagt werden können, dagegen vor allem Fragen hinsichtlich der Reichweite der entsprechenden Anordnungen auf. Die Grenze ist anhand der Einstellungsmöglichkeiten des bereits

---

[3] *Haarmeyer* ZInsO 2001, 203.

eröffneten Verfahrens zu ziehen. Die Regelungen des eröffneten Verfahrens bieten eine wichtige Orientierung für die Fragen, die sich bezüglich der einstweiligen Einstellung und Untersagung von Zwangsvollstreckungen im Eröffnungsverfahren ergeben.

Teil 1 – Allgemeine Anforderungen

A. Zulässiger Antrag

I. Einleitung

*„Das Insolvenzgericht hat alle Maßnahmen zu treffen, [...] um **bis zur Entscheidung über den Antrag** eine den Gläubigern nachteilige Veränderung in der Vermögenslage des Schuldners zu verhüten.“*[1] Bereits aus dem Wortlaut des § 21 Abs. 1 S. 1 InsO ergibt sich, daß dem Insolvenzgericht für die Anordnung von Sicherungsmaßnahmen ein Antrag auf Eröffnung des Insolvenzverfahrens vorliegen muß. Denn Sicherungsmaßnahmen dienen dem Schutz des Schuldnervermögens, während dieser Antrag geprüft wird. Welche Anforderungen dieser Antrag als Voraussetzung der Sicherungsmaßnahmen erfüllen muß, sagt § 21 Abs. 1 S. 1 InsO hingegen nicht. Im Leitsatz 1.2.3 des Ersten Berichts der Insolvenzrechtskommission hieß es noch: *„Das Insolvenzgericht kann auf einen **zulässigen** Antrag bereits vor der Eröffnung des Insolvenzverfahrens [...] alle zur Sicherung der Masse dienenden einstweiligen Anordnungen [...] treffen.“*[2] Die dazugehörige Begründung stellte dementsprechend fest: *„Das Gericht muß mit einem zulässigen (Leitsatz 1.2.1) Antrag auf Eröffnung des Verfahrens befaßt sein, um einstweilige Maßnahmen treffen zu können.“*[3]

Die Begründung des Regierungsentwurfes zu § 21 InsO führt dagegen nur noch allgemein aus: *„Das Insolvenzgericht, bei dem ein Antrag auf Eröffnung eines Insolvenzverfahrens eingeht, hat wie nach geltendem Konkurs- und Vergleichsrecht zunächst zu prüfen, ob der Antrag zulässig ist.“*[4] Ein zulässiger Antrag wird folglich weder in § 21 Abs. 1 S. 1 InsO noch in der Begründung ausdrücklich als Voraussetzung der Anordnung von Sicherungsmaßnahmen genannt. Die Bezugnahme auf das Konkurs- und Vergleichsrecht, wonach ein zulässiger Antrag als Voraussetzung für die Anordnung von Sicherungsmaßnahmen unbestritten war,[5] und die fehlende Auseinandersetzung des Gesetzgebers mit der Strei-

---

1 § 21 Abs. 1 S. 1 InsO (Hervorhebung mittels Fettdruck durch die Verfasserin). § 21 InsO entspricht § 25 des Regierungsentwurfes (RegE) von 1993, dem § 22 des Referentenentwurfs (RefE) von 1989, dem § 22 des Diskussionsentwurfes (DiskE) von 1988 sowie dem Leitsatz 1.2.3 des Ersten Berichts der Insolvenzrechtskommission von 1985.

2 Begr. zu LS 1.2.3 des Ersten Berichts der Insolvenzrechtskommission, in: *BMJ EB*, S. 103. Hervorhebung mittels Fettdruck durch die Verfasserin.

3 Begr. zu LS 1.2.3 des Ersten Berichts der Insolvenzrechtskommission, in: *BMJ EB*, S. 103.

4 Begr. zu § 25 RegE [§ 21 InsO], in: *Balz/Landfermann* S. 228.

5 *Kuhn/Uhlenbruck* § 106 KO Rdnr. 1; *Kilger/K. Schmidt* § 106 KO Rdnr. 1; *Hess* § 106 KO Rdnr. 1; *LG Göttingen*, Beschl. v. 8. 3. 1993 – 6 T 63/93, ZIP 1993, 447.

chung einer Selbstverständlichkeit erlauben die Schlußfolgerung, daß es sich lediglich um eine redaktionelle Kürzung handelt und somit aus der Streichung des Begriffs *„zulässig"* keine Rückschlüsse gezogen werden können, welche Anforderung ein Antrag erfüllen muß, damit Sicherungsmaßnahmen angeordnet werden können.[6] Auch in Literatur und Rechtsprechung finden sich hierzu keine eindeutigen Aussagen.

Zum Teil wird anscheinend angenommen, daß das Insolvenzgericht vor Anordnung der Sicherungsmaßnahmen die Zulässigkeit des Antrages prüfen[7] und den Antrag zulassen muß.[8] Zulassung soll dabei die Feststellung aller Zulässigkeitsvoraussetzungen meinen.[9] Andere begründen mit der Streichung des zulässigen Antrages aus dem Gesetzestext, daß keine endgültige Zulassung, sondern nach überschlägiger Prüfung nur eine *„einstweilige **Zulassung**"* erforderlich sei.[10] *Pohlmann* und *Uhlenbruck* sprechen auf Grund dieser Änderung davon, daß eine *„einstweilige **Zulässigkeit**"* des Antrages als Voraussetzung der Anordnung von Sicherungsmaßnahmen ausreichend ist.[11] Auch nach deren Meinung kann das Insolvenzgericht nach einer *„überschlägigen Prüfung"* Sicherungsmaßnahmen erlassen. Denn eine endgültige Feststellung aller Zulässigkeitsvoraussetzungen beanspruche in der Regel Zeit. Die endgültige Feststellung der Zulässigkeitsvoraussetzungen abzuwarten, würde von daher dem Sicherungszweck des § 21 InsO widersprechen.[12] Nach *Uhlenbruck* bezieht sich die einstweilige Zulässigkeit auf alle Zulässigkeitsvoraussetzungen.[13] Nach der überschlägigen Prüfung lasse das Insolvenzgericht den Antrag – meist konkludent – zu. Erst nach dieser Zulassung prüfe es weiter die (endgültige) Zulässigkeit des Antrages. Eine Trennung zwischen einstweiliger und endgültiger **Zulassung** gibt es nach Ansicht von *Uhlenbruck* nicht.[14] Nach welchen Kriterien bei dieser *„überschlägigen Prüfung"* vorgegangen werden muß und was dies für die Anordnung von Sicherungsmaßnahmen bedeutet, wird jedoch weder bei *Pohlmann* noch bei *Uhlenbruck* erläutert. Andere Äußerungen in Literatur und Rechtsprechung vermit-

---

6 So aber *Münchener Kommentar-Haarmeyer* § 21 InsO Rdnr. 16.

7 *Kübler/Prütting-Pape* § 21 InsO Rdnr. 18; *Nerlich/Römermann-Mönning* § 21 InsO Rdnr. 12; *Frankfurter Kommentar-Schmerbach* § 21 InsO Rdnr. 16, der allerdings die Prüfung der Zuständigkeit hiervon ausnimmt.

8 *Kübler/Prütting-Pape* § 21 InsO Rdnr. 18; *Frankfurter Kommentar-Schmerbach* § 21 InsO Rdnr. 16; *Nerlich/Römermann-Mönning* § 14 Rdnr. 49. So zur Konkursordnung, *Koch* S. 36.

9 *Frankfurter Kommentar-Schmerbach* § 14 InsO Rdnr. 5; *Nerlich/Römermann-Mönning* § 14 Rdnr. 49.

10 *Münchener Kommentar-Haarmeyer* § 21 InsO Rdnr. 16 f.

11 *Pohlmann* Rdnr. 19; *Uhlenbruck* KTS 1990, 15, 16 f.

12 *Uhlenbruck* KTS 1990, 15, 16 f.

13 *Uhlenbruck* KTS 1990, 15, 16 f.

14 *Uhlenbruck*, Kölner Schrift, 1. Aufl., S. 239 ff., Rdnr. 26.

teln den Eindruck, daß ein *„zulässiger“* Antrag als Voraussetzung der Sicherungsmaßnahmen bereits vorliegt, wenn die Anforderungen für einen Gläubigerantrag nach § 14 Abs. 1 InsO erfüllt sind.[15]

Wie diese Darstellung zeigt, ist die Begrifflichkeit von Zulassung und Zulässigkeit, die teilweise noch weiter in einstweilige Zulassung und Zulässigkeit unterteilt wird, uneinheitlich und die inhaltliche Bedeutung dieser Begriffe unklar. Zunächst kann nur festgestellt werden, welche inhaltlichen Anforderungen grundsätzlich an einen zulässigen Antrag – unabhängig von der Anordnung von Sicherungsmaßnahmen – zu stellen sind. Diese Anforderungen ergeben sich aus der Begründung des Ersten Berichts der Insolvenzrechtskommission und der Begründung des Regierungsentwurfs.[16] Beide Materialienstellen nehmen Bezug auf die Verfahrensvoraussetzungen, die in der Insolvenzordnung selbst geregelt sind und die über die Verweisungsnorm des § 4 InsO im Insolvenzverfahren Anwendung finden. In der Insolvenzordnung sind unter anderem geregelt die Zuständigkeit (§§ 2, 3 InsO), die Antragsberechtigung nach § 13 Abs. 1 S. 2 InsO, die Insolvenzverfahrensfähigkeit, die sich aus den §§ 11, 12 InsO ergibt, und die besonderen Anforderungen an den Gläubigerantrag gemäß § 14 Abs. 1 InsO. Gemäß der Verweisungsnorm des § 4 InsO werden die insolvenzrechtlichen Normen durch die Vorschriften der Zivilprozeßordnung ergänzt, wenn und soweit sie mit der besonderen Natur des Insolvenzverfahrens vereinbar sind.[17] Von besonderem Interesse sind im hier untersuchten Zusammenhang die Regeln über die Parteifähigkeit des Gläubigers (§ 50 ZPO), über die Prozeßfähigkeit (§§ 51 ff. ZPO) und als Ergänzung zu § 3 InsO die Normen über die örtliche Zuständigkeit (§§ 13 – 19, 36 f. ZPO). Darüber hinaus muß ein Insolvenzantrag den Anforderungen eines ordnungsgemäßen Antrages genügen, das heißt, ent-

---

15 *Uhlenbruck*, Kölner Schrift, 1. Aufl., S. 239 ff., Rdnr. 26; *Hess-Wienberg* § 21 InsO Rdnr. 17; *Hess* § 106 KO Rdnr. 1; *Kilger/K. Schmidt* § 106 KO Rdnr. 1; *OLG Köln*, Beschl. v. 29. 2. 1988 – 2 W 9/88, ZIP 1988, 664; *Kuhn/Uhlenbruck* § 106 KO Rdnr. Rdnr. 1; *Pape* WPrax 1995, 236, 237. So zur Konkursordnung, *Herbert* S. 72.

16 Nach der Begr. zu LS 1.2.1 des Ersten Berichts der Insolvenzrechtskommission, in: *BMJ EB*, S. 100, liegt ein zulässiger Antrag vor, *„wenn ein wirksamer Antrag von einem Antragsberechtigten gestellt ist, die Verfahrensvoraussetzungen (**u. a.** Zuständigkeit des Insolvenzgerichts, Insolvenzfähigkeit des Schuldners, Rechtsschutzbedürfnis) vorliegen und beim Gläubigerantrag ein Eröffnungsgrund* [...] *sowie die Forderung des Gläubigers glaubhaft gemacht sind.“* Nach Begr. zu § 25 RegE [§ 21 InsO], in: *Balz/Landfermann* S. 228 ist der Antrag zulässig *„wenn der Antrag von einem Antragsberechtigten gestellt ist und die Verfahrensvoraussetzungen **wie** Zuständigkeit des Gerichts und Insolvenzverfahrensfähigkeit des Schuldners vorliegen; bei dem Antrag eines Gläubigers ist zusätzlich erforderlich, daß ein rechtliches Interesse an der Verfahrenseröffnung besteht und daß der Eröffnungsgrund* [...] *und der Anspruch des Gläubigers glaubhaft gemacht sind.“* Hervorhebung mittels Fettdruck durch die Verfasserin.

17 *Frankfurter Kommentar-Schmerbach*, § 4 InsO Rdnr. 3.

sprechend § 253 ZPO sind Antragsteller und Antragsgegner genau zu bezeichnen und es muß aus dem Antrag hervorgehen, daß er auf Eröffnung eines Insolvenzverfahrens gerichtet ist.[18]

Im Weiteren wird anhand von Einzelproblemen im Bereich einiger dieser Zulässigkeitsvoraussetzungen das Verhältnis zu der Anordnung von Sicherungsmaßnahmen dargestellt, um dann aus den gewonnenen Erkenntnissen allgemeine Grundsätze zu der Frage, welche Voraussetzungen ein Antrag für die Anordnung von Sicherungsmaßnahmen erfüllen muß beziehungsweise welcher Prüfungsumfang des Insolvenzgerichts erforderlich ist, aufzustellen. Hieraus ergeben sich auch Erkenntnisse zu dem Umfang und dem Inhalt der Amtsermittlungspflicht des Gerichts hinsichtlich der Zulässigkeitsvoraussetzungen. Darüber hinaus werden die Begriffe Zulassung und Zulässigkeit geklärt.

II. Prüfungsumfang hinsichtlich der Zulässigkeit anhand von Beispielen

1. Allgemeine Zulässigkeitsvoraussetzungen

Die Zulässigkeitsvoraussetzungen sind – wie sich aus den oben dargestellten Begründungen ergibt – die Sachurteilsvoraussetzungen eines Zivilverfahrens, die gemäß § 4 InsO grundsätzlich auch im Insolvenzverfahren gelten. Hierzu gehören die Zuständigkeit des Insolvenzgerichts, die Partei- und Prozeßfähigkeit des Antragstellers sowie dessen Antragsbefugnis gemäß § 13 Abs. 1 S. 2 InsO und die Prozeß- und Insolvenzverfahrensfähigkeit des Schuldners. Es darf kein anderes Konkurs- oder Insolvenzverfahren anhängig sein, die richtige Verfahrensart – Regel- oder Verbraucherinsolvenzverfahren – muß gewählt worden sein, und der Antragsteller muß ein Rechtsschutzinteresse an der Eröffnung des Insolvenzverfahrens haben.[19] Im Weiteren werden ausgewählte Zulässigkeitsfragen erläutert, die sich auf Grund zahlreicher Gerichtsentscheidungen ergeben haben, und die Bedeutung dieser Zulässigkeitskriterien für die Anordnung von Sicherungsmaßnahmen dargestellt.

a) Örtliche Zuständigkeit

Gemäß § 3 Abs. 1 S. 1 InsO ist grundsätzlich das Insolvenzgericht ausschließlich örtlich zuständig, in dessen Bezirk der *„Mittelpunkt der selbständigen wirt-*

---

18 *Frankfurter Kommentar-Schmerbach* § 14 InsO Rdnr. 9 ff.

19 *Henckel* ZIP 2000, 2045; *Bork* Rdnr. 82. Zu den Einzelheiten der allgemeinen Zulässigkeitsvoraussetzungen, siehe *Frankfurter Kommentar-Schmerbach* § 14 InsO Rdnr. 5 ff.

schaftlichen Tätigkeit des Schuldners" liegt. Gibt es einen solchen nicht, ist der allgemeine Gerichtsstand entscheidend. Zu diesem Anknüpfungspunkt des wirtschaftlichen Mittelpunkts hat es zahlreiche, teilweise divergierende Gerichtsentscheidungen gegeben. Themen dieser Entscheidungen waren unter anderem die Fragen, ob der wirtschaftliche Mittelpunkt einer GmbH nach Beendigung der werbenden Tätigkeit noch verlegt werden kann,[20] ob eine Sitzverlegung nach Antragstellung noch Auswirkungen auf die Zuständigkeit hat[21] oder was Anknüpfungspunkt für die Zuständigkeitsbestimmung beim Geschäftsführer einer Gesellschaft bürgerlichen Rechts ist.[22] In allen Entscheidungen ist von den Gerichten ein negativer Kompetenzkonflikt gemäß den §§ 4 InsO, 36 ZPO zu entscheiden gewesen, nachdem sich jeweils zwei Amtsgerichte darüber gestritten hatten, welches von ihnen für das betreffende Insolvenzverfahren zuständig sei.

aa) Tatsächliche und rechtliche Probleme der Gerichtsstandsbestimmung

Die Zeit zwischen Antragstellung und Entscheidung des Zuständigkeitsstreits betrug zwischen zwei und sechs Monaten, in einem Fall sogar ein Jahr und sechs Monate. In Hinblick auf die eventuelle Notwendigkeit, Sicherungsmaßnahmen schnell anzuordnen, um Nachteile für den Gläubiger zu verhindern,[23] und vor allem wegen des Gesetzesanliegens, Insolvenzverfahren möglichst frühzeitig zu eröffnen, sind diese zeitraubenden Verfahren über die Gerichtsstandsbestimmung bedenklich. Dieser Zeitverlust erscheint insbesondere unnötig, da sich zum Teil der Eindruck aufdrängt, daß die Amtsgerichte die Bindungswirkung der Verweisung gemäß § 281 Abs. 2 S. 5 ZPO dazu einsetzen, um sich „*wider besserem Wissen der Arbeit zu entledigen*".[24] Dieser Vorgehensweise haben die Oberlandesgerichte einen Riegel vorgeschoben, indem sie die Bin-

---

20 Dies bejahen: *Frankfurter Kommentar-Schmerbach* § 3 InsO Rdnr. 9 ff., sowie die Amtsgerichte, die im Gegensatz zu den folgenden Beschwerdeentscheidungen diese Möglichkeit bejaht haben, siehe *OLG Düsseldorf*, Beschl. v. 9. 8. 1999 – 19 Sa 65/99, NZI 2000, 601; *OLG Braunschweig*, Beschl. v. 13. 4. 2000 – 1 W 29/00, DZWIR 2000, 300; *BayObLG*, Beschl. v. 9. 12. 1999 – 4 Z AR 58/99, KTS 2000, 302, 303; *BayObLG*, Beschl. v. 11. 8. 1999 – 4Z AR 23/99, NZI 1999, 457; *OLG Hamm*, Beschl. v. 24. 6. 1999 – 1 Sbd 16/99, ZInsO 1999, 533; **a. A.** *OLG Schleswig*, Beschl. v. 9. 8. 1999 – 2 W 116/99, NZI 1999, 416.

21 Dies verneinend *OLG Naumburg*, Beschl. v. 28. 3. 2001 – 5 AR 1/01, NZI 2001, 467; *Voß* EWiR 2001, 875; *Wetzlar* DZWIR 2001, 332, 333; *Schmidt* EWiR 2000, 971, 972.

22 *KG*, Beschl. v. 16. 11. 1999 – 28 AR 136/99 – 28 AR 136/99, ZIP 2000, 1170.

23 *Henckel* ZIP 2000, 2045, 2046; *Voß* EWiR 2001, 875.

24 *Wetzlar* DZWIR 2001, 332, 333. Ebenfalls zu diesem „Mißbrauch", *Schmidt* EWiR 2000, 971, 972; *Frind* EWiR 2000, 679, 680; *Zöller-Greger* § 281 ZPO Rdnr. 71.

dungswirkung verneinten, weil sie die Verweisung als objektiv willkürlich beziehungsweise offensichtlich unrichtig angesehen haben.[25]

Die Häufung der Zuständigkeitsstreitigkeiten ergibt sich aus der für eine Insolvenz typischen Situation. Insolvenzbedingt sind Schuldnerunternehmen zum Beispiel bei Antragstellung bereits stillgelegt, und der Geschäftsführer ist an einen anderen Ort gezogen oder es kommt zu kurzfristigen Verlegungen, weil zum Beispiel ein neuer Sitz begründet werden soll, um die Nähe zu den Gläubigern zu vermeiden.[26] Während der gleichzeitigen Geltung von Konkursordnung und Gesamtvollstreckungsordnung kam es auch zu Sitzverlegungen, um einen Gerichtsstand im Geltungsbereich der Gesamtvollstreckungsordnung zu erreichen.[27] Insbesondere wenn mit der Sitzverlegung unlautere Motive verbunden sind, ist es schwierig, den tatsächlichen wirtschaftlichen Mittelpunkt oder Wohnsitz festzustellen. Neben diesen tatsächlichen Problemen kommt hinzu, daß die Feststellung des wirtschaftlichen Mittelpunkts[28] oder des Wohnsitzes[29] auch unter rechtlichen Gesichtpunkten schwierig sein kann.

Bei vor Antragstellung eingestellter werbender Tätigkeit ist auf den satzungsgemäßen Sitz des Unternehmens und damit auf den allgemeinen Gerichtstand abzustellen, um einen Streit über die örtliche Zuständigkeit zu verhindern.[30] Es ist nicht auf den Ort abzustellen, an dem die Geschäftsunterlagen aufbewahrt werden, da Unterlagen leicht zu verbringen sind und somit dem Schuldner eine Möglichkeit, das Insolvenzverfahren zu verzögern, geboten würde.[31] Im Einzelfall soll eine kurzfristige Sitzverlegung vor Antragstellung als rechtsmißbräuchlich anzusehen und der alte Sitz für die Bestimmung der Zuständigkeit maßgeb-

---

25 *OLG Braunschweig*, Beschl. v. 13. 4. 2000 – 1 W 29/00, DZWIR 2000, 300; *OLG Düsseldorf*, Beschl. v. 9. 8. 1999 – 19 Sa 65/99, NZI 2000, 601; *OLG Naumburg*, Beschl. v. 28. 3. 2001 – 5 AR 1/01, NZI 2001, 467; *KG*, Beschl. v. 16. 11. 1999 – 28 AR 136/99 – 28 AR 136/99, ZIP 2000, 1170, 1171; *OLG Hamm*, Beschl. v. 24. 6. 1999 – 1 Sbd 16/99, ZInsO 1999, 533.

26 *Heidelberger Kommentar-Kirchhof* § 3 InsO Rdnr. 18. Siehe zu weiteren Motiven, *Skrotzki* KTS 1960, 71 f.

27 *LG Magdeburg*, Beschl. v. 23. 10. 1996 – 3 T 490/96, ZIP 1996, 2027; *LG Göttingen*, Beschl. v. 17. 3. 1997 – 6 T 36/97, ZIP 1997, 988.

28 Vgl. *LG Göttingen*, Beschl. v. 17. 3. 1997 – 6 T 36/97, ZIP 1997, 988; *BayObLG*, Beschl. v. 8. 9. 1998 – 1 Z AR 78/1998, KTS 1999, 126.

29 Die Anforderungen hinsichtlich des Wohnsitzes sind umstritten. Vgl. *Kübler/Prütting-Pape* § 14 InsO Rdnr. 3 Fn. 16.

30 *OLG Braunschweig*, Beschl. v. 13. 4. 2000 – 1 W 29/00, DZWIR 2000, 300; *Voß* EWiR 2000, 1021, 1022.

31 *OLG Braunschweig*, Beschl. v. 13. 4. 2000 – 1 W 29/00, DZWIR 2000, 300; *Voß* EWiR 2000, 1021, 1022; **a. A.** *Frankfurter Kommentar-Schmerbach* § 3 InsO Rdnr. 9 c und die ältere Rechtsprechung wie z. B. *BayObLG*, Beschl. v. 8. 9. 1998 – 1 Z AR 78/1998, KTS 1999, 126, 128.

lich sein.[32] Bei den dieser Aussage zugrundeliegenden Gerichtsentscheidungen[33] ging es jedoch um die offensichtliche Erschleichung eines Gerichtsstandes im Geltungsgebiet der Gesamtvollstreckungsordnung. Hiermit wurde versucht, Rechtsvorteile, die es im Rahmen der Konkursordnung nicht gab, zu erlangen. Seit der einheitlichen Geltung der Insolvenzordnung gibt es keine vergleichbaren Gründe, die den Zugriff auf den alten Sitz rechtfertigen würden. Allein der Hinweis auf die Nähe zur Gläubigerschaft wird für einen Rückgriff auf den alten Sitz nicht ausreichen. Daher kommt es, selbst wenn der Verdacht einer mißbräuchlichen Verlegung besteht, immer nur darauf an, ob am neuen Sitz tatsächlich eine wirtschaftliche Tätigkeit aufgenommen wurde und die Sitzverlegung unter formalen Gesichtpunkten rechtmäßig war.[34] Um Nachteile durch eine Sitzverlegung auszuschließen, sollte das Insolvenzgericht in solchen Fällen die Bekanntgabe der Verfahrenseröffnung auch am Ort der vorherigen Niederlassung veranlassen, damit alle Gläubiger erreicht werden.[35]

bb) Darlegungslast des Antragstellers für die Zuständigkeit

In Hinblick auf die Anordnung von Sicherungsmaßnahmen stellt sich damit vor allem die Frage, ob ein Antrag als Anordnungsvoraussetzung genügt oder ob auch die Zuständigkeit des Gerichts feststehen muß. Dies hängt unter anderem davon ab, welche Anforderungen an die Darlegungen des Antragstellers zu stellen sind.

Der Antragsteller hat die Tatsachen, die die Zuständigkeit begründen, darzulegen.[36] Der antragstellende Gläubiger hat hierzu mit dem Antrag die Handelsregisterauszüge vorzulegen und eine ladungsfähige Anschrift des Unternehmers anzugeben.[37] Dabei handelt es sich um keine speziellen Anforderungen an die Darlegung des antragstellenden Gläubigers in der Insolvenz, sondern dies ergibt sich aus den Anforderungen eines ordnungsgemäßen Antrages gemäß §§ 4 InsO, 253 ZPO.[38] Erfüllt der Gläubiger diese Anforderungen und macht Grund und Forderung glaubhaft, hat das Gericht die örtliche Zuständigkeit gemäß § 5 Abs. 1 InsO von Amts wegen zu ermitteln.[39]

---

[32] *Heidelberger Kommentar-Kirchhof* § 3 InsO Rdnr. 18.

[33] *LG Magdeburg*, Beschl. v. 23. 10. 1996 – 3 T 490/96, ZIP 1996, 2027; *LG Göttingen*, Beschl. v. 17. 3. 1997 – 6 T 36/97, ZIP 1997, 988.

[34] *LG Göttingen*, Beschl. v. 17. 3. 1997 – 6 T 36/97, ZIP 1997, 988, 989.

[35] *Heidelberger Kommentar-Kirchhof* § 3 InsO Rdnr. 18; Anm. der Schriftleitung, in: *Skrotzki* KTS 1960, 71, 72.

[36] *Heidelberger Kommentar-Kirchhof* § 3 InsO Rdnr. 19.

[37] *Kübler/Prütting-Prütting* § 3 InsO Rdnr. 13.

[38] Vgl. genauer zum ordnungsgemäßen Antrag unten Teil 1 A. III. 2.

[39] *Kübler/Prütting-Prütting* § 3 InsO Rdnr. 13. So zur Konkursordnung, *Pape* EWIR 1988, 1111, 1112; *OLG Köln*, Beschl. v. 1. 8. 1988 – 2 W 131/88, ZIP 1988, 1070;

Von dem antragstellenden Gläubiger kann kein Beweis für die Zuständigkeit verlangt werden.[40] Denn dem Gläubiger wird dies bei insolvenzbedingt problematischen Fällen kaum gelingen. Diese für den Gläubiger schwierige Situation ist ein Beispiel dafür, warum der Amtsermittlungsgrundsatz im Insolvenzverfahren gewählt wurde. Entsprechend hieß es in den Motiven zur Konkursordnung: Wegen dieser besonderen Probleme und der Bedeutung für das öffentliche Interesse sollen die erforderlichen Entscheidungsgrundlagen für Gericht und Verwalter *„nicht von unzuverlässigen oder nicht zu erlangenden Informationen oder unsicheren Privaterkundigungen*“ abhängen.[41]

Die Anforderungen, die das *AG Göttingen*[42] in einer Entscheidung stellte, dürften daher zu weit gehen. Der antragstellende Gläubiger hatte den Handelsregisterauszug und die aktuelle Anschrift des Vorstandes der Schuldnerin eingereicht. Eingetragener Sitz der Schuldnerin war ein Amtsgericht im Zuständigkeitsbereich des *AG Göttingen*, der Vorstand hatte eine Berliner Adresse, der Wohnort des Alleingesellschafters befand sich an einem dritten Ort. Neben diesen Informationen stellte der Gläubiger fest, daß die Schuldnerin keine nennenswerte Tätigkeit mehr ausübte und es sich bei der Anschrift des Vorstandes anscheinend nur um eine Postanschrift handelte. Das *AG Göttingen* lehnte den Antrag wegen Unzulässigkeit ab.[43] Klar wird jedoch nicht, was das Gericht vom Gläubiger hinsichtlich der Darlegung der die Zuständigkeit begründenden Tatsachen zusätzlich erwartete. Sollten die Angaben stimmen, daß es sich nur um eine Postanschrift handelte und kein Geschäftsbetrieb mehr stattfand, wie soll der Gläubiger das weiter belegen? Vom Gläubiger wird kaum erwartet werden können, nach Berlin zu fahren, um vor Ort Belege zu sammeln. Dem Insolvenzgericht stehen deutlich bessere Ermittlungsmöglichkeiten als dem Gläubiger, der in der Regel keinen Einblick in die wirtschaftlichen Verhältnisse der Schuldnerin hat, zur Verfügung.[44] Nach der Darlegung des Gläubigers ist die Zuständigkeit des AG Göttingen jedenfalls nicht völlig unwahrscheinlich. Mehr kann von ihm nicht verlangt werden. Es wäre Sache des *AG Göttingen* gewesen, die Zuständigkeit der Schuldnerin zu ermitteln.

Auch an den Schuldnerantrag sind keine anderen Anforderungen zu stellen. Der Schuldner muß einen nach den §§ 4 InsO, 253 ZPO ordnungsgemäßen Insolvenzantrag stellen. Zwar hat der Schuldner im Gegensatz zum Gläubiger Ein-

---

Skrotzki KTS 1960, 71; zur Gesamtvollstreckungsordnung, *LG Göttingen*, Beschl. v. 17. 3. 1997 – 6 T 36/97, ZIP 1997, 988, 989.

40 So aber *Frankfurter Kommentar-Schmerbach* § 14 InsO Rdnr. 5.

41 Motive zu § 67 (später § 75 KO) bei *Hahn*, S. 276.

42 Beschl. v. 5. 1. 2001 – 74 IN 278/00, ZInsO 2001, 137.

43 Beschl. v. 5. 1. 2001 – 74 IN 278/00, ZInsO 2001, 137.

44 *LG Mannheim*, Beschl. v. 4. 5. 1999 – 1 T 50/99, ZInsO 2000, 679, 680.

blick in seine wirtschaftlichen Verhältnisse, aber beim Schuldner besteht die Gefahr, daß er das Insolvenzverfahren an einem eigentlich unzuständigen Insolvenzgericht erreichen will oder durch unvollständige Angaben das Verfahren – zum Nachteil der Gläubiger – zu verzögern versucht. Deswegen muß das Insolvenzgericht auch bei einem Schuldnerantrag ermitteln, beispielsweise wo sich die Geschäftsunterlagen tatsächlich befinden.[45]

cc) Bedeutung der Zuständigkeitsprobleme für die Anordnung von Sicherungsmaßnahmen

Die Erkenntnis, daß der Antragsteller, Schuldner wie Gläubiger, die Tatsachen, aus denen sich die Zuständigkeit ergibt, nur darlegen muß, und das Insolvenzgericht eine Amtsermittlungspflicht trifft, hilft zunächst nicht bei der Frage weiter, ab welchem Zeitpunkt das Gericht Sicherungsmaßnahmen erlassen darf. Der Zeitpunkt, ab dem das Insolvenzgericht amtszuermitteln hat, könnte jedoch mit dem Zeitpunkt, ab dem die Anordnung von Sicherungsmaßnahmen zulässig ist, zusammenfallen. Für die Zuständigkeit würde dies bedeuten, daß das Insolvenzgericht bereits Sicherungsmaßnahmen anordnen darf und gegebenenfalls muß, wenn es mit der Amtsermittlung begonnen hat, selbst wenn noch Zweifel an seiner Zuständigkeit bestehen. Dementsprechend soll nach *Kirchhof* die Anordnung von Sicherungsmaßnahmen auch während eines Zuständigkeitsstreits möglich sein.[46] Dem ist wegen des Zeitverlusts durch die tatsächlich wie rechtlich schwierige Prüfung der Zuständigkeit und die Verweisungen zuzustimmen.

Das *LG Göttingen* ist dagegen der Ansicht, daß – wenn *„erhebliche Bedenken"* gegen die Zuständigkeit bestehen – Sicherungsmaßnahmen nicht angeordnet werden dürfen.[47] *Haarmeyer* hält Sicherungsmaßnahmen für zulässig, wenn ein nach vorläufiger Prüfung *„voraussichtlich"* zulässiger Antrag vorliegt. Diese Kriterien des *LG Göttingen* und von *Haarmeyer* sind in Hinblick auf die Auswirkungen eines Zuständigkeitsstreits zu ungenau. Das Insolvenzgericht sollte nur von erforderlichen Sicherungsmaßnahmen absehen, wenn es sicher nicht zuständig ist. Werden Sicherungsmaßnahmen vor Feststellung der Unzulässigkeit angeordnet, ist deren Bestand durch die Verweisung nicht gefährdet. Denn das Verfahren vor und nach der Verweisung bildet eine Einheit, und richterliche Akte des ersten Gerichts haben Bestand.[48]

---

45 *OLG Braunschweig*, Beschl. v. 13. 4. 2000 – 1 W 29/00, DZWIR 2000, 300.

46 In: Heidelberger Kommentar § 21 InsO Rdnr. 4.

47 So zu den Sicherungsmaßnahmen gemäß § 106 KO, *LG Göttingen*, Beschl. v. 8. 3. 1993 – 6 T 63/93, ZIP 1993, 447, 448. Ebenso *Kuhn/Uhlenbruck* § 106 KO Rdnr. 1 c.

48 *Stein/Jonas-Leipold* § 281 ZPO Rdnr. 35 f.; *BGH*, Urt. v. 17. 4. 1984 – IX ZR 153/83, NJW 1984, 1901; *OLG Nürnberg*, Beschl. v. 21. 10. 1986 – 7 W 67/68, OLGZ 1969, 56, 57.

Erforderliche Sicherungsmaßnahmen anzuordnen, auch wenn trotz der vom Antragsteller vorgelegten Unterlagen Bedenken an der Zulässigkeit bestehen, ist auch in Hinblick auf die Gründe, die hinter den Zuständigkeitsregeln stehen, gerechtfertigt. Zwar soll, indem vorrangig an den wirtschaftlichen Mittelpunkt des Schuldners angeknüpft wird, die Nähe des Insolvenzgerichts zu den Gläubigern erreicht werden.[49] Aber gerade in den problematischen oder streitigen Fällen gibt es einen solchen klaren Zuordnungspunkt nicht. Deshalb ist in Fällen, in denen mehrere Gerichte zuständig sind, gemäß § 3 Abs. 2 InsO das erstangerufene zuständig, um eine langwierige Zuständigkeitsprüfung zu vermeiden. Fehlt bei Antragstellung ein klarer Zuordnungspunkt, ist es daher für die Anordnung von erforderlichen Sicherungsmaßnahmen ausreichend, wenn sich aus den vom Antragsteller dargelegten Umständen die Zuständigkeit zumindest ergeben könnte.

Ist eine Verweisung notwendig, sollte vom Insolvenzgericht bedacht werden, daß eine Verweisung zwar grundsätzlich zu ihrer Wirksamkeit die Bekanntmachung an die Verfahrensbeteiligten fordert.[50] Dies gilt insbesondere, wenn der Antrag dem Schuldner bereits zugestellt worden ist.[51] Bei einem Gläubigerantrag kann die Bekanntgabe an den Schuldner allerdings unterbleiben, wenn *„der Zweck des Insolvenzverfahrens gefährdet"* würde.[52] Dieser Fall liegt vor, wenn Sicherungsmaßnahmen ohne vorherige Anhörung erforderlich erscheinen.

dd) Ergebnis

Die Zuständigkeitsentscheidung wirft zahlreiche tatsächliche und rechtliche Probleme auf. Ist die Zuständigkeit des Gerichts nach den vom Antragsteller in seinem Antrag gemachten Angaben gegeben, hat das Insolvenzgericht seine Zuständigkeit von Amts wegen zu ermitteln. Es sollte *„in Zweifelsfällen mit Ver-*

---

49 *Heidelberger Kommentar-Kirchhof* § 3 InsO Rdnr. 2; *Voß* EWiR 2000, 1021, 1022.

50 *OLG Köln*, Beschl. v. 20. 12. 1999 – 2 W 273/99, ZIP 2000, 155 hierzu *Schmidt* EWiR 2000, 971, 972 (Der Verweisungsbeschluß war der Schuldnerin, gegen die der Insolvenzantrag gestellt worden war, nicht zu gestellt worden.); ebenso *Zöller-Vollkommer* § 36 ZPO Rdnr. 25; *BayObLG*, Beschl. v. 11. 8. 1999 – 4Z AR 23/99, NZI 1999, 457 (In diesem Fall ist die Verweisung nicht der antragstellenden Schuldnerin mitgeteilt worden und daher nicht als endgültige Unzuständigkeitserklärung gewertet wurde.); wie auch st. Rspr. des *BGH*, Beschl. v. 27. 5. 1992 – XII ARZ 12/92, NJW-RR 1992, 1154. Diese Entscheidung bezieht sich auf ein Unterhaltsverfahren und eine Verweisung die keinem der Beteiligten mitgeteilt worden ist und somit als gerichtsinterner Vorgang abwertet wurde.

51 *BayObLG*, Beschl. v. 8. 9. 1998 – 1 Z AR 78/1998, KTS 1999, 126.

52 *KG*, Beschl. v. 16. 11. 1999 – 28 AR 136/99 – 28 AR 136/99, ZIP 2000, 1170, 1171; *BGH*, Beschl. v. 24. 7. 1996 – X ARZ 778/96, ZIP 1996, 1516.

weisungen zurückhaltend" sein[53], denn Verweisungen kosten Zeit. Sie hindern die rechtzeitige Anordnung von Sicherungsmaßnahmen und schieben auch die vom Gesetzgeber gewollte rechtzeitige Eröffnung des Insolvenzverfahrens hinaus. Ist eine Verweisung erforderlich, gibt das Insolvenzgericht dem Antragsteller gegebenenfalls einen Hinweis nach § 139 ZPO, einen Verweisungsantrag zu stellen.

Die Anordnung von Sicherungsmaßnahmen ist ab dem Zeitpunkt zulässig, an dem nach dem oben Dargelegten die Amtsermittlungspflicht des Insolvenzgerichts eingreift, selbst wenn noch Zweifel an der Zuständigkeit bestehen.[54] Sicherungsmaßnahmen wirken bei Verweisung fort.

b) Verfahrensart

In einem Fall des *LG Mannheim*[55] war von der Vorinstanz der Insolvenzantrag eines Gläubigers als unzulässig abgelehnt worden, weil nach deren Ansicht der Gläubiger nicht hinreichend Tatsachen dargelegt hatte, nach denen sich die Verfahrensart – Verbraucher- oder Regelinsolvenzverfahren – hätte festlegen lassen. Die Zulässigkeit des Verfahrens sei aber Voraussetzung für die Zulassung des Antrages.[56]

Das *LG Mannheim* ist dagegen der Ansicht, daß der Antrag eines Gläubigers nach § 14 Abs. 1 InsO bereits mit Glaubhaftmachung von Forderung und Grund zuzulassen ist und das Insolvenzgericht dann alle weiteren Umstände – wie hier die richtige Verfahrenart – gemäß § 5 Abs. 1 InsO zu ermitteln hat, die für das Insolvenzverfahren von Bedeutung sind. Denn „*diese Vorschrift im allgemeinen Teil der InsO gilt allgemein und damit auch für Tatsachen zur Zulässigkeit des Verfahrens und der Verfahrensart.*" Das *LG Mannheim*[57] weist insbesondere darauf hin, daß der Gläubiger nur begrenzt Einblick in die wirtschaftlichen Verhältnisse des Schuldners, die für die Beurteilung der Verfahrensart grundlegend sind, hat und dem Insolvenzgericht dagegen bessere Ermittlungsmöglichkeiten zur Verfügung stehen.

---

53 *Henckel* ZIP 2000, 2045, 2046.

54 A. A. noch das *LG Göttingen*, Beschl. v. 8. 3. 1993 – 6 T 63/93, ZIP 1993, 447, nach dem die Anordnung der Sequestration gemäß § 106 KO erst nach abschließender Prüfung der Zuständigkeit zulässig war.

55 Beschl. v. 4. 5. 1999 – 1 T 50/99, ZInsO 2000, 679.

56 So auch *Henckel* ZIP 2000, 2045. Zur Terminologie der Zulassung vgl. unten Teil 1 A. III. 1. a).

57 Beschl. v. 4. 5. 1999 – 1 T 50/99, ZInsO 2000, 679, 680.

Von der Entscheidung über die Verfahrensart hängen die in Frage kommenden Sicherungsmaßnahmen ab. Dies gilt auch, obwohl die Anordnung von Sicherungsmaßnahmen grundsätzlich im Verbraucherinsolvenzverfahren und während des Ruhens des Verfahrens möglich ist, § 306 Abs. 2 InsO. Die Entscheidung über die Verfahrensart bedingt die Sicherungsmaßnahmen, weil zum Beispiel im Verbraucherinsolvenzverfahren wegen § 313 Abs. 3 InsO, der abweichend von § 166 InsO die Verwertung des Absonderungsgutes nicht dem Treuhänder zuweist, Zwangsvollstreckungen von Absonderungsberechtigten nicht gemäß § 21 Abs. 2 Nr. 3 InsO eingestellt werden können.[58] Oder die Einsetzung eines vorläufigen Treuhänders wird in der Regel wegen des vereinfachten, günstigeren Verfahrens nicht in Frage kommen.[59] Deswegen muß das Insolvenzgericht, bevor es Sicherungsmaßnahmen anordnet, die von der Verfahrensart abhängen, die Verfahrensart unbedingt klären. Das Insolvenzgericht muß von Amts wegen ermitteln, da die richtige Verfahrensart von Gegebenheiten abhängt, in die der Gläubiger nur beschränkt Einblick hat. In dringenden Fällen sind nur Sicherungsmaßnahmen möglich, die in beiden Verfahren zulässig sind, wie zum Beispiel die einstweilige Einstellung und Untersagung von Zwangsvollstreckungen, die von Insolvenzgläubigern betrieben werden.

An der richtigen Verfahrensart beim Gläubigerantrag zeigt sich damit deutlich, daß die Zulässigkeit des Antrags und dessen Zulassung zwei getrennte Dinge sind. Der Antrag des Gläubigers ist zuzulassen, wenn er die Glaubhaftmachung von Grund, Forderung und rechtlichem Interesse gemäß § 14 Abs. 1 InsO enthält. Der Antrag ist zulässig, wenn alle Zulässigkeitskriterien, das heißt die allgemeinen verfahrensrechtlichen Prozeßvoraussetzungen, gegeben sind.

c) Prozeßfähigkeit des Schuldners

aa) Beurteilung der Rechtslage *vor* dem Insolvenzrechtsänderungsgesetz

In der Insolvenz juristischer Personen – insbesondere bei GmbHs – ist es kein Einzelfall, daß es bei Antragstellung keinen gesetzlichen Vertreter mehr gibt.[60] Gründe dafür können sein, daß bei einem insolventen Unternehmen die Bezahlung des Geschäftsführers nicht mehr gewährleistet werden kann oder daß die

---

[58] Die Maßnahmen des Eröffnungsverfahrens dürfen nicht über die Möglichkeiten im eröffneten Verfahren hinausgehen, vgl. hierzu allgemein unten Teil 2 B I. 3. a) und konkret zu § 313 Abs. 3 InsO, unten Teil 2 B II. 4. b) bb) (1).

[59] *Heidelberger Kommentar-Landfermann* § 306 InsO Rdnr. 4; **a. A.** *Maier/Krafft* BB 1997, 2173, 2175.

[60] *Kutzer* ZIP 2000, 654. Vgl. auch die Entscheidung *OLG Köln*, Beschl. v. 3. 1. 2000 – 2 W 214/99, ZIP 2000, 280; *OLG Dresden*, Beschl. v. 12. 10. 1999 – 7 W 1754/99, NJW-RR 2000, 579.

Inanspruchnahme der Gesellschaft erschwert werden soll. In diesen Fällen fehlt es mangels gesetzlichen Vertreters an der Prozeßfähigkeit der juristischen Person, §§ 4 InsO, 51 Abs. 1 ZPO. Nach Ansicht des *OLG Dresden*[61] ist es dem antragstellenden Gläubiger zumutbar, gemäß § 29 BGB analog beim Registergericht einen Notgeschäftsführer bestellen zu lassen, andernfalls sei der Antrag des Gläubigers als unzulässig abzuweisen. Die Prozeßfähigkeit sei im Insolvenzverfahren, insbesondere wegen der Anhörungspflicht ab Zulässigkeit gemäß § 14 Abs. 2 InsO, unerläßlich. Diese Vorgehensweise bedeutet einen zeitlichen Verlust, der durchaus beachtlich sein kann, vor allem wenn sich niemand findet, der zur Notgeschäftsführung bereit ist.[62] Dieser zeitliche Verlust ist ebenfalls in Hinblick auf die Anordnung von Sicherungsmaßnahmen, die gerade nicht nur im Interesse des antragstellenden Gläubigers angeordnet werden, bedenklich. In dieser Tatsache, daß alle Gläubiger an den Sicherungsmaßnahmen Interesse haben, liegt der grundsätzliche Unterschied zwischen den Sicherungsmaßnahmen gemäß § 21 InsO und dem einstweiligen Rechtsschutz des Erkenntnisverfahrens, zu dem die Regeln über Sicherungsmaßnahmen *leges speciales* sind.[63]

Ein grundsätzlich schnellerer, günstigerer und dem Charakter eines Eilverfahrens entsprechender Weg wäre die Einsetzung eines Prozeßvertreters gemäß § 57 ZPO. § 57 ZPO ist auf juristische Personen anwendbar[64] und gilt für jedes Verfahren, das durch einen Antrag gegen die vertreterlose Partei eingeleitet werden soll, zum Beispiel auch im Arrestverfahren.[65] § 57 ZPO ist daher auch im Insolvenzverfahren anwendbar.[66] Die Rechtsstellung des Vertreters nach § 57 ZPO ist – im Gegensatz zu einem Notgeschäftsführer – auf den Prozeß beschränkt[67] und birgt damit für den Prozeßvertreter weniger Gefahren.[68] Im Insolvenzverfahren kommt es gerade auf die Wahrnehmung von Verfahrenshandlungen an. Dementsprechend hält das *OLG Zweibrücken* die Einsetzung eines

---

61 *OLG Dresden*, Beschl. v. 12. 10. 1999 – 7 W 1754/99, NJW-RR 2000, 579. Ebenso *OLG Köln*, Beschl. v. 3. 1. 2000 – 2 W 214/99, ZIP 2000, 280.

62 Siehe hierzu *Kutzer*, ZIP 2000, 654, 655, der die grundsätzlichen Probleme einer Notgeschäftsführung in der Insolvenz darstellt.

63 So die Aussage der Motive zur Konkursordnung, *Hahn* S. 300, die auch zu den Sicherungsmaßnahmen der Insolvenzordnung noch Geltung hat.

64 *Zöller-Vollkommer* § 57 ZPO Rdnr. 1.

65 *Rosenberg/Schwab/Gottwald* § 54 II. 1; *Zöller-Vollkommer* § 57 ZPO Rdnr. 2.

66 *Heidelberger Kommentar-Kirchhof* § 4 InsO Rdnr. 6; *Kübler/Prütting-Prütting* § 4 InsO Rdnr. 8.

67 *Zöller-Vollkommer* § 57 ZPO Rdnr. 9.

68 Siehe *Kutzer*, ZIP 2000, 654, 655, der die grundsätzlichen Probleme einer Notgeschäftsführung in der Insolvenz darstellt.

Prozeßvertreters für die ausreichende Maßnahme.[69] Die Dringlichkeit für die Bestellung eines Notgeschäftsführers entfällt damit.

Aber selbst wenn die Einsetzung eines Prozeßvertreters nach § 57 ZPO der grundsätzlich schnellere Weg ist, kann es zu Verzögerungen kommen. Denn auch zur Prozeßvertretung ist niemand verpflichtet.[70] Es bleibt also die Frage, ob die Anordnung von Sicherungsmaßnahmen vor der Einsetzung eines Prozeßvertreters möglich ist. *Henckel*[71] hält die Anordnung von Sicherungsmaßnahmen vor der Bestellung eines Notorgans für zulässig. Die Bestellung sei *„nicht Voraussetzung der Sicherungsmaßnahmen, sondern nur der Eröffnung des Insolvenzverfahrens.“*

Die Begründungen des *OLG Köln* und des *OLG Dresden* stellen beide darauf ab, daß der Antrag des Gläubigers unzulässig ist, weil ein Vertreter in Hinblick auf die Anhörung nach § 14 Abs. 2 InsO nötig ist.[72] Die Gerichte übersehen, daß nach § 10 InsO die Anhörung eines Vertreters unterbleiben kann, wenn eine Anhörung durch die Nichterreichbarkeit des Schuldners das Verfahren übermäßig verzögern würde.[73] Eine vertreterlose juristische Person soll im Rahmen des § 10 Abs. 1 S. 1 InsO einem unerreichbaren Geschäftsführer gleichstehen.[74] Für die Anordnung von Sicherungsmaßnahmen ist anerkannt, daß die Anhörung nachgeholt werden kann, wenn ansonsten der Sicherungszweck gefährdet wäre. Auch für die Amtsermittlungspflicht des Insolvenzgerichts kann als Auskunftspersonen gemäß §§ 97, 98, 101 Abs. 1 S. 2 InsO auf die früheren gesetzlichen Vertreter zurückgegriffen werden,[75] so daß auch insoweit ein Vertreter nicht von Anfang an erforderlich ist. Damit können Sicherungsmaßnahmen vor Bestellung eines Prozeßvertreters angeordnet werden.[76]

---

69 *OLG Zweibrücken*, Beschl. v. 12. 4. 2001 – 3 W 23/01, ZIP 2001, 973, 975; zustimmend *Pape* EWIR 2002, 223, 224.

70 *Stein/Jonas-Bork* § 57 ZPO Rdnr. 11.

71 ZIP 2000, 2045, 2046. Ebenso *OLG Zweibrücken*, Beschl. v. 12. 4. 2001 – 3 W 23/01, ZIP 2001, 973, 974.

72 *OLG Dresden*, Beschl. v. 12. 10. 1999 – 7 W 1754/99, NJW-RR 2000, 579; *OLG Köln*, Beschl. v. 3. 1. 2000 – 2 W 214/99, ZIP 2000, 280.

73 Die Voraussetzungen von § 10 Abs. 1 S. 1 InsO, daß sich der Schuldner im Ausland befindet und die Anhörung verzögern würde, müssen kumulativ vorliegen, und nicht wie *Kutzer* (ZIP 2000, 654) es darstellt, reicht bereits eine Verzögerung aus.

74 *Heidelberger Kommentar-Kirchhof* § 10 InsO Rdnr. 10; *Smid-Smid* § 10 InsO Rdnr. 6.

75 *Kutzer* ZIP 2000, 654, 655.

76 *OLG Zweibrücken*, Beschl. v. 12. 4. 2001 – 3 W 23/01, ZIP 2001, 973, 974.

bb) Beurteilung der Rechtslage *nach* dem Insolvenzrechtsänderungsgesetz

Nach dem Änderungsgesetz vom 26. 10. 2001[77] steht dem Schuldner gemäß § 21 Abs. 1 S. 2 InsO die sofortige Beschwerde gegen die Sicherungsmaßnahmen zu. Für die Ausübung dieses Rechts ist eine prozeßfähige Person grundsätzlich erforderlich. Eine Beschwerde, die erst einige Zeit nach der Anordnung der Sicherungsmaßnahmen erhoben wird, würde das Beschwerderecht entleeren. Die Sicherung des Beschwerderechts spricht dafür, für die Anordnung von Sicherungsmaßnahmen zwingend die Prozeßfähigkeit des Schuldners zu verlangen. Damit wäre ein Notgeschäftsführer oder ein Prozeßvertreter **vor** Anordnung der Sicherungsmaßnahmen zu bestellen.

Vergleicht man jedoch diese Situation, GmbH ohne Geschäftsführer, mit den Fällen, in denen der Schuldner flüchtig ist und eine Anordnung von Sicherungsmaßnahmen ohne Probleme möglich ist – wenn nicht sogar gerade in diesen Fällen zwingend –, so stellt sich die Frage, wie man diese im Ergebnis unterschiedliche Behandlung rechtfertigen soll. Da der Sicherungszweck in beiden Fällen gleichermaßen gefährdet ist und die Gefährdung vielleicht sogar gerade die Absicht der „vertreterlosen GmbH" ist, erscheint diese Ungleichbehandlung nicht gerechtfertigt. Im übrigen können nicht durch die juristische Person selbstgeschaffene Vertretungsprobleme die Rechte der Gläubiger beeinträchtigen.[78] Die Rechtsprechung[79] sieht auch den Ausstieg eines Alleingeschäftsführers ohne Bestellung eines neuen – insbesondere bei insolventen Gesellschaften, bei denen die Antragspflicht nach § 63 GmbHG umgangen werden soll – im Einzelfall als rechtsmißbräuchlich an. In diesen Fällen ist die Bestellung eines Vertreters selbst in Hinblick auf die Beschwerdemöglichkeit des § 21 Abs. 1 S. 2 InsO nicht erforderlich. Man wird insgesamt annehmen können, daß Sicherungsmaßnahmen auch vor Bestellung eines Prozeßvertreters möglich sind, wenn der Verdacht besteht, daß der gesetzliche Vertreter ausgeschieden ist, um ein Insolvenzverfahren zu erschweren oder um sich der Schwierigkeiten zu entziehen, die eine Insolvenz mit sich bringt.

Dies muß um so mehr gelten, als es bei den meisten Sicherungsmaßnahmen vor allem um eine Bestandssicherung des Vermögens geht und damit der Eingriff in die Rechte des Schuldners gering ist. In den gerade beschriebenen Fällen sollte daher ein *„zulässiger"* Antrag als Voraussetzung für die Anordnungen von Sicherungsmaßnahmen gegen das Vermögen, wie zum Beispiel die Siegelung des

---

77 BGBl. I S. 2710.

78 *Pape* EWIR 2002, 223, 224.

79 *BayObLG*, Beschl. v. 6. 8. 1981 – 1 ZInsO 39/81, BayObLGZ 1981, 266, 267 ff.; *OLG Hamm*, Beschl. v. 21. 6. 1988 – 15 W 81/88, ZIP 1988, 1048.

Vermögens oder die Einstellung und Untersagung von Zwangsvollstreckungen, bejaht werden. Die „*Zulässigkeit*“ des Antrages ist in Hinblick auf den Sinn und Zweck der Sicherungsmaßnahmen auszulegen.

2. Besondere Zulässigkeitsvoraussetzungen

Neben den allgemeinen Zulässigkeitsvoraussetzungen muß der Antrag spezielle Zulässigkeitsvoraussetzungen erfüllen, die von der Person des Antragstellers abhängen.

a) Der Gläubigerantrag

Stellt ein Gläubiger einen Antrag auf Eröffnung des Insolvenzverfahrens, muß er gemäß § 14 Abs. 1 InsO seine Forderung und den Eröffnungsgrund glaubhaft machen und ein rechtliches Interesse an der Eröffnung des Insolvenzverfahrens darlegen. Die ausdrückliche Aufnahme des rechtlichen Interesses in § 14 Abs. 1 InsO ist im Vergleich zur Konkursordnung neu, ändert aber nichts an dessen inhaltlicher Bedeutung.[80] Glaubhaftmachung erfordert einen geringeren Grad an Wahrscheinlichkeit als der volle Beweis. Die Tatsachen müssen nicht zur vollen Überzeugung des Gerichts nachgewiesen werden, es genügt vielmehr eine überwiegende Wahrscheinlichkeit, daß die vorgetragenen Tatsachen zutreffen.[81] Zur Glaubhaftmachung kann sich der Gläubiger gemäß §§ 4 InsO, 294 Abs. 1 ZPO aller präsenten Beweismittel bedienen oder eine Versicherung an Eides statt abgeben.[82] Eine titulierte Forderung ist nicht erforderlich.[83]

---

80 Vgl. zur Frage, wann von einem fehlenden Rechtsschutzbedürfnis ausgegangen wird, *Bork* Rdnr. 80, Fn. 4 m. w. N. Zu den Einzelheiten, *Smid-Smid* § 14 InsO Rdnr. 11 ff.

81 *OLG Köln*, Beschl. v. 29. 2. 1988 – 2 W 9/88, ZIP 1988, 664; *Nerlich/Römermann-Mönning* § 14 Rdnr. 31; *Baumbach/Lauterbach/Hartmann* § 294 Rdnr. 1 A.; *Jauernig* § 54 III. 3 c: Es reicht „*die gute Möglichkeit*“, daß die Behauptung wahr oder unwahr ist. **A. A.** *Scherer* S. 85 ff.

82 *BayObLG*, Beschl. v. 11. 9. 2001 – 4Z BR 12/01, InVo 2002, 18, 19; *Hess-Wienberg* § 14 InsO Rdnr. 25; *OLG Köln*, Beschl. v. 29. 2. 1988 – 2 W 9/88, ZIP 1988, 664. Zu weiteren Einzelheiten der Glaubhaftmachung, *Frankfurter Kommentar-Schmerbach* § 14 InsO 50 ff.

83 *AG Göttingen*, Beschl. v. 3. 5. 2002 – 74 IN 134/02, ZInsO 2002, 592, 593; *LG Göttingen*, Beschl. v. 27. 5. 2000 – 10 T 27/00, DZWIR 2000, 342; *Kübler/Prütting-Pape* § 14 InsO Rdnr. 5; *Heidelberger Kommentar-Schmerbach* § 14 InsO Rdnr. 9.

aa) Geringere Anforderungen an die Glaubhaftmachung von Grund und Forderung bei Anträgen von Sozialversicherungsträgern

Bei Gläubigeranträgen hängt von den Anforderungen an die Glaubhaftmachung gemäß § 14 Abs. 1 InsO ab, wann Sicherungsmaßnahmen angeordnet werden können. Es gibt insbesondere zahlreiche Entscheidungen zu den Anforderungen an die Glaubhaftmachung antragstellender Sozialversicherungsträger. Gerade diese Entscheidungen haben hohe praktische Relevanz, da mehr als die Hälfte aller Fremdanträge von Sozialversicherungsträgern beziehungsweise Krankenkassen als Einzugsstelle der Sozialversicherungsträger gestellt werden.[84] Die Entscheidungen zeigen darüber hinaus die grundsätzliche Bedeutung dieser Anforderungen für die Anordnung von Sicherungsmaßnahmen. Vor allem die Oberlandesgerichte haben sich für eine Absenkung der Anforderungen an die Glaubhaftmachung im Vergleich zum Normalgläubiger ausgesprochen.[85]

Ein Normalgläubiger hat die Forderung mit Urkunden, wie zum Beispiel einem Vertrag oder einer Rechnung,[86] den Grund in der Regel mit einer Bescheinigung des Gerichtsvollziehers über einen fruchtlosen Pfändungsversuch glaubhaft zu machen.[87] Behörden und andere öffentlich-rechtliche Körperschaften haben zur Glaubhaftmachung der Forderung Leistungsbescheide oder ähnliches vorzulegen.[88]

Wegen der gesetzlichen Verpflichtung der Sozialversicherungsträger, den Sachverhalt objektiv zu prüfen und unparteiisch zu sein, soll die Forderung bereits durch die Antragstellung glaubhaft gemacht sein.[89] Für die Glaubhaftmachung des Grundes soll ein Kontoauszug ausreichend sein, aus dem sich ergibt, daß der Schuldner über einen Zeitraum von mindestens sechs Monaten keine Sozialversicherungsbeiträge abgeführt hat.[90] Denn in der überwiegenden Zahl der Fälle

---

84 *Schmidt* EWiR 2000, 401 f.; *Schmahl* NZI 2002, 177, 179. Vgl. zum Gesamtkomplex die Abhandlungen von *Frind/Schmidt* ZInsO 2001, 1133 ff.; *dies.* ZInsO 2002, 8 ff.

85 *OLG Köln*, Beschl. v. 29. 12. 1999 – 2 W 188/99, ZIP 2000, 504; *OLG Zweibrücken*, Beschl. v. 26. 10. 2000 – 3 W 206/00, ZIP 2000, 2260; *OLG Dresden*, Beschl. v. 28. 8. 2000 – 7 W 1396/00, InVo 2001, 11; *BayObLG*, Beschl. v. 3. 4. 2000 – 4Z BR 6/00, InVo 2000, 301; *OLG Celle*, Beschl. v. 9. 2. 2000 – 2 W 101/99, ZIP 2000, 1675.

86 *Heidelberger Kommentar-Kirchhof* § 14 InsO Rdnr. 8.

87 *Heidelberger Kommentar-Kirchhof* § 14 InsO Rdnr. 13.

88 *OLG Zweibrücken*, Beschl. v. 26. 10. 2000 – 3 W 206/00, ZIP 2000, 2260, 2262; *Heidelberger Kommentar-Kirchhof* § 14 InsO Rdnr. 9.

89 *OLG Köln*, Beschl. v. 29. 12. 1999 – 2 W 188/99, ZIP 2000, 504, 506; *OLG Zweibrücken*, Beschl. v. 26. 10. 2000 – 3 W 206/00, ZIP 2000, 2260.

90 *OLG Zweibrücken*, Beschl. v. 26. 10. 2000 – 3 W 206/00, ZIP 2000, 2260, 2262; *OLG Dresden*, Beschl. v. 28. 8. 2000 – 7 W 1396/00, InVo 2001, 11; *OLG Köln*, Beschl. v. 29. 12. 1999 – 2 W 188/99, ZIP 2000, 504.

würden diese Beiträge nicht entrichtet, wenn der Schuldner gar nicht mehr in der Lage ist, Verbindlichkeiten zu entrichten. Darüber hinaus setzte sich der Schuldner mit diesem Verhalten auch der Strafandrohung des § 266 a StGB aus.[91] Diese Absenkung der Anforderungen kommt allerdings nicht in Betracht, wenn dem Antrag Teilzahlungen vorausgegangen sind.[92] Übersteigerte Anforderungen an die Glaubhaftmachung der Zahlungsunfähigkeit würden dem Ziel der Insolvenzordnung widersprechen, mehr Verfahren zur Eröffnung zu bringen und damit die Quote der mangels Masse abgelehnten Verfahren zu senken.[93] Würde wegen fehlender Fruchtlosigkeitsbescheinigung die Zulassung des Antrages verwehrt, würde allerdings *„in einer vermeidbar großen Anzahl der Fälle die Abweisung mangels Masse die Folge sein.“*[94] Im übrigen würden die Sozialversicherungsträger dadurch auch nicht gegenüber den übrigen Gläubigern privilegiert, da wegen Überlastung der Vollstreckungsorgane eine Fruchtlosigkeitsbescheinigung des Gerichtsvollziehers oder eine eidesstattliche Versicherung des Schuldners innerhalb von sechs Monaten nicht zu erlangen sei.[95] Zudem könne sich der Schuldner jederzeit mit einer Gegenglaubhaftmachung wehren.[96]

Diese Entscheidungen zu den verringerten Anforderungen an die Glaubhaftmachung bei Sozialversicherungsträgern sind nicht unumstritten.[97] Als Beispiel sei auf eine Entscheidung des *AG Hamburg* hingewiesen. Nach dessen Erfahrungen sind die geringeren Anforderungen an Sozialversicherungsträger hinsichtlich der Glaubhaftmachung des Grundes nicht gerechtfertig, weil Zahlungen an Sozialversicherungsträger häufig zugunsten der „wichtigeren“ Warenlieferanten zu-

---

91 *OLG Dresden*, Beschl. v. 28. 8. 2000 – 7 W 1396/00, InVo 2001, 11, 12; *OLG Celle*, Beschl. v. 9. 2. 2000 – 2 W 101/99, ZIP 2000, 1675, 1677; *Hess* EWIR 2002, 349, 350.

92 *LG Hamburg*, Beschl. v. 21. 11. 2001 – 326 T 171/01, NZI 2002, 164; *OLG Hamburg*, Beschl. v. 8. 1. 2002 – 6 W 3/02, NZI 2002, 164 (in Anm. d. Schriftltg.); zustimmend *Hess* EWIR 2002, 349 f.

93 *OLG Celle*, Beschl. v. 9. 2. 2000 – 2 W 101/99, ZIP 2000, 1675, 1678; *OLG Dresden*, Beschl. v. 28. 8. 2000 – 7 W 1396/00, InVo 2001, 11, 12.

94 *OLG Dresden*, Beschl. v. 28. 8. 2000 – 7 W 1396/00, InVo 2001, 11, 12. Ebenso *OLG Celle*, Beschl. v. 9. 2. 2000 – 2 W 101/99, ZIP 2000, 1675, 1677, 1678.

95 *OLG Celle*, Beschl. v. 9. 2. 2000 – 2 W 101/99, ZIP 2000, 1675, 1677; **a. A.** *LG Hamburg*, Beschl. v. 21. 11. 2001 – 326 T 171/01, NZI 2002, 164.

96 *OLG Köln*, Beschl. v. 29. 12. 1999 – 2 W 188/99, ZIP 2000, 504, 506.

97 Gegen geringere Anforderung an die Glaubhaftmachung als bei privaten Gläubigern, *AG Hamburg*, Beschl. v. 18. 12. 2000 – 67 c IN 273/00, NZI 2001, 163; *LG Hamburg*, Beschl. v. 30. 7. 1999 – 326 T 103/99, ZInsO 1999, 651; *AG Potsdam*, Beschl. v. 22. 6. 2001 – 35 IK 238/01, NZI 2001, 495; *AG Potsdam*, Beschl. v. 2. 8. 2001 – 35 IN 479/01, NZI 2001, 604; *AG Potsdam*, Beschl. v. 15. 2. 2001 – 35 IN 50/01, DZWIR 2001, 262; *Frankfurter Kommentar-Schmerbach* § 14 InsO Rdnr. 72, der allerdings nur eine Erleichterung bzgl. des Eröffnungsgrund ablehnt. Kritisch vor allem auch *Schmahl* NZI 2002, 177, 185 und *Frind/Schmidt* ZInsO 2002, 8, 9.

rückgestellt werden, was sich insbesondere auch daran zeige, daß viele Sozialversicherungsträger noch während des Verfahrens befriedigt würden. *„Eine Korrelation zwischen Zahlungsunfähigkeit und Rückständen mit Sozialversicherungsbeiträgen ist daher in keiner Weise belegbar.“*[98]

Diese Aussage unterstützt *Schmahl* anschaulich mit einer statistischen Untersuchung, in der er aufzeigt, daß etwa die Hälfte aller Eröffnungsanträge von öffentlich-rechtlichen Gläubigern innerhalb der ersten drei Monate zurückgenommen oder für erledigt erklärt werden.[99] Er stellt weiter dar, welches Ausmaß der Mißbrauch des Eröffnungsantrages – zum nicht unwesentlichen Teil sogar unter Ausnutzung und Umgehung bereits erlassener Sicherungsmaßnahmen – insbesondere bei Krankenkassen hat.[100]

Mit der Glaubhaftmachung von Forderung und Grund ist die Anordnung von Sicherungsmaßnahmen zulässig. Die Oberlandesgerichtsentscheidungen bewirken durch die Absenkung der Anforderungen für eine Glaubhaftmachung also nicht nur, daß mehr Verfahren zur Eröffnung gebracht werden könnten, sondern auch, daß die Anordnung von Sicherungsmaßnahmen schneller zulässig ist. Und eventuell sind diese Anordnungen sofort – ohne vorherige Anhörung des Schuldners und der Gelegenheit zur Gegenglaubhaftmachung – erforderlich. Damit stehen sich als Argumente die Chancen, mehr Verfahren (rechtzeitig) zu eröffnen, und das Risiko, durch unberechtigt gestellte Insolvenzanträge und zu schnell erlassene Sicherungsmaßnahmen wirtschaftliche Werte zu gefährden,[101] gegenüber. Aus der Untersuchung von *Schmahl* ergibt sich darüber hinaus auch das Problem, daß die Sicherungsmaßnahmen häufig im Zusammenspiel von Schuldner und Gläubiger ignoriert und somit die Insolvenzgerichte unberechtigt in Anspruch genommen werden.[102] Die Anforderungen des § 14 Abs. 1 InsO sollen aber gerade mißbräuchliche Anträge, die auf den solventen Schuldner Druck ausüben sollen, verhindern.[103] Hierdurch sollen der Schuldner, aber auch die Insolvenzgerichte geschützt werden.

---

98 *AG Hamburg*, Beschl. v. 18. 12. 2000 – 67 c IN 273/00, NZI 2001, 163. Ebenfalls kritisch *Plagemann* EWiR 2000, 1025, 1026; *Schmidt* EWiR 2000, 401, 402.

99 *Schmahl* NZI 2002, 177 ff.

100 *Schmahl* NZI 2002, 177, 182 ff. Vgl. als Beispiel für einen Druckantrag eines Sozialversicherungsträgers, der wegen Mißbräuchlichkeit als unzulässig abgelehnt wurde, *AG Duisburg*, Beschl. v. 28. 12. 2001 – 62 IK 99/01, NZI 2002, 211, und Beispiele zu der Kostentragungspflicht der Sozialversicherungsträger bei Druckanträgen, *LG Hamburg*, Beschl. v. 6. 12. 2001 – 326 T 144/01, ZInsO 2002, 144; *AG Oldenburg*, Beschl. v. 22. 4. 2002 – 60 IN 10/02, NZI 2002, 391.

101 Mit diesem Argument das *OLG Celle* kritisierend, *Schmidt* EWiR 2000, 401, 402.

102 *Schmahl* NZI 2002, 177, 182 ff.

103 Begr. zu § 16 RegE [§ 14 InsO], in: *Balz/Landfermann* S. 220 f.

Wegen dieser Bedenken sind auf alle Fälle höhere, den für private Gläubiger entsprechende Anforderungen an den Nachweis von Grund und Forderung zu stellen, wenn Sicherungsmaßnahmen sofort erforderlich erscheinen. Verzichtet man auf die grundsätzlich geltenden Voraussetzungen, können Sicherungsmaßnahmen erst nach der Gelegenheit des Schuldners zur Gegenglaubhaftmachung angeordnet werden.[104]

Dieses Vorgehen hinsichtlich der Sicherungsmaßnahmen birgt allerdings die folgenden Gefahren. Zum einen wird den mißbräuchlichen Anträgen – insbesondere in Hinblick auf die Inanspruchnahme der Insolvenzgerichte – dadurch nicht begegnet. Zum anderen ist auch fraglich, ob die erleichterte Antragstellung für die Sozialversicherungsträger in Hinblick auf eine schnellere Ingangsetzung des Insolvenzverfahrens, auf die die Oberlandesgerichte abstellen, wirklich erreicht wird. Denn entweder muß der Sozialversicherungsträger seinen Antrag noch nachbessern, um den Anforderungen für die Anordnung von Sicherungsmaßnahmen zu genügen, oder der Schuldner muß gehört werden. Beides kostet jedoch Zeit, und die Anhörung des Schuldners birgt die zusätzliche Gefahr, daß der Sicherungszweck beeinträchtigt wird, weil der Schuldner gewarnt wird. Unter dem Aspekt, daß Sicherungsmaßnahmen dem Schutz aller Gläubiger dienen und nicht nur dem des Antragstellers, ist fraglich, ob die Antragserleichterungen der Oberlandesgerichte für das Insolvenzverfahren – insbesondere bei den dringlichen Fällen – wirklich eine Verbesserung darstellen oder ob letztlich nur den Sozialversicherungsträgern geholfen wird, ihre Forderungen einzutreiben.

In der Praxis wird sich die Frage, ob die Glaubhaftmachung des Sozialversicherungsträgers für die Anordnung von Sicherungsmaßnahmen ausreichend ist, allerdings nur in wenigen Fällen stellen. Denn beantragt ein Sozialversicherungsträger die Eröffnung des Insolvenzverfahrens, und macht er dabei den Insolvenzgrund nur mit einem Kontoauszug glaubhaft, dann wird es für das Insolvenzgericht keine Anhaltspunkte geben, aus denen sich ohne Anhörung des Schuldners die Erforderlichkeit, Sicherungsmaßnahmen anzuordnen, ergibt. Diese Einschätzung wird auch durch die statistische Untersuchung von *Schmahl* unterstützt, nach der nur in knapp 5 % der Fälle die Einsetzung eines vorläufigen Insolvenzverwalters vor Erledigung oder Rücknahme des Antrages erfolgt war.[105]

---

104 *Schmidt* EWiR 2000, 401; *Henckel* ZIP 2000, 2045, 2047.

105 *Schmahl* NZI 2002, 177, 180.

bb) Insolvenzgrund hängt von der dem Antrag zugrundeliegenden Forderung ab

In Fällen, in denen von der dem Antrag zugrundeliegenden Forderung der Eröffnungsgrund abhängt, soll die Forderung – für die Zulassung – abweichend von der in § 14 Abs. 1 InsO geforderten Glaubhaftmachung voll bewiesen werden müssen.[106] Ansonsten läge kein zulässiger Antrag vor. Angesprochen werden damit Fälle, in denen eine Überschuldung oder Zahlungsunfähigkeit des Schuldners dann nicht bestehen würde, wenn man die Forderung des antragstellenden Gläubigers als nicht existent unterstellt. Der Schuldner hätte ohne die Forderung des Gläubigers eine gerade noch positive Vermögensbilanz beziehungsweise er könnte seine fälligen Verbindlichkeiten gerade noch begleichen.

Für die Anordnung von Sicherungsmaßnahmen würde dies bedeuten, daß das Insolvenzgericht mangels eines zulässigen Antrages keine Sicherungsmaßnahmen erlassen darf. Die Ansicht, daß der antragstellende Gläubiger seine Forderung beweisen muß, wenn von ihr der Insolvenzgrund abhängt, läßt sich auf zwei Urteile zurückführen. Diese Entscheidungen beziehen sich beide auf die Zulässigkeitsprüfung im Rahmen einer Eröffnungs- beziehungsweise Ablehnungsentscheidung des Insolvenzgerichts.[107] Aus beiden Entscheidungen ergibt sich nichts zu der Frage, ob in einem solchen Fall Sicherungsmaßnahmen zulässig sind oder nicht.

Gemäß § 14 Abs. 1 InsO muß der Gläubiger für einen zulässigen Antrag die dem Antrag zugrundeliegende Forderung glaubhaft machen. Einen Beweis der Forderung zu verlangen, widerspricht dem Wortlaut des § 14 Abs. 1 InsO. Es ist fraglich, ob eine solche, über den Wortlaut hinausgehende Auslegung des § 14 Abs. 1 InsO erforderlich ist, wenn von der Forderung des antragstellenden Gläubigers der Eröffnungsgrund abhängt.

Nach dem im Vollsteckungsrecht geltenden Formalisierungsgrundsatz dürfen die Vollstreckungsorgane die Rechtmäßigkeit und Richtigkeit eines Titels nicht

---

106 *BayObLG*, Beschl. v. 11. 9. 2001 – 4Z BR 12/01, InVo 2002, 18, 19 sowie die Vorinstanz des *OLG Köln*, Beschl. v. 29. 2. 1988 – 2 W 9/88, ZIP 1988, 664; **a. A.** *Kübler/Prütting-Pape* § 14 Rdnr. 8; *Frankfurter Kommentar-Schmerbach* § 14 InsO Rdnr. 58; *AG Göttingen*, Beschl. v. 26. 7. 1999 – 71/74 IN 145/99, ZInsO 1999, 476; *AG Göttingen*, Beschl. v. 16. 2. 1998 – 71 IN 10/98, ZInsO 1998, 143; *AG Göttingen*, Beschl. v. 3. 5. 2002 – 74 IN 134/02, ZInsO 2002, 592, 593; *AG Stendal*, Beschl. v. 13. 8. 1998 – 7 N 161/97, ZInsO 1998, 234; *Hess-Wienberg* § 21 InsO Rdnr. 17; *Heidelberger Kommentar-Kirchhof* § 14 InsO Rdnr. 11. Zur Terminologie der **Zulassung** vgl. unten Teil 1 A. III. 1. a).

107 *OLG Hamm*, Beschl. v. 3. 7. 1970 – 15 W 282/70, KTS 1971, 54 *OLG Frankfurt/Main*, Beschl. v. 2. 11. 1982 – 20 W 639/82, KTS 1983, 148.

überprüfen. Die Vollstreckungsorgane haben die Ergebnisse der gerichtlichen Feststellung eines Anspruchs hinzunehmen.[108] Dieser Grundsatz der Formalisierung folgt aus der Zweiteilung in Erkenntnis- und Vollstreckungsverfahren. Daraus ergibt sich, daß eine bestrittene Forderung im Erkenntnis- und nicht im Vollstreckungsverfahren gerichtlich geklärt wird.[109] Dieser Grundsatz der Formalisierung, der auch im Insolvenzverfahren gilt, findet seinen Grund in der erforderlichen Entlastung der Insolvenzgerichte von materiellen Streitigkeiten, die *„ausgeklammert“* werden, um das Verfahren flüssig zu halten.[110] Für das Insolvenzgericht bedeutet dieser Grundsatz, daß es eine angemeldete Forderung nicht zu prüfen hat. Die §§ 179 ff. InsO verweisen den Gläubiger einer bestrittenen Insolvenzforderung auf den ordentlichen Klageweg.

Hängt von einer Forderung das Bestehen des Insolvenzgrundes ab, kollidiert der Formalisierungsgrundsatz mit der Pflicht des Insolvenzgerichts, den Eröffnungsgrund von Amts wegen zu ermitteln. Möglicherweise ist daher bei der Prüfung des Eröffnungsgrundes eine Ausnahme vom Formalisierungsgrundsatz zu machen. Das Insolvenzgericht müßte dann als Bestandteil der Begründetheitsprüfung die Forderung, von der der Insolvenzgrund abhängt, amtsermitteln und entscheiden, ob die Forderung zu seiner vollen Überzeugung dem Gläubiger zusteht. Gegen die Pflicht des Gerichts, die Forderung, von der der Insolvenzgrund abhängt, wie beschrieben zu prüfen, spricht, daß der Formalisierungsgrundsatz eine der Grundlagen des modernen Vollstreckungsrechts ist, der gemäß der §§ 179 ff. InsO im eröffneten Insolvenzverfahren gilt. Gerade eine Ausnahme im Eröffnungsverfahren zu machen, widerspricht dem Grundsatz im höchsten Maße. Denn im Eröffnungsverfahren kommt es ganz maßgeblich auf zügige Entscheidungen an, so daß eine zusätzliche Belastung des Gerichts erst recht nicht in Frage kommt.

Somit muß das Insolvenzgericht auf gar keinen Fall über eine Forderung im Eröffnungsverfahren auf der Grundlage einer Tatsachendarlegung entscheiden, die ihm eine Entscheidung ermöglicht, ob die Forderung zu seiner vollen Überzeugung bewiesen ist. Eine über den Wortlaut hinausgehende Interpretation des § 14 Abs. 1 InsO ist nicht geboten. Ist die dem Antrag zugrundeliegende Forderung glaubhaft gemacht, so steht, wenn von der Forderung der Insolvenzgrund abhängt, dieser für das Eröffnungsverfahren auch zu einer überwiegenden Wahrscheinlichkeit fest. Die Anforderungen des § 14 InsO sind damit erfüllt. Hängt

---

108 *Baur/Stürner*, Bd. I, Rdnr. 6.53; *Stürner* ZZP 99 (1986), 291, 315. So für das Konkursrecht und die §§ 144 bis 147 KO, *OLG Hamm*, Beschl. v. 3. 7. 1970 – 15 W 282/70, KTS 1971, 54, 56; *OLG Frankfurt/Main*, Beschl. v. 2. 11. 1982 – 20 W 639/82, KTS 1983, 148, 149.

109 *Rosenberg/Gaul/Schilken* S. 57.

110 *Baur/Stürner*, Bd. II, Rdnr. 5.52; *Pape/Uhlenbruck* Rdnr. 134.

Hängt der Insolvenzgrund aber von der Forderung des antragstellenden Gläubigers ab, die das Gericht – wie gesehen – auf keinen Fall amtsermitteln und einem Zivil-gericht vergleichbar feststellen darf, kann das Insolvenzgericht den Eröffnungs-grund nicht positiv feststellen. Die Feststellung des Grundes ist aber eine Frage der Begründetheit des Antrages.[111] Ist das Insolvenzgericht zu der Feststellung des Grundes nicht in der Lage, muß das Gericht den Antrag wegen Unbe-gründetheit ablehnen. Will der Gläubiger mit seinem Antrag die Eröffnung des Insolvenzverfahrens erreichen, muß er die Forderung beweisen. Dies ist aber keine Zulässigkeitsvoraussetzung des Antrages im Eröffnungsverfahren, son-dern eine Obliegenheit des antragstellenden Gläubigers, um mit seinem Antrag erfolgreich zu sein.

Würde man in dieser Fallkonstellation bereits einen unzulässigen Antrag annehmen, würde auch das Recht des antragstellenden Gläubigers eingeschränkt, den Antrag auf Eröffnung des Insolvenzverfahrens nur mit einer glaubhaft gemachten, nicht titulierten Forderung stellen zu können. Die Forderung des antragstellenden Gläubigeres würde hierdurch anders behandelt als die Forderungen der übrigen Gläubiger.[112] Denn das Insolvenzgericht würde einen Antrag, bei dem der Insolvenzgrund von einer einzigen Forderung eines dritten Gläubigers abhängt, „nur“ wegen Unbegründetheit ablehnen, nicht aber schon den Antrag im Eröffnungsverfahren als unzulässig zurückverweisen.

Für die Anordnung von Sicherungsmaßnahmen bedeutet dieses Ergebnis, daß auch dann, wenn der Insolvenzgrund von der Forderung des antragstellenden Gläubigers abhängt, Sicherungsmaßnahmen bereits zulässig sind, wenn der Gläubiger seine Forderung nach § 14 Abs. 1 InsO glaubhaft macht.[113] Das Ergebnis erscheint auch deshalb gerechtfertigt, da der Gläubiger möglicherweise in der Lage ist, seine Forderung im weiteren Verlauf des Verfahrens zu beweisen oder sich herausstellt, daß der Insolvenzgrund unabhängig von der dem Antrag zugrundeliegenden Forderung gegeben ist.

b) Der Schuldnerantrag

Zum Teil werden in Literatur und Rechtsprechung auch für den Schuldnerantrag spezielle Zulässigkeitsvoraussetzungen gefordert. Der Schuldner soll ein Schuldner- und Gläubigerverzeichnis sowie eine Vermögensübersicht gemäß

---

111 Diese Frage ebenfalls im Rahmen der Begründetheit einordnend, *Baur/Stürner*, Bd. II, Rdnr. 7.21.

112 Hierzu ausführlich *Stürner/Stadler* EWiR 1988, 603.

113 In diesem Sinne nun auch *Kirchhof*, in der 2. Aufl. des Heidelberger Kommentars, § 14 InsO Rdnr. 11. In der Vorauflage hatte er noch ohne Differenzierung den vollen Beweis gefordert, § 14 InsO Rdnr. 9.

§ 20 InsO mit dem Antrag vorlegen[114] beziehungsweise den Insolvenzgrund mit konkret nachprüfbaren Tatsachen schlüssig darlegen.[115] Die schlüssige Darstellung des Eröffnungsgrundes soll mit einer überschlägigen Prüfung in einem *„vereinfachten Zulassungsverfahren"* erfolgen.[116] *Henckel* fordert sogar die Glaubhaftmachung des Insolvenzgrundes durch den Schuldner, wenn dieser seinen Antrag auf den Insolvenzgrund der drohenden Zahlungsunfähigkeit im Sinne von § 18 InsO stützt.[117]

Die Vorlage der Unterlagen als Zulässigkeitsvoraussetzung wird damit begründet, daß der Gesetzgeber den Schuldner nicht von den Anforderungen des § 104 KO, der die Unterlagenvorlage verlangte, befreien wollte. Im übrigen sei die Annahme, die hinter dem Verzicht der Konkursordnung auf die Glaubhaftmachung des Grundes durch den Schuldner stand, daß sich niemand ohne Grund in die Rolle des Gemeinschuldners begebe,[118] nicht mehr ohne weiteres zutreffend. Durch die Antragstellung kann versucht werden, weitere Insolvenzanträge oder unliebsame Vollstreckungsmaßnahmen durch eine Anordnung nach § 21 Abs. 2 Nr. 3 InsO abzuwehren und somit Zeit zu gewinnen.[119] Diese Gefahr bestehe insbesondere bei einem Antrag, der auf drohende Zahlungsunfähigkeit gemäß § 18 InsO gestützt werde.[120] Liegen die entsprechenden Unterlagen nicht vor, soll das Insolvenzgericht nach einer angemessen Fristsetzung den Antrag als unzulässig abweisen.[121] Auch bei einer fehlenden Glaubhaftmachung bei einem auf § 18 InsO gestützten Antrag soll – mangels Rechtschutzinteresses – der Antrag als unzulässig zurückgewiesen werden müssen.[122]

Es ist zunächst richtig, daß nach der Gesetzesbegründung der Gesetzgeber § 104 KO nur *„verallgemeinern"* wollte. Neben den alten Anforderungen des § 104

---

114 *Frankfurter Kommentar-Schmerbach* § 14 InsO Rdnr. 90 a; *Kübler/Prütting-Pape* § 13 InsO Rdnr. 11, 11 a.

115 *Vallender* MDR 1999, 280, 281; *AG Hamburg*, Beschl. v. 1. 3. 2000 – 67e IN 13/2000, NZI 2000, 238.

116 *Frankfurter Kommentar-Schmerbach* § 14 InsO Rdnr. 2 und 89.

117 *Henckel* ZIP 2000, 2045, 2048. In diesem Sinne – allerdings unabhängig von § 18 InsO – ebenso für die Glaubhaftmachung des Eröffnungsgrundes bei einem Eigenantrag, *AG Dresden*, Beschl. v. 13. 2. 2002 – 530 IN 2190/01, ZIP 2002, 862.

118 Hiervon ging man noch bei Einführung der Konkursordnung 1877 aus, siehe hierzu die Protokolle zur Konkursordnung, bei *Hahn* S. 74 ff.; *Baur/Stürner*, Bd. II, Rdnr. 4.14; *Kuhn/Uhlenbruck* § 104 KO Rdnr. 1.

119 Ein solches Vorgehen vermutet zum Beispiel das *AG Göttingen*, Beschl. v. 22. 4. 2001 – 74 IN 60/01, NZI 2001, 670, 671.

120 *Henckel* ZIP 2000, 2045, 2048.

121 *AG Dresden*, Beschl. v. 13. 2. 2002 – 530 IN 2190/01, ZIP 2002, 862; 863; *Frankfurter Kommentar-Schmerbach* § 14 InsO Rdnr. 93; **a. A.** *LG Göttingen*, Beschl. v. 24. 4. 2002 – 10 T 11/02, ZIP 2002, 1048.

122 *Henckel* ZIP 2000, 2045, 2048.

KO sollen zusätzlich *„ähnliche Mitteilungen“* von der Auskunftspflicht erfaßt werden und diese Pflicht wird auf Gläubigeranträge ausgedehnt.[123] Früher bestand eine solche umfassende Pflicht nur im eröffneten Konkursverfahren nach § 100 KO.[124] Die Auskunftspflicht des Schuldners besteht jedoch nach dem Wortlaut des § 20 InsO ausdrücklich erst ab Zulässigkeit des Antrages. Damit kann sie nicht Voraussetzung der Zulässigkeit sein. Hierin liegt auch kein Widerspruch zu der Aussage, daß § 20 InsO den § 104 KO verallgemeinern soll. Denn daß die Antragsunterlagen keine Zulässigkeitsvoraussetzung sind, entspricht der Rechtslage unter § 104 KO. Die Vorlagepflicht nach § 104 KO war nämlich keine spezielle Zulässigkeitsvoraussetzung, sondern wurde als selbständige Verpflichtung gedeutet.[125]

Der Gesetzgeber wollte dem Schuldner die Antragstellung erleichtern, um so zu einer möglichst frühen Antragstellung und Einleitung des Insolvenzverfahrens zu gelangen. Dem Schuldner soll gerade die Möglichkeit gegeben werden, zügig einen Antrag zu stellen, ohne hierbei mit entsprechenden Unterlagen den Insolvenzgrund glaubhaft machen zu müssen. Deshalb sind weder die Verzeichnisse im Sinne des § 20 InsO, noch ein Liquiditätsplan bei drohender Zahlungsunfähigkeit oder ein Insolvenzplan bei beabsichtigter Sanierung, Zulässigkeitsvoraussetzungen des Schuldnerantrages.[126]

Der Schuldner muß auch auf keinem anderen Wege den Insolvenzgrund glaubhaft machen. Denn hierzu ist der Schuldner nur in Ausnahmefällen verpflichtet.[127] Dies sind Fälle, in denen beim Schuldner mehrere Personen antragsberechtigt sind, aber nicht alle gemeinsam den Antrag stellen. In allen übrigen Fällen hat der Schuldner im Umkehrschluß also den Insolvenzgrund nicht glaubhaft zu machen.[128] Er muß nur einen nach §§ 4 InsO, 253 ZPO ordnungsgemäßen Insolvenzantrag stellen.

Somit müssen für die Zulässigkeit des Schuldnerantrages keine speziellen Zulässigkeitsvoraussetzungen erfüllt werden. Die Pflicht des Schuldners, die nach § 20 erforderlichen Unterlagen einzureichen, besteht erst mit Vorliegen eines

---

123 Begr. zu § 24 RegE [§ 20 InsO], in: *Balz/Landfermann* S. 226 f.

124 Durch die Einführung des § 20 InsO wird der Streit beseitigt, ob die Auskunftspflicht des Schuldners gemäß § 100 KO bereits im Eröffnungsverfahren besteht. Dies ablehnend *Kuhn/Uhlenbruck* § 100 KO Rdnr. 7; *Hess* § 100 KO Rdnr. 3; *Kilger/K. Schmidt*, 16. Aufl., § 100 KO Rdnr. 2, in den Neuauflagen offenlassend.

125 *Kuhn/Uhlenbruck* § 104 KO Rdnr. 7.

126 *Uhlenbruck* InVo 1999, 333, 334; *Heidelberger Kommentar-Kirchhof* § 13 InsO Rdnr. 18.

127 Vgl. §§ 15 Abs. 2 S. 1, Abs. 3, 317 Abs. 2 S. 1, 318 Abs. 2 S. 1, 332 Abs. 1, 333 Abs. 2 S. 2 InsO.

128 *Jauernig* § 54 III. 2; *Vallender* MDR 1999, 280, 281.

zulässigen Antrages.[129] Da es sich bei der Pflicht zur Unterlagenvorlage oder der Auskunftspflicht nach § 20 InsO nicht um Zulässigkeitsvoraussetzungen handelt und der Schuldner den Insolvenzgrund nicht glaubhaft machen muß, haben weder das Nichteinreichen der Unterlagen noch die fehlende Glaubhaftmachung des Insolvenzgrundes Auswirkungen auf die Anordnung und den Bestand von Sicherungsmaßnahmen. Eine Zurückweisung des Antrages nur wegen der fehlenden Unterlagen kommt daher nicht in Frage.[130]

Auch wenn der Schuldner seiner Auskunftspflicht nach § 20 InsO nicht nachkommt, ist das Insolvenzgericht beim Schuldnerantrag zur Amtsermittlung verpflichtet und hat gegebenenfalls die Auskunft sogar zu erzwingen.[131] Dies muß auch gelten, wenn der Antrag „nur" auf drohende Zahlungsunfähigkeit gestützt wird. Sogar die Einsetzung eines Sachverständigen zur Ermittlung der drohenden Zahlungsunfähigkeit kann in Betracht zu ziehen sein.[132] Denn es ist nicht auszuschließen, daß der Schuldner – zumindest in Fällen mit Antragspflicht – versucht, eine bereits eingetretene Zahlungsunfähigkeit zu überdecken.

Es bleibt die Frage, wie das Insolvenzgericht verfahren soll, wenn es einen mißbräuchlichen Antrag des Schuldners vermutet. Eine solche Gefahr besteht grundsätzlich bei Anträgen, die auf den Insolvenzgrund der drohenden Zahlungsunfähigkeit gestützt werden. *Pohlmann* will diesem Problem nach der Feststellung der allgemeinen Zulässigkeitskriterien begegnen. Das Insolvenzgericht soll den Schuldner zu diesem Zeitpunkt anhören und gegebenenfalls eine eidesstattliche Versicherung von ihm verlangen.[133]

Eine vorherige Anhörung ist dann unproblematisch, wenn keine Antragspflicht bestand. Eine solche besteht nur, wenn der Insolvenzgrund der Überschuldung oder der Zahlungsunfähigkeit gegeben ist und nur für Organe juristischer Personen.[134] Bestand keine Antragspflicht – wie immer in Fällen drohender Zahlungsunfähigkeit – und hat der Schuldner den Antrag freiwillig gestellt, ist davon auszugehen, daß entweder keine schädigenden Handlungen beabsichtigt

---

129 A. A. *Frankfurter Kommentar-Schmerbach* § 14 InsO Rdnr. 90 a.

130 *Heidelberger Kommentar-Kirchhof* § 20 InsO Rdnr. 15; *LG Göttingen*, Beschl. v. 24. 4. 2002 - 10 T 11/02, ZIP 2002, 1048; a. A. *Frankfurter Kommentar-Schmerbach* § 14 InsO Rdnr. 93; *AG Dresden*, Beschl. v. 13. 2. 2002 – 530 IN 2190/01, ZIP 2002, 862, 863.

131 *LG Köln*, Beschl. v. 6. 7. 2001 - 19 T 103/01, ZInsO 2001, 1017; *LG Göttingen*, Beschl. v. 24. 4. 2002 – 10 T 11/02, ZIP 2002, 1048; a. A. *AG Göttingen*, Beschl. v. 22. 4. 2001 – 74 IN 60/01, NZI 2001, 670; *AG Dresden*, Beschl. v. 13. 2. 2002 – 530 IN 2190/01, ZIP 2002, 862, 863.

132 A. A. *Rendels* NZG 1998, 840.

133 *Pohlmann* Rdnr. 18.

134 § 42 Abs. 2 BGB, §§ 130a, 177a HGB, § 99 GenG, § 92 Abs. 2 AktG, § 64 GmbHG.

sind oder diese bereits vorgenommen wurden.[135] Damit entfällt der Aspekt, daß der Schuldner nicht gewarnt werden soll, ein Gesichtspunkt, der grundsätzlich gegen eine vorherige Anhörung spricht. War der Schuldner dagegen zur Antragstellung verpflichtet, können die Sicherungsmaßnahmen ebenso zeitlich dringlich sein wie bei einem Fremdantrag. In diesen Fällen sollte gegebenenfalls auf eine vorherige Anhörung verzichtet werden. Die Gefahr der Masseschädigung durch nicht rechtzeitig angeordnete Sicherungsmaßnahmen überwiegt in diesen Fällen die Schädigungsgefahren, die von einem mißbräuchlichen Antrag in dem oben beschriebenen Sinne ausgehen können.

III. Allgemeine Grundsätze zur Bedeutung des zulässigen Antrags als Voraussetzung von Sicherungsmaßnahmen und das Verhältnis zur Amtsermittlung

Zu Beginn dieses Kapitels wurde dargestellt, daß Unklarheit darüber besteht, welche Voraussetzungen ein Insolvenzantrag erfüllen muß, damit Sicherungsmaßnahmen angeordnet werden können. Die vorgeschlagenen Lösungen reichen von der Forderung nach endgültiger Zulässigkeit, über vorläufige Zulässigkeit, bis hin zum Erfordernis der Zulassung des Antrags.[136] Schwierigkeiten machen nicht nur die zu lösenden Sachfragen, sondern auch eine uneinheitliche und unklare Terminologie. Daher sind die Kategorien, die für die Prüfung des Insolvenzantrages von Bedeutung sind, begrifflich zu klären. Dies erfolgt anhand der Erkenntnisse, die bei der Behandlung der Probleme, welche sich bei einzelnen Zulässigkeitsvoraussetzungen des Insolvenzantrags stellen, gewonnen wurden. Mit diesen Erkenntnissen haben sich darüber hinaus Grundsätze für die Anforderungen angedeutet, welche der Antrag erfüllen muß, damit Sicherungsmaßnahmen angeordnet werden können. Diese Grundsätze lassen sich verallgemeinern und führen zu weiteren Fragen, die die Zulässigkeit des Antrags im Zusammenhang mit Sicherungsmaßnahmen aufwirft.

1. Zur Terminologie

a) Zulassung

Von einer Zulassung des Insolvenzantrages ist in der Insolvenzordnung an keiner Stelle die Rede. In § 14 Abs. 1 InsO findet sich nur der Begriff der Zulässigkeit des Antrags. Der Antrag des Gläubigers ist danach zulässig, wenn er ein

---

135 *Pohlmann* Rdnr. 68.

136 Vgl. oben Teil 1. A. I. 1.

rechtliches Interesse an der Verfahrenseröffnung hat und seine Forderung sowie den Eröffnungsgrund glaubhaft macht. Beim Schuldner dagegen wird in § 13 Abs. 1 S. 2 InsO nur von dessen Antragsberechtigung gesprochen, ohne daß besondere Anforderungen für die Zulässigkeit seines Antrags genannt werden. Die Geltung allgemeiner Verfahrensvoraussetzungen für einen Insolvenzantrag ergibt sich aus dem Verweis in § 4 InsO auf die Vorschriften der Zivilprozeßordnung.

Der Begriff der Zulassung stammt aus der Konkursordnung. Nach § 105 Abs. 1 KO, der inhaltlich § 14 Abs. 1 InsO entspricht, war ein Gläubigerantrag zuzulassen, wenn die Forderung des Gläubigers und die Zahlungsunfähigkeit des Schuldners glaubhaft gemacht wurden. Als weitere Voraussetzung der Zulassung war allgemein anerkannt, daß der Gläubiger ein rechtliches Interesse an der Konkurseröffnung haben mußte.[137] Zulässiger Antrag im Sinne von § 14 Abs. 1 InsO und zuzulassender Antrag nach § 105 KO meinen daher dasselbe. Der Gläubiger kann seinen Antrag nicht auf bloße Behauptungen stützen, sondern das Rechtsschutzinteresse muß gegeben sein, und der Gläubiger muß Grund und Forderung mit überwiegender Wahrscheinlichkeit nachweisen. Damit sollen Gericht und Schuldner vor offensichtlich haltlosen oder mißbräuchlichen Gläubigeranträgen geschützt werden. Die Zulassung des Gläubigerantrages ist damit nur eine Kurzbezeichnung für die besonderen Voraussetzungen, die ein Gläubigerantrag erfüllen muß, um damit ein Eröffnungsverfahren in Gang zu setzen. Die Zulassung stellt aber weder einen eigenständigen Beschluß noch sonst einen nach außen kundzutuenden Akt des Gerichts dar. Sie ist lediglich ein besonderer Prüfungsschritt bei einem Gläubigerantrag.

Diese Begriffsbestimmung der Zulassung kommt auch in Rechtsprechung und Literatur zur Konkursordnung zum Ausdruck. Die Feststellung der Zulässigkeit des Antrags wird als Zulassung bezeichnet. Sie erfordere keinen besonderen Akt[138] und sei auch kein Beschluß im Rechtssinne, sondern eine den Beschluß der Eröffnung vorbereitende Maßnahme.[139] An dieser Einordnung ändert auch die Tatsache nichts, daß in der Praxis der Antrag häufig ausdrücklich zugelassen wird.[140] Dies hat seinen Grund darin, daß – zumindest nach der Konkursordnung – zwar die Zulassung des Antrages als solche nicht durch Rechtsmittel angefochten, aber als Voraussetzung für die Anordnung von Sicherungsmaßnahmen überprüft werden konnte. Aus diesem Grund wurde zumindest eine Aktennotiz

---

137 *Kilger/K. Schmidt* § 105 KO Rdnr. 2.

138 *KG* KTS 1963, 111, 112.

139 *LG Göttingen*, Beschl. v. 17. 3. 1997 – 6 T 36/97, ZIP 1997, 988; *LG Göttingen*, Beschl. v. 21. 7. 1994 – 6 O 173/94, ZIP 1994, 1376; *Uhlenbruck*, Kölner Schrift, 1. Aufl., S. 239 ff., Rdnr. 26; *Bork* Rdnr. 82.

140 *Uhlenbruck*, Kölner Schrift, 1. Aufl., S. 239 ff., Rdnr. 26; *Bork* Rdnr. 82.

empfohlen.[141] Häufig wird die Zulassung aus konkludenten Handlungen des Gerichts geschlossen, zum Beispiel aus der Zusendung des Fremdantrages an den Schuldner,[142] aus der Beauftragung eines Gutachters zur Prüfung der Massekostendeckung, aus der Einsetzung eines vorläufigen Insolvenzverwalters oder einfach nur daraus, daß das Verfahren weiter betrieben wird.[143]

Zulassung ist somit – korrekt verwendet – nur eine Kurzformel für die Feststellung der besonderen Voraussetzungen, die § 14 Abs. 1 InsO an einen Gläubigerantrag stellt. Zulassung nur in diesem Sinne zu verwenden, führt zu einer begrifflich klaren Trennung zwischen den allgemeinen Zulässigkeitsvoraussetzungen, die für jeden Antrag gelten, und den zusätzlichen Anforderungen für einen Gläubigerantrag.[144] Denn das Insolvenzgericht muß die Zulässigkeit des Antrages feststellen (Sachurteils- und Prozeßvoraussetzungen) **und** – beim Gläubigerantrag – diesen mit Vorliegen der besonderen Voraussetzungen zulassen.[145] Im Zusammenhang mit einem Schuldnerantrag von Zulassung zu sprechen und darunter die Feststellung der allgemeinen Zulässigkeitsvoraussetzungen zu verstehen,[146] sollte daher vermieden werden.

Der Begriff der Zulassung kann zur sprachlichen Vereinfachung – unabhängig vom Antragsteller – als Kurzformel für die Feststellung der besonderen Zulässigkeitsvoraussetzung benutzt werden. Ein Gläubigerantrag bedarf damit immer der Zulassung, ein Schuldnerantrag nur in den Fällen der §§ 15 Abs. 2 S. 1, Abs. 3, 317 Abs. 2 S. 1, 318 Abs. 2 S. 1, 332 Abs. 1, 333 Abs. 2 S. 2 InsO, bei denen auch der antragstellende Schuldner den Eröffnungsgrund glaubhaft machen muß. Ansonsten ist der Schuldnerantrag immer ohne weitere Anforderungen zuzulassen. In diesem Sinne wird der Begriff der Zulassung im weiteren von der Verfasserin gebraucht.

b) Vorläufige und endgültige Zulässigkeit

Von der Zulassung ist die Feststellung der allgemeinen Zulässigkeitsvoraussetzungen zu trennen. Damit ein Insolvenzantrag sein Ziel, die Eröffnung des Insolvenzverfahrens, erreichen kann, müssen die allgemeinen Verfahrensvoraus-

---

141 *Kuhn/Uhlenbruck* § 105 KO Rdnr. 9.

142 *Smid-Smid* § 14 InsO Rdnr. 30.

143 *LG Göttingen*, Beschl. v. 21. 7. 1994 – 6 O 173/94, ZIP 1994, 1376; *Smid-Smid* § 14 InsO Rdnr. 30; *Frankfurter Kommentar-Schmerbach* § 21 InsO Rdnr. 16.

144 Von einer Zulassung im hier verwendeten Sinn geht auch das *OLG Köln*, Beschl. v. 3. 1. 2000 – 2 W 224/99, DZWiR 2000, 73, 74 ff. aus.

145 *LG Göttingen*, Beschl. v. 8. 3. 1993 – 6 T 63/93, ZIP 1993, 447, 448.

146 *Frankfurter Kommentar-Schmerbach* § 14 InsO Rdnr. 89. **A. A.** und sich damit selber widersprechend *Frankfurter Kommentar-Schmerbach* § 21 InsO Rdnr. 15.

setzungen vorliegen.[147] Liegen die allgemeinen Zulässigkeitsvoraussetzungen bis zur Entscheidung über die Eröffnung des Insolvenzverfahrens vor, steht die Zulässigkeit endgültig fest. Bestehen dagegen Zweifel an einer Prozeßvoraussetzung, die nicht ausgeräumt werden können, oder ist das Insolvenzgericht vom Nichtvorliegen einer Prozeßvoraussetzung überzeugt, dann weist das Gericht den Antrag als unzulässig ab. Um ein Insolvenzverfahren zu eröffnen, muß die Zulässigkeit also endgültig feststehen.

Im Unterschied dazu reicht es für die Anordnung von Sicherungsmaßnahmen aus, daß zwar Zweifel an einzelnen Zulässigkeitsvoraussetzungen bestehen, die Zulässigkeit aber nicht offensichtlich fehlt beziehungsweise der Zulässigkeitsmangel behoben werden kann. Wie sich an den oben dargestellten Einzelbeispielen gezeigt hat, können einzelne allgemeine Zulässigkeitsvoraussetzungen bei Anordnung von Sicherungsmaßnahmen sogar noch fehlen. Dieser Maßstab des nicht eindeutigen Fehlens als genügende Voraussetzung für den Erlaß von Sicherungsmaßnahmen wird mit vorläufiger Zulässigkeit bezeichnet. Die Bedeutung dieser vorläufigen Zulässigkeit wird im nächsten Abschnitt noch weiter ausgeführt.

2. Feststellung der allgemeinen Verfahrensvoraussetzungen aufgrund einer überschlägigen Prüfung

§ 21 Abs. 1 S. 1 InsO verlangt nur einen Antrag für die Anordnung von Sicherungsmaßnahmen, ohne weitere Voraussetzungen aufzustellen, die der Antrag für die Anordnung zu erfüllen hat. Nach Leitsatz 1.2.3 des Ersten Berichts der Insolvenzrechtskommission war dagegen ein *zulässiger* Antrag erforderlich.[148] Es wurde oben bereits erläutert, daß es sich dabei lediglich um eine redaktionelle Änderung handelt, aus der keine Rückschlüsse auf den Umfang eines zulässigen Antrages als Voraussetzung für die Anordnung von Sicherungsmaßnahmen gezogen werden können.[149]

Für die Anordnung von Sicherungsmaßnahmen muß grundsätzlich ein gemäß §§ 4 InsO, 253 ZPO ordnungsgemäßer Schuldner- beziehungsweise Gläubigerantrag vorliegen. Der Antrag des Gläubigers muß nach § 4 InsO, 253 Abs. 2 Nr. 1 ZPO die ladungsfähige Anschrift des Schuldners enthalten, die der Gläubiger bei einer juristischen Person oder Personenhandelsgesellschaft aus dem Handelsregister und bei natürlichen Personen über das Einwohnermeldeamt ermit-

---

[147] Im einzelnen oben Teil 1 A. III. 1.

[148] Begr. zu LS 1.2.3 des Ersten Berichts der Insolvenzrechtskommission, in: *BMJ EB*, S. 103.

[149] Vgl. oben Teil 1 A. I.

teln kann.[150] Selbst bei den Anforderungen an einen ordnungsgemäßen Antrag werden wegen der besonderen Eilbedürftigkeit von Sicherungsmaßnahmen Ausnahmen von § 253 ZPO zugelassen. Die nach § 253 Abs. 5 ZPO erforderlichen Abschriften des Antrags können fehlen. Sie werden vom Insolvenzgericht auf Kosten des Antragstellers erstellt.[151] Auf die Anschrift kann sogar gänzlich verzichtet werden, wenn sie unbekannt ist.[152]

Auch wie überzeugt das Gericht jeweils von den allgemeinen Verfahrensvoraussetzungen bei der Anordnung von Sicherungsmaßnahmen sein muß, läßt sich nur aus der Sondersituation des Eröffnungsverfahrens herleiten. Im Eröffnungsverfahren ist Eile geboten. Teilweise besteht sogar die Notwendigkeit, Sicherungsmaßnahmen innerhalb weniger Stunden nach Antragstellung anzuordnen. Denn mit Bekanntwerden der Antragstellung versuchen vor allem Gläubiger noch zu retten, was zu retten ist. Gerade diese Gefährdungen des Schuldnervermögens sollen durch die Anordnung von Sicherungsmaßnahmen verhindert werden. Es kommt daher ganz entscheidend darauf an, daß die Gerichte möglichst schnell und unkompliziert reagieren können. Die Gerichte haben nach Eingang des Antrag in der Regel nicht sehr viele Informationen an der Hand, sind aber verpflichtet, mit Hilfe der Sicherungsmaßnahmen das Schuldnervermögen möglichst effektiv, das heißt schnellstmöglich vor Zugriffen des Schuldners und einzelner Gläubiger zu schützen. Dieser Notwendigkeit, schnell zu handeln, würde es widersprechen, wenn man für die Anordnung von Sicherungsmaßnahmen eine umfassende Prüfung der allgemeinen Verfahrensvoraussetzungen und die volle Überzeugung des Gerichts von deren Vorliegen verlangen würde.[153] Auch wollte der Gesetzgeber insgesamt mehr Verfahren zur Eröffnung bringen, was ebenfalls gegen zu hohe Anforderungen spricht. Daher genügt es für die Anordnung von Sicherungsmaßnahmen, wenn das Insolvenzgericht aufgrund einer überschlägigen Prüfung zu der Überzeugung gelangt, daß die allgemeinen Zulässigkeitsvoraussetzungen nicht offensichtlich fehlen beziehungsweise deren Fehlen behoben werden kann.

Es bedarf folglich für die Anordnung von Sicherungsmaßnahmen nur einer überschlägigen Prüfung des Antrages, bei der das Insolvenzgericht eine Abwägung zwischen dem Sicherungszweck des § 21 InsO und dem Sinn und Zweck der jeweiligen allgemeinen Zulässigkeitsvoraussetzung beziehungsweise der Antragsvoraussetzungen des § 253 ZPO vorzunehmen hat. Resultat dieser über-

---

150 *AG Postdam*, Beschl. v. 2. 8. 2001 – 35 In 479/01, NZI 2001, 604.

151 *Frankfurter Kommentar-Schmerbach* § 14 InsO Rdnr. 11.

152 *Heidelberger Kommentar-Kirchhof* § 13 InsO Rdnr. 5; *Kübler/Prütting-Pape* § 14 InsO Rdnr. 3; *OLG Köln*, Beschl. v. 1. 8. 1988 – 2 W 131/88, ZIP 1988, 1070; *Pape* EWIR 1988, 1111, 1112.

153 *Münchener Kommentar-Haarmeyer* § 21 InsO Rdnr. 16.

schlägigen Prüfung, dessen Ergebnis in dem eben beschriebenen Sinne abzuwägen ist, kann somit sein, daß auf ein Zulässigkeitskriterium beziehungsweise ein Kriterium des ordnungsgemäßen Antrages **vor** Anordnung der Sicherungsmaßnahmen verzichtet wird.

Einem derart herabgesetzten Maßstab könnte widersprechen, daß bereits durch die Anordnung von Sicherungsmaßnahmen teilweise in erheblichem Maße in die Rechte des Schuldners beziehungsweise im Fall des § 21 Abs. 2 Nr. 3 InsO in die Rechte der Gläubiger eingegriffen wird. Dem Schuldner kann zum Beispiel auf Grund der §§ 21 Abs. 2 Nr. 1 iVm. § 21 Abs. 2 Nr. 2, § 22 InsO bereits im Eröffnungsverfahren die Verwaltungs- und Verfügungsbefugnis entzogen werden. Leitsatz 1.2.3 des Ersten Berichts der Insolvenzrechtskommission führt deshalb als Begründung, warum das Insolvenzgericht für die Anordnung von Sicherungsmaßnahmen mit einem zulässigen Antrag befaßt sein muß, an: „*Mißbräuchliche oder vorschnelle, auf Irrtum beruhende Eingriffe müssen verhindert werden.*"[154] Mißbräuchliche Gläubigeranträge sollen jedoch durch die Anforderungen des § 14 Abs. 1 InsO verhindert werden.[155] Die allgemeinen Verfahrensvoraussetzungen dienen dagegen zumindest in erster Linie nicht dem Schutz vor vorschnellen und mißbräuchlichen Anträgen. Die untersuchten Fallgruppen zu den allgemeinen Verfahrensvoraussetzungen haben gezeigt, daß es im Eröffnungsverfahren bei Mißbräuchen, die allgemeine Verfahrensvoraussetzungen betreffen, nicht darum geht, Sicherungsmaßnahmen herbeizuführen, sondern deren Anordnung rechtsmißbräuchlich zu behindern. In diesen Fällen waren Verhaltensweisen problematisch, mit denen versucht wurde, Prozeßvoraussetzungen in mißbräuchlicher Weise zu „zerstören", um ein Insolvenzverfahren zu behindern und zu verzögern. So führt das Ausscheiden des Alleingeschäftsführers einer GmbH zur fehlenden Prozeßfähigkeit, die verfahrensrechtlich korrekt nur durch die zeitaufwendige Einsetzung eines Notgeschäftsführers oder eines Prozeßvertreters behoben werden kann.[156] Oder es wird versucht, durch Verlegungen des Mittelpunkts der wirtschaftlichen Tätigkeit oder des Geschäftssitzes Schwierigkeiten bei der Bestimmung des zuständigen Gerichts herbeizuführen.[157] Der Einwand, eine nur überschlägige Evidenzkontrolle der allgemeinen Zulässigkeitsvoraussetzungen für die Anordnung von Sicherungsmaßnahmen berge die Gefahr von Mißbräuchen, geht damit ins Leere. Denn die mißbräuchlichen Verhaltensweisen des Antragstellers hinsichtlich der allgemeinen Zuläs-

---

154 Begr. zu LS 1.2.3 des Ersten Berichts der Insolvenzrechtskommission, in: *BMJ EB*, S. 103.

155 Begr. zu § 16 RegE [§ 14 InsO], in: *Balz/Landfermann* S. 220 f.; *Smid-Smid* § 14 InsO Rdnr. 1.

156 Oben Teil 1 A. III. 1. c).

157 Oben Teil 1 A. III. 1. a).

sigkeitsvoraussetzungen zielen darauf ab, Sicherungsmaßnahmen zu verhindern, aber nicht, sie unberechtigt zu erschleichen.

3. Grundsätzliche Amtsermittlung der Zulässigkeitsvoraussetzungen

Die Grundsätze, die für die Aufklärung des Sachverhalts im Insolvenzverfahren gelten, regelt die Insolvenzordnung auf den ersten Blick eindeutig. § 5 Abs. 1 S. 1 InsO bestimmt, daß das Insolvenzgericht von Amts wegen alle Umstände zu ermitteln hat, die für das Insolvenzverfahren von Bedeutung sind. Die einzige ausdrückliche Ausnahme vom Amtsermittlungsgrundsatz enthält § 14 Abs. 1 InsO, wonach ein antragstellender Gläubiger seine Forderung und den Eröffnungsgrund glaubhaft machen muß. Eine zweite Einschränkung der Ermittlungspflicht des Gerichts besteht, wenn eine Forderung bestritten wird. Die Prüfung einer bestrittenen Forderung folgt den Grundsätzen, die für das Erkenntnisverfahren gelten. Man kann von einer „*unechten Einschränkung*“[158] sprechen, da die Prüfung einer einzelnen Forderung außerhalb des eigentlichen Insolvenzverfahrens steht, sie ist eine Vorfrage für das Insolvenzverfahren.

Weitere Ausnahmen von § 5 Abs. 1 InsO könnten über § 4 InsO hergeleitet werden, der die Vorschriften der Zivilprozeßordnung im Insolvenzverfahren für anwendbar erklärt. Die Geltung des zivilprozessualen Beibringungsgrundsatzes im Insolvenzverfahren über § 4 InsO ließe sich aber nur rechtfertigen, wenn die besonderen Gründe, die für die Geltung des Amtsermittlungsgrundsatzes im Insolvenzverfahren sprechen, in bestimmten Situationen nicht greifen würden und diese Situationen mit einem Zivilprozeß vergleichbar wären.

a) Der Streit über die Geltung des Amtsermittlungsgrundsatzes

Trotz der klaren Regelung zur Verantwortlichkeit bei der Sachverhaltsaufklärung ist streitig, ob die allgemeinen Zulässigkeitsvoraussetzungen eines Insolvenzantrages von Amts wegen zu ermitteln oder entgegen § 5 Abs. 1 S. 1 InsO vom Gläubiger darzulegen sind. Einige vertreten die Auffassung, daß die Gerichte keine Amtsermittlungspflicht im Eröffnungsverfahren hinsichtlich der Zulässigkeitsvoraussetzungen eines Gläubigerantrags haben.[159] Gründe für die dem Wortlaut des § 5 Abs. 1 S. 1 InsO widersprechende Gesetzesinterpretation werden nur von *Schmerbach*[160] genannt. Die übrigen verwenden als Nachweis für

---

[158] *Baur/Stürner* Bd. II, § 5 Rdnr. 5.14.

[159] *Heidelberger Kommentar-Kirchhof* § 5 Rdnr. 6, § 14 InsO Rdnr. 27 **iVm.** § 27 Rdnr. 4-8; *Frankfurter Kommentar-Schmerbach* 14 InsO Rdnr. 5; *OLG Zweibrücken*, Beschl. v. 20. 10. 200 – 3 W 171/00, ZIP 2000, 2172, 2173.

[160] In: *Frankfurter Kommentar* 14 InsO Rdnr. 5.

diese Auffassung Kommentarstellen zu § 105 KO, die lediglich besagen, daß für die Zulassungsvoraussetzungen des § 105 KO, das heißt die vom Gläubiger glaubhaft zu machende Forderung und Eröffnungsgrund, die Ermittlungspflicht des Gerichts nicht gilt.[161]

Wie es zu dieser Ansicht – keine Amtsermittlung hinsichtlich sämtlicher Zulässigkeitsvoraussetzungen – kam, kann nur vermutet werden. § 105 Abs. 1 KO spricht davon, daß ein Gläubigerantrag dann zuzulassen ist, wenn Forderung und Grund glaubhaft gemacht werden. Ohne sachliche Änderung bestimmt § 14 Abs. 1 InsO, daß der Antrag des Gläubigers zulässig ist, wenn Forderung und Grund glaubhaft gemacht werden. Wahrscheinlich wird „zulässig" in § 14 Abs. 1 InsO so verstanden, daß es sich auf sämtliche Zulässigkeitsvoraussetzungen bezieht. Die Aussagen über die Nichtgeltung der gerichtlichen Ermittlungspflicht zum alten § 105 Abs. 1 KO, die sich nur auf die Glaubhaftmachung von Forderung und Grund bezogen, werden aber übernommen. Mangels sachlicher Begründung und wegen der wahrscheinlich unreflektierten Übernahme der Rechtslage zu § 105 KO kann die Auffassung, daß sämtliche Zulässigkeitsvoraussetzungen nicht von Amts wegen zu ermitteln sind, nicht überzeugen.

Schmerbach begründet diese Auffassung zwar noch mit der Feststellung, daß es sich bei dem Eröffnungsverfahren um ein quasi-streitiges Parteiverfahren handele und deshalb der Beibringungsgrundsatz für sämtliche Zulässigkeitsvoraussetzung gelte.[162] Aber auch diese Begründung kann aus den folgenden Gründen nicht überzeugen. Gemeint ist mit dem Begriff *„quasi-streitiges Parteiverfahren"*, daß sich im Fall eines Gläubigerantrags der Gläubiger und der Schuldner im Eröffnungsverfahren wie in einem Zivilprozeß gegenüber stehen. Diejenigen, die auf die Qualifikation des Eröffnungsverfahrens als *„quasi-streitiges Verfahren"* zurückgreifen, machen im Eröffnungsverfahren aber keine Ausnahme von der Amtsermittlungspflicht für die allgemeinen Zulässigkeitsvoraussetzungen. Vielmehr wird die Charakterisierung dazu verwendet, die Geltung der Dispositionsmaxime im Eröffnungsverfahren zu begründen. Aus der Geltung der Dispositionsmaxime wurde geschlossen, daß ein antragstellender Gläubiger seinen Antrag bis zum Erlaß des Eröffnungsbeschlusses nach § 269 ZPO analog zurücknehmen könne.[163] Dies ist nun ausdrücklich in § 13 Abs. 2 InsO regelt.[164]

---

161 *Kilger/K. Schmidt* § 105 KO Rdnr. 1 c; *Kuhn/Uhlenbruck* § 105 KO Rdnr. 4.

162 *Frankfurter Kommentar-Schmerbach* § 5 InsO Rdnr. 2. *Smid-Smid* § 14 InsO Rdnr. 24, hält das Insolvenzverfahren **dagegen** für ein *„nichtstreitiges Verfahren"*.

163 *BGH*, Urt. v. 11. 7. 1961 – VI ZR 208/60, NJW 1961, 2016; *LG Bielefeld*, Beschl. v. 30. 5. 1986 – 3 T 484/86, ZIP 1986, 1593; *Haarmeyer* ZInsO 1998, 92; *Uhlenbruck* KTS 1983, 341, 345.

164 *Kübler/Prütting-Pape* § 13 InsO Rdnr. 19.

Für einen erledigt erklärten Antrag kommt § 91 a ZPO analog zur Anwendung.[165] Die Charakterisierung des Eröffnungsverfahrens als *„quasi-streitiges Parteiverfahren"* wurde bei Antragsrücknahme und -erledigung zur Begründung der gewünschten Ergebnisse verwendet. Diese Charakterisierung kann aber auf das Eröffnungsverfahren nicht allgemein übertragen und als Argument gegen die Amtsermittlungspflicht bei den Zulässigkeitsvoraussetzungen verwandt werden. Das Eröffnungsverfahren ist nur *„im Grundsatz ein Parteiverfahren"*.[166] Beim Gläubigerantrag ist die Position des Antragstellers nur für sein Antragsrecht und die sich daran anknüpfenden Folgen, wie zum Beispiel die Kostenverteilung bei Erledigung, von Bedeutung.[167] Ansonsten kommt es auf die Gläubigergesamtinteressen an. Dies zeigt sich an der Amtsermittlungspflicht gemäß § 5 Abs. 1 S. 1 InsO sowie der Generalklausel des § 21 Abs. 1 S. 1 InsO.[168] Die unterschiedliche Beurteilung ergibt aus der widersprüchlichen Konstruktion des Eröffnungsverfahrens, daß auf der einen Seite das Insolvenzverfahren nicht ohne Antrag in die Wege geleitet werden kann, es aber auf der anderen Seite nicht den Interessen des Antragstellers, sondern denen der gesamten Gläubigerschaft dient.[169] Aus der Bezeichnung des Eröffnungsverfahrens als quasi-streitiges Parteiverfahren können damit gerade keine Rückschlüsse auf den Umfang der Amtsermittlungspflicht gezogen werden. Wie sich im Weiteren zeigen wird, sprechen darüber hinaus Sachgründe gegen die Geltung des Beibringungsgrundsatzes hinsichtlich der allgemeinen Zulässigkeitsvoraussetzungen.

Andere Stimmen gehen dementsprechend auch von der Geltung des Amtsermittlungsgrundsatzes hinsichtlich der allgemeinen Zulässigkeitsvoraussetzungen beim Gläubiger- wie beim Schuldnerantrag aus.[170] Wenn ausgeführt wird, daß das Insolvenzgericht erst ab Zulassung des Antrages amtsermitteln muß,[171] ist somit gemeint, daß nur hinsichtlich der vom antragstellenden Gläubiger glaubhaft zu machenden Forderung und des Eröffnungsgrundes die Ermittlungspflicht

---

165 *BGH*, Urt. v. 11. 7. 1961 – VI ZR 208/60, NJW 1961, 2016; *LG Bielefeld*, Beschl. v. 30. 5. 1986 – 3 T 484/86, ZIP 1986, 1593; *Haarmeyer* ZInsO 1998, 92; *Uhlenbruck* KTS 1983, 341, 345; *Kübler/Prütting-Pape* § 13 InsO Rdnr. 22.

166 *AG Duisburg*, Beschl. v. 28. 12. 2001 – 62 IK 99/01, NZI 2002, 211.

167 *Schmahl* NZI 2002, 177, 182.

168 *AG Duisburg*, Beschl. v. 28. 12. 2001 – 62 IK 99/01, NZI 2002, 211; *Schmahl* NZI 2002, 177, 182.

169 Vgl. *Schmahl* NZI 2002, 177, 185.

170 *Smid-Smid/Thiemann* § 21 InsO Rdnr. 1, der dies mit dem Rechtsfürsorgecharakter des Insolvenzverfahren begründet, *Smid-Smid* § 4 InsO Rdnr. 6; *LG Göttingen*, Beschl. v. 8. 3. 1993 – 6 T 63/93, ZIP 1993, 447, 448 (ohne Begründung zu § 105 Abs. 1 KO); **a. A.** *AG Dresden*, Beschl. v. 13. 2. 2002 – 530 IN 2190/01, ZIP 2002, 862.

171 *Kilger/K. Schmidt* § 105 KO Rdnr. 1 c; *Kuhn/Uhlenbruck* § 105 KO, Rdnr. 4.

ab Zulassung gilt. Die Ermittlungspflicht bezüglich der übrigen Zulässigkeitsvoraussetzungen soll durch diese Aussage nicht eingeschränkt werden.

b) Sachgründe für eine Sachverhaltsaufklärung von Amts wegen

Die Geltung des Amtsermittlungsgrundsatzes für die allgemeinen Zulässigkeitsvoraussetzungen entspricht nicht nur dem Wortlaut und der Systematik der Insolvenzordnung, da § 14 Abs. 1 InsO nur beim Fremdantrag bezüglich der Gläubigerforderung und des Eröffnungsgrundes eine Ausnahme von § 5 Abs. 1 S. 1 InsO regelt. Es existieren auch keine anderen Gründe, die über § 4 InsO einen Rückgriff auf den Beibringungsgrundsatz erforderlich machen würden. Das Insolvenzverfahren stellt ein Gesamtvollstreckungsverfahren, aber keinen Zivilprozeß nach der Zivilprozeßordnung dar. In einem Zivilprozeß streiten zwei Parteien um ihre privaten Rechte. Das Gericht als neutrale Entscheidungsinstanz stellt die Rechte der Parteien letztverbindlich fest.[172] In einem Insolvenzverfahren dagegen geht es nicht um die verbindliche Entscheidung über streitige Rechte. Besteht Streit über Bestehen oder Umfang einer von einem Insolvenzgläubiger behaupteten Forderung, verweisen die §§ 179 ff. InsO den Gläubiger auf das zivilprozessuale Verfahren, um den Streit verbindlich zu klären. Die Insolvenzgerichte sollen von Streitigkeiten über Insolvenzforderungen entlastet werden, um das Verfahren flüssig zu halten.[173] Zweck des Insolvenzverfahrens ist es, die Interessen einer Vielzahl von Gläubigern und die des Schuldners in einem geordneten Verfahren zum gerechten Ausgleich zu bringen. Die Beteiligung *„des Gerichts* [an diesem Verfahren] *ist vorwiegend als Ausfluß der rechtsfürsorglichen freiwilligen Gerichtsbarkeit zu erachten.*"[174] Das Insolvenzverfahren ist dennoch nicht der freiwilligen Gerichtsbarkeit zuzuordnen. Es ist multifunktional und weist zugleich Elemente der streitigen und der freiwilligen Gerichtsbarkeit auf.[175] Hinsichtlich seiner Funktion als Vollstreckungsverfahren weist § 4 InsO das Insolvenzverfahren der streitigen Gerichtsbarkeit zu. Jedoch kommen Vorschriften der Zivilprozeßordnung auf Grund der subsidiären Verweisung des § 4 InsO nur insoweit zur Anwendung, als sie dem Charakter des Insolvenzverfahrens entsprechen.[176] Der Amtsermittlungsgrundsatz des § 5 Abs. 1 S. 1 InsO ist dagegen Ausdruck des Rechtsfürsorgecharakters des Insolvenzverfahrens. Wegen der besonderen Probleme eines Vielparteienverfahrens und des vielschichtigen Interessengeflechts, das ein Insolvenzverfahren bestimmt, sowie der

---

172 *Rosenberg/Schwab/Gottwald* § 1 IV. S. 4; *Stein/Jonas-Schumann* Einl. Rdnr. 477.

173 *Baur/Stürner*, Bd. II, Rdnr. 5.52.

174 So die Motive zur Konkursordnung bei *Hahn*, S. 273. Vgl. auch *Prütting*, in: Kölner Schrift, S. 221 ff., Rdnr. 44 sowie *Häsemeyer* Rdnr. 3.05, 6.05a zum Rechtsfürsorgecharakter des Insolvenzverfahrens.

175 *Uhlenbruck* § 4 InsO Rdnr. 1; *Häsemeyer* Rdnr. 3.05.

176 *Häsemeyer* Rdnr. 3.05.

Bedeutung einer geordneten Abwicklung einer Insolvenz für das öffentliche Interesse sollen die erforderlichen Entscheidungsgrundlagen für Gericht und Verwalter *„nicht von unzuverlässigen oder nicht zu erlangenden Informationen oder unsicheren Privaterkundigungen*“ abhängig sein.[177]

Die einzige Ausnahme vom Amtsermittlungsgrundsatz bestimmt § 14 Abs. 1 InsO. Durch das Erfordernis der Glaubhaftmachung von Forderung und Eröffnungsgrund soll mißbräuchlichen Gläubigeranträgen vorgebeugt werden.[178] Damit wird verhindert, daß das Insolvenzgericht unnötig seine Arbeitskraft einsetzt und daß der Schuldner unbegründet den Belastungen und rufschädigenden Gefahren eines Insolvenzverfahrens ausgesetzt wird. Die Ausnahme vom Amtsermittlungsgrundsatz beruht somit auf insolvenzspezifischen Gründen und nicht auf allgemeinen Überlegungen zum Charakter des Insolvenzverfahrens, die eine Geltung des Beibringungsgrundsatzes über § 14 Abs. 1 InsO hinaus rechtfertigen könnten.

c) Zeitliche Geltung des Amtsermittlungsgrundsatzes

Die Amtsermittlungspflicht setzt ab Zulassung – also der Feststellung der besonderen Zulässigkeitsvoraussetzungen – ein. Die besonderen Zulässigkeitsvoraussetzungen haben gerade den Zweck, das Gericht vor offensichtlich aussichtslosen und rechtsmißbräuchlichen Anträgen zu schützen, weshalb vor Zulassung eine Ermittlungspflicht des Gerichts nicht besteht.

d) Der Inhalt der Amtsermittlungspflicht

Die damit bestehende Verpflichtung des Insolvenzgerichts, die die Zulässigkeitsvoraussetzungen begründenden Tatsachen von Amts wegen zu ermitteln, erlaubt es dem Gericht auch, sich zum einen eines Sachverständigen zur Aufklärung des Sachverhalts zu bedienen. Haben Schuldner oder Gläubiger dagegen Zugang zu Informationen, insbesondere weil diese sich in ihrem Herrschaftsbereich befinden, genügt das Gericht seiner Ermittlungspflicht, wenn es die betreffende Partei auffordert, diese Informationen beizubringen.[179] Den Antrag abzuweisen, weil der Gläubiger einer entsprechenden Aufforderung des Insolvenzgerichts – auf Grund deren Amtsermittlungspflicht – nicht nachgekommen war, wäre auch die richtige Begründung einer Entscheidung des *OLG Zweibrückens*

---

177 Diese Aussage der Motive zu § 67 (später § 75 KO) bei *Hahn*, S. 276, trifft auch noch für das Insolvenzverfahren zu.

178 Begr. zu § 16 RegE [§ 14 InsO], in: *Balz/Landfermann* S. 220 f.; *Smid-Smid* § 14 InsO Rdnr. 1.

179 *LG Wuppertal*, Beschl. v. 19. 4. 1998 – T 176/98, ZInsO 1999, 300 (Amtsermittlung oder Aufforderung an Antragsteller)

gewesen.[180] In dem Fall hing die Rechts- und Parteifähigkeit einer ausländischen Gesellschaft bürgerlichen Rechts, die als Gläubigerin einen Insolvenzantrag stellte, nach deutschem Internationalen Privatrecht vom Ort des tatsächlichen Verwaltungssitzes ab (Sitztheorie). Dem Einwand des Gläubigers, das Insolvenzgericht hätte den tatsächlichen Verwaltungssitz von Amts wegen zu ermitteln, entgegnete das Oberlandesgericht, der Amtsermittlungsgrundsatz gelte für die Zulässigkeitsvoraussetzungen eines Gläubigerantrags nicht. Das vom *OLG Zweibrücken* angestrebte Ergebnis, daß der Gläubiger, der im vorliegenden Fall am schnellsten Zugriff auf die erforderlichen Informationen hatte, den Ort des tatsächlichen Verwaltungssitzes aufzuklären hat, ist aber ohne eine Ausnahme vom Amtsermittlungsgrundsatz zu erreichen. Denn der Amtsermittlungspflicht ist in solchen Fällen mit einer Aufforderung an den Gläubiger, dem Gericht die erforderlichen Informationen zu liefern, genüge getan.

Für die im Rahmen dieser Arbeit interessierende Frage, welche Bedeutung die Zulässigkeitsvoraussetzungen für die Anordnung von Sicherungsmaßnahmen haben, spielt die Amtsermittlungspflicht allerdings nur eine untergeordnete Rolle. Da das Gericht Sicherungsmaßnahmen schon nach einer überschlägigen Prüfung erlassen kann, wird sich die Frage nach der Amtsermittlungspflicht vor Anordnung von Sicherungsmaßnahmen nur in Ausnahmefällen stellen.

4. Auswirkungen neu auftretender Tatsachen und der Gegenglaubhaftmachung für den Bestand bereits erlassener beziehungsweise für die Anordnung weiterer Sicherungsmaßnahmen

Liegen mit dem glaubhaft gemachten Insolvenzgrund und der glaubhaft gemachten Forderung die besonderen Zulässigkeitsvoraussetzungen vor, läßt das Insolvenzgericht den Insolvenzantrag zu.[181] Ab diesem Zeitpunkt kann es Sicherungsmaßnahmen erlassen. Vom Zeitpunkt der erstmaligen Anordnung von Sicherungsmaßnahmen, der wenige Stunden nach Eingang eines Insolvenzantrages liegen kann, bis zur Entscheidung über die Eröffnung kann einige Zeit vergehen. An die Zulassung des Antrages schließt sich, wenn nicht noch Zulässigkeitsfragen abschließend zu klären sind, die eigentliche Prüfung, die sogenannte Hauptprüfung, an. Sie stellt die Begründetheitsprüfung des Antrages dar. Für die Eröffnung des Insolvenzverfahrens muß das Insolvenzgericht – neben der Feststellung einer kostendeckenden Masse – davon überzeugt sein, daß ein Insolvenzgrund gegeben ist. Die Forderung des antragstellenden Gläubigers muß das Gericht auch im Zeitpunkt der Eröffnungsentscheidung für überwiegend wahrscheinlich halten. Die Ermittlungen in der Hauptprüfung müssen wegen der

---

180 *OLG Zweibrücken*, Beschl. v. 20. 10. 2000 – 3 W 171/00, ZIP 2000, 2172.

181 Zur Terminologie des Begriffes Zulassung, vgl. oben III. 1. a).

wirtschaftlichen Tragweite der Entscheidung über die Eröffnung besonders sorgfältig erfolgen.[182] Während dieser Begründetheitsprüfung muß das Insolvenzgericht stetig kontrollieren, ob die Sicherungsmaßnahmen weiterhin gerechtfertigt sind. Auch ist es denkbar, daß sich bestehende Sicherungsmaßnahmen als nicht ausreichend erweisen und deshalb – meist auf Anregung des vorläufigen Insolvenzverwalters – „*nachgebessert*" werden müssen.[183]

Es fragt sich, unter welchen Voraussetzungen ein einmal zugelassener Antrag seine Zulässigkeit wieder verlieren kann und welche Auswirkungen dies auf bereits angeordnete Sicherungsmaßnahmen hat. Auch gilt es zu klären, ob die Zulässigkeit des Antrages im Fall der Anordnung weiterer Sicherungsmaßnahmen jedesmal erneut festgestellt werden muß oder ob für die Nachbesserung auf eine vormals durchgeführte Zulassungsprüfung zurückgegriffen werden kann. Dieser Fragestellung wird anhand der folgenden drei Fälle nachgegangen. Erstens: Der Schuldner bestreitet den Bestand der vom antragstellenden Gläubiger behaupteten Forderung. Zweitens: Der Schuldner erhebt Einwände gegen das Bestehen des Eröffnungsgrundes. Und Drittens – exemplarisch für die allgemeinen Verfahrensvoraussetzungen: Das Insolvenzgericht stellt fest, daß es unzuständig ist.

a) Die Forderung wird bestritten

Im Eröffnungsverfahren wird dem Schuldner nach allgemeiner Meinung das Recht zugestanden, sich mit Gegenglaubhaftmachung gegen die behauptete Forderung zu wehren. Der Gläubiger kann gegebenenfalls eine erneute Glaubhaftmachung versuchen. Auch während der Begründetheitsprüfung müssen Gläubiger und Schuldner die relevanten Tatsachen für das Vorliegen oder Nichtvorliegen der Forderung beibringen. Die Amtsermittlungspflicht des Insolvenzgerichts gilt nicht für den Insolvenzgrund begründende Forderungen. Wird im eröffneten Verfahren eine Forderung bestritten, muß der Gläubiger, um die Feststellung seiner Forderung zu erreichen, im ordentlichen Verfahren Klage erheben, §§ 179, 180 InsO. Die §§ 174 ff. ZPO sind Ausdruck des auch im Insolvenzverfahren geltenden allgemeinen vollstreckungsrechtlichen Grundsatzes, daß eine ernsthaft bestrittene Forderung in einem ordentlichen Streitverfahren geklärt werden muß, bevor aus ihr vollstreckt werden kann.[184] Selbst im eröffneten Verfahren beschäftigt sich das Insolvenzgericht daher nicht mit der Feststellung

---

182 *BGH*, Urt. v. 5. 11. 1956 – III ZR 139/55, KTS 1957, 12, 13; *LG Köln*, Beschl. v. 30. 7. 1964 – 1 T 338/64, KTS 1964, 247, 249.

183 *Smid* DZWIR 1999, 104, 107.

184 So für das Konkursrecht und die §§ 144 bis 147 KO, *OLG Hamm*, Beschl. v. 3. 7. 1970 – 15 W 282/70, KTS 1971, 54, 56; *OLG Frankfurt/Main*, Beschl. v. 2. 11. 1982 – 20 W 639/82, KTS 1983, 148, 149.

streitiger Forderungen. Im möglichst kurz zu haltenden Eröffnungsverfahren ist deshalb für die Prüfung der Forderung erst recht kein Raum.

Allein die Gegenglaubhaftmachung hat noch keine Auswirkung auf die Sicherungsmaßnahmen. Erst wenn es dem Schuldner gelingt, die Glaubhaftmachung des Gläubigers zu erschüttern und *„einen ernsthaften Streit“* auszulösen, muß das Insolvenzgericht den Insolvenzantrag wegen Unzulässigkeit ablehnen.[185] Dabei ist zu beachten, daß eine Gegenglaubhaftmachung den gesetzlich vorgeschriebenen Grad der richterlichen Überzeugung nicht erhöht. Der Gläubiger muß daher auch, wenn der Schuldner die Forderung des Gläubigers bestreitet, diese nicht voll beweisen, sondern weiterhin nur glaubhaft machen.[186]

Das Insolvenzgericht fährt also im Falle der Glaubhaft- und Gegenglaubhaftmachung so lange mit der Prüfung des Eröffnungsgrundes und den damit eventuell verbundenen Anordnungen von Sicherungsmaßnahmen fort, bis dem Gläubiger die Glaubhaftmachung endgültig nicht mehr gelingt. Kann der Gläubiger seine Forderung nicht mehr glaubhaft machen, müssen sämtliche Sicherungsmaßnahmen aufgehoben werden.[187] Bis zu diesem Zeitpunkt reicht der einmal zugelassene Antrag als Voraussetzung sowohl für den Bestand bereits erlassener als auch für die Anordnung weiterer Sicherungsmaßnahmen.[188]

b) Der Eröffnungsgrund wird bestritten

Wie auch das Bestehen einer Forderung kann der Schuldner das Vorliegen eines Insolvenzgrundes mit einer Gegenglaubhaftmachung bestreiten. Allerdings fragt es sich, ob die Wirkungen der Erschütterung der Glaubhaftmachung, wie bei der bestrittenen Forderung, die Ablehnung des Antrages zur Folge hat oder ob das Gericht das Bestreiten durch den Schuldner nur als weitere Information bei der Ermittlung des Eröffnungsgrundes ansehen muß. Sieht das Insolvenzgericht das wirksame Bestreiten des Eröffnungsgrundes durch den Schuldner nur als weitere Information im Rahmen seiner Begründetheitsprüfung an, lehnt es den Antrag erst ab, wenn es den Insolvenzgrund endgültig nicht ermitteln kann. Bis zu die-

---

185 *LG Göttingen*, Beschl. v. 21. 7. 1994 – 6 O 173/94, ZIP 1994, 1376, 1377; *LG Göttingen*, Beschl. v. 27. 5. 2000 – 10 T 27/00, DZWIR 2000, 342, 343.

186 *OLG Köln*, Beschl. v. 29. 2. 1988 – 2 W 9/88, ZIP 1988, 664, 665.

187 § 25 InsO normiert im Gegensatz zu § 106 Abs. 2 KO, der dies bei Ablehnung des Eröffnungsantrages vorsah, nicht, unter welchen Voraussetzungen Sicherungsmaßnahmen aufgehoben werden müssen. Der Gesetzgeber der Insolvenzordnung hielt dies für eine Selbstverständlichkeit und von daher nicht für normierungsbedürftig; eine Änderung zur vorherigen Gesetzeslage war nicht beabsichtigt.

188 *Heidelberger Kommentar-Kirchhof* § 21 InsO Rdnr. 3.

sem Zeitpunkt wären die Sicherungsmaßnahmen durch einen einmal zulässigen Antrag gerechtfertigt.

Das Vorliegen des Eröffnungsgrundes ist die grundlegende Rechtfertigung für das Insolvenzverfahren. Denn reicht das Vermögen nicht mehr für alle Gläubiger aus, führt das Prioritätsprinzip der Einzelzwangsvollstreckung nicht mehr zu gerechten Ergebnissen. Über das Vorliegen des Eröffnungsgrundes muß sich das Insolvenzgericht daher – im Gegensatz zur behaupteten Forderung – Gewißheit verschaffen, das heißt, es muß den Grund von Amts wegen ermitteln und positiv feststellen. Dieser Pflicht kann das Gericht auch mit der Beauftragung eines Sachverständigen nachkommen.[189] Die neben der Amtsermittlungspflicht des Gerichts bestehende Möglichkeit zur Gegenglaubhaftmachung und erneuten Glaubhaftmachung von Schuldner und Gläubiger kann dem Insolvenzgericht nur weitere Informationen liefern. Diese Informationen erleichtern die Amtsermittlung, können sie aber nicht ersetzen.

Für die Sicherungsmaßnahmen ergibt sich aus der Amtsermittlungspflicht des Gerichts hinsichtlich des Insolvenzgrundes, daß sie solange zulässig sind, bis das Insolvenzgericht abschließend über den Grund entschieden hat. Die Sicherungsmaßnahmen sind gerade dafür da, das Vermögen des Schuldners während der Begründetheitsprüfung des Insolvenzgerichts zu sichern. Eine ernsthafte Erschütterung der Glaubhaftmachung des Insolvenzgrundes reicht also nicht aus, Sicherungsmaßnahmen aufzuheben.[190] Eine Aufhebung der Sicherungsmaßnahmen kommt erst in Betracht, wenn das Gericht zu der Überzeugung gelangt, daß der Eröffnungsantrag wegen Unbegründetheit abzulehnen ist. Dies ist der Fall, wenn das Insolvenzgericht entweder von einem Nichtvorliegen des Grundes überzeugt ist oder aber den Insolvenzgrund abschließend nicht ermitteln kann.

c) Unzuständigkeit des Gerichts und Fehlen sonstiger Verfahrensvoraussetzungen

Gelangt das Gericht zur der Überzeugung, daß es unzuständig ist, muß es den Antragsteller auf diese Überzeugung und auf die Möglichkeit, einen Verweisungsantrag nach §§ 4 InsO, 281 ZPO zu stellen, hinweisen.[191] Stellt der Antragsteller keinen Verweisungsantrag, weist das Insolvenzgericht den Antrag als

---

189 *OLG Düsseldorf*, Beschl. v. 8. 2. 1995 – 3 W 615/94, KTS 1995, 523, 524; *LG Göttingen*, Beschl. v. 21. 7. 1994 – 6 O 173/94, ZIP 1994, 1376.

190 Ebenso *OLG Düsseldorf*, Beschl. v. 8. 2. 1995 – 3 W 615/94, KTS 1995, 523, 524.

191 Das *LG Mannheim*, Beschl. v. 4. 5. 1999 – 1 T 50/99, ZInsO, 2000, 679, 680 geht von einer Pflicht des Insolvenzgericht aus, auf den Antragsteller einzuwirken, einen Antrag für die richtige Verfahrensart zu stellen.

unzulässig ab und hebt die angeordneten Sicherungsmaßnahmen auf. Die gleiche Rechtslage gilt für die sonstigen allgemeinen Verfahrensvoraussetzungen. Steht ihr Nichtvorliegen fest, und existiert keine Möglichkeit, den Mangel zu beheben, wie bei der fehlenden Prozeßfähigkeit durch Einsetzung eines Prozeßvertreters, dann ist der Insolvenzantrag als unzulässig abzuweisen.

5. Schlußbetrachtung

Einzig zwingende Voraussetzung für die Anordnung von Sicherungsmaßnahmen ist die Zulassung des Insolvenzantrages. Die Zulassung bedeutet die Feststellung der besonderen Zulässigkeitsvoraussetzungen des § 14 Abs. 1 InsO beziehungsweise der Ausnahmetatbestände beim Schuldnerantrag. Nur diese Voraussetzungen schützen zum einen den Schuldner vor unberechtigten Anträgen, die insbesondere durch die Anordnung von Sicherungsmaßnahmen weitreichende Auswirkungen auf das Vermögen des Schuldners haben können, und zum anderen die Gerichte vor einer unberechtigten Inanspruchnahme. Diese Voraussetzungen unterliegen nicht der Amtsermittlungspflicht des Insolvenzgerichts, sondern sind vom Antragsteller glaubhaft zu machen.

Die allgemeinen Zulässigkeitsvoraussetzungen verfolgen andere, nicht in erster Linie insolvenzspezifische Zwecke. Die Anrufung des örtlich zuständigen Gerichts soll bewirken, daß das Gericht entscheidet, welches die größte örtliche Nähe aufweist und dadurch in der Lage ist, am kompetentesten und effektivsten Beweise zu erheben und sonstige Maßnahmen durchzuführen. Die Prozeßfähigkeit soll sicherstellen, daß eine handlungsfähige Person gegeben ist. Beim Fehlen dieser Voraussetzungen kann ein Antrag gleichwohl – eben beim Vorliegen der besonderen Voraussetzungen – aus insolvenzrechtlicher Sicht berechtigt sein und die Anordnung von Sicherungsmaßnahmen erforderlich machen. Dem Sicherungsbedarf auf Grund eines zugelassenen Antrages ist gegebenenfalls das größere Gewicht gegenüber den Zwecken der allgemeinen Zulässigkeitsvoraussetzungen einzuräumen. Dies muß umsomehr gelten, da das Insolvenzverfahren und die Sicherungsmaßnahmen nicht den Einzelinteressen des Antragstellers dienen, sondern dem Interesse der gesamten Gläubigerschaft. Wegen dieses Gesamtinteresses und dem Fakt, daß die den allgemeinen Zulässigkeitskriterien zugrundeliegenden Tatsachen insbesondere vom antragstellenden Gläubiger aus insolvenzspezifischen Gründen häufig nicht beizubringen sind, hat das Insolvenzgericht diese allgemeinen Voraussetzungen im weiteren Verfahren von Amts wegen zu ermitteln. Nur wenn der Antragsteller Zugriff auf die erforderlichen Informationen hat, kann es für die Amtsermittlungspflicht ausreichend sein, wenn das Insolvenzgericht den Antragsteller auffordert, diese Informationen beizubringen. Beim Schuldnerantrag kann es jedoch gegebenenfalls geboten sein, die Informationen zu erzwingen. Die Anordnung von Sicherungsmaßnahmen ist jedoch auch in diesen Fällen vor der endgültigen Klärung der Zulässigkeit möglich.

B. Sinn und Zweck des § 21 InsO

Nach der Feststellung der Zulässigkeit des Antrages beginnt für das Insolvenzgericht die eigentliche Prüfung. Es muß sich in der Begründetheitsprüfung von dem Vorliegen des Eröffnungsgrundes überzeugen und ermitteln, ob eine die Kosten des Verfahrens deckende Masse vorhanden ist. Diese Prüfung nimmt einige Zeit in Anspruch, insbesondere bei größeren Unternehmen können dies Monate sein.[1]

Meist zeichnet sich die Krise eines Schuldners schon seit längerem ab, so daß der Schuldner – und oft auch die Gläubiger[2] – alarmiert sind. Spätestens mit Bekanntwerden der Antragstellung drohen dem Vermögen des Schuldners zahlreiche Gefahren. Durch Handlungen des Schuldners oder einzelner Gläubiger wird die Möglichkeit, bei Insolvenzeröffnung ein geordnetes Verfahren abzuwickeln, gefährdet, wenn zum Beispiel der Schuldner oder Gläubiger Vermögensgegenstände zur Seite schaffen.

Um die Gefahren abzuwehren, hat der Gesetzgeber der Insolvenzordnung den Gerichten mit § 21 InsO die Möglichkeit an die Hand gegeben, Sicherungsmaßnahmen anzuordnen. Um eine gesetzeskonforme Handhabung des § 21 InsO zu gewährleisten, ist Klarheit über den Sinn und Zweck des § 21 InsO erforderlich. Denn der Sinn und Zweck gibt den äußeren Rahmen für die Ausgestaltung und den Umfang der Sicherungsmaßnahmen vor. Nur in diesem Rahmen dürfen sich die Anordnungen des Gerichts bewegen.[3]

I. Sicherungsmaßnahmen als ein Instrument zur Bekämpfung des Funktionsverlustes des Konkursverfahrens

Im weiteren werden die Hintergründe gezeigt, die den umfangreichen Regelungen der §§ 21 ff. InsO zugrunde liegen. Darüber hinaus soll die Darstellung helfen, die Frage zu klären, ob die Grundsätze gegenüber der Konkursordnung so weit verändert wurden, daß sich aus diesen Veränderungen eine neue Beurteilung einzelner Fragen im Rahmen des Sicherungszwecks ergibt.

---

1 *Frankfurter Kommentar-Schmerbach* § 21 InsO Rdnr. 1.

2 In der Regel häufen sich in dieser Zeit die erfolglosen Zwangsvollstreckungen gegen den Schuldner.

3 In der Begr. zu § 26 RegE, dem heutigen § 22 InsO, heißt es hierzu, der vorläufige Insolvenzverwalter dürfe seine Befugnisse *„nur insoweit ausüben, als es der Zweck der Vermögenssicherung [...] erfordert.“* Diese Grenze gilt für alle Sicherungsmaßnahmen gleichermaßen.

1. Der Funktionsverlust des Konkursverfahrens unter der Konkursordnung

Der Gesetzgeber der Konkursordnung von 1877 hatte den Grundsatz der gleichmäßigen, anteiligen Befriedigung aller persönlichen Gläubiger, den Gedanken der Verlustgemeinschaft, vor Augen.[4] Hierbei stand die Befriedigung durch Versilberung und Verteilung, also Zerschlagung des Schuldnervermögens, im Vordergrund.[5]

Auf Grund der nach Erlaß der Konkursordnung einsetzenden wirtschaftlichen Entwicklung konnte eine gleichmäßige, anteilige Befriedigung aller persönlichen Gläubiger mit den in der Konkursordnung zur Verfügung stehenden Instrumentarien immer seltener erreicht werden. Während der Geltung der Konkursordnung nahm – insbesondere mit der Verschlechterung der wirtschaftlichen Lage in den siebziger Jahren – die Zahl der Insolvenzen drastisch zu. 1998 waren es zum Beispiel knapp 34 000 Insolvenzverfahren.[6] Von diesen wurden 72 % mangels Masse gar nicht erst eröffnet oder sofort wieder eingestellt.[7] Aber selbst bei den eröffneten Konkursen lag die Befriedigungsquote der Insolvenzgläubiger, deren Befriedigung der Hauptzweck des Konkurses ist, 1998 in den alten Bundesländern bei nur 4,1 % und den neuen Bundesländern bei 3,8 %.[8] Die privaten und öffentlichen Insolvenzschäden werden dabei für 1998 auf etwa 65 Milliarden Deutsche Mark geschätzt;[9] 554 000 Arbeitsplätzen gingen durch Unternehmensinsolvenzen verloren.

Die Gründe für die vielen mangels Masse nicht eröffneten Verfahren beziehungsweise die enorm niedrige Quote der Konkursgläubiger liegen zu einen überwiegendem Teil an der Tatsache, daß das Vermögen des Schuldners durch zahlreiche Mobiliarsicherheiten ausgehöhlt ist. Etwa vier Fünftel des Vermögens sind mit Aus- und Absonderungsrechten Dritter belastet.[10] Weitere

---

4 Vgl. hierzu Motive bei *Hahn* S. 47, 299; § 3 KO; *Weber* KTS 1959, 80; *Castendiek* S. 81.

5 Allg. Begr. zum RegE, in: *Balz/Landfermann* S. 138. *Paulus* ZZP 96 (1983), 356, 362, spricht hinsichtlich der Ausrichtung nur auf die Liquidation von einer „Altersschwäche" der Konkursordnung, die auch zu einer Wertevernichtung führt selbst, wenn eine Sanierung bei Antragstellung noch möglich ist.

6 *Statisches Bundesamt* S. 138, Tabelle 7.8.1.

7 Quelle: Presseerklärung Nr. 86/02 des Statistischen Bundesamtes vom 13. 2. 2002, in: NZI 2002, 196. Diese Quote hat sich 2001 auf 54 % mangels Masse nicht eröffneter Insolvenzverfahren verbessert.

8 Statistisches Jahrbuch für 2002 der Bundesrepublik Deutschland, S. 138 (Tab. 7.3.5 für Konkurs- und Vergleichsverfahren), S. 139 (Tab. 7.3.6 für Gesamtvollstreckungsverfahren).

9 Diese setzen sich aus Forderungsverlusten und den Ausfällen des Staates an Steuern und Sozialversicherungsleistungen zusammen, FAZ vom 5. Aug. 1998, S. 13.

gens sind mit Aus- und Absonderungsrechten Dritter belastet.[10] Weitere Gründe für die zahlreichen mangels Masse nicht eröffneten Konkurse waren die große Summe der Masseverbindlichkeiten, die zahlreichen bevorrechtigten Forderungen[11] und die Tatsache, daß der Eröffnungsantrag meist zu spät gestellt wurde.

Auf dieses Problem nimmt auch die Allgemeine Begründung der Insolvenzordnung Bezug. *„Wenn ein Konkurs nicht eröffnet wird, findet eine geordnete gleichmäßige Befriedigung der Gläubiger nicht statt"*.[12] Das heißt, daß es gerade im schlimmsten Fall, der Ablehnung mangels Masse, beim Prioritätsgrundsatz der Einzelzwangsvollstreckung bleibt. *„Es zehrt an der Rechts- und Wirtschaftsmoral, daß gerade diejenigen Schuldner von den Folgen illoyalen Verhaltens verschont bleiben, deren Vermögen die Kosten eines Verfahrens nicht mehr deckt"*.[13] An der hohen Zahl der nicht eröffneten Konkurse beziehungsweise der auf die Konkursgläubiger entfallenen Quote von etwa 4 % wird der totale Funktionsverlust des Konkurses als Ordnungsinstrument deutlich.

1975 mahnte daher unter anderem *Uhlenbruck* die Rückbesinnung auf die *„gemeinschaftliche Befriedigung der Konkursgläubiger"* an.[14] Die Mängel des Konkurses hatten sich zwar schon früher[15] gezeigt, aber erst mit der Verschlechterung der gesamtwirtschaftlichen Lage und den damit steigenden Insolvenzzahlen wurden die Reformbemühungen vorangetrieben.

2. Die Ausweitung der Sequestration nach § 106 KO durch die Praxis

Wegen der besorgniserregenden Lage und des langsamen Reagierens des Gesetzgebers versuchte die Insolvenzpraxis schon seit den siebziger Jahren, dem ursprünglichen Verfahrenszweck der Konkursordnung – der gleichmäßigen Befriedigung der Gläubiger in einem geordneten Verfahren – wieder näher zu kommen. Hierzu weitete die Praxis die Sicherungsmaßnahmen, die nur rudimentär in § 106 KO geregelt waren, aus.[16] Es wurden vermehrt Sequestrationen – ein Institut, das noch nicht einmal im § 106 KO genannt wurde – angeordnet,

---

10 Allg. Begr. RegE, in: *Balz/Landfermann* S. 137. Hintergrund hierfür ist die chronische Unterkapitalisierung der Unternehmen, die die Unternehmen zwingt, ihre wirtschaftlichen Aktivitäten durch erhebliche Kredite zu finanzieren, *Kilger*, Referat zum 51. Dt. Juristentag, S. O 33.

11 Zur Kritik am *„Privilegierten-Konkurs"*, s. *Häsemeyer* Rdnr. 7.27, 18.07.

12 Allg. Begr. RegE, in: *Balz/Landfermann* S. 136.

13 Allg. Begr. RegE, in: *Balz/Landfermann* S. 136.

14 NJW 1975, 897, 903.

15 Sie waren bereits 1959 Thema auf dem ersten juristischen Fachkongreß des Kölner Arbeitskreises.

16 Dazu *Kilger* KTS 1975, 142; *Hanisch* ZZP 90 (1977), 1; *Uhlenbruck* NJW 1975, 897.

bei denen dem Sequester weitreichende Befugnisse zugesprochen wurden. Die Annäherung des Sequesters an den Konkursverwalter ging soweit, daß die Befugnisse des Sequesters in einigen Bereichen denen des Konkursverwalters im eröffneten Verfahren glichen.[17]

Die besondere Betonung lag neben der reinen Sicherung des Vermögens des Schuldners auf einer aktiven Vorbereitung der Eröffnung. Es wurde an eine Umstrukturierung der zukünftigen Masse durch vorbereitende Geschäfte gedacht, um die Eröffnung zu erleichtern.[18] Diese Rechtsfortentwicklung, der die rechtliche Grundlage fehlte, verursachte zahlreiche Streitfragen. Von Einzelfragen abgesehen, ging es um das Problem, inwieweit solche weitreichenden Befugnisse bereits im Eröffnungsverfahren gerechtfertigt sein konnten. Rechtsprechung und Lehre sprachen sich für einen Sicherungszweck aus, der sich auf den Schutz des Vermögens durch statische Erhaltung oder Erhaltung des dem Vermögen innewohnenden Wertes beschränkte. Damit lehnte die Rechtsprechung eine aktive Vorbereitung der Eröffnung durch einen Sequester ab.[19]

3. Die Hauptziele der Insolvenzordnung

Mit dem rechtstatsächlichen Gutachten von *Doehring* und dem Ersten Bericht der Insolvenzrechtskommission von 1985 nahmen die gesetzgeberischen Reformbemühungen Gestalt an. Hauptanliegen war *„das weitgehend funktionsunfähig gewordene Konkurs- und Vergleichsrecht* [...] *durch ein modernes Insolvenzrecht*"[20] zu ersetzen.

Die Hauptziele der Reform, um den Funktionsverlust zu beheben, waren laut der Begründung des Regierungsentwurfes, ein marktkonformes Verfahren zu schaffen, bei dem eine erleichterte und rechtzeitige Eröffnung und höhere Verteilungsgerechtigkeit erreicht wird. Hierzu wurden die zahlreichen Privilegie-

---

17 *Baur/Stürner*, Bd. II, Rdnr. 7.38, spricht Anbetracht dieser Ausweitung der Befugnisse von einem *„Vorkonkursverwalter"*.

18 Vgl. zur *„dynamischen Sequestration"*, *Gerhardt* ZIP 1982, 1, 2; *Henckel* ZZP 94 (1981), 347, 349; *Castendiek* KTS 1978, 9; *ders.*, S. 26 f.; *Kilger* KTS 1975, 142, 159 f; *ders.*, in: FS 100 Jahre KO, S. 189, 193 ff.; *Grub* ZIP 1993, 393, 394; *Fricke* MDR 1978, 99 f.; *OLG Düsseldorf*, Urt. v. 25. 5. 1982 – 23 U 213/81, ZIP 1983, 342, 343; *Wessel* S. 34, 45.

19 Vgl. *BGH*, Urt. v. 22. 12. 1982 – VIII 241/81, ZIP 1983, 191; *BGH*, Urt. v. 11. 6. 1992 – IX ZR 255/91, ZIP 1992, 1005, 1006 f.; *BGH*, Urt. v. 11. 6. 1992 – IX ZIP 1992, 1008, 1009; *BGH*, Urt. v. 12. 11. 1992 – IX ZR 68/92, ZIP 1993, 48, 49; *BGH*, Urt. v. 11. 4. 1988 – II ZR 313/87, ZIP 1988, 727, 728; *BGH*, Urt. v. 19. 9. 1988 – IX ZR 39/88, ZIP 1988, 1411, 1412 ff.

20 Vorblatt des RegE, in: *Balz/Landfermann* S. 133.

rungen der Konkursordnung abgeschafft. Es wurde die Möglichkeit einer Restschuldbefreiung, §§ 286 ff. InsO, für natürliche Personen eröffnet.[21] Weiter wurde die Bekämpfung gläubigerschädigender Manipulationen durch die Verschärfung des Anfechtungsrechts und die Rückschlagsperre verbessert.[22] Diese Ziele wurden in einem einheitlichen Verfahren[23], das die Konkursordnung und die Vergleichsordnung vereint, umgesetzt.

In § 1 InsO, Ziele des Insolvenzverfahrens, ist neben der gleichmäßigen Befriedigung der Gläubiger die Sanierung des Schuldners betont. Durch die ausdrückliche Nennung der Sanierung in § 1 InsO ist jedoch kein zusätzlicher Insolvenzzweck neben der gleichmäßigen Befriedigung geschaffen worden, sondern die Sanierung wurde als weiteres Befriedigungsmittel neben die Liquidation des Schuldners gestellt. Die Sanierung ist eine weitere Verwertungsalternative.[24] Als neues Instrument ist für eine Sanierung insbesondere der Insolvenzplan, §§ 217 ff. InsO, geschaffen worden.

Auch in den Bestimmungen des Eröffnungsverfahrens findet sich diese Betonung der Sanierung. § 22 Abs. 2 S. 2 Nr. 2 InsO enthält den Gesetzesauftrag an den vorläufigen Insolvenzverwalter mit Verwaltungs- und Verfügungsbefugnis, ein Unternehmen fortzuführen. Durch die Fortführung soll die Möglichkeit einer Sanierung des Schuldners erhalten beziehungsweise geschaffen werden.

II. Eingrenzung des Sinn und Zwecks der Sicherungsmaßnahmen anhand der Generalklausel des § 21 Abs. 1 S. 1 InsO

In den Rahmen des neukonzipierten Insolvenzrechts wurden die aktuellen Regelungen zu den Sicherungsmaßnahmen eingeführt. § 21 Abs. 1 S. 1 InsO enthält die – auf Sinn und Zweck zu untersuchende – Generalklausel, Abs. 2 eine Aufzählung der wichtigsten Sicherungsmaßnahmen. § 22 InsO legt die Rechtsstellung des vorläufigen Insolvenzverwalters fest und § 24 InsO die Wirkung der Verfügungsbeschränkungen.

Nach dem Wortlaut des § 21 Abs. 1 S. 1 InsO soll eine *„den Gläubigern nachteilige Veränderung in der Vermögenslage des Schuldners“* verhütet wer-

---

21 Juristische Personen können gemäß § 227 Abs. 1 InsO im Rahmen eines Insolvenzplans von ihren restlichen Schulden befreit werden.

22 Zu den Einzelheiten siehe, Allg. Begr. des RegE, in: *Balz/Landfermann* S. 143 ff.

23 Allg. Begr. des RegE, in: *Balz/Landfermann* S. 151 ff.

24 Und kein eigenständiges Reformziel, Allg. Begr. der RegE, in: *Balz/Landfermann* S. 143.

den. Diese Verhütung der den Gläubigern nachteiligen Veränderung in der Vermögenslage des Schuldners beschreibt den Sinn und Zweck des § 21 InsO.[25] Die Generalklausel wirft die Fragen auf, was die Vermögenslage beinhaltet, welches die Schutzziele der Sicherungsmaßnahmen sind, und zu wessen Nachteil sich die „*Vermögenslage des Schuldners*" nicht verändern darf. Der sich hieraus ergebende Sinn und Zweck gibt den äußeren Rahmen für die Ausgestaltung und den Umfang der Sicherungsmaßnahmen vor. Nur in diesem Rahmen dürfen sich die Anordnungen des Gerichts – und somit auch die Befugnisse des vorläufigen Insolvenzverwalters – bewegen.[26]

1. Die Gefahrensituationen

Eine durch § 21 Abs. 1 S. 1 InsO zu verhindernde Vermögensverschlechterung kann durch Vielerlei verursacht werden. Um einen Eindruck zu vermitteln, welche Gefahren mit der Insolvenz eines Schuldners einhergehen und zu einer Verschlechterung der Vermögenslage führen können, werden im Folgenden Gefahrensituationen und die möglichen Sicherungsmaßnahmen beispielhaft dargestellt.

a) Beeinträchtigungen durch Gläubiger

Viele Gläubiger versuchen mit Bekanntwerden der Krise noch in bestmöglicher Weise eine Befriedigung zu erlangen, also noch „*zu retten, was zu retten ist*".[27] Häufig versuchen sie, den Schuldner unter Druck zu setzen.[28] Diese Bestrebungen nehmen ganz unterschiedliche Ausprägungen an.

Einige Gläubiger rechnen mit einer Forderung gegen den Schuldner auf. Hier ist besonders an Kreditinstitute zu denken, die im Rahmen ihrer Kontenvereinbarungen Aufrechnungen oder Verrechnungen mit dem Konto des Schuldners vornehmen.[29] Dies ist besonders interessant, wenn auf dem Konto noch größere Beträge eingehen. Dem kann, außer mit Verfügungsbeschränkungen,

---

[25] Daneben bildet diese festzustellende Gefahrenlage die Grundlage für die Beantwortung der Frage, welche Maßnahmen im jeweiligen Einzelfall erforderlich sind, vgl. unten Teil 1 C. I. 1. a).

[26] In der Begr. zu § 26 RegE, dem heutigen § 22 InsO, heißt es hierzu, der vorläufige Insolvenzverwalter dürfe seine Befugnisse „*nur insoweit ausüben, als es der Zweck der Vermögenssicherung* [...] *erfordert.*" Diese Grenze gilt für alle Sicherungsmaßnahmen gleichermaßen.

[27] *Kuhn/Uhlenbruck* § 106 KO Rdnr. 7 spricht hier von „*Nacht- und Nebelaktionen*".

[28] *Smid-Smid/Thiemann* § 21 InsO Rdnr. 6.

[29] *Haarmeyer/Wutzke/Förster*, InsO, 2. Aufl., Rdnr. 3/187.

durch eine Kontosperre oder eine Untersagung an das Kreditinstitut durch Einzelanordnung begegnet werden.[30]

Andere Gläubiger versuchen Befriedigung durch Einzelzwangsvollstreckungsmaßnahmen zu erlangen. Mißlich ist ein solches Vorgehen, wenn hierdurch Gegenstände wie zum Beispiel Maschinen aus dem Unternehmensverbund gerissen werden. Dieses Herausreißen hat zur Folge, daß deren isolierter Wert deutlich niedriger ist, sie in einem noch bestehenden Betrieb zur Weiterführung fehlen und es so zu einer faktischen Zerschlagung des Betriebes kommen kann.[31] Besonders gravierend sind diese Konsequenzen, wenn es um die Zwangsversteigerung von Grundstücken geht, die die Grundlage eines Betriebes darstellen. Durch § 21 Abs. 2 Nr. 3 InsO beziehungsweise § 30 d Abs. 4 ZVG können Zwangsvollstreckungen und die aus ihnen resultierenden Folgen verhindert werden.[32]

Weiter können einem Betrieb durch das Herausgabeverlangen von Absonderungs- und Aussonderungsberechtigten weitere, meist zur Fortführung benötigte Gegenstände entzogen werden. Dies kann den Absonderungsberechtigten untersagt werden.[33] Der Gefahr, daß ungesicherte Gläubiger versuchen, Sicherheiten zu erlangen,[34] kann durch eine Verfügungsbeschränkung begegnet werden.

Besonders drastisch wird die Situation, wenn Gläubiger beginnen *„Faustrecht“*[35] auszuüben und aus dem Betrieb Gegenstände ziehen, auf die sie keinen oder einen nicht mit Gewißheit feststehenden Anspruch haben.[36] Sind sie erst einmal im Besitz des betreffenden Gegenstandes, ist es für den künftigen Insolvenzverwalter schwierig, ihn wiederzuerlangen. Das Insolvenzgericht kann derart gefährdete Gegenstände durch die Siegelung einzelner Gegenstände schützen oder die Gegenstände in amtliche Verwahrung nehmen.[37] Sind zahlreiche

---

30 *Haarmeyer/Wutzke/Förster*, InsO, Rdnr. 3/270, 3/293; *Münchener Kommentar-Haarmeyer* § 21 InsO Rdnr. 89; *Frankfurter Kommentar-Schmerbach* § 21 InsO Rdnr. 93.

31 Eine Wiederaufnahme ist praktisch kaum möglich, *Kleiner* S. 38 f.; *Koch* S. 87.

32 Zu den betroffenen Gläubigergruppen und den Beschränkungsmöglichkeiten vgl. unten Teil 2 II.

33 *Haarmeyer/Wutzke/Förster*, InsO, Rdnr. 3/270; *Münchener Kommentar-Haarmeyer* § 21 InsO Rdnr. 90; *Heidelberger Kommentar-Kirchhof* § 21 InsO Rdnr. 20; Begr. zu § 25 RegE [§ 21 InsO], *Balz/Landfermann* S. 229.

34 *Gerhardt*, FS Flume, S. 527, 539.

35 *Haarmeyer/Wutzke/Förster*, InsO, 2. Aufl., Rdnr. 3/187.

36 *„Jeder nimmt sich das, von dem er behauptet, daß es von ihm geliefert worden sei, und mancher nimmt sich noch einiges mehr.“* *Kilger* KTS 1975, 142, 157.

37 *Haarmeyer/Wutzke/Förster*, InsO, Rdnr. 3/294; *Münchener Kommentar-Haarmeyer* § 21 InsO Rdnr. 90.

Gegenstände gefährdet, empfiehlt sich die Einsetzung eines vorläufigen Insolvenzverwalters.

b) Beeinträchtigungen durch den Schuldner

Auch das Verhalten des Schuldners kann auf zahlreiche Weise zu einer Verschlechterung der Vermögenslage führen. Handelt es sich zum Beispiel um einen Betrieb, bei dem man die bestehende Geschäftsführung weder austauscht noch unter Beaufsichtigung stellt, können erneute Fehlleistungen der Geschäftsführung zum weiteren Anwachsen nutzloser Verbindlichkeiten führen.[38] Oder es kann durch pure Leichtfertigkeit[39] oder Vernachlässigung[40] die Vermögenslage des Schuldners weiter verschlechtert werden.[41] Es besteht in der Zeit nach der Antragstellung auch die Gefahr, daß der Schuldner einzelne Gläubiger bevorzugt, indem er zum Beispiel für einen Gläubiger vorteilhafte Verträge abschließt oder Absonderungsgut, ohne daß die Absonderungsberechtigung des Gläubigers festgestellt wird, herausgibt. Eine solche Herausgabe von Absonderungsgut kann dem Schuldner durch insolvenzgerichtliche Einzelanordnung untersagt werden.[42] Vermögensschädigende Handlungen des Schuldners werden häufig im Schutz und unter Mißbrauch des Post- und Fernmeldegeheimnisses versucht. Hier kann die Anordnung einer Postsperre nach § 21 Abs. 2 Nr. 4 InsO helfen.

Auch nachteilige Verfügungen des Schuldners müssen verhindert werden. Weiter ist auch von Seiten des Schuldners zu befürchten, daß er einzelne Vermögenswerte verschwinden läßt,[43] oder Leistungen entgegen nimmt, die er nicht der künftigen Masse zuführt. Häufig wird auch mit Näherkommen der Eröffnung versucht, durch Bilanzmanipulationen[44] oder Vermögensverschiebungen ins Ausland, das tatsächlich vorhandene Vermögen zu verschleiern.[45] Eine verfeinerte Form dieser Verschleierungstaktik ist die Betriebsaufspaltung, bei der versucht wird, ein Unternehmen so zu spalten, daß am Ende nur eine Rumpfgesellschaft übrig bleibt.[46] Diese hat dann kein Vermögen, ist aber Träger aller

---

38 *Kleiner* S. 81.

39 *Heidelberger Kommentar-Kirchhof* § 21 InsO Rdnr. 8.

40 *Häsemeyer* Rdnr. 7.40.

41 Managementfehler sind einer der am häufigsten genannten Insolvenzgründe.

42 *Haarmeyer/Wutzke/Förster*, InsO, Rdnr. 3/270; *Münchener Kommentar-Haarmeyer* § 21 InsO Rdnr. 90; *Heidelberger Kommentar-Krichhof* § 21 InsO Rdnr. 20.

43 *Smid-Smid*, 1. Aufl., § 21 InsO Rdnr. 2.

44 *Smid-Smid*, 1. Aufl., § 21 InsO Rdnr. 2; *Münchener Kommentar-Haarmeyer* § 21 InsO Rdnr. 11; *Häsemeyer* Rdnr. 7.35.

45 *Münchener Kommentar-Haarmeyer* § 21 InsO Rdnr. 11.

46 *LG Berlin*, Beschl. v. 31. 1. 1991 – 98 T 3/91, ZIP 1991, 251; *Haarmeyer/Wutzke/Förster*, InsO, 2. Aufl., Rdnr. 3/192.

Verbindlichkeiten. Im schlimmsten Fall geht das Verhalten des Schuldners mit der Begehung von Straftaten einher.[47] In diesen Fällen wird das Insolvenzgericht mit der Einsetzung eines vorläufigen Insolvenzverwalters mit Verwaltungs- und Verfügungsbefugnis und gegebenenfalls der Inhaftierung des Schuldners – als ultima ratio[48] – reagieren.[49]

Ein weiteres Problem im Eröffnungsverfahren, das indirekt zu einer Vermögensverschlechterung führt, sind häufig die – meist durch den Schuldner verursachten – fehlenden oder fehlerhaften Zugriffsmöglichkeiten auf Informationen. Diese Informationen, die das Insolvenzgericht für die Entscheidung über den Eröffnungsantrag benötigt, sind insbesondere Unterlagen, wie zum Beispiel Verträge des Schuldners, aber auch nur dessen Wissen über betriebliche Vorgänge. Informationsprobleme entstehen, wenn der Schuldner dem Insolvenzgericht oder dem vorläufigen Insolvenzverwalter Unterlagen vorenthält oder sich sogar dem Zugriff ganz zu entziehen versucht.[50] Der durch fehlende Informationen bedingte Zeitverlust ist oft mit einem Geldverlust gleichzusetzen. Von der konkreten Situation hängt es ab, ob das Insolvenzgericht hierauf mit der Einsetzung eines Gutachters, eines vorläufigen Insolvenzverwalters, einer Postsperre nach § 21 Abs. 2 Nr. 4 InsO oder der Anhörung oder Vorführung des Schuldners gemäß der §§ 20 S. 2, 97, 98 InsO reagiert.

c) Beeinträchtigungen auf Grund wirtschaftlicher Abläufe

Weiter können Wertverluste durch wirtschaftliche Abläufe entstehen, die typisch für die Krise eines Unternehmens sind. Die wirtschaftliche Ausgangssituation ist meist folgende:[51] Das Unternehmen ist überschuldet und zahlungsunfähig. Es sind keine Barmittel mehr vorhanden, die Kreditlinie ist erschöpft oder die Kredite sind sogar gekündigt. Lieferanten beliefern das Unternehmen nicht mehr. Kunden des Schuldners suchen einen neuen Lieferanten, um sich nicht selbst der Gefahr der Insolvenz auszusetzen. Die Arbeitnehmer haben seit Monaten keinen Lohn mehr erhalten.

Wird nicht schnell genug, in der Regel durch die Einsetzung eines vorläufigen Insolvenzverwalters reagiert, kommt kein Geld mehr nach, die Arbeitnehmer

---

47 *Heidelberger Kommentar-Kirchhof* § 21 InsO Rdnr. 8.

48 *Münchener Kommentar-Haarmeyer* § 21 InsO Rdnr. 93 f.

49 *OLG Celle*, Beschl. v. 10. 1. 2001 – 2 W 1/01, ZInsO 2001, 322; *Häsemeyer* Rdnr. 7.35.

50 *Kirchhof*, in: Heidelberger Kommentar § 21 InsO Rdnr. 8, spricht hier von einer „*Obstruktionshaltung*“ des Schuldners.

51 *Feuerborn* KTS 1997, 171, 172.

wandern ab[52] und es stehen gegebenenfalls keine Produktionswaren mehr zur Verfügung. Damit kommt es zur faktischen Stillegung des Betriebes. Der Fortführungswert eines Unternehmens und somit seiner einzelnen Bestandteile ist jedoch regelmäßig höher als sein Zerschlagungswert. Denn auch der Kundenstamm, die eingespielte Belegschaft, das Wissen der einzelnen Mitarbeiter und die Lieferantenbeziehungen stellen einen Wert dar, der ohne die Fortführung des Unternehmens durch einen vorläufigen Insolvenzverwalter und die damit verbundenen Wahrung der wirtschaftlichen Gesamtheit nicht erhalten werden kann. Auch können ohne eine Fortführung zum Beispiel Rohstoffe und Halbfertigprodukte nicht wertsteigend verarbeitet werden.[53] Ohne Fortführung droht eine massive Vermögensverschlechterung.

2. Schutzsubjekte und -objekte des § 21 InsO

Nach § 21 Abs. 1 S. 1 InsO soll eine *„**den Gläubigern nachteilige** Veränderung in der Vermögenslage des Schuldners“* verhindert werden.[54] Die *„Gläubiger“* scheinen also alleiniges Schutzsubjekt der Sicherungsmaßnahmen zu sein. Trotz dieses klaren Wortlauts soll der Sicherungszweck des § 21 InsO eine doppelte Schutzrichtung haben und zugleich Gläubiger wie auch den Schuldner schützen.[55] Im weiteren ist neben der Frage, ob auch der Schuldner Schutzsubjekt des § 21 InsO ist, der Begriff des Gläubigers im Sinne des § 21 Abs. 1 S. 1 InsO zu klären. Denn es können entweder nur die Insolvenzgläubiger oder aber auch die aus- und absonderungsberechtigten Gläubiger durch § 21 InsO geschützt werden.

In der Literatur und Rechtsprechung finden sich zum Gläubigerbegriff des § 21 InsO beziehungsweise zu der damit zusammenhängenden Frage, was zur *„Vermögenslage des Schuldners“* gehört, unter anderem folgende Aussagen. Neben den Insolvenzgläubigern sollen auch die Aus- und Absonderungsberechtigten geschützt werden.[56] Es sei grundsätzlich alles zu sichern, was *„möglicherweise*

---

[52] Zum Beispiel weil sie durch Konkurrenzunternehmen abgeworben werden, *Grub* ZIP 1993, 393.

[53] Begr. zu LS 1.2.3 des Ersten Berichts der Insolvenzrechtskommission, in: *BMJ EB*, S. 103.

[54] Hervorhebung mittels Fettdruck durch die Verfasserin.

[55] *Münchener Kommentar-Haarmeyer* § 21 InsO Rdnr. 13; *Smid-Smid/Thiemann* § 21 InsO Rdnr. 5 und *Pohlmann* Rdnr. 94 ff., der aus diesem doppelten Sicherungszweck eine doppelte Pflichtenbindung des vorläufigen Insolvenzverwalters ableitet. Siehe hierzu unten Teil 1 B. II. 2. c).

[56] *Heidelberger Kommentar-Kirchhof* § 21 InsO Rdnr. 5; *Smid-Smid/Thiemann* § 21 Rdnr. 5; *Smid* § 2 GesO Rdnr. 106 ff.; *Huntemann/Graf Brockdorff-Graf Brockdorff*, S. 56, Rdnr. 6.

zur späteren Insolvenzmasse gehören könnte".[56] Dementsprechend sei bei der vorläufigen Verwaltung beziehungsweise Sequestration „*das gesamte Vermögen des Schuldners einschließlich fremder Sachen in dessen Besitz zu sichern und zu erhalten*"[57]; das zu sichernde Vermögen umfasse „*– jedenfalls vorläufig – auch aus- oder abzusondernde Gegenstände.*"[58]

a) Die Gläubiger

Die Terminologie der Insolvenzordnung ist in Hinblick auf den Begriff des Gläubigers „*wenig stringent*".[59] Deshalb ist im Einzelfall zu prüfen, welche Gläubiger von der konkreten Norm erfaßt werden.[60] Gläubiger im Sinne der Insolvenzordnung können gemäß den §§ 35-55 InsO sowohl die Insolvenzgläubiger, also die persönlichen Gläubiger des Schuldners (§ 35 InsO), als auch die aus- und absonderungsberechtigten Gläubiger (§§ 47 ff. und §§ 50 ff.) oder die Massegläubiger (§ 53 InsO) sein.

Nach der herrschenden Meinung in der Literatur sollen Maßnahmen nach § 21 InsO grundsätzlich zum Schutz aller Gläubiger, also auch der aus- und absonderungsberechtigten angeordnet werden können.[61] Die Konsequenz hieraus wäre, daß dann Sicherungsmaßnahmen auch nur zum alleinigen Schutz der aus- und absonderungsberechtigten Gläubiger angeordnet werden müßten.

---

56 *Heidelberger Kommentar-Kirchhof* § 21 InsO Rdnr. 5. So zu den Sicherungsmaßnahmen im Rahmen der Konkursordnung, *Kleiner* S. 12 ff.

57 *BGH*, Beschl. v. 14. 12. 2000 – IX ZB 105/00, ZIP 2001, 296, 299 zur vorläufigen Verwaltung. Ebenso zur Sequestration *Koch* S. 38; *Kuhn/Uhlenbruck* § 106 KO Rdnr. 6, 8 mwN. entgegen *BGH*, Urt. v. 30. 4. 1992 – IX ZR 233/90, ZIP 1992, 781, 783.

58 *BGH*, Beschl. v. 14. 12. 2000 – IX ZB 105/00, ZIP 2001, 296, 300 (zur vorläufigen Verwaltung).

59 *Jauernig* § 41 I., mit Beispielen unterschiedlicher Bedeutung; *Eckardt* ZIP 1999,1734, 1741.

60 *Eckardt* ZIP 1999, 1734, 1740 ff., der den Gläubigerbegriff im Rahmen der §§ 130 f. InsO einer Überprüfung unterzieht.

61 *Heidelberger Kommentar-Kirchhof* § 21 InsO Rdnr. 5. In diesem Sinne auch *Haarmeyer* ZInsO 2001, 203; *Smid* § 2 GesO Rdnr. 106 ff.; *Huntemann/Graf Brockdorff-Graf Brockdorff*, S. 56, Rdnr. 6. Für diesen Umfang des Sicherungszwecks des § 106 KO, *Kuhn/Uhlenbruck* § 106 KO Rdnr. 2; *Koch* S. 130 ff. **A. A.** *Nerlich/Römermann-Mönning* § 21 InsO Rdnr. 27, nach dem die Aussonderungsberechtigten nicht vom Schutz des § 21 InsO erfaßt sind.

aa) Schutz der Aus- und Absonderungsberechtigten als eigenständiges Ziel des Insolvenzverfahrens?

Ein eigenständiger Schutz der aus- und absonderungsberechtigten Gläubiger durch § 21 InsO müßte sich aus dem Sinn und Zweck dieser Norm herleiten lassen. Wobei der Sinn und Zweck nicht allein aus der Generalklausel des § 21 Abs. 1 S. 1 InsO zu bestimmen ist, sondern die Norm muß in Hinblick auf den Gesamtzusammenhang der Insolvenzordnung ausgelegt werden. Die Sicherungsmaßnahmen stehen nicht isoliert neben dem eröffneten Insolvenzverfahren, sondern sollen dessen Durchführung sichern. Deshalb ist nach dem Sinn und Zweck des Insolvenzverfahrens zu fragen.

Nach § 1 InsO – Ziele des Insolvenzverfahrens – dient das Verfahren dazu, „*die Gläubiger eines Schuldners gemeinschaftlich zu befriedigen*". Dies sind grundsätzlich die Insolvenzgläubiger, § 38 InsO. In der Allgemeinen Begründung des Regierungsentwurfes[62] heißt es jedoch, daß die „*Verwirklichung der dinglichen Vermögenshaftung* [...] *in das einheitliche Insolvenzverfahren hineinverlagert werden*" soll. Aus dieser Aussage könnte man schließen, daß damit das ursprüngliche, alleinige Ziel der Konkursordnung, die Konkursgläubiger gemeinschaftlich zu befriedigen, dahin erweitert worden ist, auch die Verwirklichung der dinglichen Haftung zum Zweck und Ziel des Insolvenzverfahrens zu machen. Träfe dies zu, wären die dinglichen Gläubiger auf alle Fälle eigenständiges Schutzsubjekt im Rahmen des § 21 Abs. 1 S. 1 InsO. Um diese Frage zu beantworten, wird im Folgenden kurz dargestellt, wie und warum die Einbeziehung der Aus- und Absonderungsberechtigten im neuen Insolvenzverfahren erfolgt ist.

(1) Die Bedeutung der Aus- und Absonderungsgüter für das Konkurs- beziehungsweise Insolvenzverfahren

Unter der Geltung der Konkursordnung hat die Bedeutung der besitzlosen Mobiliarsicherheiten enorm zugenommen.[63] Zu diesen Sicherheiten zählen das Sicherungseigentum sowie der verlängerte und erweiterte Eigentumsvorbehalt, aus denen sich ein Absonderungsrecht ergibt, wie auch der einfache Eigentumsvorbehalt, der zur Aussonderung berechtigt. Die große Zahl der Sicherheiten am Vermögen des Schuldners führte zu einer Auszehrung der Masse. Aus diesem Grund mußte die Stellung der gesicherten Gläubiger überdacht werden.

Es stellte sich das Problem, daß es auf der einen Seite gerade der Sinn und Zweck von Sicherheiten ist, das Risiko, in der Insolvenz mit einer Forderung

---

62 Allg. Begr. zum RegE, in: *Balz/Landfermann* S. 152.

63 Siehe hierzu oben Teil 1 B. I. 1. 1.

auszufallen, abzusichern. Eine generelle Beschränkung der Sicherheiten wurde wegen des Kreditbedarfes der Wirtschaft daher abgelehnt.[64] Die Durchsetzung der Sicherheiten hat daher grundsätzlich von der gleichmäßigen Befriedigung der Insolvenzgläubiger unabhängig zu erfolgen. Auf der anderen Seite machen die Sicherungsrechte durch ihre Vielzahl die Erreichung des (ursprünglichen) Konkurszwecks – die gleichmäßige Befriedigung der persönlichen Gläubiger – unmöglich. Und das nicht nur, weil kaum Vermögen zur Verteilung übrigbleibt, sondern weil die Durchsetzung der Sicherungsrechte unabhängig vom Konkursverfahren zu einer Zerschlagung der noch vorhandenen Werte führt oder eine Kündigung durch einen aussonderungsberechtigten Vermieter oder Verpächter, zum Beispiel des Firmengeländes, ohne Rücksicht auf den Konkurs, eine Fortführung des Unternehmens unmöglich macht.

(2) Die Einbeziehung der Absonderungsberechtigten ins Insolvenzverfahren

Um die Zerschlagung der noch vorhandenen Vermögenswerte zu verhindern, wurde das Verwertungsrecht der Absonderungsberechtigten an beweglichem Vermögen gemäß § 166 InsO dem Insolvenzverwalter zugesprochen, soweit dieser im Besitz des betreffenden Gegenstandes ist.[65] Die Absonderungsberechtigten werden an den Verwertungskosten von beweglichen Sachen oder einer Forderung beteiligt, §§ 170, 171 InsO. Die Beteiligung an den Verwertungskosten wurde eingeführt, weil diese Kosten einen erheblichen Teil der Verwaltertätigkeit und damit der Gesamtkosten ausmachen. Es „*wird allgemein als unbillig empfunden, daß diese Bearbeitungskosten nicht von den gesicherten Gläubigern getragen werden, sondern aus der Masse aufgebracht werden müssen, so daß sie im Ergebnis zu einer Kürzung der Quote der ungesicherten Gläubiger führen.*“[66] Weil das wesentliche Ziel der §§ 166 ff. InsO, die wirtschaftlichen Einheiten eines Unternehmens für eine mögliche Fortführung, Sanierung oder Gesamtveräußerung zu erhalten, dagegen in der Verbraucherinsolvenz kaum eine Rolle spielt, sind die §§ 166 ff. InsO im Verbraucherinsolvenzverfahren nicht anwendbar.[67]

---

64 Siehe *Kilger* anläßlich des 51. Deutschen Juristentages 1976, O 33, 34 ff. Vgl. auch *Balz* ZIP 1988, 273, 290 f.

65 Dies ist folgerichtig. Denn ist der Verwalter nicht mehr im Besitz einer Sache kann, sie für das Unternehmen nicht mehr von Bedeutung sein (Begr. zu § 191 RegE [§ 166 InsO] in: *Balz/Landfermann* S. 411) und eine Einschränkung der Rechte des Absonderungsberechtigten wären nicht mehr gerechtfertigt.

66 Begr. zu § 195 RegE [§ 170 InsO], in: *Balz/Landfermann* S. 418.

67 *Heidelberger Kommentar-Landfermann* § 313 InsO Rdnr. 10; Begr. zu § 357j der Beschlußempfehlung [§ 313 InsO], in: *Balz/Landfermann* S. 576 f. Erstaunlich ist, daß die §§ 112, 107 Abs. 2 InsO, die ebenfalls nur in Hinblick auf den Erhalt wirtschaftlicher Einheiten eingeführt worden (*Heidelberger Kommentar-Marotzke* § 107 InsO

Die Verwertung von unbeweglichem Vermögen liegt grundsätzlich weiterhin bei dem absonderungsberechtigten Gläubiger, § 49 InsO. Jedoch kann der Verwalter[68] gemäß den §§ 30 d, 153 b ZVG die Einstellung der Zwangsvollstreckung beantragen, wenn eine mögliche Sanierung oder die Abwicklung des Insolvenzverfahrens durch eine Verwertung durch den Gläubiger gefährdet ist. Oder der Verwalter kann gemäß § 165 InsO die Zwangsversteigerung oder -verwaltung selber beantragen, wenn der Absonderungsberechtigte die Zwangsvollstreckung nicht betreibt.

Als Ausgleich für den Eingriff in seine Rechtsstellung sind dem Absonderungsberechtigten Zinsen und gegebenenfalls ein Ausgleich eines Wertverlustes zu erstatten, §§ 169, 172 Abs. 1 InsO.[69] Darüber hinaus sind die Absonderungsberechtigten nun ausdrücklich mit einem eigenen Stimmrecht in der Gläubigerversammlung und als Mitglieder des Gläubigerausschusses vorgesehen, §§ 67 Abs. 2, 74 Abs. 1 InsO. Auf Grund des Wortlauts des § 13 Abs. 1 S. 2 InsO steht zwar grundsätzlich allen Gläubigern und somit auch den Absonderungsberechtigten ein Antragsrecht zu,[70] jedoch wird bei den Absonderungsberechtigen in der Regel das gemäß § 14 Abs. 1 InsO für einen Antrag erforderliche rechtliche Interesse fehlen.[71]

Diese Einbeziehung in das Verfahren entspricht einerseits der Bedeutung der gesicherten Gläubiger für das Insolvenzverfahren und andererseits ist sie ein Ausgleich für die Beschränkung ihrer Rechte. Insbesondere durch das Verwertungsrecht des Insolvenzverwalters und die Möglichkeit der Einstellung der Zwangsvollstreckung bei unbeweglichem Vermögen ist in die Rechte der Absonderungsberechtigten – im Vergleich zur Konkursordnung – deutlich stärker eingegriffen worden.[72] Dieser Eingriff hat jedoch seinen Grund und seine Rechtfertigung in der Bedeutung der Gegenstände, die mit einem Absonderungsrecht belegt sind, für die mögliche Fortführung eines Unternehmens. Durch die Fortführung eines Unternehmens soll zugunsten der Insolvenzgläubiger die Masse angereichert werden. Zwar kann auch den Absonderungsberech-

---

Rdnr. 31, § 112 InsO Rdnr. 1), in der Verbrauchinsolvenz trotzdem ohne Einschränkungen anwendbar sind. Dies scheint insbesondere hinsichtlich des möglichen Ruhens des Verfahrens nach § 306 InsO bedenklich.

68 Dasselbe Recht steht auch schon dem vorläufigen Insolvenzverwalter mit Verwaltungs- und Verfügungsbefugnis zu, § 30 Abs. 4 ZVG. Vgl. unten Teil 2 A. III.

69 Dies gilt bei längeren Einschränkungen bereits für das Eröffnungsverfahren, so die Begr. zu § 25 RegE [§ 21 InsO], in: *Balz/Landfermann* S. 229.

70 *Heidelberger Kommentar-Kirchhof* § 13 InsO Rdnr. 6.

71 *Frankfurter Kommentar-Schmerbach* § 13 InsO Rdnr. 9 u. § 14 InsO Rdnr. 35; *Heidelberger Kommentar-Kirchhof* § 14 InsO Rdnr. 17: Rechtliches Interesse fehlt, wenn die Absonderungsberechtigten, die vollständig gesichert sind.

72 Vgl. § 127 KO.

tigten eine Verwertung im Rahmen eines ganzen Unternehmens zugute kommen. Jedoch ist dies nicht der Grund für ihre Einbeziehung. Es findet sich in der Begründung des Regierungsentwurfes nichts, was eine solche Verbesserung im Interesse der Absonderungsberechtigten nennt. Sondern es heißt in der Begründung, daß die Verlagerung in das Verfahren erfolgt, „*soweit sich dadurch bessere Bedingungen für die konkurs- oder planmäßige Verwertung des Schuldnervermögens* ***im ganzen*** *erzielen lassen*.“[73] Es gibt also keinen Schutz von Einzelinteressen, sondern nur des Vermögens in seiner Gesamtheit. Dieses Vermögen in seiner Gesamtheit, die Insolvenzmasse, dient – dem § 3 Abs. 1 KO entsprechend – zur Befriedigung der persönlichen Gläubiger, § 38 InsO. Auch *Balz*[74] betont, daß die Mobiliarsicherungsgläubiger in das Insolvenzverfahren einbezogen werden, „*weil das Sicherungsgut für eine sinnvolle Masseverwertung benötigt wird*“. Zugunsten des Insolvenzverfahrens werden sogar im Gegenteil starke Eingriffe in die Rechte von Absonderungsberechtigten, die mit großen finanziellen Einbußen einhergehen, in Kauf genommen.[75]

Die Möglichkeit des Insolvenzverwalters, die in § 170 Abs. 2 InsO vorausgesetzt wird, bewegliches Absonderungsgut freizugeben, macht weiter deutlich, daß das Absonderungsgut nicht um seiner selbst Willen in das Insolvenzverfahren eingebunden wird, sondern nur, wenn es benötigt wird. Ist dies nicht der Fall, hat sich der Absonderungsberechtigte selbst um die Verwertung zu kümmern.

(3) Die Einbeziehung der Aussonderungsberechtigten ins Insolvenzverfahren

Die Aussonderungsberechtigten haben dagegen laut § 47 InsO selbst im eröffneten Verfahren ihre Rechte nach den Gesetzen, die außerhalb der Insolvenzordnung gelten, durchzusetzen. Antragsberechtigt sind Aussonderungsberechtigte nie. Selbst wenn man die Aussonderungsberechtigten auf Grund des Wortlauts des § 13 Abs. 1 S. 2 InsO für antragsberechtigt hält, was von Teilen der Literatur bestritten wird, weil die Aussonderungsberechten nicht Gläubiger im Sinne des § 13 Abs. 1 S. 2 InsO seien,[76] fehlt den Aussonderungsberechtigten das rechtliche Interesse im Sinne von § 14 Abs. 1 InsO, ihre Rechte im Insol-

---

73 Allg. Begr. zum RegE, in: *Balz/Landfermann* S. 152. Hervorhebung mittels Fettdruck durch die Verfasserin.

74 In: *Balz/Landfermann* S. XLVII; *Balz* ZIP 1988, 273, 291.

75 Vgl. zum Beispiel zu unbilligen „*Subventionseffekten*“ im Rahmen des allgemeinen Zustimmungsvorbehalts, unten Teil 2 A. VI. 4. e), und allgemein zur Einstellung der Zwangsvollstreckung, unten Teil 2 B. II. 4. b).

76 *Jauernig* § 54 III. 3. a); *Häsemeyer* Rdnr. 7.03.

venzverfahren gelten zu machen.[77] Die Stellung der Aussonderungsberechtigten außerhalb des Insolvenzverfahrens ergibt sich aus dem Charakter des Aussonderungsrechts, das sich nicht nur wie das Absonderungsrecht auf die bevorzugte Befriedigung aus einem Gegenstand, sondern auf die Herausgabe eines bestimmten Gegenstandes, der nicht Bestandteil der Masse ist, bezieht.

Eine Ausnahme beziehungsweise Beschränkung dieses Grundsatzes machen nur die §§ 107 Abs. 2, 112 InsO. Nach diesen Paragraphen muß auch der aussonderungsberechtigte Vermieter oder Verpächter beziehungsweise der Verkäufer bei einfachem Eigentumsvorbehalt mit der Geltendmachung seines Aussonderungsrechts warten. Diese Normen sind auf Grund der Bedeutung dieser Gegenstände für das Verfahren als Parallelnormen zu den Vorschriften über das Absonderungsrecht, §§ 166 ff. InsO, eingeführt worden, worauf die Gesetzesbegründung explizit hinweist.[78] Ausgleichsregeln gibt es nicht, weil die §§ 107 Abs. 2, 112 InsO den zugrundeliegenden Vertrag erhalten und die aussonderungsberechtigten Vertragspartner so ihren Anspruch auf die Gegenleistung behalten.

Somit ergibt sich bei bestimmten Aussonderungsberechtigten eine eingeschränkte Einbeziehung in das Insolvenzverfahren. Diese ist – wie bei den Absonderungsberechtigten – nicht im Interesse der Aussonderungsberechtigten erfolgt, sondern stellt nur eine Beschränkung ihrer Rechte im Interesse der Insolvenzgläubiger dar. Es ergibt sich kein zugunsten der Aussonderungsberechtigten erweiterter Insolvenzzweck.

(4) Folgerung für den Sicherungszweck des § 21 InsO

Aus der Einbeziehung in das Insolvenzverfahren folgt nicht, daß die Absonderungsberechtigten ein eigenes insolvenzspezifisches Schutzinteresse haben, das bei der Anordnung von Sicherungsmaßnahmen gemäß § 21 InsO berücksichtigt werden müßte. Denn trotz der Einbeziehung der Aus- und Absonderungsberechtigten in das Insolvenzverfahren ergibt sich kein zur Konkursordnung geändertes Insolvenzziel, was den Schutz der Interessen dieser Gruppe als eigenständiges Anliegen verfolgt. Sinn und Zweck des Insolvenzverfahrens bleibt die Befriedigung der Insolvenzgläubiger.

Das Ergebnis, daß der gesicherte Gläubiger nicht durch Sicherungsmaßnahmen nach § 21 InsO zu schützen ist, wird von den Regelungen der Insolvenzanfech-

---

77 Begr. zu § 15 RegE [§ 13 InsO], in: *Balz/Landfermann* S. 220; *Heidelberger Kommentar-Kirchhof* § 14 InsO Rdnr. 17; *Frankfurter Kommentar-Schmerbach* § 21 InsO Rdnr. 9, 35; *Kübler/Prütting-Pape* § 21 InsO Rdnr. 10.

78 Siehe die Begr. zu § 121 RegE [§ 107 InsO] und § 126 RegE [§ 112 InsO], in: *Balz/Landfermann* S. 334, 339.

tung unterstützt. Die Sicherungsmaßnahmen und die Insolvenzanfechtung verfolgen den gleichen Zweck – Sicherung der gleichmäßigen Befriedigung.[79]

Auch § 21 Abs. 1 S. 1 InsO spricht gegen eine Berücksichtigung eines Einzelinteresses eines Aus- und Absonderungsberechtigten. Denn § 21 Abs. 1 S. 1 InsO geht von der Vermögenslage, die sich nicht zum Nachteil der Gläubiger verschlechtern soll, also von der Gesamtheit des Vermögens aus. Ein Aus- oder Absonderungsrecht richtet sich dagegen immer nur auf einen einzelnen Gegenstand oder eine bestimmte Gruppe von Gegenständen.

Im Ergebnis wird das Vermögen des Schuldners grundsätzlich nur zugunsten der Insolvenzgläubiger geschützt,[80] die Einbeziehung der Aus- und Absonderungsberechtigten dient diesem Vermögensschutz und ist – wie die Kostenbeteiligung nach §§ 170, 171 InsO – Ausfluß praktischer Gegebenheiten.

bb) Der scheinbare Schutz der Aus- und Absonderungsberechtigten durch die Sicherungsmaßnahmen des § 21 InsO

Es wurde festgestellt, daß die Realisierung dinglicher Sicherheiten nicht vom Sinn und Zweck des Insolvenzverfahrens erfaßt ist und deren Geltendmachung zum Teil sogar zugunsten der zukünftigen Masse zeitlich zurückgestellt wird und damit eine eventuelle Verschlechterung der Sicherheit in Kauf genommen wird. Die Haftungsverwirklichung dinglicher Sicherheiten kann somit auch nicht Sicherungszweck des § 21 InsO sein. Nichtsdestotrotz werden die Aus- und Absonderungsberechtigten überwiegend als Schutzsubjekt des § 21 InsO angesehen. Dies ist wegen des oben gewonnenen Ergebnisses nur damit zu erklären, daß das Aus- und Absonderungs**gut** in der Tat in (fast) allen Fällen zu schützen ist. Wie sich im Folgenden zeigt, ist der damit einhergehende Schutz der Aus- und Absonderungsberechtigten aber immer nur ein mittelbarer, weil er im Interesse der Insolvenzgläubiger und damit dem Sicherungszweck entsprechend zum Schutz der zukünftigen Masse erfolgt.

(1) Der mittelbare Schutz der Aus- und Absonderungsberechtigten

Der Hauptgrund, weshalb auch das Aus- und Absonderungsgut durch Sicherungsmaßnahmen zu schützen ist, ist die Tatsache, daß sich die Entscheidung

---

[79] *Kleiner* S. 102; *Pohlmann* Rdnr. 365; **a. A.** *Haarmeyer* ZInsO 2001, 203, nach dem sich die „*Vermeidung nachteiliger Veränderungen* [...], *anders als im Anfechtungsrecht, nicht auf die Befriedigungsmöglichkeiten der Insolvenzgläubiger, sondern auf den Schutz der Insolvenzmasse vor Manipulationen und Veränderungen*" bezieht.

[80] Ebenso zumindest hinsichtlich der Aussonderungsberechtigten, *Nerlich/Römermann-Mönning* § 21 InsO Rdnr. 27.

über den Bestand eines Aus- oder Absonderungsrechts in der Regel nicht im Eröffnungsverfahren treffen läßt.[81] Der vorläufige Insolvenzverwalter hat fremde Rechte grundsätzlich nicht zu klären, diese Aufgabe ist dem Insolvenzverwalter vorbehalten.[82]

Ist die Zugehörigkeit einer Sache zum Schuldnervermögen und zur Insolvenzmasse noch streitig beziehungsweise noch ungewiß, wird der Gegenstand aus Masseschutzgründen zugunsten der Insolvenzgläubiger wie zum Schuldnervermögen zugehörig behandelt. Diese Einstufung ist auch der Grund dafür, warum Verfahren über Aussonderungsgut gemäß § 240 ZPO unterbrochen werden.[83] Denn es ist alles zu sichern, was *„möglicherweise zur späteren Insolvenzmasse gehören könnte"*.[84] Diese Sicherung bewirkt einen mittelbaren Schutz der Aus- und Absonderungsberechtigten.

Stehen die Aus- und Absonderungsrechte an bestimmten Gegenständen fest, werden diese aber zu einer Unternehmensfortführung benötigt, würde das Insolvenzgericht sowohl Sicherungsmaßnahmen gemäß § 21 Abs. 2 Nr. 2 InsO als auch nach § 21 Abs. 2 Nr. 3 InsO anordnen. Durch die Weiterführung eines Unternehmens soll die Möglichkeit einer Sanierung im Insolvenzverfahren offen gehalten werden, um auf diesem Wege eine bessere gleichmäßige Befriedigung der Insolvenzgläubiger zu erreichen. Durch diese Sicherungsmaßnahmen werden die jeweiligen Aus- und Absonderungsberechtigten ebenfalls mittelbar geschützt.

Diese Sicherungsmaßnahmen zum Schutz des Aus- und Absonderungsgutes sollen auch verhindern, daß sich die Befriedigungschancen der Insolvenzgläubiger durch weitere Forderungen gegen die zukünftige Masse verschlechtern. Denn beim Verkauf durch den Schuldner oder nach Eröffnung durch den Insolvenzverwalter haben die Aus- und Absonderungsberechtigten einen Anspruch auf Ersatzaussonderung beziehungsweise -absonderung. Oder sie haben, wenn dies nicht mehr möglich ist, einen Anspruch auf Schadensersatz, wenn ihre Aus- oder Absonderungsrechte durch den Schuldner vereitelt werden, §§ 48, 55 Abs. 1 Nr. 3 InsO. Diese Ansprüche richten sich gegen die zukünftige Masse und würden diese mindern.[85] Auch in diesen Fällen werden die Aus- und Absonderungsberechtigten mittelbar geschützt.

---

81 *Heidelberger Kommentar-Kirchhof* § 21 InsO Rdnr. 5.

82 *BGH*, Beschl. v. 14. 12. 2000 – IX ZB 105/00, ZIP 2001, 296, 299.

83 *Zöller-Greger* § 240 ZPO Rdnr. 8.

84 *Heidelberger Kommentar-Kirchhof* § 21 InsO Rdnr. 5. So zu den Sicherungsmaßnahmen im Rahmen der Konkursordnung, *Kleiner* S. 12 ff.

85 In diesem Sinne zur Konkursordnung, *Kuhn/Uhlenbruck* § 106 KO Rdnr. 2.

Es hat sich damit gezeigt, daß auch das Aus- und Absonderungsgut zu schützen ist, wenn Gefahr für das Vermögen des Schuldners droht, und zwar wenn noch nicht klar ist, ob an einem betreffenden Gegenstand aus Sicht der zukünftigen Masse Interesse besteht oder wenn aus der Verschlechterung oder dem Verlust des Aus- oder Absonderungsgutes eine Verringerung der zukünftigen Masse drohen.

(2) Vertragliche Schutzpflichten des vorläufigen Insolvenzverwalters

Bei der vorläufigen Verwaltung beziehungsweise Sequestration wird betont, daß *„das gesamte Vermögen des Schuldners einschließlich fremder Sachen in dessen Besitz zu sichern und zu erhalten“*[86] sei und daß das zu sichernde Vermögen *„– jedenfalls vorläufig – auch aus- oder abzusondernde Gegenstände“* umfasse.[87] Aus diesem Schutzzweck den dinglichen Gläubigern gegenüber wird auf die Haftungsmöglichkeit des vorläufigen Verwalters geschlossen.[88] Es wird betont, daß in der Literatur und Rechtsprechung Einigkeit darüber besteht, daß den vorläufigen Verwalter Obhutspflichten gegenüber den Aus- und Absonderungsberechtigten treffen.[89] Diese Aussagen scheinen dem Ergebnis, daß die Aus- und Absonderungsberechtigten nicht ihretwillen geschützt werden, zu widersprechen. Denn es wird scheinbar von insolvenzspezifischen Pflichten des vorläufigen Insolvenzverwalters, die sich nur aus einem solchen eigenständigen Schutz herleiten ließen, gegenüber den Aus- und Absonderungsberechtigten ausgegangen.

Betrachtet man jedoch die diesen Aussagen zugrunde liegende Rechtsprechung, stellt man fest, daß sich die Gerichte bei der Begründung der Obhutspflichten entweder auf die zugrundeliegenden Vertragspflichten beziehen oder eine Aussage zu dem Grund für die Obhutspflichten fehlt.[90] Ein eigener insolvenzrechtlicher Grund findet sich nicht. Deshalb erscheint die Kritik von *Gerhardt* – ohne den Streit über die Haftung zu behandeln – berechtigt, daß es sich bei diesen Pflichten des vorläufigen Insolvenzverwalters nicht um insolvenzspezifische Pflichten handelt, sondern um vertragliche, deren Verletzung eine bloße Haftung der Masse und nicht des Verwalters nach § 60 InsO auslöst.[91] Der vorläu-

---

[86] *BGH*, Beschl. v. 14. 12. 2000 – IX ZB 105/00, ZIP 2001, 296, 299 zur vorläufigen Verwaltung. Ebenso zur Sequestration *Koch* S. 38; *Kuhn/Uhlenbruck* § 106 KO Rdnr. 6, 8 mwN. entgegen *BGH*, Urt. v. 30. 4. 1992 – IX ZR 233/90, ZIP 1992, 781, 783.

[87] *BGH*, Beschl. v. 14. 12. 2000 – IX ZB 105/00, ZIP 2001, 296, 300 (zur vorläufigen Verwaltung).

[88] *Kuhn/Uhlenbruck* § 106 KO Rdnr. 6.

[89] *Gerhardt* ZInsO 2000, 574, 580 Fn. 65 mwN.

[90] *BGH*, Urt. v. 10. 1. 1983 – VIII ZR 304/81, NJW 1983, 1049, 1050; *BGH*, Urt. v. 29. 9. 1988 – IX ZR 39/88, ZIP 1988, 1411, 1413.

[91] *Gerhardt* ZInsO 2000, 574, 579 ff.

fige Insolvenzverwalter ist nur in die Rechte und Pflichten des Schuldners eingetreten, den diese Pflichten in gleicher Weise getroffen hätten.

Die *„Rücksichtnahme auf die Absonderungsrechte“*[92] geht somit auf die Pflichten des Schuldners gegenüber den Absonderungsberechtigten und darüber hinaus auf die Tatsache zurück, daß diese Gegenstände zur Masse gehören und von daher bereits dem Schutz der Sicherungsmaßnahmen unterliegen. Ob die Obhutspflicht des vorläufigen Verwalters auch besteht, wenn kein Erlös für die Masse zu erwarten ist, ist schon umstritten.[93] Gegenüber den Aussonderungsberechtigten ergeben sich die Obhutspflichten immer aus dem zugrundeliegenden Vertrag.

Hinter den Obhutspflichten des vorläufigen Insolvenzverwalters steht somit kein eigenständiger, insolvenzspezifischer Schutzbedarf der Aus- und Absonderungsberechtigten, aus dem sich ein eigenständiger Sicherungsanspruch im Sinne des § 21 InsO ergeben könnte. Für diese Wertung spricht auch, daß den Verwalter hinsichtlich der Aus- und Absonderungsrechte ohne konkrete Anhaltspunkte keine Nachforschungspflicht trifft.[94] Der Verwalter kann sich auf die Eigentumsvermutung des § 1006 BGB stützen, den jeweiligen Aus- oder Absonderungsberechtigten trifft die Beweislast für seine Rechtsstellung.[95]

cc) Zusammenfassung

Gläubiger im Sinne von § 21 InsO sind nur die Insolvenzgläubiger. Der alleinige Sinn und Zweck des § 21 InsO ist die Sicherung der gleichmäßigen Befriedigung der Insolvenzgläubiger.[96] Zugunsten dieses Sicherungszwecks können auch Gegenstände, die mit einem Aus- oder Absonderungsrecht belastet sind, vom Schutz erfaßt werden.

---

92 So *Kilger/K. Schmidt* § 6 KO Rdnr. 4 a zu den Pflichten des Konkursverwalters.

93 Die Obhutspflicht in diesem Fall verneinend, *OLG Bremen*, Urt. v. 20. 1. 1988 – 3 U 164/87, ZIP 1988, 856 f.; **a. A.** *BGH*, Urt. v. 29. 9. 1988 – IX ZR 39/88, ZIP 1988, 1411, 1413.

94 *Gerhardt* ZInsO 2000, 574, 579 Fn. 50 mwN.; *Gundlach/Frenzel/Schmidt* NZI 2001, 350, 354; *BGH*, Urt. v. 9. 5. 1996 – IX ZR 244/95, NJW 1996, 2233, 2235; *Kübler/Prütting-Lüke* § 60 InsO Rdnr. 15; *OLG Düsseldorf*, Urt. v. 2. 6. 1987 – 23 U 150/86, ZIP 1988, 450, 452.

95 *Gerhardt* ZInsO 2000, 574, 579 Fn. 51, 52 mwN.; *Gundlach/Frenzel/Schmidt* NZI 2001, 350, 354; *OLG Düsseldorf*, Urt. v. 2. 6. 1987 – 23 U 150/86, ZIP 1988, 450, 452; *BGH*, Urt. v. 9. 5. 1996 – IX ZR 244/95, NJW 1996, 2233, 2235.

96 Alle Maßnahmen sollen bereits im Eröffnungsverfahren den Grundsatz der gleichmäßigen Befriedigung, das Kernstück des Insolvenzverfahrens sicherstellen.“ *Pohlmann* Rdnr. 9, Fn. 15 m. w. N. Ebenso zumindest hinsichtlich der Aussonderungsberechtigten, *Nerlich/Römermann-Mönning* § 21 InsO Rdnr. 27.

b) Die *„Vermögenslage des Schuldners"*

Die *„Vermögenslage des Schuldners"* entspricht der zukünftigen Masse, also dem Vermögen, das dem Schuldner gehört. Dies war im Rahmen des § 106 KO und § 12 VglO, der dem § 21 InsO wortgleich entspricht, ebenso.[97] Unter dem Vermögen sind allerdings nicht nur die einzelnen Gegenstände zu verstehen, sondern vor allem auch der Wert, den die wirtschaftliche Gesamtheit des Vermögens inklusive geldwerter Güter hat, wie zum Beispiel das Know-How einer Firma. Fremde Gegenstände gehören nur insoweit zur *„Vermögenslage"*, als sie für die wirtschaftliche Gesamtheit von Bedeutung sind. Der Besitz des Schuldners an den betreffenden Gegenständen spricht zunächst dafür, daß der jeweilige Gegenstand eine solche Bedeutung für das Vermögen hat. Ob der Schuldner noch vertraglich über den Gegenstand verfügungsbefugt ist, spielt dabei keine Rolle.[98] Dies zeigt sich an der Möglichkeit des § 21 Abs. 2 Nr. 3 InsO, wonach (auch) die Zwangsvollstreckung von Absonderungsberechtigten eingestellt werden kann.[99] Denn um einen Titel für die Zwangsvollstreckung zu erlangen, muß zum Beispiel der Sicherungsnehmer dem Schuldner, nachdem der Sicherungsfall eingetreten ist, die vertragliche Verfügungsberechtigung über den Gegenstand entzogen haben, bevor er zur Titelerlangung auf die Herausgabe des Gegenstandes klagen konnte.

Wenn die Einsetzung eines vorläufigen Insolvenzverwalters erforderlich ist, wird es sich um Fälle handeln, in denen vor allem eine wirtschaftliche Gesamtheit zu schützen ist. Deshalb ist bei der vorläufigen Verwaltung *„das gesamte Vermögen des Schuldners einschließlich fremder Sachen in dessen Besitz zu sichern und zu erhalten"*.[100] Das zu sichernde Vermögen umfaßt nach dem Bundesgerichtshof *„– jedenfalls vorläufig – auch aus- oder abzusondernde Gegenstände."*[101] Diese Beschränkung auf *„jedenfalls vorläufig"* zeigt deutlich, daß das Aus- und Absonderungsgut nicht um seinetwillen zu dem zu sichernden Vermögen gehört.

---

97 *Kuhn/Uhlenbruck* § 106 KO Rdnr. 4.

98 A. A. *Foltis* ZInsO 1999, 386, 390.

99 Begr. zu § 25 RegE [§ 21 InsO], in: *Balz/Landfermann* S. 229.

100 *BGH*, Beschl. v. 14. 12. 2000 – IX ZB 105/00, ZIP 2001, 296, 299 zur vorläufigen Verwaltung. Ebenso zur Sequestration *Koch* S. 38; *Kuhn/Uhlenbruck* § 106 KO Rdnr. 6, 8 mwN. entgegen *BGH*, Urt. v. 30. 4. 1992 – IX ZR 233/90, ZIP 1992, 781, 783.

101 *BGH*, Beschl. v. 14. 12. 2000 – IX ZB 105/00, ZIP 2001, 296, 300 (zur vorläufigen Verwaltung).

c) Der Schuldner als Schutzsubjekt?

Neben dem Zweck des § 21 InsO, die gleichmäßige Befriedigung der Insolvenzgläubiger zu sichern, sieht *Pohlmann*[102] ein Bestandserhaltungsinteresse des Schuldners als eigenständigen Schutzzweck des § 21 InsO. Dieses Bestandserhaltungsinteresse des Schuldners ist darauf gerichtet, falls das Insolvenzverfahren nicht eröffnet wird, sein Vermögen in einem möglichst durch die Sicherungsmaßnahmen nicht veränderten Bestand vorzufinden. Diesem Bestandserhaltungsinteresses des Schuldners widersprechen grundsätzlich Verwertungshandlungen oder eine Stillegung im Eröffnungsverfahren. Die *„konkrete Zusammensetzung und Zweckrichtung"* des Schuldnervermögens zur Zeit der Antragstellung muß dem Zustand im Fall der Nicht-Eröffnung des Insolvenzverfahrens entsprechen.[103] *„Bestand"* beziehungsweise *„konkrete Zusammensetzung"* sind dabei weit zu verstehen. Werden zum Beispiel in einem Unternehmen noch Halbfertigprodukte verarbeitet oder ein Warenlager im normalen Geschäftsgang weiterverkauft, ist zwar nicht mehr die konkrete Zusammensetzung geben, dennoch ist das Bestandserhaltungsinteresse des Schuldners durch solche Maßnahmen nicht verletzt. Denn es handelt sich hierbei lediglich um einen Aktivtausch, der keine Verschlechterung der Vermögenslage darstellt[104] und im – zumindest vermeintlichen – Interesse des Schuldners liegt.

Pohlmann und die ihm folgenden Ansichten[105] übersehen, wenn sie auch den Schuldner als Schutzsubjekt des § 21 InsO betrachten, daß der Wortlaut des § 21 InsO eindeutig nur von einer *„den Gläubigern"* nachteiligen Veränderung der Vermögenslage spricht. Dem Ergebnis von *Pohlmann*, daß der Bestand des schuldnerischen Vermögens im oben gebrauchten Sinne im Eröffnungsverfahren grundsätzlich nicht verändert werden darf, ist zwar zuzustimmen. Die Begründung für die Unzulässigkeit von Verwertungshandlungen und anderen, nicht mehr rückgängig zu machenden Maßnahmen ist jedoch, daß im Eröffnungsverfahren der Insolvenzgrund als Rechtfertigungsgrundlage für entsprechende Eingriffe (noch) nicht feststeht. Es ist richtig, daß durch die Anordnung von Sicherungsmaßnahmen in das Bestandserhaltungsinteresse des Schuldners nicht eingegriffen werden darf, da immer die Möglichkeit besteht, daß es nicht zur Eröffnung – sei es mangels Grund, mangels Masse oder weil der Antrag wirksam zurückgenommen wird – kommt. Diese Beschränkung der möglichen

---

102 Rdnr. 94 ff. Ihm folgend, *Münchener Kommentar-Haarmeyer* § 21 InsO Rdnr. 13; *Smid-Smid-Smid/Thiemann* § 21 InsO Rdnr. 5.

103 *Münchener Kommentar-Haarmeyer* § 21 InsO Rdnr. 13; *LG Bonn*, Urt. v. 26. 4. 1991 – 15 O 381/90, ZIP 1991, 671, 673; *Onusseit* EWiR 1991, 603.

104 *Nerlich/Römermann-Mönning* § 21 InsO Rdnr. 23.

105 *Münchener Kommentar-Haarmeyer* § 21 InsO Rdnr. 13, 71; *Smid-Smid/Thiemann* § 21 InsO Rdnr. 5.

Maßnahmen ergibt sich aber aus der fehlenden Rechtfertigung für weitergehende Eingriffe. Die Interessen des Schuldners sind daher nicht Schutzzweck des § 21 InsO, sondern sie bilden die Grenze für die Anordnung von Sicherungsmaßnahmen. Das Bestandserhaltungsinteresse des Schuldners ist durch das Merkmal der Erforderlichkeit in § 21 Abs. 1 S. 1 InsO geschützt. Eine Maßnahme, die ohne durch den Sicherungszweck des § 21 InsO gerechtfertigt zu sein, in das Bestandserhaltungsinteresse des Schuldners eingreift, ist weder geeignet noch notwendig.[106]

Die Konstruktion von *Pohlmann*, in § 21 InsO als weiteren Sicherungszweck das Bestandserhaltungsinteresse zu sehen, ist auch nicht schlüssig. Selbst nach *Pohlmann* besteht dieses Interesse nur, wenn überhaupt Sicherungsmaßnahmen angeordnet worden sind.[107] Wäre das Bestandserhaltungsinteresse tatsächlich ein eigenständiger Zweck des § 21 InsO, müßte es auch unabhängig von angeordneten Sicherungsmaßnahmen bestehen. So spricht sich *Haarmeyer* beispielsweise für eine Vollstreckungseinstellung gemäß § 21 Abs. 2 Nr. 3 InsO zur Sicherung des Bestandserhaltungsinteresses des Schuldners aus.[108] Sicherungsmaßnahmen **nur** zum Schutz des Schuldners sind jedoch nicht denkbar. Denn ein solcher Schutz kann immer nur vor Zugriffen von Seiten der Gläubiger auf das Schuldnervermögen bestehen. In diesen Fällen sind aber die übrigen Gläubiger auch immer daran interessiert, die Zugriffe zu verhindern, es sei denn, sie würden eine den Zugriff ausgleichende Gegenleistung erhalten. Das Insolvenzverfahren ist gerade kein Entschuldungsverfahren.[109] Auch im Fall der Sanierung steht die Haftungsverwirklichung im Vordergrund. Denn es heißt in § 1 S. 1 InsO, daß die gemeinschaftliche Befriedigung zu zielen ist, *„**indem** [...] abweichende Regelungen insbesondere zum Erhalt des Unternehmens*" getroffen werden.[110]

Der Schuldner ist also nicht eigenständiges Schutzsubjekt des § 21 InsO. Dies ist weder vom Wortlaut des § 21 Abs. 1 S. 1 InsO gedeckt noch – wegen des Tatbestandsmerkmales der Erforderlichkeit – zum Schutz des Schuldners vor zu weitgehenden Sicherungsmaßnahmen notwendig.

106 Vgl. Teil 1 C. I. 1. a).
107 *Pohlmann* Rdnr. 94 ff.
108 In: Münchener Kommentar § 21 InsO Rdnr. 71.
109 *Uhlenbruck-Uhlenbruck* § 4 InsO Rdnr. 1.
110 Hervorhebungen mittels Fettdruck durch die Verfasserin.

3. Schutzziele

a) Bestandssicherung und Werterhaltung

Die Sicherungsmaßnahmen sollen eine Verschlechterung der Vermögenslage des Schuldners, also der einzelnen Gegenstände sowie des Werts der wirtschaftlichen Gesamtheit, verhindern. Um dieses Ziel zu erreichen, ist zu verhindern, daß Vermögensgegenstände durch Handlungen des Schuldners oder einzelner Gläubiger dem Vermögen, in welcher Weise auch immer, entzogen werden. Das Vermögen ist also in seinem Bestand zu sichern.

Um bei einem Unternehmen eine Vermögensverschlechterung zu verhindern, ist vielfach eine Fortführung erforderlich. Denn der Wert eines Unternehmens besteht nicht nur aus der Summe einzelner Gegenstände, sondern auch aus Wirtschaftswerten wie zum Beispiel Lieferbeziehungen, Markenwerten und so weiter. Dieser durch diese Wirtschaftwerte entstehende Wert kann nur durch eine Fortführung gesichert werden. Eine starre Bestandssicherung würde eine faktische Stillegung und damit den Verlust dieser Werte beziehungsweise eine weitere Verschlechterung der finanziellen Situation bedeuten. Dies hätte wiederum weitere Verluste und somit eine Verschlechterung der Vermögenslage zu Lasten der Gläubiger zur Folge. Durch eine zeitweise Fortführung kann erreicht werden, daß die Masse angereichert wird, indem zum Beispiel Rohstoffe verarbeitet oder Halbfertigprodukte fertig gestellt werden. Hiermit wird eine verbesserte Ausgangslage für eine Liquidation geschaffen. Sicherungsmaßnahmen nicht nur zur Sicherung des Vermögensbestandes, sondern zur Erhaltung des Wertes, sind damit durchweg nötig, wenn der Schuldner ein Unternehmen betreibt.[111] Aber auch, wenn keine Fortführung möglich ist, kann der Zusammenhalt des Vermögens möglicherweise für eine Gesamtverwertung des Vermögens wichtig sein. Denn diese führt in der Regel zu einem besseren Erlös, als wenn einzelne Gegenstände außerhalb ihres wirtschaftlichen Zusammenhangs verwertet werden müßten.

Das Vermögen ist also in seinem Bestand zu sichern und der Gesamtwert ist zu erhalten. „*Sichern*" meint dabei, das Vermögen gegen unberechtigten Zugriff durch den Schuldner oder Gläubiger zu schützen. „*Erhalten*" bedeutet, den funktionsfähigen beziehungsweise verwertungsfähigen Zustand des Vermögens zu bewahren.[112] Damit beschränkt sich der Sicherungszweck des § 21 InsO nicht nur auf eine starre Sicherung des Vermögens, sondern beinhaltet auch die Werterhaltung bei einer Unternehmensfortführung. Diese Schutzziele geben – als Bestandteil des Sinn und Zwecks des § 21 InsO – den äußeren Rahmen für

---

111 *Heidelberger Kommentar-Kirchhof* § 21 InsO Rdnr. 8.

112 *Kirchhof*, Symposium, S. 7, 9.

die Ausgestaltung und den Umfang der Sicherungsmaßnahmen vor. Welche Maßnahmen konkret noch als Werterhaltung einzuordnen sind, kann dabei nicht im voraus festgelegt werden, sondern ist abhängig von der geplanten Maßnahme sowie der Situation des Schuldners im konkreten Einzelfall zu ermitteln.

b) Herstellung der Eröffnungsfähigkeit

Es gibt noch weitere Maßnahmen, die über die statische Sicherung und die Erhaltung des Wertes hinausgehen. Hier ist als Beispiel der Abbau von Masseverbindlichkeiten[113] durch Kündigung von Arbeitsverhältnissen[114] zu nennen. Entsprechende Maßnahmen sind unter dem zur Sequestration von der Praxis entwickelten Sicherungszweck, der Herstellung der Eröffnungsfähigkeit, zusammenzufassen. Die Praxis hatte sich von der reinen Sicherung durch Bestands- und Werterhaltung gelöst und eine *„dynamische Sequestration"* angestrebt.[115] Hierdurch wurde auf Umwegen eine Korrektur versucht, die auf Grund des oben beschriebenen Funktionsverlustes des Konkursverfahrens erforderlich war. Denn durch die zahlreichen massearmen Verfahren kam es in 75 % der Fälle gar nicht erst zu der Eröffnung eines Verfahrens.[116]

Den Versuch der Praxis hat die Rechtsprechung jedoch eingedämmt und die Sequestration durch zahlreiche Urteile auf ihre ursprüngliche Sicherungs- und Erhaltungsfunktion zurückgeführt. Die Zulässigkeit von Maßnahmen zum reinen Abbau von Masseverbindlichkeiten oder eine (bloß) wirtschaftlich sinnvolle Verwertung durch den Sequester wurde von der Rechtsprechung ausdrücklich verneint.[117] Dementsprechend war hinsichtlich der Zulässigkeit von Maß-

---

113 Ein solcher Abbau von Masseverbindlichkeiten war im Rahmen der Konkursordnung möglich, zum Beispiel, indem der Sequester bereits im Eröffnungsverfahren Verwertungen vornahm. Denn diese Verwertungen des Sequesters begründeten – anders als Verwertungen durch den Konkursverwalter im eröffneten Verfahren – keine Masseverbindlichkeiten. Bei einer Verwertung im eröffneten Verfahren wären die Umsatzsteuerforderungen aus diesen Verkäufen im Gegensatz zum Zeitraum der Sequestration Masseschulden, *Henckel*, in: FS 100 Jahre KO, S. 169, 174; *Koch* S. 116 f.; *Hess* § 106 KO Rdnr. 13, 27 oder durch die Freigabe von Grundstücken, *Lwowski/Tetzlaff* WM 1999, 2336, 2338 mwN. in Fn. 21, 22.

114 Die Kündigung von Dauerschuldverhältnissen stand dem Sequester nicht zu, *Wessel* S. 47; *Onusseit* S. 61.

115 *Gerhardt* ZIP 1982, 1, 2; *Henckel* ZZP 94 (1981), 347, 349; *Castendiek* KTS 1978, 9; *ders.*, S. 26 f.; *Kilger* KTS 1975, 142, 159 f; *ders.*, in: FS 100 Jahre KO, S. 189, 193 ff.; *Grub* ZIP 1993, 393, 394; *Fricke* MDR 1978, 99 f.; *OLG Düsseldorf*, Urt. v. 25. 5. 1982 – 23 U 213/81, ZIP 1983, 342, 343; *Wessel* S. 34, 45.

116 Allg. Begr. zum RegE, in: *Balz/Landfermann* S. 136.

117 *BGH*, Urt. v. 22. 12. 1982 – VIII 241/81, ZIP 1983, 191; *BGH*, Urt. v. 11. 6. 1992 – IX ZR 255/91, ZIP 1992, 1005, 1006 f.; *BGH*, Urt. v. 11. 6. 1992 – IX ZIP 1992, 1008, 1009; *BGH*, Urt. v. 12. 11. 1992 – IX ZR 68/92, ZIP 1993, 48, 49; *BGH*, Urt. v. 11. 4.

nahmen, die die Eröffnungsfähigkeit des Konkursverfahrens herstellen sollten, vieles streitig.

aa) Gesetzesbegründung und Wortlaut der §§ 21 Abs. 1 S. 1 und 22 Abs. 1 InsO

Dem Gesetzgeber waren der Funktionsverlust des Konkursverfahrens[118] und die Bedeutung, die der Eröffnung des Insolvenzverfahrens zukommt, bewußt. Der Regierungsentwurf hebt die Bedeutung einer erleichterten und rechtzeitigen Eröffnung ausdrücklich hervor, denn *„nur wenn es zur Verfahrenseröffnung kommt, können die Effizienzvorteile des neuen marktkonformen Verfahrens genutzt werden.“*[119] Erst im eröffneten Verfahren können Vermögensverschiebungen rückgängig gemacht und Manipulationen aufgedeckt werden und so eine zu verteilende Masse erlangt werden.

Die rechtzeitige Eröffnung will der Gesetzgeber nach der Gesetzesbegründung einmal durch die Heranziehung von Sicherungsgläubigern erleichtern.[120] Weiter sind die Eröffnungsgründe um den Grund der drohenden Zahlungsunfähigkeit (§ 18 InsO) erweitert worden und Anreize für eine rechtzeitige Antragstellung durch den Schuldner gesetzt worden.[121] Sicherungsmaßnahmen nach § 21 InsO dagegen werden weder im Abschnitt *„Erleichterte und rechtzeitige Eröffnung des Insolvenzverfahrens“* noch im übrigen Teil der Allgemeinen Begründung des Regierungsentwurfes oder dem Ausschußbericht[122] im Zusammenhang mit einer erleichterten Eröffnung genannt.

Dem Wortlaut des § 21 InsO läßt sich ein solcher Zweck, die Eröffnung des Insolvenzverfahrens zu erleichtern, auch nicht entnehmen. In Leitsatz 1.2.3 des Ersten Berichts der Insolvenzrechtskommission hieß es dagegen noch ausdrücklich, daß das Insolvenzgericht *„alle für die Durchführung des Insolvenzverfahrens unumgänglichen Maßnahmen treffen“* könne. Wieso diese Passage in die endgültige Fassung des § 21 InsO nicht aufgenommen wurde, ist aus den nachfolgenden Begründungen nicht ersichtlich. Es wird auf diese Änderung nicht eingegangen.

1988 – II ZR 313/87, ZIP 1988, 727, 728; *BGH*, Urt. v. 19. 9. 1988 – IX ZR 39/88, ZIP 1988, 1411, 1412 ff.

118 Die Beseitigung des Funktionsverlustes war erklärtes Ziel der Insolvenzrechtsreform, Allg. Begr. zum RegE, in: *Balz/Landfermann* S. 136 ff.

119 Allg. Begr. des RegE, in: *Balz/Landfermann* S. 137.

120 Es wurde dem Gläubiger, der einen Kostenvorschuß bezahlt, ein direkter Anspruch eingeräumt, § 26 Abs. 3 InsO.

121 Allg. Begr. des RegE, in: *Balz/Landfermann* S. 138.

122 Ebenfalls abgedruckt, in: *Balz/Landfermann* S. 147 f.

Auch dem § 22 InsO, der die Rechtsstellung des vorläufigen Insolvenzverwalters umschreibt, ist nichts für einen weiteren Sicherungszweck im Sinne eines Herstellens der Eröffnungsfähigkeit zu entnehmen. § 22 InsO ist als Konkretisierung der Generalklausel des § 21 Abs. 1 S. 1 InsO für deren Auslegung heranzuziehen, weil Maßnahmen zur Herstellung der Eröffnungsfähigkeit nur im Rahmen einer vorläufigen Insolvenzverwaltung denkbar sind. Selbst für den Fall des vorläufigen Insolvenzverwalters mit Verwaltungs- und Verfügungsbefugnis heißt es in § 22 Abs. 1 S. 2 Nr. 1 InsO: Der vorläufige Verwalter hat „*das Vermögen des Schuldners zu sichern und zu erhalten*", was im Falle einer Unternehmensinsolvenz in der Regel die Fortführung beinhaltet, § 22 Abs. 1 S. 2 Nr. 2 InsO. Trotz der vollen Verwaltungs- und Verfügungsbefugnis des vorläufigen Insolvenzverwalters nach § 22 Abs. 1 S. InsO weist die Gesetzbegründung ausdrücklich darauf hin, daß der vorläufige Verwalter diese nur insoweit ausüben darf, „*als es der Zweck der Vermögenssicherung*" erfordert.[123]

Soweit spricht sowohl der Wortlaut des § 21 Abs. 1 S. 1 InsO als auch des § 22 Abs. 1 InsO – insbesondere in Hinblick auf die geänderte Formulierung – und die allgemeine Begründung der Insolvenzordnung gegen den Sicherungszweck, die Eröffnungsfähigkeit herzustellen.

bb) Änderungen hinsichtlich der vorläufigen Verwaltung und deren Bedeutung für die Herstellung der Eröffnungsfähigkeit

Allerdings hat der Gesetzgeber mit § 21 InsO dem Insolvenzgericht die Möglichkeit an die Hand gegeben, die Wirkungen der §§ 55, 80, 81, 82, 89, 99 InsO, § 240 ZPO, die sonst erst mit der Eröffnung des Insolvenzverfahren eintreten, vorzuziehen. Mit dieser Möglichkeit sollen die Befugnisse des vorläufigen Insolvenzverwalters gestärkt werden, um dem Verwalter die Fortführung eines Unternehmens, die – wie oben gesehen – vom Sicherungszweck des § 21 InsO gedeckt ist, zu erleichtern beziehungsweise zu ermöglichen. § 21 InsO hat die Grundlagen zahlreicher Streitfragen beseitigt beziehungsweise abgemildert, die ihren Ursprung in der Kompetenz des Sequesters für Maßnahmen hatten, die allein der Herstellung der Eröffnungsfähigkeit dienen sollten.

Zum Beispiel ist mit der generellen Beschränkung der Masseansprüche die Notwendigkeit, den vorläufigen Insolvenzverwalter mit Befugnissen zum Abbau von Masseverbindlichkeiten auszustatten, abgeschwächt worden. Weiter sind Umsatzsteuerforderungen, die durch Verwertungen des vorläufigen Insolvenzverwalters mit Verwaltungs- und Verfügungsbefugnis entstehen, gemäß § 55 Abs. 2 InsO Masseverbindlichkeiten.[124] Damit kommt eine Verwertung,

---

[123] Begr. zu § 26 RegE [§ 22 InsO], in: *Balz/Landfermann* S. 232.

[124] So ausdrücklich die Begr. zu 64 RegE [§ 55 InsO], in *Balz*/Landfermann S. 267.

nur um aus dieser Umsatzsteuerforderung des Finanzamtes eine Insolvenzforderung zu machen,[125] nicht mehr in Betracht. Der Streit[126] um die Zulässigkeit einer solchen Verwertung ist damit – zumindest für den starken vorläufigen Insolvenzverwalter – obsolet. Durch die Qualifizierung der Verbindlichkeiten des starken vorläufigen Verwalters als Masseschulden hat sich auch der Streit erledigt, ob der Verwalter die mit diesen Verträgen zusammenhängenden Verbindlichkeiten erfüllen darf.[127] Bei allen übrigen Verbindlichkeiten ist nach dem Sicherungszweck zu differenzieren.[128] Auch hinsichtlich der Frage, ob der Sequester, um weitere Masseschulden zu verhindern, Dauerschuldverhältnisse kündigen kann, hat die Neuregelung des § 55 Abs. 2 InsO für Entspannung gesorgt. Denn es werden nur die Forderungen zu Masseverbindlichkeiten, bei denen der vorläufige Verwalter die Gegenleistung in Anspruch nimmt, § 55 Abs. 2 S. 2 InsO. Darüber hinaus wird man dem vorläufigen Insolvenzverwalter im Rahmen seiner Verwaltungs- und Verfügungsbefugnis die Möglichkeit von Kündigungen grundsätzlich zusprechen müssen, soweit diese vom Sicherungszweck gedeckt sind.[129]

cc) Ergebnis

Der Gesetzgeber ist in Teilen den Forderungen der Literatur, die im Rahmen der sogenannten „*dynamischen Sequestration*" vertreten wurden, nachgekommen. Aber wegen der Streichung des Gesetzesauftrages an den vorläufigen Verwalter, Handlungen zur Durchführung des Insolvenzverfahrens vorzunehmen, der allgemeinen Begründung zur Insolvenzordnung und dem Wortlaut der §§ 21 Abs. 1 S. 1, 22 Abs. 1 InsO bleibt es ansonsten bei dem Sinn und Zweck der Sicherungsmaßnahmen, das Vermögen zu sichern und zu erhalten.

Somit ergibt sich aus der Ausgestaltung der Sicherungsmaßnahmen und dem Gesamtkonzept der Insolvenzordnung, daß Maßnahmen, die allein der Herstellung der Eröffnungsfähigkeit dienen sollen, nicht vom Sicherungszweck des § 21 InsO gedeckt sind. Dies sind zum Beispiel Verwertungen, die nur an den Grundsätzen der Wirtschaftlichkeit gemessen werden.[130] Einem solchen Vorge-

---

125 Ein solches Vorgehen empfehlen zum Beispiel *Feuerborn* KTS 1997, 171, 178 f. und *Koch* S. 119 f.

126 *Castendiek* KTS 1987, 9, 14; *Fricke* MDR 1978, 99, 100 **gegen** *OLG Köln*, Urt. v. 11. 3. 1992 – 24 U 136/91, ZIP 1992, 566, 569; *BGH*, Urt. v. 12. 11. 1992 – IX ZR 68/92, ZIP 1993, 48, 49; *Kuhn/Uhlenbruck* § 106 KO Rdnr. 9.

127 *Pohlmann* Rdnr. 369.

128 Hierzu *Pohlmann* Rdnr. 362 f.

129 *Pohlmann* Rdnr. 496, 501 f.

130 So *Castendiek* KTS 1978, 9,14; *Kilger*, FS 100 Jahre KO, S. 189, 195 f.

hen ist mit der Aussage des Gesetzgebers, daß nur Notverkäufe dem vorläufigen Insolvenzverwalter erlaubt sind, eine Absage erteilt.[131]

---

131 Begr. zu § 26 RegE [§ 22 InsO], in: *Balz/Landfermann* S. 232. Diese Begründung wird ebenso in diesem Sinne gewertet von *OLG Köln*, Urt. v. 11. 3. 1992 – 24 U 136/91, ZIP 1992, 566, 569.

C. Erforderlichkeit

Nach § 21 Abs. 1 S. 1 InsO hat das „*Insolvenzgericht* [...] *alle Maßnahmen zu treffen, die* ***erforderlich erscheinen****, um bis zur Entscheidung über den Antrag eine den Gläubigern nachteilige Veränderung in der Vermögenslage des Schuldners zu verhüten.*“[1] In Literatur und Rechtsprechung wird hervorgehoben, daß die Gerichte die Erforderlichkeit der Sicherungsmaßnahmen unter Beachtung des Verhältnismäßigkeitsgrundsatzes zu prüfen hätten und eine routinemäßige Anordnung von Sicherungsmaßnahmen unzulässig sei.[2] Wegen der deutlich weitreichenderen Sicherungsmaßnahmen – insbesondere in Hinblick auf das Vorziehen von Wirkungen, die grundsätzlich erst mit Eröffnung eintreten – wird sogar empfohlen, bei der Anordnung von Sicherungsmaßnahmen „*eher Zurückhaltung*“ walten zu lassen.[3] Diesen Anforderungen steht entgegen, daß nach Antragstellung in der Regel binnen weniger Stunden gehandelt werden muß[4] und dem Insolvenzgericht mit dem Antrag meist nur wenige Informationen vorliegen. Dementsprechend schlägt *Eckardt* eine „*routinemäßige*“ Anordnung von Sicherungsmaßnahmen gegen Gläubiger vor, „*wenn nicht besondere Gründe dafür sprechen, sie ausnahmsweise zu unterlassen.*“[5] Ein anderer Vorschlag zur Vereinfachung der Erforderlichkeitsprüfung ist, aus der Struktur des Schuldners eine „*indizielle Vermutung*“ für eine Gefahrenlage abzuleiten.[6]

Es stellt sich also die Frage, die durch die weitreichenderen Sicherungsmaßnahmen der Insolvenzordnung noch an Bedeutung gewonnen hat, welche Anforderungen sich aus dem Begriff der Erforderlichkeit für die Prüfung des Insolvenzgerichts ergeben.

I. Erforderlichkeit und Verhältnismäßigkeit

In Literatur und Rechtsprechung findet sich keine detaillierte Auseinandersetzung mit dem Begriff und den Voraussetzungen der Erforderlichkeit. Eine sol-

---

1 Hervorhebung mittels Fettdruck durch die Verfasserin.

2 *LG* Göttingen, Beschl. v. 8. 3. 1993 – 6 T 63/93, ZIP 1993, 447; *LG Magdeburg*, Beschl. v. 14. 11. 1994 – 3 T 493/94, Rpfleger 1995, 224, 225; *Haarmeyer/Wutzke/Förster*, InsO, Rdnr. 3/242; *Vallender/Fuchs/Rey* NZI 1999, 181, 182; *Vallender* ZIP 1997, 1993, 1997; *Pohlmann* Rdnr. 21; **a. A.** *Hess* § 106 KO Rdnr. 1; *Frankfurter Kommentar-Schmerbach* § 21 InsO Rdnr. 75 c (routinemäßige Anordnung, wenn Unternehmensfortführung gewährleistet werden soll).

3 *Gerhardt*, Kölner Schrift, S. 193 ff., Rdnr. 24.

4 *Haarmeyer/Wutzke/Förster*, InsO, Rdnr. 3/189.

5 *Eckardt* ZIP 1999, 1734, 1738.

6 *Haarmeyer* ZInsO 2001, 203, 205; *Smid-Smid/Thiemann* § 21 InsO Rdnr. 28 (jeweilige verfahrensrechtliche Situation).

che Auseinandersetzung ist jedoch notwendig. Nur so kann eine Grundlage für die Prüfung des Insolvenzgerichts gefunden werden, die den Umfang und die einzustellenden Kriterien der jeweiligen Entscheidung über die Erforderlichkeit von Sicherungsmaßnahmen festlegt.

Das Kriterium der Erforderlichkeit soll den Verhältnismäßigkeitsgrundsatz unterstreichen beziehungsweise konkretisieren.[7] Und die Einhaltung der Erforderlichkeit soll anhand dieses Grundsatzes zu prüfen sein.[8] Es wird zwar die Geltung des Verhältnismäßigkeitsgrundsatzes für das Insolvenzgericht und im Eröffnungsverfahren betont, die Auswirkungen dieser Feststellung für die Prüfung des Insolvenzgerichts werden aber nicht dargelegt. Oder es wird zur Erforderlichkeitsprüfung des Insolvenzgerichts festgestellt, daß das mildeste Mittel zu wählen sei[9] oder daß die Maßnahme „*notwendig, aber auch ausreichend*“[10] sein muß.

Diese allgemeinen Aussagen geben Anlaß, den Begriff der Erforderlichkeit, dessen Beziehung zum Verhältnismäßigkeitsgrundsatz und die Prüfungskriterien der Erforderlichkeit näher zu betrachten. Ein Schwerpunkt der Bearbeitung liegt dabei auf den Anhaltspunkten für die Anordnung von Verfügungsbeschränkungen gemäß § 21 Abs. 2 Nr. 2 InsO. Gefragt wird des weiteren, ob dem Verhältnismäßigkeitsgrundsatz bei den Anordnungen von Verfügungsbeschränkungen eine eigenständige Bedeutung neben der Erforderlichkeit zukommt und inwieweit sich die Erkenntnisse zu den Verfügungsbeschränkungen auf eine Einstellung der Zwangsvollstreckung nach § 21 Abs. 2 Nr. 3 InsO übertragen lassen beziehungsweise sich Abweichungen ergeben.

1. Begriffsbestimmung und Prüfungsanforderungen

a) Der Begriff der Erforderlichkeit

Durch den Begriff der Erforderlichkeit ist der Wortlaut des § 21 InsO enger als derjenige des § 106 Abs. 1 S. 2 KO und § 2 Abs. 3 GesO gefaßt, die nur von zur Sicherung der Masse „*dienenden*“ Maßnahmen beziehungsweise nur von Maßnahmen „*zur Sicherung*“ sprachen. Denn der Sicherung dienen alle Maßnah-

---

7 *Pohlmann* Rdnr. 21; *Münchener Kommentar-Haarmeyer* § 21 InsO Rdnr. 2, 19; *Kübler/Prütting-Pape* § 21 InsO Rdnr. 8 f.; *Haarmeyer* ZInsO 2001, 203, 205; *Frankfurter Kommentar-Schmerbach* § 21 InsO Rdnr. 25.

8 *OLG Celle*, Beschl. v. 24. 1. 2001 – 2 W 124/00, NZI 2001, 143, 145.

9 *Hess/Weis/Wienberg-Wienberg* § 21 InsO Rdnr. 20; *Heidelberger Kommentar-Kirchhof* § 21 InsO Rdnr. 9.

10 *Münchener Kommentar-Haarmeyer* § 21 InsO Rdnr. 19, 25.

men, die den Sicherungszweck erfüllen, auch wenn sie über ihn hinausgehen. Durch die Verwendung des Begriffs der „*dienenden*" Maßnahme war nicht ausgeschlossen, daß es nicht ein milderes Mittel hätte geben können, das bei gleichem Nutzen weniger in die Rechte des von der Sicherungsmaßnahme Betroffenen eingegriffen hätte.[11] Ein solch weites Verständnis war bereits nach der Begründung des Ersten Berichts der Insolvenzrechtskommission zu Leitsatz 1.2.3,[12] der Vorgängernorm des § 21 InsO nicht mehr möglich, obwohl der Leitsatz 1.2.3 dem Wortlaut des § 106 KO ähnelte und noch nicht den Begriff „*erforderlich*" enthielt: „*Ziel ist eine flexible Regelung, die es ermöglicht, die einzelnen Maßnahmen soweit wie möglich den Besonderheiten des Einzelfalls anzupassen und gleichzeitig* ***auf das unumgängliche notwendige Maß zu beschränken****. Sachlich nicht gebotene Maßnahmen, die nur einen unnötigen Aufwand verursachen oder die Rechte des Schuldners und seiner Gläubiger über Gebühr beeinträchtigen, sind zu vermeiden.*"[13] Aus dieser Begründung zu Leitsatz 1.2.3, der grammatikalischen Auslegung von „*erforderlich*" im Zusammenspiel mit der Formulierung des § 21 Abs. 1 S. 1 InsO „*hat* [...] *anzuordnen*" läßt sich – wie im Folgenden zu zeigen ist – ein insolvenzrechtlich geprägter Begriff der Erforderlichkeit gewinnen. Erforderlich ist eine Sicherungsmaßnahme, wenn sie zur Erreichung des Sicherungszwecks geeignet und notwendig ist, es also keine mildere Maßnahme gibt, die gleich geeignet erscheint.

Erforderlichkeit im Sinne von § 21 Abs. 1 S. 1 InsO scheint damit den beiden ersten Merkmalen des Verhältnismäßigkeitsgrundsatzes[14] – Geeignetheit und Erforderlichkeit – zu entsprechen. Der Begriff der Erforderlichkeit erhält aber durch seine Zielrichtung und seine Ausgestaltung in § 21 Abs. 1 S. 1 InsO eine insolvenzspezifische Prägung. Denn die Geeignetheit einer Sicherungsmaßnahme hat nicht die Rechte des von der Maßnahme Betroffenen als Ausgangspunkt, sondern den Sicherungszweck des § 21 InsO. Eine Maßnahme ist damit zwar – wie beim Verhältnismäßigkeitsgrundsatz auch – geeignet, wenn sie das angestrebte Ziel, im Falle des § 21 InsO den Sicherungszweck, erreichen kann. Aber die Geeignetheit enthält einen darüber hinausgehenden Aspekt, der in der Formulierung des § 21 Abs. 1 S. 1 InsO zum Ausdruck kommt, daß das Insol-

---

11 Obwohl auch trotz des Wortlauts in der Konkursordnung davon gesprochen wurde, daß bei Erforderlichkeit die entsprechende Maßnahme anzuordnen werden **mußte**, *Kilger/K. Schmidt* § 106 KO Rdnr. 2.

12 LS 1.2.3 Abs. 1 des Ersten Berichts der Insolvenzrechtskommission lautete: „*Das Insolvenzgericht kann auf einen zulässigen Antrag bereits vor der Eröffnung des Insolvenzverfahrens von Amts wegen aller zur Sicherung der Masse dienenden einsteiligen Anordnungen und alle für die Durchführung des Insolvenzverfahrens unumgänglichen Maßnahmen treffen.*"

13 Begr. zu LS 1.2.3 des Ersten Berichts der Insolvenzrechtskommission [§§ 21, 22 InsO], in: *BMJ EB*, S. 104. Hervorhebung mittels Fettdruck durch die Verfasserin.

14 Vgl. *BVerfG*, Beschl. v. 16. 3. 1971 – 1 BvR 52/66, BVerfGE 30, 292, 316 f.

venzgericht alle erforderlichen Maßnahmen anzuordnen „*hat*". Das Gericht muß danach eine Maßnahme anordnen, die den Sicherungszweck erfüllt. Es darf nicht dahinter zurückbleiben. Daher ist eine Sicherungsanordnung, die dem Sicherungszweck nicht genügt, auch unzulässig, obwohl sie weniger oder gar nicht in die Rechte des Schuldners oder Gläubigers eingreift und damit unter dem Gesichtpunkt des Verhältnismäßigkeitsgrundsatzes unbedenklich wäre. Dieser insolvenzspezifische Teilaspekt der Geeignetheit läßt sich mit dem Begriff „ausreichend" fassen.

Nach dem eben Gesagten darf somit das Insolvenzgericht eine Maßnahme einerseits nur anordnen, wenn sie dem Sicherungszweck entspricht, muß es andererseits aber auch. Der alleinige Blickwinkel vom Sicherungszweck aus und die Erfordernis einer ausreichenden Maßnahme stellen die insolvenzspezifische Besonderheit der Geeignetheit als erstes Element der Erforderlichkeit dar. Das zweite Element ist die Notwendigkeit. Die Notwendigkeit hat – im Gegensatz zur Geeignetheit – die Rechte der von der Maßnahme Betroffenen im Blick. Sie beschränkt das Insolvenzgericht auf Maßnahmen, die aus Sicht des Betroffenen das mildeste Mittel sind, um den Sicherungszweck zu erreichen.

Die Erforderlichkeit des § 21 Abs. 1 S. 1 InsO setzt sich folglich aus zwei Elementen zusammen. Eine Sicherungsmaßnahme muß geeignet und ausreichend sein, den Sicherungszweck zu erreichen, und sie muß notwendig in dem Sinne sein, daß sie aus der Sicht des Betroffenen das mildeste Mittel darstellt.

Der Begriff der Erforderlichkeit soll nach etlichen Literaturstellen darüber hinaus den Verhältnismäßigkeitsgrundsatz unterstreichen beziehungsweise konkretisieren.[15] Um diese Aussage beurteilen zu können, ist der oben entwickelte insolvenzrechtliche Begriff der Erforderlichkeit mit dem Inhalt der Verhältnismäßigkeitsgrundsatzes zu vergleichen. Der Verhältnismäßigkeitsgrundsatz beinhaltet die Elemente Geeignetheit, Notwendigkeit und Verhältnismäßigkeit im engeren Sinne. Eine Maßnahme ist im Sinne des Verhältnismäßigkeitsgrundsatzes **geeignet**, wenn das mit ihr angestrebte Ziel erreicht werden kann; sie ist **erforderlich**, wenn sie das mildeste Mittel darstellt und **verhältnismäßig im engeren** Sinne, wenn sie nicht außer Verhältnis zum angestrebten Erfolg steht.[16] Innerhalb des Verhältnismäßigkeitsgrundsatzes werden die Begriffe „erforderlich" und „notwendig" als Synonyme verwendet.[17] Demnach deckt sich der hier entwickelte Begriff einer insolvenzrechtlichen Erforderlichkeit inhaltlich mit der

15 *Pohlmann* Rdnr. 21; *Münchener Kommentar-Haarmeyer* § 21 InsO Rdnr. 2, 19; *Haarmeyer* ZInsO 2001, 203, 205; *Frankfurter Kommentar-Schmerbach* § 21 InsO Rdnr. 25.

16 *Maurer* § 10 Rdnr. 17, S. 234 ; *BVerfGE* 30, 292, 316 f.

17 *Maurer* § 10 Rdnr. 17, S. 234.

Geeignetheit und Notwendigkeit des Verhältnismäßigkeitsgrundsatzes, **nicht** aber mit der Verhältnismäßigkeit im engeren Sinn. Der Begriff der Erforderlichkeit im Sinne von § 21 Abs. 1 InsO bezieht sich nur insoweit auf die Interessen des von der jeweiligen Maßnahme Betroffenen, als von den möglichen geeigneten Maßnahmen die mildeste gewählt werden muß. Eine Abwägung im Sinne einer Mittel-Zweck-Relation findet im Rahmen der Erforderlichkeit im Sinne von § 21 Abs. 1 InsO damit nicht statt.

Der Begriff „*erforderlich*" als solcher beinhaltet nur die Merkmale der Geeignetheit und Notwendigkeit. Da die Verhältnismäßigkeit im engeren Sinne als Element des Verhältnismäßigkeitsgrundsatzes fehlt, kann nicht von einer Konkretisierung des Verhältnismäßigkeitsgrundsatzes gesprochen werden. Dem Begriff der Erforderlichkeit kommt eine eigene, speziellere, insolvenzspezifische Bedeutung zu. Ob der allgemeinere Grundsatz der Verhältnismäßigkeit darüber hinaus eine eigenständige Bedeutung bei der Entscheidung über Sicherungsmaßnahmen hat, ist damit noch nicht entschieden.[18] Aus dieser Begriffsbestimmung der Erforderlichkeit ergeben sich die folgenden Konkretisierungen und Prüfungsanforderungen.

aa) Gefährdungslage als Grundlage der Erforderlichkeitsprüfung

Das Insolvenzgericht muß feststellen, ob das Vermögen in irgendeiner Weise gefährdet ist. Die konkrete Gefährdungslage ist der Ausgangspunkt für die vom Insolvenzgericht vorzunehmende Erforderlichkeitsprüfung. Hierbei kommt es nicht allein auf eine konkrete Schädigungshandlung, zum Beispiel nachteilige Verfügungen des Schuldners an, sondern darauf, welche Auswirkungen diese Handlung im betreffenden Einzelfall auf das Schuldnervermögen haben kann. Die Gefährdungslage setzt sich somit aus der drohenden Schädigungshandlung und der im betreffenden Fall möglichen Vermögensverschlechterung, dem Gefährdungspotential, zusammen. Das Gericht hat also festzustellen, welche schädigenden Handlungen zu erwarten sind oder bereits stattgefunden haben und welche konkreten nachteiligen Veränderungen sich daraus für das Vermögen ergeben könnten. Ist ein Unternehmen zum Beispiel an der schlechten Geschäftsführung gescheitert, macht es für die Frage, ob ein vorläufiger Insolvenzverwalter mit Verwaltungs- und Verfügungsbefugnis eingesetzt werden sollte, einen Unterschied, ob das Unternehmen bereits stillgelegt ist oder nicht. Denn bei einem stillgelegten Unternehmen ist das Gefährdungspotential durch eine unfähige Geschäftsleitung in der Regel nicht so groß.

---

[18] Siehe hierzu unten Teil 1 C. I. 2. und 3. b).

Ist keine Gefährdung festzustellen, fehlt es an der Grundlage für die Anordnung von Sicherungsmaßnahmen. Dieser Fall kann eintreten, wenn zum Beispiel ein Betrieb stillgelegt wurde und auch von keiner weiteren Seite Gefahren für das Vermögen des Schuldners drohen.[19] In diesem Fall fehlt es an einer zu befürchtenden Schädigungshandlung. Kann das Insolvenzgericht kein Vermögen ermitteln, das zu schützen ist,[20] fehlt es am Gefährdungspotential.

bb) Prüfung der Geeignetheit

Ist eine bestimmte Gefährdungslage gegeben, hat das Insolvenzgericht zu entscheiden, welche Maßnahmen geeignet erscheinen, dieser Gefährdung zu begegnen, und gleichzeitig für den Sicherungszweck des § 21 InsO ausreichend sind. Es muß eine Entscheidung treffen, mit welchen Maßnahmen verhindert werden kann, daß eine konkrete Gefährdungslage in eine Vermögensverschlechterung umschlägt. Ob eine Maßnahme geeignet und ausreichend ist, richtet sich nach den Wirkungen der jeweiligen Maßnahme auf die zu verhindernden schädigenden Handlungen oder Abläufe. In die Überlegungen sind dabei alle Wirkungen der Maßnahmen in Hinblick auf den Sicherungszweck einzubeziehen.

Bei einer Verfügungsbeschränkung sind dies nicht nur die unmittelbaren Wirkungen der §§ 24 Abs. 1, 81, 82 InsO, sondern auch mittelbare Folgewirkungen wie zum Beispiel, daß durch die Bekanntmachung der Maßnahme nach § 23 InsO ihre Wirksamkeit erhöht wird. Oder bei der Einsetzung eines vorläufigen Insolvenzverwalters mit Verwaltungs- und Verfügungsbefugnis muß in Hinblick auf § 55 Abs. 2 InsO beachtet werden, daß dieser starke Verwalter Masseverbindlichkeiten begründet. Denn die Masseverbindlichkeiten vermindern das den Insolvenzgläubigern zur Verfügung stehende Vermögen und können so zu einer Aushöhlung der Masse führen. Aus diesem Grund kann die Einsetzung eines vorläufigen Insolvenzverwalters mit Verwaltungs- und Verfügungsbefugnis eine dem Sicherungszweck gegenläufige und damit nicht geeignete Maßnahme darstellen. Die Einsetzung eines vorläufigen Insolvenzverwalters mit Verwaltungs- und Verfügungsbefugnis stellt dann eine geeignete Maßnahme dar, wenn durch die weitreichenden Möglichkeiten des starken Verwalters die Vermögensminderung in Folge des § 55 Abs. 2 InsO ausgeglichen wird und sich insgesamt keine Vermögensverschlechterung ergibt. Dies ist insbesondere der Fall, wenn durch diese Anordnung eine sinnvolle Weiterführung des Unternehmens möglich ist und damit eine Eröffnung erreicht werden kann. Der Aspekt der möglichen Masseaushöhlung hat allerdings durch das Insolvenzrechtsänderungsgesetz an

---

19 *Vallender/Fuchs/Rey* NZI 1999, 181, 183.

20 Zur Bedeutung freier Masse für die Anordnung von Sicherungsmaßnahmen, *Wessel* S.63 f.

Gewicht verloren. Denn gemäß dem neuen Absatz 3 des § 55 InsO[21] sind Ansprüche auf Arbeitsentgelt, die auf die Bundesanstalt für Arbeit übergegangen sind, nur noch Insolvenzforderungen.[22] Damit entfällt ein großer Teil der Masseverbindlichkeiten im Sinne von § 55 Abs. 2 InsO.

Die Bestellung eines vorläufigen Insolvenzverwalters ist darüber hinaus in der Regel mit hohen Kosten verbunden, die gemäß § 54 Nr. 2 InsO zu den Kosten des Verfahrens zählen und ebenfalls das den Insolvenzgläubigern zur Verfügung stehende Vermögen mindern. Die Einsetzung eines vorläufigen Insolvenzverwalters kann somit als ungeeignet scheitern, weil auf Grund der mit der Maßnahme verbundenen Kosten der Sicherungszweck nicht mehr erreicht werden kann.

Sind Immobilien durch Zwangsvollstreckungen gefährdet, muß das Insolvenzgericht zum Beispiel bedenken, daß das Zwangsvollstreckungsgericht Zwangsversteigerungen nicht von Amts wegen einstweilig einstellen kann, sondern nur auf Antrag eines vorläufigen Insolvenzverwalters, § 30 d Abs. 4 ZVG. Das Insolvenzgericht hat zur Einstellung von Zwangsversteigerungen keine rechtliche Handhabe. Dieser Zusammenhang kann dazu führen, daß das Insolvenzgericht keine ausreichenden Maßnahmen angeordnet hat, wenn es auf die Anordnung eines vorläufigen Insolvenzverwalters verzichtet.[23]

Es ist also eine Gesamtbetrachtung erforderlich, welche Sicherungsmaßnahmen im konkreten Einzelfall geeignet und ausreichend sind, eine Vermögensverschlechterung zu verhindern.

cc) Prüfung der Notwendigkeit

Nachdem das Insolvenzgericht geeignete Sicherungsmaßnahmen gefunden hat, sind diese Maßnahmen auf ihre Notwendigkeit hin zu überprüfen. Es ist zu klären, ob die betreffende Sicherungsmaßnahme das mildeste Mittel für den Betroffenen darstellt.[24] Diese Feststellung kann nur zwischen gleichermaßen geeigneten Maßnahmen getroffen werden. Für diesen Vergleich der Sicherungsmaß-

---

21 Angefügt durch Insolvenzrechtsänderungsgesetz vom 26. 10. 2001, BGBl. I S. 2710, 2711.

22 Mit dieser Gesetzesänderung wird auch der Streit, ob es sich bei diesen Verbindlichkeiten um Masseverbindlichkeiten handelt oder nicht, obsolet. Vgl. zu diesem Streit, *Seagon/Wiester* ZInsO 1999, 627, 628 Fn. 4 und 5.

23 Auch der vorläufige Insolvenzverwalter ohne Verwaltungs- und Verfügungsbefugnis ist gemäß § 30 d Abs. 4 ZVG antragsberechtigt, siehe Teil 2 B. III. 1. a).

24 Zur Abstufung der unterschiedlichen Verfügungsbeschränkungen siehe unten Teil 2 A. II.

nahmen kommt es darauf an, inwieweit die jeweilige Maßnahme in die Rechte des Betroffenen eingreift. Die Eingriffsintensität ergibt sich aus den Folgen der betreffenden Maßnahme für den Betroffenen. Bei der Notwendigkeit richtet sich daher der Blickwinkel nur auf die Wirkungen der Sicherungsmaßnahme für den Betroffenen, bei der Geeignetheit wird dagegen – wie oben dargelegt – nach dem Nutzen der jeweiligen Maßnahme für den Sicherungszweck gefragt.

Auch im Rahmen der Notwendigkeitsprüfung sind alle, auch mittelbare Folgen zu berücksichtigen. Beispielsweise muß in Betracht gezogen werden, daß durch Sicherungsmaßnahmen nicht zu ändernde Fakten geschaffen werden können. Insbesondere durch eine Stillegung können irreversible Schäden eintreten.[25] Aber auch bei der Anordnung einer Verfügungsbeschränkung, die mit der Einsetzung eines vorläufigen Insolvenzverwalters kombiniert wird, ist zu berücksichtigen, daß diese öffentlich bekannt zu machen ist, § 23 Abs. 1 S. 1 InsO. Allein die Bekanntmachung und der damit publik gemachte Insolvenzantrag können weitreichende wirtschaftliche Folgen für den Schuldner haben. Eine unnötig zu weitgehende Sicherungsmaßnahme kann die Insolvenz eines Schuldners erst auslösen.[26]

Bei einem Schuldnerantrag, der mit einem Antrag auf Eigenverwaltung nach § 270 InsO kombiniert ist, oder bei einem Fremdantrag, bei dem der Gläubiger dem Antrag des Schuldners auf Eigenverwaltung zustimmt,[27] können durch den Übergang der Verwaltungs- und Verfügungsbefugnis Fakten geschaffen werden, die eine spätere Rückübertragung behindern und das Ergebnis der Eigenverwaltungsprüfung vorwegnehmen.[28] Den Aspekt, daß die Eigenverwaltungsprüfung mit Einsetzung eines vorläufigen Insolvenzverwalters mit Verwaltungs- und Verfügungsbefugnis vorweggenommen wird, muß das Insolvenzgericht somit gegebenenfalls als weitere Folge des Übergangs der Verwaltungs- und Verfügungsbefugnis berücksichtigen. Hiermit ist jedoch noch nichts zu der Gewichtung dieses Aspektes im Rahmen der Erforderlichkeitsprüfung gesagt.[29]

An vielen Stellen wird auf die Haftung des Verwalters nach § 55 Abs. 2, 61 InsO verwiesen, um zu begründen, warum ein vorläufiger Insolvenzverwalter

---

25 *Münchener Kommentar-Haarmeyer* § 21 InsO Rdnr. 39.

26 *„Oft kommt es leider vor, daß erst die Veröffentlichung einer ungeprüft verhängten gerichtlichen Maßnahme den Schuldner an den Rand der Insolvenz bringt“*; *Haarmeyer/Wutzke/Förster*, InsO, 2. Aufl., Rdnr. 3/191; *Münchener Kommentar-Haarmeyer* § 21 InsO Rdnr. 28.

27 § 270 Abs. 2 Nr. 2 InsO.

28 *Pohlmann* Rdnr. 32 ff.

29 Siehe hierzu unten Teil 1 C. I. 1. b) bb) (2).

nicht eingesetzt werden sollte.[30] Die Nichteinsetzung eines vorläufigen Insolvenzverwalters ergibt sich in diesem Fall allerdings nicht aus der Erforderlichkeitsprüfung. Die dem vorläufigen Insolvenzverwalter drohenden Haftungsgefahren abzuwenden, gehört nicht zum Sicherungszweck des § 21 InsO. Das Insolvenzgericht hat diesen Aspekt, der sich aus der allgemeinen Verantwortung der Gerichte gegenüber dem Verwalter ergibt, gleichwohl zu berücksichtigen. Denn eine schuldhafte Fehleinschätzung kann für das Insolvenzgericht zur Amtshaftung führen.[31]

Abschließend kann festgehalten werden, daß die Gerichte bei der Beurteilung der Notwendigkeit für die Frage der Schwere der Maßnahme alle unmittelbaren und mittelbaren Folgen für den Betroffenen berücksichtigen müssen.

b) Das Problem der Tatsachengrundlage bei der Erforderlichkeitsprüfung

Das Hauptproblem, das ein Insolvenzgericht in der Regel bei der Erforderlichkeitsprüfung hat, sind mangelnde Kenntnis und fehlende Informationen zu der Situation des Schuldners. Nur in wenigen Fällen wird das Insolvenzgericht aus anderen Quellen Vorkenntnisse über den Schuldner haben.[32] Das Problem ungenügender Informationen stellt sich insbesondere bei einem Eigenantrag, bei dem häufig nur ein „*Zweizeiler*" dem Insolvenzgericht eingereicht wird.[33] Denn auch nach der Insolvenzordnung muß der Schuldner weder den Insolvenzgrund glaubhaft machen noch dem Antrag ein Vermögens- und Gläubigerverzeichnis beifügen.[34] Die Informationssituation der Insolvenzgerichte bei Antragseingang hat sich damit zur Konkursordnung nicht verändert. Aber auf Grund der weitreichenderen Sicherungsmöglichkeiten der Insolvenzordnung und des Kriteriums der Erforderlichkeit hat für das Insolvenzgericht die Notwendigkeit, sich vor Anordnung der Sicherungsmaßnahmen Informationen über die Situation des Schuldners zu beschaffen, zugenommen.

---

30 *Stephan* NZI 1999, 104, 105.

31 *Eckardt* EWiR 2000, 39, 40 zu *LG Offenburg*, Beschl. v. 19. 1. 1999 – 4 T 148/98, ZIP 1999, 244.

32 *Frankfurter Kommentar-Schmerbach* § 21 InsO Rdnr. 19.

33 *Stephan* NZI 1999, 104. Beispiel für einen sog. „*Zweizeiler*":„*Ich beantrage die Eröffnung des Insolvenzverfahrens, da die Gesellschaft zahlungsunfähig ist.*"

34 Auch nach der Konkursordnung und Gesamtvollstreckungsordnung war dies nicht erforderlich, a. A. *Stephan* NZI 1999, 104. Siehe hierzu oben Teil 1 A. II. 2. b).

aa) Möglichkeiten der Informationsgewinnung

In Gerichtsentscheidungen und in der Literatur findet sich daher zunehmend die Empfehlung, bereits im Zulassungsverfahren einen Gutachter mit der Frage zu beauftragen, welche Sicherungsmaßnahmen erforderlich sind.[35] Grundsätzlich wurde die Möglichkeit, die Erforderlichkeit von Sicherungsmaßnahmen zu ermitteln, bereits im Rahmen des Konkurseröffnungsverfahrens genutzt.[36] Allerdings wurde ein Gutachter nur in circa 15 % der Verfahren – unabhängig von der Fragestellung – im Eröffnungsverfahren eingesetzt.[37]

Wird ein Gutachter in die Beurteilung der Erforderlichkeit von Sicherungsmaßnahmen einbezogen, kommt ihm in erster Linie die Aufgabe zu, das Vorhandensein einer freien Masse zuklären, die zu sichern wäre und mit der die voraussichtlichen Verfahrenskosten gedeckt werden könnten. Die Feststellung, ob überhaupt eine hinreichende Masse vorhanden ist, ist in Anbetracht von 54 % mangels Masse nicht eröffneter Insolvenzverfahren[38] ein Aspekt von grundlegender Bedeutung. Neben der Verfahrenskostendeckung ist vor allem zu klären, ob liquide Mittel für Leistungen wie zum Beispiel Telefon, Strom, Heizung und Versicherungen zur Verfügung stehen, um einer möglichen Erhaltungspflicht nachkommen zu können. Als zweiten Schritt hat ein Gutachter eine Gesamtbetrachtung hinsichtlich der möglichen Massegefährdung anzustellen.[39] Dabei wird es für die Beurteilung von Verfügungsbeschränkungen insbesondere auf die Verhaltensweise des Schuldners ankommen.

Da die Anordnung der Sicherungsmaßnahmen schnell zu erfolgen hat, muß ein Gutachter nur eine summarische Prüfung vornehmen.[40] *Wessel* weist darauf hin, daß wegen der Eilbedürftigkeit die Sachverständigen in der Regel beauftragt werden, ihre Gutachten innerhalb von vierundzwanzig Stunden beziehungsweise

---

35 *AG Darmstadt*, Beschl. v. 26. 2. 1999 – 9 IN 1/99, ZInsO 1999, 176; *Vallender/Fuchs/Rey* NZI 1999, 181, 182; *Münchener Kommentar-Haarmeyer* § 21 InsO Rdnr. 22; *Frankfurter Kommentar-Schmerbach* § 22 InsO Rdnr. 57, § 21 InsO Rdnr. 5, 25; *Stephan* NZI 1999, 104 ff.; *Irmen/Werres* 2001, 579, 583; *Prager/Thiemann* NZI 2001, 634, 635; *Haarmeyer/Wutzke/Förster*, InsO, Rdnr. 3/179 f.

36 Nach dem rechtstatsächlichen Teil der Untersuchung zum Sacherständigen im Konkurseröffnungsverfahren von *Wessel* (S. 10) setzten 20 der 29 befragten Gerichte einen Sachverständigen ohne Anordnung weiterer Sicherungsmaßnahmen ein. Zum isolierten Gutachter im Konkurseröffnungsverfahren siehe auch *Herbert* S. 120 f.

37 *Wessel* S. 11.

38 Quelle: Presseerklärung Nr. 86/02 des Statistischen Bundesamtes, in: NZI 2002, 196. 1998 lag die Zahl mangels Masse nicht eröffneter Konkurse noch bei 72 %.

39 *Wessel* S. 64.

40 *Wessel* S. 64.

drei Tagen zu erstellen,[41] nur in begründeten Ausnahmefällen kommt eine Bearbeitungsfrist von einer Woche in Betracht.[42] Er führt weiter aus, daß Sicherungsmaßnahmen ohne Gutachten nur dann sofort angeordnet werden, wenn ein Gläubiger direkt einen Vorschuß leistet oder der Schuldner mit einem Eigenantrag glaubhaft freie Vermögenswerte anzeigt.[43]

Eine gleichzeitige Einsetzung des Gutachters als vorläufiger Insolvenzverwalter ist nicht erforderlich.[44] Auch wenn die Stellung des ohne weitere Sicherungsmaßnahmen eingesetzten Sachverständigen im Eröffnungsverfahren nicht ausdrücklich geregelt worden ist, so ergibt sich die Zulässigkeit seiner Einsetzung aus § 5 Abs. 1 S. 2, § 4 InsO iVm. §§ 402 ff. ZPO, wonach das Insolvenzgericht sich zur Ermittlung aller für das Insolvenzverfahren bedeutenden Informationen eines Sachverständigen bedienen darf.[45] Der Gutachter hat zwar nicht die Zwangsbefugnisse, die einem vorläufigen Insolvenzverwalter gemäß § 22 Abs. 3 InsO zustehen,[46] aber diese Zwangsbefugnisse haben für den Gutachter keine allzu große Bedeutung. Denn bei Kooperationsbereitschaft des Schuldners sind sie nicht erforderlich. Und ist der Schuldner nicht kooperativ und weigert sich, für das Gutachten die erforderlichen Unterlagen herauszugeben, könnte das Insolvenzgericht grundsätzlich einen separaten Durchsuchungs- und Beschlagnahmungsbeschluß gemäß § 4 InsO iVm. §§ 883, 758 f. ZPO erlassen.[47] Ein solcher Beschluß ist neben der Vernehmung des Schuldners durch das Insolvenzgericht selbst (§§ 20, 97, 98, 101 InsO) möglich.[48] Im übrigen ist in einem solchen Fall dann auch die Annahme gerechtfertigt, daß von Seiten des Schuldners auch vermögensschädigende Handlungen zu befürchten sind, die auf die Erforderlichkeit, eine Verfügungsbeschränkung anzuordnen oder sogar einen vorläufigen Insolvenzverwalter einzusetzen, hindeuten. Die Weigerung, Geschäftsunterlagen herauszugeben, wird selbst für die Durchsuchung bei einem am Insolvenzverfahren nicht beteiligten Dritten, der die Herausgabe verweigert, als erheblicher

---

41 *Wessel* S. 17.

42 *Stephan* NZI 1999, 104, 105 Fn. 7.

43 *Wessel* S. 17.

44 A. A. *Uhlenbruck* KTS 1990, 15, 21.

45 *Wessel* DZWIR 1999, 230; *Frankfurter Kommentar-Schmerbach* § 22 InsO Rdnr. 57. Dies wird auch in der Begr. zu § 26 RegE [§ 22 InsO], in: *Balz/Landfermann* S. 232 vorausgesetzt.

46 *Bollig* KTS 1990, 599, 602 f., 609 f.; *Heidelberger Kommentar-Kirchhof* § 22 InsO Rdnr. 32; *Irmen/Werres* NZI 2001, 579, 583; *Stephan* NZI 1999, 104, 105; *Pohlmann* Rdnr. 208; a. A. *Wessel* S. 82 ff.

47 *Irmen/Werres* 2001, 579, 583.

48 Nur auf diese Möglichkeit verweisend, *Pohlmann* Rdnr. 208; *Frankfurter Kommentar-Schmerbach* § 22 InsO Rdnr. 57 a sowie zur Konkursordnung ebenso, *Bollig* KTS 1990, 599, 611.

tatsächlicher Anhaltspunkt für die Absicht, Vermögen verschleiern zu wollen, gewertet.[49]

Der Gutachter gibt eine Empfehlung, welche Sicherungsmaßnahmen anzuordnen sind.[50] Das Insolvenzgericht darf diese nicht unbesehen zur Grundlage seiner Entscheidung machen, sondern hat grundsätzlich dessen Plausibilität zu prüfen.[51] Eine Anordnung von Sicherungsmaßnahmen ohne weitere Nachprüfung des Gutachtens kommt nicht in Frage.[52]

Weiter kann das Insolvenzgericht zur Ermittlung notwendiger Informationen Auskünfte beim Handelsregister, Grundbuchamt und Vollstreckungsgerichten einholen.[53] In den Fällen, in denen der Schuldner einen Eigenantrag stellt und sein Unternehmen nicht mehr betreibt, kann auch die Anhörung des Schuldners zur Informationsgewinnung dienen.[54] Eine Anhörung des Schuldners vor Anordnung der Sicherungsmaßnahmen hat zu unterbleiben, wenn der Sicherungszweck durch die Anhörung gefährdet würde.[55]

bb) Abstrakte Anhaltspunkte

(1) Struktur des Schuldners

Durch ein Gutachten oder eigenständige Ermittlungen oder Informationen des Insolvenzgerichts wird grundsätzlich die Frage geklärt, ob es zu sicherndes Vermögen gibt (Gefährdungspotential) und ob Schädigungshandlungen grundsätzlich drohen. Konkrete Anhaltspunkte für Schädigungshandlungen werden dabei allerdings nicht immer festzustellen sein. Deshalb sollten sich die Insolvenzgerichte, auch wenn es sich bei der Erforderlichkeitsprüfung um eine „*Abwägung für den konkreten Einzelfall*“ handelt, grundsätzlich an der „*jeweiligen verfahrensrechtlichen Situation*“ orientieren.[56] Bei juristischen Personen spricht wegen ihrer anonymen Struktur und bei mißbrauchsanfälligen Gesellschaftsformen wie der GmbH und der GmbH & Co. KG eine „*indizielle Vermutung*“ für eine Gefährdung der Masse, wenn der Schuldnerin nicht die Verwaltungs- und

---

49 *LG Mainz*, Beschl. v. 3. 5. 2001 – 8 T 395/99, NZI 2001, 384.

50 *Wessel* S. 64.

51 So für ein Massekostengutachten, *LG Berlin*, Beschl. v. 8. 3. 2000 – 86 T 536/99, ZInsO 2000, 224.

52 *Stein/Jonas-Leipold* § 412 ZPO Rdnr. 2 ff.; *Wessel* S. 105 f.; **a. A.** *Frankfurter Kommentar-Schmerbach* § 21 InsO Rdnr. 14.

53 *Stephan* NZI 1999, 104, 105.

54 *Frankfurter Kommentar-Schmerbach* § 21 InsO Rdnr. 18.

55 *Pohlmann* Rdnr. 65; *Kuhn/Uhlenbruck* § 106 KO Rdnr. 1 b.

56 *Haarmeyer* ZInsO 2001, 203, 205; *Münchener Kommentar-Haarmeyer* § 21 InsO Rdnr. 19; *Smid-Smid/Thiemann* § 21 InsO Rdnr. 27.

Verfügungsbefugnis entzogen wird.[57] Es ergibt sich damit eine *„generalisierte Betrachtungsweise“* für das Insolvenzgericht bei der Frage nach der Erforderlichkeit von Sicherungsmaßnahmen.[58] Es handelt sich hierbei nicht um *„eine methodisch bedenkliche Einzelfallabwägung, sondern um einen fallübergreifenden in der Rechtsform angelegten Unterschied“*.[59] Auch nach Ansicht des *LG Magdeburg*[60] müssen zwar *„konkrete Anhaltspunkte für eine Massegefährdung“* gegeben sein, damit eine Anordnung von Sicherungsmaßnahmen überhaupt in Frage kommt. Diese Anhaltspunkte könnten sich jedoch aus der *„Struktur des Unternehmens“* ergeben. Eine solche *„generalisierte Betrachtungsweise“* ist insbesondere gerechtfertigt, wenn eine weitere Prüfung auf Grund der Struktur des Schuldners nur zu Lasten des Sicherungszwecks mögliche wäre.

Strukturbedingt drängt sich daher zum Beispiel die Anordnung eines vorläufigen Insolvenzverwalters mit Verwaltungs- und Verfügungsbefugnis bei Großverfahren, bei massereichen Verfahren oder bei denjenigen Normalverfahren, bei denen eine Geschäftsleitung nicht mehr vorhanden ist, auf.[61] Ebenso kommt die Einsetzung eines vorläufigen Insolvenzverwalters mit Verwaltungs- und Verfügungsbefugnis in Frage, wenn der Schuldner seine Mitwirkung verweigert.[62] Bei einem bereits eingestellten Betrieb besteht dagegen kein unbedingter Bedarf für einen vorläufigen Insolvenzverwalter. Hier kann ein isoliertes Verfügungsverbot, gepaart mit der Einstellung der Zwangsvollstreckung, ein wirksames Mittel sein.[63]

---

57 *Haarmeyer* ZInsO 2001, 203, 205; *Smid-Smid/Thiemann* § 21 InsO Rdnr. 28.

58 *Münchener Kommentar-Haarmeyer* § 21 InsO Rdnr. 32: Sichernde Maßnahmen ohne vorherige Anhörung sind stets zu erlassen, wenn ein Gläubiger einen Antrag stellt oder wenn der Antragsteller zur Stellung eines Eigenantrags gesetzlich verpflichtet gewesen ist und sich daraus konkrete Anhaltspunkte für eine Vermögensgefährdung ergeben. In beiden Fällen ist nach Erkenntnissen der staatsanwaltlichen Praxis ein erhöhtes Gefährdungspotential gegeben.

59 *Smid-Smid/Thiemann* § 21 InsO Rdnr. 28; dem zustimmend, *Haarmeyer* ZInsO 2001, 203, 205 Fn. 26.

60 Beschl. v. 14. 11. 1994 – 3 T 493/94, Rpfleger 1995, 224, 225.

61 *Hauser/Hawelka* ZIP 1998, 1261, 1664.

62 *Vallender/Fuchs/Rey* NZI 1999, 181, 183.

63 *Haarmeyer/Wutzke/Förster*, InsO, 2. Aufl., Rdnr. 3/208. Ebenso die Zulässigkeit des isolierten Verfügungsverbots bejahend: *AG Göttingen*, Beschl. v. 17. 5. 1999 – 74 IN 24/99, ZInsO 1999, 482; *OLG Thüringen*, Beschl. v. 12. 4. 2000 – 5 U 135/99, DZWIR 2000, 513; *Spiekhoff* DZWIR 2000, 514; *Kießling/Singhoff* DZWIR 2000, 353, 361; *Fritsche* DZWIR 2002, 1, 7 f.; vgl. unten Teil 2 A. IV. 1, V. 1.

(2) Eigen- oder Fremdantrag

Neben der Struktur des Unternehmens sollen nach der Literatur auch aus der Tatsache, ob ein Eigen- oder Fremdantrag vorliegt, Rückschlüsse auf die jeweilige Gefährdungslage und der daraus resultierenden Erforderlichkeit bestimmter Sicherungsmaßnahmen insbesondere bestimmter Verfügungsbeschränkungen gezogen werden können.

Legt der Schuldner mit einem Eigenantrag keine Informationen vor, kann dies das Verfahren erheblich verzögern. Diese Nichtvorlage kann auf die Absicht des Schuldners, eine Verzögerung herbeizuführen, hindeuten und zur Erforderlichkeit der Einsetzung eines vorläufigen Insolvenzverwalters führen.[64] Nach *Haarmeyer*[65] fordern auf Zahlungsunfähigkeit oder Überschuldung gestützte Eigenanträge regelmäßig Sicherungsmaßnahmen, wenn sie nicht mit einem Sanierungskonzept verbunden sind.

Die Tatsache, daß der Schuldner seinen Antrag auf drohende Zahlungsunfähigkeit stützt, darf das Insolvenzgericht nicht dazu verleiten, die Erforderlichkeit von Verfügungsbeschränkungen weniger gründlich zu prüfen. Denn ein Eigenantrag gestützt auf drohende Zahlungsunfähigkeit muß nicht unbedingt von verantwortungsbewußtem Handeln des Schuldners zeugen, sondern soll eventuell nur die bereits eingetretene Zahlungsunfähigkeit oder Überschuldung überdekken.[66] Damit kann ein auf drohende Zahlungsunfähigkeit gestützter Antrag nur zusammen mit weiteren Anhaltspunkten für eine geringe Gefährdung durch den Schuldner sprechen und damit eine zurückhaltende Anordnung von Verfügungsbeschränkungen rechtfertigen. Ganz auf Verfügungsbeschränkungen sollte dabei nur verzichtet werden, wenn der Schuldner vertrauenswürdig erscheint und sich die drohende Insolvenz auf nicht vorhersehbare Umstände gründet und damit nicht dem Schuldner anzulasten ist.[67] Mit einem Eigenantrag kann auch das Ziel verfolgt werden, eine Ablehnung mangels Masse zu erreichen, indem dem Gericht Vermögensbestandteile verschwiegen werden. Der Nutzen für den Schuldner bei einem solchen Verhalten ist, daß er nach Ablehnung mangels Masse voraussichtlich weniger Zwangsvollstreckungen ausgesetzt sein wird. Denn die Ablehnung mangels Masse wird gemäß § 26 Abs. 2 InsO in das Schuldnerverzeichnis eingetragen. Und ergeht bis zur Ablehnung eine Anord-

---

64 *AG Darmstadt*, Beschl. v. 26. 2. 1999 – 9 IN 1/99, ZInsO 1999, 176, 177.

65 ZInsO 2001, 203, 205.

66 *Pohlmann* Rdnr. 33.

67 Zur Ablehnung der Eigenverwaltung wegen unternehmerischer Fehlleistungen, *AG Darmstadt*, Beschl. v. 26. 2. 1999 – 9 IN 1/99, ZInsO 1999, 176, 177.

nung nach § 21 Abs. 2 Nr. 3 InsO, dann muß der Schuldner bereits vor der Antragsablehnung keine Vollstreckungen mehr fürchten.[68]

Bei Eigenanträgen, mit denen die Vermögensverhältnisse übersichtlich und ausführlich dargelegt werden und die gegebenenfalls mit Antrag auf Eigenverwaltung nach §§ 270 ff. InsO und Vorlage eines Sanierungskonzeptes kombiniert sind, sollte von einem allgemeinen Verfügungsverbot Abstand genommen werden.[69] Eine *„sorgfältige Abwägung“* hat jedoch trotzdem zu erfolgen.[70] Selbst in diesem Fall kann die Einsetzung eines vorläufigen Insolvenzverwalters mit Verwaltungs- und Verfügungsbefugnis die erforderliche Maßnahme sein, wenn sich herausstellt, daß Großgläubiger nicht mehr zur Zusammenarbeit mit dem Schuldner bereit sind.

Ein Gläubigerantrag kann für die Anordnung von Verfügungsbeschränkungen sprechen, wenn sich herausstellt, daß der Schuldner den Antrag längst hätte stellen müssen. Aber auch bei einem Gläubigerantrag besteht die Möglichkeit, daß dieser verfrüht ist und ein Eingriff in die Verwaltungs- und Verfügungsbefugnis nicht gerechtfertigt ist.

An den dargestellten Beispielen zeigt sich, daß aus der Unterscheidung nach Eigen- oder Fremdantrag keine generelle Aussage getroffen werden kann, welche Sicherungsmaßnahmen erforderlich sind. Allein aus einem Eigenantrag kann damit zum Beispiel nicht geschlossen werden, daß die Anordnung eines Zustimmungsvorbehalts die erforderliche Maßnahme ist.[71] Das Insolvenzgericht hat die möglichen Szenarien, die einem Eigen- oder Fremdantrag zugrunde liegen können, daher im Auge zu behalten und entsprechenden Anhaltspunkten gemäß zu reagieren.

cc) Die Anforderung an die Konkretheit der Anhaltspunkte in Abhängigkeit zur Eingriffsintensität

Im Gegensatz zu der Möglichkeit, bei der Anordnung von Verfügungsbeschränkungen beziehungsweise der Einsetzung eines vorläufigen Insolvenzverwalters auf *„indizielle Vermutungen“* und abstrakte Anhaltspunkte zurückzugreifen, werden bei anderen Sicherungsmaßnahmen höhere Anforderungen gestellt. Bei der Postsperre nach § 99 InsO zum Beispiel wird gefordert, daß konkrete Anhaltspunkte für eine Gefährdung vorliegen und *„lediglich abstrakte Verdachts-*

---

68 *Wessel* S. 33.

69 *Pohlmann* Rdnr. 36; *Smid-Smid/Thiemann* § 21 InsO Rdnr. 30; *Uhlenbruck*, Kölner Schrift, S. 325 ff., Rdnr 6.

70 *Münchener Kommentar-Haarmeyer* § 21 InsO Rdnr. 21.

71 So aber *Haarmeyer* ZInsO 2001, 203, 206.

momente" nicht ausreichend für eine so weitreichende Anordnung sind.[72] Auch für die Anordnung einer Durchsuchung bei einem Dritten gemäß § 21 Abs. 1 S. 1 InsO müssen „*erhebliche tatsächliche Anhaltspunkte*" vorliegen. Diese liegen beispielsweise vor, wenn der Dritte nicht bereit ist, die für die Massefeststellung erforderlichen Unterlagen innerhalb einer angemessenen Frist herauszugeben.[73] Mit der Postsperre und einer Durchsuchung wird direkt in die Grundrechte der Betroffenen (Artt. 10, 13 GG) eingegriffen. Die Postsperre und eine Durchsuchung stellen damit einen stärkeren Eingriff in die Rechte des Betroffenen dar, als es bei Verfügungsbeschränkungen der Fall ist. Somit kann festgehalten werden: Je stärker der Eingriff durch eine bestimmte Sicherungsmaßnahmen ist, um so konkreter müssen die Anhaltspunkte sein, aus denen das Insolvenzgericht auf die Gefährdungslage schließt.[74]

c) Ergebnis

Der Schwerpunkt der Erforderlichkeitsprüfung der Gerichte liegt bei der Feststellung der Gefährdungslage, insbesondere der Gewichtung der im Einzelfall vorliegenden abstrakten und konkreten Anhaltspunkte. Diese Anhaltspunkte sind in ein Verhältnis zu den Wirkungen der in Frage kommenden Sicherungsmaßnahmen zu setzen, was im Rahmen der Geeignetheits- und Notwendigkeitsprüfung erfolgt.

Je einschneidender die Sicherungsmaßnahme ist, desto deutlicher müssen die Anhaltspunkte für eine entsprechende Gefährdungslage sein. Allerdings können abstrakte Anhaltspunkte für die Feststellung einer Gefährdungslage ausreichen, wenn auf Grund der Struktur des Schuldners eine besondere Gefährdung typisch ist und die Feststellung einer konkreten Gefahr in diesen Fällen in der Kürze der Zeit, die für die Entscheidung über die Anordnung von Sicherungsmaßnahmen zur Verfügung steht, nicht möglich ist und daher den Sicherungszweck gefährden würde. Allein aufgrund der Unterscheidung, ob der Antrag vom Schuldner oder von einem Gläubiger gestellt wurde, lassen sich ohne weitere Anhaltspunkte keine Rückschlüsse für die Anordnung von Sicherungsmaßnahmen ziehen.

Das Insolvenzgericht kann nach § 5 Abs. 1 S. 2 InsO schon im Eröffnungsverfahren einen Gutachter mit der Beurteilung der Erforderlichkeit von Sicherungsmaßnahmen beauftragen. Die Hauptaufgabe des Gutachters besteht in der Feststellung, ob eine hinreichende Masse zur Deckung der Verfahrenskosten

---

72 *OLG Celle*, Beschl. v. 11. 9. 2000 – 2 W 87/00, ZIP 2000, 1898.

73 *LG Mainz*, Beschl. v. 3. 5. 2001 – 8 T 395/99, NZI 2001, 384; *AG Duisburg*, Beschl. v. 20. 9. 1999 – 60 IN 172/99, NZI 2000, 38.

74 In diesem Sinne auch, *AG Duisburg*, Beschl. v. 20. 9. 1999 – 60 IN 172/99, NZI 2000, 38.

vorhanden ist. Weiterhin hat der Gutachter im Rahmen einer Gesamtbetrachtung mögliche Massegefährdungen einzuschätzen. Das wegen der Eilbedürftigkeit der Sicherungsmaßnahmen nur aufgrund summarischer Prüfung meist in wenigen Tagen erstellte Gutachten muß das Insolvenzgericht auf seine Plausibilität hin überprüfen, bevor es seine Entscheidung darauf gründet.

2. Prüfung der Verhältnismäßigkeit bei der Anordnung von Verfügungsbeschränkungen gemäß § 21 Abs. 2 Nr. 2 InsO

Durch den Begriff der Erforderlichkeit sind nur die beiden ersten Elemente des Verhältnismäßigkeitsgrundsatzes, Geeignetheit und Notwendigkeit, abgedeckt. Die Verhältnismäßigkeit im engeren Sinne hat das Insolvenzgericht auf Grund des Begriffes der Erforderlichkeit nicht zu prüfen.[75] Dennoch hat – wie bei allen in Rechte eingreifenden Ermessensentscheidungen – auch das Insolvenzgericht grundsätzlich den Verhältnismäßigkeitsgrundsatz zu beachten. In Literatur und Rechtsprechung wird dementsprechend festgestellt, daß der Grundsatz auch in der Insolvenzordnung gelte[76] und somit im Rahmen grundrechtseinschränkender Anordnungen nach § 21 InsO zu berücksichtigen sei.[77] Auf Grund des Verhältnismäßigkeitsgrundsatzes sei eine „*Mittel-Zweck-Relation*" unter Berücksichtigung der Gefährdungssituation zwischen den Interessen des Schuldners und dem Gesetzeszweck, eine Vermögensverschlechterung zu verhindern, aufzustellen.[78] Die Abwägung im Rahmen der Verhältnismäßigkeitsprüfung habe sich in der

---

75 Siehe oben Teil 1 C. I. 1. a).

76 *BGH*, Beschl. v. 20. 3. 1986 – III ZR 55/85, NJW-RR 1986, 1188, 1189; *Heidelberger Kommentar-Kirchhof* § 21 InsO Rdnr. 9; *Smid-Smid/Thiemann* § 21 Rn. 10; *Münchener Kommentar-Haarmeyer* § 21 InsO Rdnr. 23; *Nerlich/Römermann-Mönning* § 21 InsO Rdnr. 71 f.

77 *Stephan* NZI 1999, 104: „*Das Gericht* muß *somit in* jedem Einzelfall prüfen, *ob die Anordnung der einzelnen Sicherungsmaßnahme verhältnismäßig ist.*"; *OLG Celle*, Beschl. v. 24. 1. 2001 – 2 W 124/00, NZI 2001, 143, 144; *OLG Naumburg*, Beschl. v. 24. 8. 2000 – 5 W 98/99, NZI 2000, 594, 595 (Haftanordnung); *Kübler/Prütting-Pape* § 20 InsO Rdnr. 13 b bis d; *Nerlich/Römermann-Mönning* § 21 InsO Rdnr. 18. So bereits im Rahmen des § 106 KO, *BGH*, Beschl. v. 20. 3. 1986 – III ZR 55/85, NJW-RR 1986, 1188, 1189; *Kilger/K. Schmidt* § 106 KO Rdnr. 2; *Kuhn/Uhlenbruck* § 106 KO Rdnr. 2.

78 *Münchener Kommentar-Haarmeyer* § 21 InsO Rdnr. 23; *ders.*, ZInsO 2001, 203, 205 ff. *OLG Celle*, Beschl. v. 11. 9. 2000 – 2 W 87/00, ZIP 2000, 1898, 1899 f., stellt unter dem Begriff der Erforderlichkeit auf eine entsprechend Abwägung ab. Dagegen ohne Abwägung nur auf die Gefährdung abstellend, *AG Darmstadt*, Beschl. v. 26. 2. 1999 – 9 IN 1/99, ZInsO 1999, 176, 177.

Begründung des Beschlusses wiederzufinden,[79] eine *„floskelhafte Mitteilung“* ist nicht ausreichend.[80]

Es ist jedoch fraglich, ob das Insolvenzgericht auch bei einer Anordnung von Verfügungsbeschränkungen die Verhältnismäßigkeit im engeren Sinne tatsächlich prüfen muß. Denn wie sich im weiteren zeigen wird, bleibt auf Grund der Gewichtung des Gesetzgebers neben der Erforderlichkeit kein Raum für die Prüfung der Verhältnismäßigkeit im engeren Sinne.

Durch die Anordnung von Verfügungsbeschränkungen wird in die wirtschaftliche Betätigungsfreiheit des Schuldners eingegriffen. In diesen Fällen geht die Gefahr, die sich ohne Verfügungsbeschränkungen realisieren würde, vom Schuldner aus. Je größer die Gefährdung des Vermögens durch das Verhalten des Schuldners ist, desto stärker muß der Schuldner in seiner Verfügungsmacht beschränkt werden. Der Eingriff korreliert also mit der Gefährdung des Sicherungszwecks. Folge dieses Zusammenhangs ist, daß die Entscheidung über die anzuordnenden Sicherungsmaßnahmen bereits im Rahmen der Erforderlichkeitsprüfung fällt. Denn gibt der Schuldner keinen Anlaß zu Sicherungsmaßnahmen, wäre eine dennoch angeordnete Sicherungsmaßnahme nicht notwendig und damit nicht erforderlich. Geht jedoch vom Schuldner eine Gefährdung aus, ist die dieser Gefährdung entsprechende Sicherungsmaßnahme zu erlassen. Bleibt das Insolvenzgericht dahinter zurück, würde es eine nicht ausreichende Maßnahme anordnen und dem Gebot des § 21 Abs. 1 S. 1 InsO, alle erforderlichen Sicherungsmaßnahmen anzuordnen, nicht genügen.

Die Insolvenzordnung gibt die Entscheidung, wann mit welcher Intensität in die Rechte des Schuldners eingegriffen werden muß, vor. Nicht nur durch die Festlegung des Sicherungszweckes und den Begriff der Erforderlichkeit des § 21 Abs. 1 S. 1 InsO, sondern auch in zahlreichen anderen Normen hat der Gesetzgeber bestimmt, welches Gewicht den Interessen der Gläubigergesamtheit, sprich dem Interesse auf gleichmäßige Befriedigung, zukommt. Er hat damit das Ergebnis der Zweck-Mittel-Relation, die im Rahmen einer Verhältnismäßigkeitsprüfung im engeren Sinne anzustellen wäre, vorgegeben. Diese gesetzgeberische Gewichtung der Gläubigergesamtinteressen zeigt sich insbesondere an den weitreichenden Möglichkeiten des § 21 InsO, mit denen etliche Wirkungen der Eröffnung vorgezogen werden können, aber auch an der Betonung einer möglichen Unternehmensfortführung, die vor die Interessen der Betroffenen gestellt wird. Ein Beispiel hierfür sind die §§ 107 Abs. 2, 112 InsO, bei denen so-

---

[79] *LG Magdeburg*, Beschl. v. 14. 11. 1994 – 3 T 493/94, Rpfleger 1995, 224, 225 (allgemeines Verfügungsverbot und Sequestration, § 2 Abs. 3 GesO).

[80] *OLG Naumburg*, Beschl. v. 24. 8. 2000 – 5 W 98/00, ZInsO 2000, 562 (Haft, §§ 20, 98 Abs. 2 InsO).

gar die Interessen von Aussonderungsberechtigten einer möglichen Fortführung untergeordnet werden. Die Gewichtung der Interessen zeigt sich auch an § 23 Abs. 1 S. 2 InsO, nach dem für eine allgemeine Verfügungsbeschränkung mit gleichzeitiger Anordnung eines vorläufigen Insolvenzverwalters eine besondere Zustellung erfolgen muß. Die Gefahr, daß der Schuldner durch diese Zustellung an seine Gläubiger in Mißkredit gerät, wird in diesem Paragraphen der Massesicherung untergeordnet.[81] Dem Insolvenzgericht bleibt daher kein Spielraum für eine Verhältnismäßigkeitsprüfung im engeren Sinne.

Es kommen auch keine weiteren Aspekte, die auf Seiten des Schuldners in eine Verhältnismäßigkeitsprüfung im engeren Sinne eingestellt werden können, in Frage. Zwar könnte an den Gesundheitszustand des Schuldners gedacht werden, der teilweise in der Praxis herangezogen wird, um die Abweisung eines Eröffnungsantrags zu begründen.[82] Aber dieser Aspekt darf in der Insolvenz, in der es nur auf die vermögensrechtliche Situation ankommt, kein relevantes Kriterium sein.[83] Auch kann nicht von der Anordnung von Sicherungsmaßnahmen gegen den Schuldner mangels Verhältnismäßigkeit im engeren Sinne abgesehen werden, weil die Forderung des Antragstellers relativ geringfügig ist.[84] Denn nach dem *Bundesgerichtshof* ist in einem solchen Fall sogar die Verhängung eines allgemeinen Veräußerungsverbotes nicht unverhältnismäßig.[85]

Die Erforderlichkeit impliziert damit bei der Anordnung von Verfügungsbeschränkungen die Verhältnismäßigkeit im engeren Sinne. Die Aussage, eine Sicherungsmaßnahme sei unverhältnismäßig, ist daher in den meisten Fällen ungenau. Denn es fehlt bereits an der Erforderlichkeit und nicht etwa der Verhältnismäßigkeit im engeren Sinne. Es sollte in entsprechenden Fällen von fehlender Erforderlichkeit gesprochen werden.[86] Denn dies entspricht der Diktion des Insolvenzrechts, und ein Rückgriff auf den allgemeineren Grundsatz der Verhältnismäßigkeit ist entbehrlich.

---

81 *Gerhardt*, Kölner Schrift, S. 193 ff., Rdnr. 27.

82 *Kuhn/Uhlenbruck* § 105 KO Rdnr. 8 a.

83 *Kuhn/Uhlenbruck* § 105 KO Rdnr. 8 a.

84 *Hess/Weis/Wienberg-Wienberg* § 21 InsO Rdnr. 67; *Frankfurter Kommentar-Schmerbach* § 21 InsO Rdnr. 25.

85 *BGH*, Beschl. v. 20. 3. 1986 – III ZR 55/85, WM 1986, 652.

86 In diesem Sinne verwendet zum Beispiel das *AG Duisburg*, Beschl. v. 20. 9. 1999 – 60 IN 172/99, NZI 2000, 38, den Begriff der Erforderlichkeit statt der Verhältnismäßigkeit selbst in einem Fall, in dem es um die Durchsuchung und damit um einen Grundrechtseingriff bei einem am Verfahren nicht beteiligten Dritten geht.

3. Prüfungsumfang bei der einstweiligen Einstellung und Untersagung von Zwangsvollstreckungen gemäß § 21 Abs. 2 Nr. 3 InsO

In der Literatur wird in Hinblick auf die Abwägung im Rahmen der Erforderlichkeits- und Verhältnismäßigkeitsprüfung – mit wenigen Ausnahmen[87] – nur auf die Eingriffe in die Rechte des Schuldners eingegangen. Der Eingriff in die Rechte des Gläubigers, den er bei Einstellung seiner Zwangsvollstreckung gemäß § 21 Abs. 2 Nr. 3 InsO erleidet, wird nicht behandelt. Nach Ansicht von *Stephan*[88] soll die Einstellung und Untersagung von Zwangsvollstreckungen sogar *„ohne konkrete Erforderlichkeitsprüfung möglich"* sein. Andere äußern sich in ähnlicher Weise. Die Anordnung nach § 21 Abs. 2 Nr. 3 InsO sei *„regelmäßig unverzichtbar"*,[89] in jedem Fall empfehlenswert[90] beziehungsweise die Anforderungen an einen Erlaß nach § 21 Abs. 2 Nr. 3 InsO seien nicht allzu hoch anzusetzen.[91] Wieder andere sind sogar der Meinung, daß wegen der fehlenden Übersicht im Eröffnungsverfahren und der erforderlichen Sicherung der Fortführung bei Unternehmen in jedem Fall die einstweilige Einstellung oder Untersagung der Zwangsvollstreckungsmaßnahmen angeordnet werden müsse.[92] Anordnungsvoraussetzung sollen nur ein zulässiger Antrag und bereits begonnene oder auf Grund vorhandener Titel gegen den Schuldner drohende Zwangsvollstreckungen sein.[93] Das Insolvenzgericht müsse den Andrang der Gläubiger einschätzen.[94] Eine automatische Anordnung wie bei § 2 Abs. 4 InsO soll es bei § 21 Abs. 2 Nr. 3 InsO allerdings nicht geben.[95]

Diese Aussagen zum Prüfungsumfang bei einer Anordnung nach § 21 Abs. 2 Nr. 3 InsO erscheinen hinterfragenswert. Denn die Voraussetzung der Erforderlichkeit gilt für alle Sicherungsmaßnahmen gleichermaßen. Etwas anderes ergibt sich weder aus dem Wortlaut noch aus der Stellung des § 21 Abs. 2 Nr. 3 InsO. Darüber hinaus stehen den betroffenen Gläubigern im Gegensatz zum Schuldner keine Rechtsmittel zu.[96] Dies ist – wie sich zeigen wird – keine Selbstverständlichkeit, auch wenn der Eingriff in die Rechte des Gläubigers in der Regel deut-

---

87 *Hess/Weis/Wienberg-Wienberg* § 21 InsO Rdnr. 64; *Kübler/Prütting-Pape* § 21 InsO Rdnr. 7, 9.

88 *Stephan* NZI 1999, 104, 105.

89 *Münchener Kommentar-Haarmeyer* § 21 InsO Rdnr. 71

90 *Frankfurter Kommentar-Schmerbach* § 21 InsO Rdnr. 75 c.

91 *Kübler/Prütting-Pape* § 21 InsO Rdnr. 19.

92 *Frankfurter Kommentar-Schmerbach* § 21 InsO Rdnr. 75 c.

93 *Münchener Kommentar-Haarmeyer* § 21 InsO Rdnr. 74; *Vallender/Fuchs/Rey* NZI 1999, 140, 142.

94 *Heidelberger Kommentar-Kirchhof* § 21 InsO Rdnr. 8.

95 *Vallender/Fuchs/Rey* NZI 1999, 140, 142; *Vallender* ZIP 1997, 1994, 1996.

96 Auch nach dem Insolvenzrechtsänderungsgesetz vom 26. 10. 2001, BGBl. I S. 2710, steht nur dem Schuldner gemäß § 21 Abs. 1 S. 2 InsO die sofortige Beschwerde zu.

lich geringer ist als der Eingriff in die Rechte des Schuldners bei Anordnungen gegen diesen. Auch sind nach einem allgemeinen „*Prinzip des Vollstreckungsrechts*" die Interessen des betroffenen Gläubigers bei der Einstellung von Zwangsvollstreckungsmaßnahmen grundsätzlich zu berücksichtigen. So ordnet zum Beispiel § 30 d Abs. 1 ZVG, der die Einstellung der Zwangsversteigerung im eröffneten Verfahren regelt, eine Beachtung der Gläubigerinteressen ausdrücklich an.[97]

a) Inhalt der Erforderlichkeitsprüfung

aa) Anforderungen

Die Anforderungen an die Erforderlichkeitsprüfung hängen grundsätzlich von dem konkreten Einzelfall ab. Gleichwohl wird im Folgenden nach großen, unübersichtlichen Unternehmensinsolvenzen und übersichtlichen Regelinsolvenzen unterschieden, um an diesen die Anforderungen für die Erforderlichkeitsprüfung im Rahmen des § 21 Abs. 2 Nr. 3 InsO zu erarbeiten. Die hierbei entwikkelten Kriterien können dabei nur als Leitlinien dienen und sind in der Praxis entsprechend dem jeweiligen Einzelfall zu modifizieren.

(1) Große, unübersichtliche Unternehmensinsolvenzen

Stephan[98] begründet die Anordnung nach § 21 Abs. 2 Nr. 3 InsO ohne konkrete Erforderlichkeitsprüfung mit der gesetzgeberischen Entscheidung, daß es der Unternehmenssanierung abträglich sei, wenn Gegenstände des Anlage- und Umlaufvermögens dem Unternehmen durch Zwangsvollstreckungen entzogen würden. Diese Gefahr droht, nach Ansicht *Stephans*, im Regelfall. *Schmerbach*[99] hält die Anordnung in einer Unternehmensinsolvenz mit der Begründung, zu Beginn des Eröffnungsverfahrens fehle die Übersicht über die Vermögensverhältnisse des Schuldners, immer für erforderlich, wenn eine Unternehmensfortführung in Frage kommt. Allerdings soll das Insolvenzgericht feststellen, ob Zwangsvollstreckungen bereits stattfinden, unmittelbar bevorstehen oder zumindest Zwangsvollstreckungstitel gegen den Schuldner vorliegen.[100] Das Insolvenzgericht müßte demnach vor einer Anordnung gemäß § 21 Abs. 2 Nr. 3

---

97 § 30 d Abs. 1 S. 2 ZVG: „*Der Antrag ist abzulehnen, wenn die einstweilige Einstellung dem Gläubiger unter Berücksichtigung seiner wirtschaftlichen Verhältnisse nicht zuzumuten ist.*"

98 *Stephan* NZI 1999, 104, 105.

99 In: Frankfurter Kommentar § 21 InsO Rdnr. 75 c.

100 *Münchener Kommentar-Haarmeyer* § 21 InsO Rdnr. 74.

InsO konkrete Anhaltspunkte für Zwangsvollstreckungen haben, den Andrang der Gläubiger also einschätzen.[101]

Nach der oben erarbeiteten Kategorie der Gefährdungslage[102] würden diese Aussagen folgendes bedeuten: Im Rahmen einer Unternehmensinsolvenz müßte bei konkret festgestellten Schädigungshandlungen, sprich stattfindenden oder drohenden Zwangsvollstreckungen, ein konkretes Gefährdungspotential, zum Beispiel die Gefährdung einer bestimmten zur Produktion benötigten Maschine, **nicht** festgestellt werden. Diese Aussage ist zu überprüfen.

Der Gesetzgeber der Insolvenzordnung betont die Erhaltung einer Fortführungsmöglichkeit sowie die Erhaltung von wirtschaftlichen Einheiten.[103] Nicht nur die Sanierung, sondern bereits eine – zumindest vorläufige – Fortführung ist gefährdet, wenn dem Unternehmen durch Zwangsvollstreckungen benötigte Gegenstände entzogen werden und die wirtschaftliche Einheit des Schuldnerunternehmens beschädigt wird. Bei einem bereits stillgelegten Unternehmen hat die wirtschaftliche Einheit wegen einer möglichen vorteilhafteren Gesamtverwertung eine eigenständige Bedeutung. Nach der Gesetzesbegründung erfordert eine effektive Verfahrengestaltung daher „*häufig*", daß Zwangsvollstreckungen eingestellt werden, um „*ein vorzeitiges Auseinanderreißen der einzelnen Vermögensgegenstände des Schuldners zu verhindern.*"[104] Bei den Absonderungsberechtigten wird der Schutz, das Vermögen vor dem Auseinanderreißen zu bewahren, durch § 166 InsO betont und verstärkt. Hinsichtlich der Mobiliarzwangsvollstreckung von Absonderungsberechtigten weist § 166 InsO dem Insolvenzverwalter im eröffneten Insolvenzverfahren das Verwertungsrecht an Gegenständen zu, die sich in seinem Besitz befinden. Dieses Verwertungsrecht des Insolvenzverwalters soll nicht durch Maßnahmen im Eröffnungsverfahren vereitelt werden.[105]

Die wirtschaftliche Einschätzung, ob ein bestimmter Gegenstand für eine Fortführung benötigt wird oder der Gesamtverwertung zugeführt werden soll, kann bei großen Unternehmensinsolvenzen nicht im Eröffnungsverfahren getroffen werden. In diesen Fällen ergibt sich aus der Struktur des Schuldners eine indizielle Vermutung, daß im Unternehmen wirtschaftliche Einheiten zu schützen sind, ein Gefährdungspotential somit grundsätzlich gegeben ist. Ob konkrete Schädigungshandlungen drohen, muß in diesen Fällen nicht konkret festgestellt werden. Denn es gibt, wie sich im Folgenden zeigt, keine Konstellation, bei der

---

101 *Heidelberger Kommentar-Kirchhof* § 21 InsO Rdnr. 8.
102 Vgl. Teil 1 C. I. 1. a) aa).
103 Allg. Begr., in: *Balz/Landfermann* S. 136 f., 141 f., 143 f., 145 f.
104 Begr. zu § 25 RegE [§ 21 InsO], in: *Balz/Landfermann* S. 229.
105 *BayObLG*, Beschl. v. 6. 8. 2001 – 4Z BR 7/01, NZI 2001, 592, 593.

die Einstellung und Untersagung von Zwangsvollstreckungen gemäß § 21 Abs. 2 Nr. 3 InsO im Rahmen einer großen Unternehmensinsolvenz zu unterbleiben hätte.

Sollten weder Zwangsvollstreckungen stattfinden noch drohen, wäre zwar eine Anordnung nach § 21 Abs. 2 Nr. 3 InsO nicht notwendig. Sie wäre aber unter Erforderlichkeitsgesichtspunkten unbedenklich, da sie ins Leere gehen würde. Für das andere Extrem, daß Zwangsvollstreckungen nicht nur vereinzelt stattfinden und weitere drohen, stellt eine automatische Anordnung ohne konkrete Anhaltspunkte ebenfalls keinen Verstoß gegen das Erforderlichkeitsprinzip dar. Denn in diesem Fall müßte eine Anordnung nach § 21 Abs. 2 Nr. 3 InsO auf alle Fälle ergehen, um die wirtschaftliche Einheit des Unternehmens zu schützen.

Damit kann die Forderung nach konkreten Anhaltspunkten für Vollstreckungsmaßnahmen nur für die Fälle eine Rolle spielen, in denen es lediglich um vereinzelte Zwangsvollstreckungen geht und das Gericht nach einer Prüfung zu dem Ergebnis gelangen könnte, daß die Einstellung und Untersagung auf Grund der geringen Zahl an Zwangsvollstreckungen nicht erforderlich ist. Nur für diese Situation könnte somit die konkrete Kenntnis des Insolvenzgerichts von Zwangsvollstreckungen (Schädigungshandlungen) gefordert werden.

Bei einer umfangreichen, unübersichtlichen Unternehmensinsolvenz steht die wirtschaftliche Einheit im Vordergrund. Selbst bei geringem Andrang kann auch eine einzelne Zwangsvollstreckung eine wirtschaftliche Einheit zerstören oder die Möglichkeit einer Gesamtverwertung zunichte machen. Da bei großen Unternehmensinsolvenzen die wirtschaftlichen Zusammenhänge nach Antragstellung nicht in einem zeitlich vertretbaren Rahmen beurteilt werden können, sind auch bei nur wenigen Zwangsvollstreckungen alle einzustellen. Damit muß das Insolvenzgericht bei großen Unternehmensinsolvenzen den Andrang der Gläubiger nie konkret einschätzen.

Dieses Ergebnis wird dadurch unterstützt, daß das Gesetz die Möglichkeit bietet, die Zwangsvollstreckungen komplett zu untersagen. Daher sind von § 21 Abs. 2 Nr. 3 InsO auch Zwangsvollstreckungen erfaßt, die noch nicht eingeleitet worden sind. Eine zeitliche Begrenzung der Einstellung zukünftiger Zwangsvollstreckung gibt es nicht und wird auch von niemandem in der Literatur gefordert. Erfaßt von einer Untersagung sind alle zukünftigen Zwangsvollstreckungen, auch solche, bei denen der Titel erst nach der Anordnung der Untersagung erlangt würde. Bei dieser weitgehenden Möglichkeit des § 21 Abs. 2 Nr. 3 InsO ist eine Prüfung der konkreten Schädigungshandlungen von vornherein ausgeschlossen. Der Gesetzgeber geht also davon aus, daß es Fälle mit besonderem Gefährdungspotential gibt, in denen ohne konkrete Prüfung der Schädigungshandlungen eine Anordnung erlassen werden kann. Ein solches besonderes Gefährdungspotential liegt bei großen Unternehmensinsolvenzen aus den oben geschilderten Gründen vor und rechtfertigt den Rückgriff auf eine indizielle Vermutung.

Die weitgehende Möglichkeit zukünftige Zwangsvollstreckungen zu untersagen und damit nicht nur die Verwertung, sondern bereits die Entstehung eines Pfändungspfandrecht zu verhindern, zeigt deutlich, den möglichen Wirkungsumfang einer Anordnung nach § 21 Abs. 2 Nr. 3 InsO. Damit zeigt der Gesetzgeber an, daß er es in bestimmten Fällen für gerechtfertigt hält, daß bereits im Eröffnungsverfahren der Prioritätsgrundsatz verdrängt wird und Gläubiger sich keinen Rang mehr sichern können. Diese Wertung des Gesetzgebers wird auch daran deutlich, daß der Gesetzgeber den Arrest und die einstweilige Verfügung, durch die ebenfalls nur eine Sicherung erlangt werden kann, unter den Anwendungsbereich des § 21 Abs. 2 Nr. 3 InsO faßt.[106]

Abschließend kann damit festgestellt werden, daß dem Insolvenzgericht bei einer unübersichtlichen Unternehmensinsolvenz keine Anhaltspunkte für konkrete Zwangsvollstreckungen vorliegen müssen, um eine Anordnung nach § 21 Abs. 2 Nr. 3 InsO zu erlassen. Eine Prüfung in zeitlich vertretbarem Rahmen ist nicht möglich. Da diese Anordnung keine besonderen Kosten verursacht, die Untersagung und einstweilige Einstellung der Zwangsvollstreckung jederzeit aufgehoben werden können und durch eine unberechtigte Einstellung keine nicht zu revidierenden Schäden, wie es bei Anordnungen gegen den Schuldner häufig der Fall sein kann, entstehen können, ergibt sich kein Grund, die Anordnung nicht zu erlassen. Der mögliche Schaden eines Gläubigers bei Untersagung der Zwangsvollstreckung oder bei Einstellung bevor ein Pfändungspfandrecht begründet wurde auf Grund der Tatsache, daß er keine Sicherung mehr erlangen kann, muß mit der oben dargestellten Wertung des Gesetzgebers hinter den Interessen an einer möglichen Unternehmensfortführung bei großen unübersichtlichen Verfahren zurückstehen. Die praktische Relevanz einer solchen Schädigung ist darüber hinaus gering. Denn wird das Verfahren eröffnet, würde eine im Eröffnungsverfahren erlangte Sicherheit nach § 88 InsO ihre Wirksamkeit verlieren. Handelt es sich – wie in den meisten Fällen – um massearme Verfahren, ist die Chance auf einen rangwahrenden Pfändungserfolg gering. Und vor allem wird im Falle einer unübersichtlichen Unternehmensinsolvenz die Zwangsvollstreckung aller Insolvenzgläubiger und Absonderungsberechtigten eingestellt, somit kann sich **kein** Gläubiger mehr einen Rangvorteil verschaffen.

---

106 Vgl. Ausschußbericht zu § 25 RegE [§ 21 InsO], in: *Balz/Landfermann* S. 228, Fn. 3.

Da das Schuldnervermögen vor Zwangsvollstreckungen nur durch eine Anordnung gemäß § 21 Abs. 2 Nr. 3 InsO geschützt werden kann, ist diese Anordnung zwangsläufig immer die geeignete und zugleich notwendige Maßnahme bei einer großen Unternehmensinsolvenz und muß angeordnet werden.

(2) Überschaubare Regelinsolvenzen

Ist die Struktur des Schuldners dagegen überschaubar, zum Beispiel eine Ein-Mann-GmbH oder vergleichbares,[107] und kann das Insolvenzgericht beurteilen, ob bestimmte Gegenstände für das Verfahren benötigt werden oder nicht, ist die Erforderlichkeit einer Anordnung nach § 21 Abs. 2 Nr. 3 InsO konkret zu prüfen. Dies gilt gleichermaßen – wenn auch aus unterschiedlichen Gründen – für Zwangsvollstreckungen von Insolvenzgläubigern und Absonderungsberechtigten.

Wird ein bestimmtes Absonderungsgut nicht mehr benötigt und ist kein höherer Erlös durch eine Gesamtverwertung des Insolvenzverwalters zu erwarten, dann ist eine Einstellung der Zwangsvollstreckungen nicht notwendig. Der Hinweis auf § 166 InsO, dem nicht vorgegriffen werden dürfe,[108] kann allein keinen Grund darstellen. Denn § 166 InsO hat keinen Selbstzweck, sondern bezieht sich immer auf die Erhaltung der wirtschaftlichen Einheiten eines Unternehmens zur Erhöhung von Fortführungs- und Sanierungschancen.[109] Im eröffneten Verfahren wird zwar im Rahmen der §§ 166 ff. InsO keine Unterscheidung nach jeweiligem Nutzen des Absonderungsgutes für das Vermögen gemacht, sondern § 166 InsO unterstellt den Regelfall, daß ein Gegenstand, der noch im Besitz des Verwalters ist, für den Unternehmensverbund von Bedeutung ist.[110] Aber auch im eröffneten Verfahren besteht die Möglichkeit, daß der Verwalter in Fällen, in denen der Gegenstand keine Bedeutung für das Verfahren hat, diesen freigibt, § 170 Abs. 2 InsO. Im Eröffnungsverfahren gilt das Kriterium der Erforderlichkeit, und es kann damit nicht nur aus dem Besitz des Schuldners an einen bestimmten Gegenstand auf die Erforderlichkeit rückgeschlossen werden, sondern das Insolvenzgericht beziehungsweise der vorläufige Insolvenzverwalter muß prüfen, ob ein Gegenstand wirklich benötigt wird.[111] Falls dies nicht der Fall ist,

---

107 Handelt es sich bei dem Schuldner um keine natürliche Person – unabhängig von der Größe – findet das Regelinsolvenzverfahren Anwendung, *Heidelberger Kommentar-Landfermann* § 304 InsO Rdnr. 2.

108 *BayObLG*, Beschl. v. 6. 8. 2001 – 4Z BR 7/01, NZI 2001, 592, 593.

109 Begr. zu § 191 RegE [§ 166 InsO], in: *Balz/Landfermann* S. 410 f. In der Literatur wird auch immer nur auf diesen Aspekt verwiesen, für alle *Gaul* ZInsO 2000, 256.

110 Begr. zu § 191 RegE [§ 166 InsO], in: *Balz/Landfermann* S. 411.

111 So zur Pflicht des vorläufigen Insolvenzverwalters, *BGH*, Beschl. v. 14. 12. 2000 – IX ZB 105/00, WM 2001, 430, 432; *BGH*, Urt. v. 29. 09. 1988 – IX ZR 39/88, WM 1988, 1610, 1612.

hat eine Anordnung gemäß § 21 Abs. 2 Nr. 3 InsO gegenüber dem betreffenden Absonderungsberechtigten zu unterbleiben.

Auch die Tatsache, daß dem Vermögen der Kostenbeitrag nach § 170 InsO entgeht, wenn die Zwangsvollstreckung eines Absonderungsberechtigten nicht eingestellt wird, ist kein Argument. § 170 InsO soll nur Feststellungs- und Bearbeitungskosten abdecken.[112] Feststellungskosten fallen jedoch nicht an, wenn das Absonderungsrecht bereits vor Eröffnung abgewickelt wird.[113] Die Zwangsvollstreckung von Absonderungsberechtigten ist daher nur zu untersagen und einstweilig einzustellen, wenn durch diese Vollstreckung konkret eine Gefährdung einer wirtschaftlichen Einheit droht und dies für das Insolvenzgericht feststellbar ist.

Auch hinsichtlich der Zwangsvollstreckung von Insolvenzgläubigern muß das Insolvenzgericht bei einer übersichtlichen Schuldnerstruktur eine konkrete Erforderlichkeitsprüfung vornehmen. Selbst wenn durch die Zwangsvollstreckung eines Insolvenzgläubigers keine wirtschaftliche Einheit auseinandergerissen werden sollte, droht durch die Vollstreckung des Insolvenzgläubigers eine weitere Gefahr. Denn eine erfolgreiche Vollstreckung entzieht dem Vermögen einen Wert, der dann nicht mehr der anteiligen Befriedigung aller Gläubiger zur Verfügung steht. Nur der vollstreckende Gläubiger wird voll befriedigt. Führt eine Zwangsvollstreckung zur Befriedigung, unterfällt diese nicht mehr der Rückschlagsperre des § 88 InsO. Wegen dieses Risikos stellt die Zwangsvollstrekkung von Insolvenzgläubigern grundsätzlich immer eine Gefahr für den Sicherungszweck des § 21 InsO dar.

Durch § 21 Abs. 2 Nr. 3 InsO im Zusammenspiel mit der rückwirkenden Regelung des § 88 InsO soll zwar der Grundsatz der gleichmäßigen Befriedigung in das Eröffnungsverfahren vorgezogen werden.[114] Der Grundsatz der gleichmäßigen Befriedigung gründet sich aber – auch wenn er durch die Möglichkeit des § 21 Abs. 2 Nr. 3 InsO und § 88 InsO in das Eröffnungsverfahren vorverlagert wird – nach wie vor auf das Vorliegen eines Insolvenzgrundes. Da eine Großzahl der Insolvenzen dermaßen massearm sind, daß sie noch nicht einmal eröffnet werden können, ist ein Insolvenzgrund damit in den meisten Fällen, bevor er durch das Insolvenzgericht festgestellt wird, mehr als gegeben. Finden jedoch

---

112 Begr. zu § 195 RegE [§ 170 InsO], in: *Balz/Landfermann* S. 418.

113 *Eckardt* ZIP 1999, 1734, 1735 f.

114 *Kübler/Prütting-Lüke* § 88 InsO Rdnr. 14; *Gerhardt* ZZP 109 (1996), 415, 426; *ders.*, Kölner Schrift, S. 193 ff., Rdnr. 49; ausführlich *Pfefferle* ZIP 1984, 147, 152. Korrekterweise ist jedoch nicht von der Vorziehung des Grundsatzes der gleichmäßigen Befriedigung, sondern von dessen mittelbaren Schutz zu sprechen, vgl. unten Teil 2 B. 1. b).

kaum Zwangsvollstreckungen statt, könnte dies ein Hinweis sein, daß der Schuldner (noch) nicht insolvent ist. Wird dieser Eindruck der möglicherweise noch vorhandenen Solvenz des Schuldners nicht widerlegt und bleiben deshalb Zweifel am Vorliegen eines Insolvenzgrundes, ist eine sofortige Anordnung gemäß § 21 Abs. 2 Nr. 3 InsO unzulässig. Denn durch die Untersagung und gegebenenfalls auch durch eine Einstellung von Zwangsvollstreckungen wird den Insolvenzgläubigern die Möglichkeit genommen, durch ein Pfändungspfandrecht einen Rangvorteil zu erlangen, der dem Gläubiger bei Ablehnung des Insolvenzantrages mangels Insolvenzgrundes zustehen würde. Die Erhaltung einer bevorrechtigten Stellung ist auch der Grund, warum bereits erzielte Pfändungspfandrechte trotz einer Einstellung nach § 21 Abs. 2 Nr. 3 InsO bestehen bleiben. Die Verdrängung des Prioritätsgrundsatzes ist nur gerechtfertigt, wenn das Verfahren massearm ist. Es ist nicht zu vergessen, daß der Prioritätsgrundsatz grundsätzlich bis zur Insolvenzeröffnung seine Gültigkeit hat. Bestehen im Eröffnungsverfahren Zweifel am Vorliegen eines Insolvenzgrundes, ist bei einfachen Regelinsolvenzverfahren eine Untersagung oder Einstellung der Zwangsvollstreckung daher nicht erforderlich. In einem nicht massearmen Verfahren, in dem noch eine gewisse Quote auf alle Insolvenzgläubiger entfällt, führt es auch zu keinen unbilligen Ergebnissen, wenn noch einzelne Gläubiger vor Eröffnung volle Befriedigung erlangen können. Sollte das Verfahren tatsächlich eröffnet werden bietet § 88 InsO darüber hinaus insoweit einen rückwirkenden Schutz, als daß Sicherungen, die einen Monat vor Antragstellung oder danach durch eine Zwangsvollstreckung erlangt wurden und nicht zur Befriedigung geführt haben, ihre Wirksamkeit verlieren. Verbleibende Fälle, in denen sich ein Gläubiger bei zweifelhaftem Insolvenzgrund im Eröffnungsverfahren noch durch eine Zwangsvollstreckung befriedigen kann, sind bei einfachen Regelinsolvenzverfahren hinzunehmen, da keine überwiegenden insolvenzspezifischen Gründe eine Außerkraftsetzung des Prioritätsgrundsatzes rechtfertigen.

Das Insolvenzgericht muß somit bei überschaubaren Verfahren konkret prüfen, ob es zu schützende wirtschaftliche Einheiten gibt, und hat den Andrang der Insolvenzgläubiger einzuschätzen. Die Zwangsvollstreckungen von Insolvenzgläubigern sind nur bei größerem Gläubigerandrang zu untersagen und einstweilig einzustellen. Die Zwangsvollstreckung von Absonderungsberechtigten ist nur einzustellen, wenn der von der Vollstreckung betroffene Gegenstand für eine wirtschaftliche Einheit von Bedeutung ist.

bb) Ergebnis

Bei großen Unternehmen besteht eine indizielle Vermutung dafür, daß wirtschaftliche Einheiten gefährdet sind. Da der Gesetzgeber dem Zusammenhalt wirtschaftlicher Einheiten für eine mögliche Unternehmensfortführung oder Gesamtverwertung eine hohe Bedeutung beimißt und eine konkrete Prüfung in einem praktikablen und den Sicherungszweck nicht gefährdenden Rahmen nicht möglich ist, hat das Insolvenzgericht bei großen Unternehmen alle Zwangsvollstreckungen von Insolvenzgläubigern und Absonderungsberechtigten einzustellen und zu untersagen.

Bei überschaubaren Insolvenzen kann der Sicherungszweck keine pauschale Anordnung gemäß § 21 Abs. 2 Nr. 3 InsO rechtfertigen, sondern das Insolvenzgericht hat die konkreten Verhältnisse zu prüfen und entsprechende Anordnungen zu erlassen. Insbesondere haben pauschale Einstellungen von Zwangsvollstreckungen, die von Absonderungsberechtigten betrieben werden zu unterbleiben.

b) Verhältnismäßigkeitsprüfung bei einer Anordnung gemäß § 21 Abs. 2 Nr. 3 InsO

Das Insolvenzgericht kann sich bei einer Anordnung nach § 21 Abs. 2 Nr. 3 InsO bei großen Verfahren auf eine indizielle Vermutung berufen und hat auch bei überschaubaren Verfahren nur zu prüfen, ob ein Gefährdungspotential gegeben ist und gegebenenfalls den Andrang der Insolvenzgläubiger einzuschätzen. Eine Prüfung der Verhältnismäßigkeit im engeren Sinne, also eine Abwägung des Sicherungszwecks gegen die Interessen jedes einzelnen betroffenen Gläubigers, ist dabei in der Insolvenzordnung nicht ausdrücklich vorgesehen beziehungsweise bei Großverfahren und insbesondere, wenn von der Möglichkeit der Untersagung Gebrauch gemacht werden kann, vor der Anordnung gar nicht möglich. Das Insolvenzgericht hat nämlich vor Anordnung keine Kenntnisse über die Verhältnisse der vollstreckenden Gläubiger. Die Frage ist jedoch, ob die Belange des Gläubigers auf seinen Vortrag hin nach Anordnung gemäß § 21 Abs. 2 Nr. 3 InsO berücksichtigt werden müssen und eine Verhältnismäßigkeitsprüfung im engeren Sinne vorgenommen werden muß.

Das Merkmal der Erforderlichkeit, das auch für die Anordnung nach § 21 Abs. 2 Nr. 3 InsO gilt, enthält zwar nicht die Verhältnismäßigkeit im engeren Sinne. Und in § 21 Abs. 2 Nr. 3 InsO finden die Belange der Gläubiger auch keine Erwähnung, wie es im Gegensatz hierzu bei § 30 d Abs. 1 ZVG[115], der die Einstellung der Zwangsversteigerung im eröffneten Verfahren regelt, ausdrücklich der Fall ist. Aber nach einem allgemeinen vollstreckungsrechtlichen Grundsatz werden die Belange des betroffenen Gläubigers bei der Einstellung von Zwangs-

---

115 § 30 d Abs. 1 S. 2 ZVG: „*Der Antrag ist abzulehnen, wenn die einstweilige Einstellung dem Gläubiger unter Berücksichtigung seiner wirtschaftlichen Verhältnisse nicht zuzumuten ist.*“

vollstreckungen immer berücksichtigt,[116] und der Verhältnismäßigkeitsgrundsatz muß darüber hinaus bei Entscheidungen des Insolvenzgerichts grundsätzlich beachtet werden.[117] Insbesondere unter dem Aspekt, daß dem Gläubiger keine sofortige Beschwerde zusteht, erscheint ein Ausschluß einer – zumindest nachträglichen – Verhältnismäßigkeitsprüfung bedenklich.

Bei der Anordnung von Verfügungsbeschränkungen gemäß § 21 Abs. 2 Nr. 2 InsO war auf Grund der Gesetzessystematik und der gesetzlichen Interessenwertung kein Raum für eine Verhältnismäßigkeitsprüfung im engeren Sinne. Diese Argumentation kommt bei Anordnungen nach § 21 Abs. 2 Nr. 3 InsO nicht in Frage, weil die Situation bei der Einstellung von Zwangsvollstreckungen nicht mit der bei Anordnungen nach § 21 Abs. 2 Nr. 2 InsO zu vergleichen ist. Denn bei der Zwangsvollstreckungseinstellung ist es denkbar, daß die Intensität der Gefährdung des Vermögens und des Eingriffs in die Rechte des Gläubigers durchaus auseinanderfallen. Zum Beispiel kann ein Gegenstand, in den die Zwangsvollstreckung verhindert werden soll, für das Vermögen des Schuldners von geringer Bedeutung sein, die Einstellung der Zwangsvollstreckung für den Gläubiger aber massive, außer Verhältnis stehende wirtschaftliche Einschränkungen bedeuten.

aa) Gewichtung der Gläubigerinteressen in anderen Normen

Grundsätzlich gilt vor Eröffnung des Insolvenzverfahrens der Prioritätsgrundsatz der Einzelzwangsvollstreckung gemäß § 804 Abs. 3 ZPO. Einzelzwangsvollstreckungen können gemäß der §§ 707, 719, 769 ZPO eingestellt werden. Nach diesen Paragraphen sind – ohne ausdrückliche Erwähnung im Gesetzestext – die wirtschaftlichen Belange des betroffenen Gläubigers zu berücksichtigen[118] und haben im Zweifel Vorrang.[119] Auch nach dem nicht Gesetz gewordenen § 765 a Abs. 4 S. 1 ZPO sollten Zwangsvollstreckungen im außergerichtlichen Einigungsverfahren der Verbraucherinsolvenz eingestellt werden, *„sofern überwiegende Belange des Gläubigers nicht entgegenstehen.“*[120] Um eine zügige

---

[116] Vgl. *Wenzel* NZI 1999, 101, 102. Auch im Rahmen der Zivilprozeßordnung können Maßnahmen der Zwangsvollstreckung nur eingestellt werden *„unter voller Würdigung des Schutzbedürfnisses des* [vollstreckenden] *Gläubigers“*, § 765 a Abs. 1 S. 1 ZPO.

[117] *BGH*, Beschl. v. 20. 3. 1986 – III ZR 55/85, NJW-RR 1986, 1188, 1189; *Heidelberger Kommentar-Kirchhof* § 21 InsO Rdnr. 9; *Smid-Smid/Thiemann* § 21 Rn. 10; *Münchener Kommentar-Haarmeyer* § 21 InsO Rdnr. 23; *Nerlich/Römermann-Mönning* § 21 InsO Rdnr. 71 f.

[118] *KG*, Beschl. v. 14. 3. 1978 – 17 UF 745/78, FamRZ 78, 413, 413 f.

[119] *Zöller-Herget* § 707 ZPO Rdnr. 10; *OLG Köln*, Beschl. v. 16. 10. 1978 – 2 U 51/78, OLGZ 79, 113, 114.

[120] § 765 a ZPO wird in diesem Sinne von den Gerichten gleichwohl angewendet, *Winter* Rpfleger 2002, 199, 120 f.

Entscheidung zu ermöglichen, sollten die Belange des Gläubigers nur auf seinen Vortrag hin zu berücksichtigen sein.[121]

Im Eröffnungsverfahren der Gesamtvollstreckung mußte das Gericht gemäß § 2 Abs. 4 GesO laufende Zwangsvollstreckungen automatisch einstellen. Diese Automatik war gewählt worden, da Zwangsvollstreckungen im Konkurseröffnungsverfahren mangels Einstellungsmöglichkeit[122] häufig zu einer starken Vermögensreduzierung geführt hatten.[123] Eine Berücksichtigung der Gläubigerbelange gab es im Rahmen des § 2 Abs. 4 GesO nicht.

Im Insolvenzverfahren gibt es eine der Verhältnismäßigkeit im engeren Sinne entsprechende Anforderung nur in § 30 d Abs. 1 S. 2 ZVG[124]. § 30 d Abs. 4 ZVG enthält zwar keine entsprechende Abwägung, aber es wird die analoge Anwendung des § 30 d Abs. 1 S. 2 ZVG auf § 30 d Abs. 4 ZVG gefordert.[125] Ansonsten sind Zwangsvollstreckungen von Insolvenzgläubigern nach § 89 InsO und die von Absonderungsberechtigten in Mobilien in Folge des § 166 InsO im eröffneten Insolvenzverfahren unzulässig. Belange eines einzelnen Gläubigers werden nicht berücksichtigt.

bb) Bedeutung der zum Vergleich dargestellten Regelungen für die Abwägung im Rahmen des § 21 Abs. 2 Nr. 3 InsO

Bei der Einzelzwangsvollstreckung außerhalb eines Insolvenzverfahrens sind die Belange des Gläubigers immer zu berücksichtigen und haben im Zweifel Vorrang. Im Insolvenzverfahren werden die Regeln der Einzelzwangsvollstrekkung durch die der Gesamtvollstreckung ersetzt, der Prioritätsgrundsatz wird vom Grundsatz der gleichmäßigen Befriedigung abgelöst, die Belange des einzelnen Insolvenzgläubigers treten dabei sowohl bei der Zwangsvollstreckung in bewegliche als auch in unbewegliche Gegenstände hinter die der Gläubigerge-

---

121 BT-Drs. 14/5680, S. 35.

122 Trotz der generalklauselartigen Formulierung des § 106 KO wurde dies von Literatur und Rechsprechung abgelehnt, *Kuhn/Uhlenbruck* § 106 InsO Rdnr. 4 b; *Jaeger/Weber* § 106 Rdnr. 6; *Lohkemper* ZIP 1995, 1641, 1647; zuletzt aus der Rechtsprechung *LG Hannover*, Beschl. v. 28. 8. 1989 – 11 T 208/98, DGVZ 1990, 42.

123 *Hess/Binz/Wienberg* § 2 GesO Rdnr. 121; *Kilger/K. Schmidt* § 2 GesO Rdnr. 4; *Haarmeyer/Wutzke/Förster* § 2 GesO Rdnr. 214.

124 „*Der Antrag ist abzulehnen, wenn die einstweilige Einstellung dem Gläubiger unter Berücksichtigung seiner wirtschaftlichen Verhältnisse nicht zuzumuten ist.*"

125 So *Stöber* NZI 1998, 105, 108; *Stöber* § 30 d ZVG Rdnr. 6.2.; *Lwowski/Tetzlaff* WM 1999, 2336, 2339; *Böttcher* § 30 d ZVG Rdnr. 15; *Hintzen*, Kölner Schrift, S. 1107 ff., Rdnr. 107; *Wenzel* NZI 1999, 101, 102, der jedoch im Zweifel den Insolvenzgläubigern den Vorrang einräumen will; a. A. *Hinzten* ZInsO 1998, 318, 320. Vgl. Teil 2 B. III. 1. c).

samtheit zurück, § 89 InsO. Hinsichtlich der Zwangsvollstreckung in bewegliche Sachen treten sogar die Interessen der Absonderungsberechtigten hinter denen der Gläubigergesamtheit zurück, § 166 InsO. Durch § 21 Abs. 2 Nr. 3 InsO wird der Grundsatz der gleichmäßigen Befriedigung vorgezogen[126] und verdrängt, wenn eine entsprechende Anordnung erforderlich ist, die Regeln der Einzelzwangsvollstreckung. Der nicht Gesetz gewordene Entwurf eines neuen § 765 a Abs. 4 ZPO, der die Einstellung von Zwangsvollstreckungen in Hinblick auf einen außergerichtlichen Einigungsversuch ermöglichen sollte, beschrieb eine Art Zwischenstadium zwischen Einzel- und Gesamtvollstreckung. Zwar fanden die Belange des Gläubigers Berücksichtigung, aber nur wenn sie eindeutig überwogen und vom Gläubiger vorgetragen wurden.[127] Die geplante Norm des § 765 a Abs. 4 ZPO zeigt, wie hoch der Gesetzgeber die Gesamtvollstrekkungsbelange bewertet. Denn mit § 765 a Abs. 4 ZPO, der nur wegen befürchteter Überlastung der Gerichte nicht Gesetz geworden ist,[128] war der Gesetzgeber grundsätzlich bereit, den Prioritätsgrundsatz sogar vor Stellung eines Insolvenzantrages zu begrenzen. Es wird nur versucht, das Ziel – Begrenzung von Zwangsvollstreckungen vor Antragstellung – auf einem anderen Weg zu erreichen.[129]

Wegen der Bevorzugung der Gläubigergesamtheit sind bei Anordnungen gemäß § 21 Abs. 2 Nr. 3 InsO die Belange des einzelnen Insolvenzgläubigers oder Absonderungsberechtigten bei einer Zwangsvollstreckung in Mobilien nicht zu berücksichtigen, weil sie hinter die Interessen der Gläubigergesamtheit zurücktreten. Die Regeln der Insolvenzordnung haben damit zu einer deutlichen Veränderung geführt. 1977 hieß es noch in einem Urteil des Bundesgerichtshofes, daß sich Schuldner und Gläubiger im Eröffnungsverfahren der Konkursordnung wie bei einer Einzelzwangsvollstreckung gegenüber stehen und es (noch) nicht auf die Interessen der übrigen Gläubiger ankommt.[130]

Nur bei der Zwangsvollstreckung in unbewegliche Gegenstände überwiegen gemäß § 30 d Abs. 1 S. 2 ZVG im eröffneten Verfahren die Interessen des vollstreckenden Gläubigers bei wirtschaftlicher Unzumutbarkeit gegenüber denen

---

126 *Kübler/Prütting-Lüke* § 88 InsO Rdnr. 14; *Gerhardt* ZZP 109 (1996), 415, 426; *ders.*, Kölner Schrift, S. 193 ff., Rdnr. 49. Korrekterweise ist jedoch nicht von der Vorziehung des Grundsatzes der gleichmäßigen Befriedigung, sondern von dessen mittelbaren Schutz zu sprechen, vgl. unten Teil 2 B. 1. b).

127 BT-Drs. 14/5680, S. 35. § 765 a ZPO wird in diesem Sinne von den Gerichten gleichwohl angewendet, *Winter* Rpfleger 2002, 199.

128 Kritisch hierzu *Hergenröder* DZWIR 2001, 397, 409.

129 Durch die Fiktion des § 305 a InsO, nach dem der außergerichtliche Einigungsversuch als gescheitert angesehen wird, wenn ein Gläubiger zwangsvollstreckt, und die Ausdehnung der Rückschlagsperre nach § 312 Abs. 1 S. 3 InsO.

130 *BGH*, Urt. v. 6. 6. 1977 – III ZR 53/75, MDR 1987, 37, 38.

der Gläubigergesamtheit. Weil die Zwangsvollstreckung von Insolvenzgläubigern im eröffneten Verfahren bereits wegen § 89 InsO und § 88 InsO ausgeschlossen ist, gilt § 30 d Abs. 1 ZVG nur für Absonderungsberechtigte. Die dem § 30 d Abs. 1 S. 2 ZVG entsprechende Norm für das Eröffnungsverfahren ist § 30 d Abs. 4 ZVG. § 30 d Abs. 4 ZVG unterfallen jedoch auch Zwangsversteigerungen auf Betreiben von Insolvenzgläubigern. Eine analoge Anwendung des § 30 d Abs. 1 S. 2 ZVG bei der Einstellung von Zwangsversteigerungen im Eröffnungsverfahren ist nur hinsichtlich der Absonderungsberechtigten erforderlich. Denn ansonsten würde die Wirkung des § 30 d Abs. 4 ZVG hinsichtlich der Zwangsvollstreckung von Absonderungsberechtigten über die des § 30 d Abs. 1 ZVG hinausgehen.

Bei den Insolvenzgläubigern dagegen sind dessen Belange nicht im Rahmen einer Verhältnismäßigkeitsprüfung im engeren Sinne zu berücksichtigen.[131] Es bleibt bei dem oben Gesagten, der vorgezogene Grundsatz der gleichmäßigen Befriedigung ist in Hinblick auf die Insolvenzgläubiger ausschlaggebend.[132] Denn im eröffneten Verfahren sind alle Zwangsvollstreckungen von Insolvenzgläubigern gemäß § 89 InsO, dessen Wirkungen durch § 21 Abs. 2 Nr. 3 InsO vorgezogen werden,[133] ohne eine Abwägung der Verhältnismäßigkeit unwirksam. Dieses Ergebnis entspricht auch der Gewichtung im Rahmen des § 88 InsO, nach dem eine im Zwangsversteigerungsverfahren erlangte Sicherheit eines Insolvenzgläubigers mit Eröffnung unwirksam wird.

c) Änderungsantrag

Auf Grund der dargestellten Systematik der Insolvenzordnung bedeutet die Anordnungsmöglichkeit des § 21 Abs. 2 Nr. 3 InsO einen weitreichenden Eingriff in die Rechte der betroffenen Gläubiger, da eine Anordnung in der Regel ohne konkrete Prüfung zu erfolgen hat. Den betroffenen Gläubigern steht gegen diese Anordnung nach der Insolvenzordnung keine sofortige Beschwerde zu, § 6 Abs. 1 InsO, was eine zusätzliche Rechtsbeschränkung bedeutet.

Nach der Konkursordnung konnten zwar Zwangsvollstreckungen im Eröffnungsverfahren nicht einstweilig eingestellt werden. Jedoch stand den Gläubigern, wenn deren Interessen durch sonstige Sicherungsmaßnahmen betroffen waren, die sofortige Beschwerde gemäß § 73 Abs. 3 KO, § 72 KO iVm. § 577

---

131 Vgl. zu § 30 Abs. 1 S. 2 ZVG, Teil 2 B. III. 1. c).

132 Korrekterweise ist jedoch nicht von der Vorziehung des Grundsatzes der gleichmäßigen Befriedigung, sondern von dessen mittelbaren Schutz zu sprechen, vgl. unten Teil 2 B. 1. b).

133 Begr. § 25 RegE [§ 21 InsO], in: *Balz/Landfermann* S. 229.

ZPO zu.[134] Auch im Gesamtvollstreckungsverfahren konnten betroffene Gläubiger sofortige Beschwerde einlegen, auch gegen eine Zwangsvollstreckungseinstellung gemäß § 2 Abs. 4 GesO, § 20 GesO.[135] Wie sich an diesen Regelungen zeigt, ist der Rechtsmittelausschluß in der Insolvenzordnung keine Selbstverständlichkeit. Dieser Ausschluß war im Zuge der Rechtsmittelstraffung in der abschließenden Beratung des Rechtsmittelausschusses wegen angeblicher Beschleunigung des Eröffnungsverfahrens eingeführt worden, ohne daß es hierfür einen über die Beschleunigung hinausgehenden inhaltlichen Grund gab.[136] Um diese Verweigerung des Rechtsschutzes der Gläubiger auszugleichen, ist wie bei entsprechenden Regelungen der Einzelzwangsvollstreckung außerhalb eines Insolvenzverfahrens vorzugehen.

Bei Einzelzwangsvollstreckungen außerhalb eines Insolvenzverfahrens steht den Gläubigern gegen eine einstweilige Einstellung keine sofortige Beschwerde zu, §§ 707 Abs. 2 S. 2, 719 Abs. 1 S. 1 ZPO.[137] Diese Rechtsmittelbeschränkung wird aber unter anderem damit begründet, daß der betroffene Gläubiger einen Abänderungsantrag stellen kann.[138] Gestützt wird dies auf die allgemein anerkannte Änderungsbefugnis des Gerichts.[139] Zu einer solchen Änderung kann es insbesondere kommen, wenn das Gehör des Gläubigers, das wegen Eilbedürftigkeit der Entscheidung nicht gewährt wurde, nachgeholt wird.[140]

Auch das Insolvenzgericht muß die Voraussetzungen und damit die Erforderlichkeit der Sicherungsmaßnahmen zu jeder Zeit des Verfahrens überprüfen und gegebenenfalls seine Anordnungen abändern.[141] Dementsprechend hat das Insolvenzgericht auf Einwände des Gläubigers die Prüfung einer Anordnung nachzuholen oder mit einer Überprüfung seiner Entscheidung zu reagieren. Daher wird man auch dem von § 21 Abs. 2 Nr. 3 InsO betroffenen Gläubiger einen Abänderungsantrag zugestehen müssen. Der Abänderungsantrag hat jedoch keinen eigenständigen rechtlichen Charakter im Sinne eines Rechtsmittels, sondern

---

134 *Pohlmann* Rdnr. 54; *Kuhn/Uhlenbruck* § 106 KO Rdnr. 30 (Jeder von gerichtlicher Entscheidung in seinen rechtlichen Interessen Betroffene ist beschwerdeberichtigt); *Herbert* S. 80 f.; *Koch* S. 49 ff.

135 *Kilger/K. Schmidt* § 2 GesO Rdnr. 4; *Haarmeyer/Wutzke/Förster* § 2 GesO Rdnr. 209; *Smid* § 2 GesO Rdnr. 200, § 20 GesO Rdnr. 9.

136 Begr. zu § 6 RegE [§ 6 InsO], in: *Balz/Landfermann* S. 208; *Bork* Rdnr. 48. Kritisch zum Beschleunigungseffekt, *Pohlmann* Rdnr. 58 f.

137 Bei § 769 ZPO wird § 707 Abs. 2 S. 2 ZPO analog angewandt, *Zöller-Herget* § 769 ZPO Rdnr. 13.

138 *Zöller-Herget* § 769 ZPO Rdnr. 13 mwN.

139 *Zöller-Herget* § 769 ZPO Rdnr. 10.

140 *Zöller-Herget* § 707 ZPO Rdnr. 18.

141 *Prager/Thiemann* NZI 2001, 634, 635.

ist eine Anregung an das Insolvenzgericht,[142] vergleichbar der Gegenvorstellung hinsichtlich der Sicherungsmaßnahmen.[143] Ob ein Insolvenzgericht in der Praxis Sicherungsmaßnahmen auf eine Anregung hin tatsächlich aufheben würde, ist jedoch fraglich.[144]

II. Erforderlichkeit und Anordnungskombinationen

Das *OLG Celle*[145] geht in einer seiner Entscheidungen davon aus, daß eine Postsperre nicht mit einem Zustimmungsvorbehalt angeordnet werden kann. Die Anordnung einer Postsperre ohne gleichzeitige Einsetzung eines starken Verwalters sei unverhältnismäßig. Das *OLG Celle* sieht einen *„unüberbrückbaren Widerspruch"* darin, daß auf der einen Seite der Schuldner noch in der Lage sein soll, seine Verwaltungs- und Verfügungsbefugnis auszuüben, aber ihm auf der anderen Seite unterstellt wird, er würde das Postgeheimnis zur Verschleierung oder Beiseiteschaffung seines Vermögens nutzen.

Diese Entscheidung des *OLG Celle* wirft die Frage auf, ob bestimmte Kombinationen von Sicherungsmaßnahmen grundsätzlich unzulässig sind[146] beziehungsweise bestimmte Sicherungsmaßnahmen zwingend zusammen angeordnet werden müssen oder ob alle Maßnahmen des § 21 InsO einzeln beziehungsweise in beliebiger Kombination angeordnet werden können.

Nach der Systematik des § 21 InsO lassen sich die einzelnen Sicherungsmaßnahmen grundsätzlich beliebig miteinander kombinieren. Die Anordnung eines allgemeinen Verfügungsverbotes ohne Bestellung eines vorläufigen Insolvenzverwalters ist möglich,[147] ebenso die Anordnung nach § 21 Abs. 2 Nr. 3 InsO ohne allgemeines Verfügungsverbot.[148] Kombinationen kommen nur dann sicher

---

[142] Zur Möglichkeit der Anregung, *AG Göttingen*, Beschl. v. 26. 7. 1999 – 71/74 IN 145/99, ZIP 1999, 1566, 1567.

[143] *OLG Köln*, Beschl. v. 3. 1. 2000 – 2 W 224/99, DZWIR 2000, 73, 76; *AG Hamburg*, Beschl. v. 21. 10. 1999 – 68 d IK 24/99, WM 2000, 895.

[144] *Pape* WPrax 1995, 252, 257.

[145] *OLG Celle*, Beschl. v. 24. 1. 2001 – 2 W 124/00, NZI 2001, 143.

[146] *OLG Celle*, Beschl. v. 24. 1. 2001 – 2 W 124/00, NZI 2001, 143, 144.

[147] Vgl. unten Teil 2 A. IV. 1.; *AG Göttingen*, Beschl. v. 17. 5. 1999 – 74 IN 24/99, ZInsO 1999, 482; *OLG Thüringen*, Beschl. v. 12. 4. 2000 – 5 U 135/99, DZWIR 2000, 513; *Spiekhoff* DZWIR 2000, 514; *Kießling/Singhoff* DZWIR 2000, 353, 361; *Fritsche* DZWIR 2002, 1, 7 f.; **a. A.** *Nerlich/Römermann-Mönning* § 21 InsO Rdnr. 53 f.; *Smid-Smid/Thiemann* § 21 InsO Rdnr. 23; *Gerhardt*, Kölner Schrift, S. 193 ff., Rdnr. 8; *ders.*, ZZP 109 (1996), 415, 419.

[148] *Pohlmann* Rdnr. 24

nicht in Frage, wenn sie zum Beispiel ohne die Einsetzung eines vorläufigen Insolvenzverwalters keinen Sinn ergeben. Als Beispiel seien eine Postsperre[149] oder ein Zustimmungsvorbehalt jeweils ohne Einsetzung eines vorläufigen Insolvenzverwalters genannt.

Die Anordnung einer jeden einzelnen Sicherungsmaßnahme hängt von deren einzeln festzustellender Erforderlichkeit ab, das heißt von der Frage, ob die Anhaltspunkte für eine bestimmte Gefahrenlage gegeben sind, aus der die Geeignetheit und Notwendigkeit einer Maßnahme abzuleiten sind. Somit kann es nur dann zu einem „*unüberbrückbaren Widerspruch*" oder einer untrennbaren Verbindung kommen, wenn eine bestimmte Gefahrenlage, die eine Sicherungsmaßnahme erforderlich macht, auch zwingend immer zur Erforderlichkeit einer weiteren führt. Dies ist zu verneinen. Im Fall der *OLG Celle* könnte es zum Beispiel sein, daß es konkrete Anhaltspunkte dafür gibt, daß der Schuldner unter Ausnutzung des Postgeheimnisses versucht, Vermögen zu verheimlichen, die Einsetzung eines starken vorläufigen Verwalters aber wegen § 55 Abs. 2 InsO nicht in Frage kommt oder zum Beispiel kaum noch unternehmerische Entscheidungen getroffen werden müssen, die zwingend einen starken vorläufigen Verwalter erfordern würden. Somit sind zumindest Fälle denkbar, in denen die Anordnung einer Postsperre kombiniert mit einem Zustimmungsvorbehalt nicht unbedingt ein „*unüberbrückbarer Widerspruch*" sein muß. Die Redlichkeit des Schuldners ist – wie oben gesehen – nur ein Anhaltspunkt für die Erforderlichkeit von bestimmten Verfügungsbeschränkungen.

Angenommen, daß im vorliegenden Fall tatsächlich die Anordnung eines vorläufigen Insolvenzverwalters mit Verwaltungs- und Verfügungsbefugnis erforderlich gewesen ist, kann die Entscheidung des *OLG Celle* noch aus einer weiteren Überlegung nicht überzeugen. Es erscheint widersinnig zu sagen, daß – unterstellt, die Postsperre war die notwendige Maßnahme – diese durch das Verhalten des Schuldners gerechtfertigte Maßnahme unverhältnismäßig ist, weil das Insolvenzgericht mit einer weiteren Maßnahme hinter der notwendigen Maßnahme zurückgeblieben ist. Wenn die Voraussetzungen einer Postsperre vorliegen, ist sie nicht unverhältnismäßig, weil hinsichtlich der Verfügungsbeschränkung ein milderes Mittel gewählt worden ist. Sondern es muß hingegen die Frage gestellt werden, ob das Insolvenzgericht eine andere erforderliche Maßnahme – sprich das allgemeine Verfügungsverbot kombiniert mit der vorläufigen Verwaltung – unterlassen hat anzuordnen. Damit zeigt sich zum einen die insolvenzspezifische Bedeutung der Geeignetheit und zugleich, daß die Erforderlich-

---

149 *OLG Celle*, Beschl. v. 24. 1. 2001 – 2 W 124/00, NZI 2001, 143, 144; *Haarmeyer/Wutzke/Förster*, InsO, Rdnr. 3/291; *Frankfurter Kommentar-Schmerbach* § 21 InsO Rdnr. 85, die Postkontrolle durch das Insolvenzgericht ist nicht möglich.

keit immer für jede Maßnahme einzeln zu prüfen ist, wie es bereits der Wortlaut des § 21 InsO nahelegt.

Unverhältnismäßigkeit beziehungsweise fehlende Erforderlichkeit kann es nicht als pauschale, immer geltende Aussage hinsichtlich bestimmter Kombinationen von Sicherungsmaßnahmen geben. Es kann nur festgestellt werden, daß für alle Sicherungsmaßnahmen von derselben Tatsachengrundlage – der Gefährdungslage – als Basis der Erforderlichkeitsprüfung ausgegangen werden muß und sich auf dieser Ebene keine Widersprüche ergeben dürfen.

Mit diesem Ergebnis lassen sich auch die folgenden Literaturaussagen einordnen. Hinsichtlich der Einstellung und Untersagung von Zwangsvollstreckungen nach § 21 Abs. 2 Nr. 3 InsO wird zum Beispiel vertreten, daß die einstweilige Einstellung und Untersagung der Zwangsvollstreckung die *„Kehrseite“* [150] oder die *„logische Ergänzung“*[151] des allgemeinen Verfügungsverbotes ist. Andere sehen bei der Anordnung eines vorläufigen Insolvenzverwalters mit Verwaltungs- und Verfügungsbefugnis sogar die Pflicht des Insolvenzgerichts, die einstweilige Einstellung und Untersagung der Zwangsvollstreckung anzuordnen.[152] Kommt das Gericht dieser Pflicht nicht nach, würde es sich haftbar machen. Diese Aussagen sind insoweit richtig, als daß in Fällen, in denen die Anordnung eines vorläufigen Insolvenzverwalters erforderlich ist, in der Regel auch die Einstellung von Zwangsvollstreckungen geboten sein wird. Die Literaturaussagen können gleichwohl nur Leitlinie sein. Eine zwingende Pflicht zur Anordnung bestimmter Sicherungsmaßnahmen unabhängig von einer Gefahrenlage, die die betreffenden Sicherungsmaßnahmen erforderlich macht, kann es jedoch nicht geben. Abschließend kann damit festgestellt werden, daß es eine grundsätzlich unzulässige Kombination von Sicherungsmaßnahmen nicht gibt.

III. Erforderlichkeit und Ermessen

Das Insolvenzgericht *„hat“* gemäß § 21 Abs. 1 S. 1 InsO alle Maßnahmen zu treffen, die ihm *„erforderlich erscheinen“*. Aus der Formulierung *„hat [...] zu treffen“* wird geschlossen, daß dem Insolvenzgericht bei der Anordnung von Sicherungsmaßnahmen im Gegensatz zu § 106 KO kein Ermessen mehr zustehe.[153] Andere sprechen davon, daß das Insolvenzgericht kein Handlungsermes-

---

150 *Gerhardt*, Kölner Schrift, S. 193 ff., Rdnr. 21.

151 *Kübler/Prütting-Pape* § 21 InsO Rdnr. 19.

152 *Haarmeyer/Wutzke/Förster*, InsO, 2. Aufl., Rdnr. 3/210; *Lohkemper* ZIP 1995, 1641, 1649.

153 *Münchener Kommentar-Haarmeyer* § 21 InsO Rdnr. 2, 19; *Pohlmann* Rdnr. 20.

sen hinsichtlich des „*Ob*" der Sicherungsmaßnahmen, sondern nur ein Auswahlermessen hinsichtlich des „*Wie*" der Sicherungsmaßnahmen hat.[154] Die Erforderlichkeit soll dabei das Auswahlermessen auf die notwendige Maßnahme reduzieren.[155] Dagegen geht die überwiegende Ansicht davon aus – ohne allerdings auf den Wortlaut des § 21 Abs. 1 S. 1 InsO einzugehen –, daß die Anordnung von Sicherungsmaßnahmen nach wie vor im pflichtgemäßen Ermessen der Insolvenzgerichte stehe.[156] In der Gesetzesbegründung zu § 21 InsO heißt es nur, das Insolvenzgericht habe auf Grund des § 21 InsO „*die Möglichkeit, Maßnahmen anzuordnen*" und § 21 Abs. 1 S. 1 InsO lehne sich „*eng*" an § 106 Abs. 1 S. 2 KO und § 12 S. 1 VglO an.[157]

Der Wortlaut „*hat*" scheint in der Tat auf eine Änderung zu § 106 Abs. 1 S. 2 KO bezüglich des Ermessens hinzuweisen. Jedoch entspricht § 21 Abs. 1 S. 1 InsO wortwörtlich dem § 12 S. 1 VglO. Nach § 12 S. 1 VglO stand dem Gericht unbestritten Ermessen bei der Anordnung von Sicherungsmaßnahmen im Eröffnungsverfahren der Vergleichsordnung zu.[158] Auch die Gesetzesbegründung der Insolvenzordnung spricht von einer „*Möglichkeit*", Maßnahmen anzuordnen, insbesondere enthält die Begründung keinen Hinweis, daß eine Änderung zu den Vorgängervorschriften beabsichtigt war, sondern nur den Hinweis, daß § 21 Abs. 1 S. 1 InsO sich „*eng*" an diese anlehne. Die historische Auslegung spricht somit für das Ermessen des Insolvenzgerichts bei der Anordnung von Sicherungsmaßnahmen.

Der Begriff des Ermessens stammt aus dem Verwaltungsrecht und beschreibt einen Handlungsspielraum der Verwaltung hinsichtlich der Rechtsfolgen. Ist der Verwaltung durch eine Norm Ermessen eingeräumt, so hat die Verwaltung entweder einen Entscheidungsspielraum, ob sie überhaupt eine Maßnahme anordnet, oder sie hat eine Auswahl zwischen mehreren, gleichermaßen richtigen Möglichkeiten unter Einbeziehung von Zweckmäßigkeits- und Billigkeitserwä-

---

154 *Münchener Kommentar-Haarmeyer* § 21 InsO Rdnr. 19; *Haarmeyer* ZInsO 2001, 203, 205; *Hess/Weiß/Wienberg-Wienberg* § 21 InsO Rdnr. 19 f.; *Nerlich/Römermann-Mönning* § 21 InsO Rdnr. 97 (Ermessensreduzierung auf Null, wenn nachteilige Veränderungen des Schuldnervermögens zu befürchten sind).

155 *Haarmeyer* ZInsO 2001, 203, 205.

156 *Nerlich/Römermann-Mönning* § 21 InsO Rdnr. 97 (aber Ermessensreduzierung auf Null, wenn nachteilige Veränderungen des Schuldnervermögens zu befürchten sind). *Haarmeyer/Wutzke/Förster*, InsO, 2. Aufl., Rdnr. 3/191; *dies.*, InsO, Rdnr. 3/237 (sehr weiter Spielraum des Gerichts); *Kübler/Prütting-Pape* § 21 InsO Rdnr. 7, 11; *Heidelberger Kommentar-Kirchhof* § 21 InsO Rdnr. 9; *Frankfurter Kommentar-Schmerbach* § 21 InsO Rdnr. 25; *Vallender/Fuchs/Rey* NZI 1999, 140, 141; *Gerhardt*, Kölner Schrift, S. 193 ff., Rdnr. 24.

157 Begr. zu § 25 RegE [§ 21 InsO], in: *Balz/Landfermann* S. 228.

158 *Bley/Mohrbutter* § 12 VglO Rdnr. 4.

gungen zu treffen.[159] Betrachtet man die oben dargestellte Erforderlichkeitsprüfung, könnte man den Eindruck gewinnen, daß dem Insolvenzgericht nie zwei gleichermaßen richtige Entscheidungen offen stehen. Denn es gibt auf Grund der in Frage kommenden Sicherungsmaßnahmen im Zusammenspiel mit der Erforderlichkeit nie zwei gleich geeignete, ausreichende und notwendige Sicherungsmaßnahmen. Die Verfügungsbeschränkungen mit oder ohne Anordnung eines vorläufigen Insolvenzverwalters stehen in einem Stufenverhältnis zueinander, und bei der Einstellung der Zwangsvollstreckung, der Haft oder Postsperre gibt es nur die Möglichkeit, diese Maßnahmen anzuordnen oder eine entsprechende Anordnung zu unterlassen.

Dieser Argumentation, daß es – zumindest ex post – nur eine erforderliche Maßnahme gibt, ist aber entgegenzuhalten, daß die Richtigkeit der Auswahl zwischen zwei Anordnungen sich nicht aus dem Maß an Erforderlichkeit ergibt, das der einen oder der anderen eigen ist. Sondern der Spielraum, der dem Insolvenzgericht durch § 21 Abs. 1 S. 1 InsO bei der Anordnung von Sicherungsmaßnahmen zugebilligt wird, ist entscheidend. Das Insolvenzgericht muß auf Grund der ihm zu Beginn des Eröffnungsverfahrens zur Verfügung stehenden Informationen mit der Anordnung der Sicherungsmaßnahmen eine (vorläufige) Eilentscheidung treffen, die es verbietet, den Sachverhalt vollständig zu ermitteln. Das Insolvenzgericht hat auf Grund einer summarischen Prüfung und dessen, was ihm danach zum Zeitpunkt der Entscheidung erforderlich „*erscheint*", die Sicherungsmaßnahmen anzuordnen. Der Spielraum des Gerichtes liegt in der Entscheidung, welche Maßnahme auf der Basis der dem Gericht vorliegenden Anhaltspunkte als die erforderliche anzusehen ist. Denn die oben dargestellten Abgrenzungskriterien können nur Richtwerte für das Insolvenzgericht sein. Es gibt zwischen diesen Kriterien, zum Beispiel der Größe eines schuldnerischen Unternehmens, unzählige Abstufungen. Das Gericht hat einen Spielraum, zu entscheiden, bei welchen Anhaltspunkten es die Grenze für die Erforderlichkeit einer bestimmen Sicherungsmaßnahme zieht. „Ermessen" wird hier als Spielraum des Gerichts bei der Gewichtung der ihm vorliegenden Anhaltspunkte, bei der Bestimmung der Gefährdungslage und bei dem einer Erforderlichkeitsprüfung immanenten Abwägungsprozeß verstanden. Der Ermessensbegriff des § 21 InsO hat somit einen etwas anderen Inhalt als derjenige des Verwaltungsrechts.

Der Wortlaut „*hat*" schließt dabei dieses Ermessen des Gerichtes nicht aus, sondern beschreibt den insolvenzspezifischen Teilaspekt einer geeigneten Maßnahme. Wie oben bei der Definition der Erforderlichkeit festgestellt, wird das Insolvenzgericht durch den Begriff der Erforderlichkeit nicht nur in seiner Auswahl auf das mildeste Mittel beschränkt, sondern es ergibt sich aus dem Zu-

---

159 *Maurer* § 7 Rdnr. 7, S. 121.

sammenspiel von „*hat*“ und „*erforderlich*“ die Verpflichtung, die für den Sicherungszweck ausreichenden Maßnahmen anzuordnen.

Auch Fälle, in denen, wie zum Beispiel bei einem großen, unübersichtlichen Unternehmen mit Fortführungschance, alle Zwangsvollstreckungen von Insolvenzgläubigern und Absonderungsberechtigten nach § 21 Abs. 2 Nr. 3 InsO eingestellt und untersagt werden müssen, sprechen nicht gegen den grundsätzlich vorhandenen Spielraum des Insolvenzgerichts. Denn diese Pflicht zur Anordnung gemäß § 21 Abs. 2 Nr. 3 InsO ergibt sich in entsprechenden Fällen aus der zwingenden Gefährdungslage. Auf Grund dieser zwingenden Gefährdungslage müssen alle dahinter zurückbleibenden Anordnungen als nicht ausreichend und damit als „ermessensfehlerhaft“ angesehen werden. Von einer Pflicht zur Anordnung von Sicherungsmaßnahmen in vergleichbaren Fällen wurde bereits im Rahmen des § 106 Abs. 1 S. 2 KO ausgegangen.[160]

Deutlich zeigt sich der Entscheidungsspielraum des Insolvenzgerichts im Rahmen des § 21 Abs. 1 S. 1 InsO durch einen Vergleich mit § 2 Abs. 4 GesO. Nach § 2 Abs. 4 GesO hat das Gericht kein Ermessen, sondern es muß mit Eingang eines zulässigen Antrages alle laufenden Zwangsvollstreckungen einstellen – unabhängig von einer tatsächlichen Erforderlichkeit.

Mit diesem Ergebnis ist davon auszugehen, daß in der Literatur zur Frage, ob und in welchem Umfang dem Gericht durch § 21 Abs. 1 S. 1 InsO Ermessen eingeräumt wird, nicht tatsächlich ein inhaltlicher Streit besteht, sondern ein und derselbe Vorgang unterschiedlich bezeichnet wird. In der Sache hat sich, soweit es um den Entscheidungsspielraum des Gerichts bei der Prüfung der Sicherungsmaßnahmen geht, zu § 106 KO nichts geändert.

---

160 *Kuhn/Uhlenbruck* § 106 KO Rdnr. 1.

Teil 2 – Anordnungsmöglichkeiten

A. Verfügungsbeschränkungen und Verfügungsverbote

I. Einleitung

Dem Insolvenzgericht steht bei den möglichen Verfügungsbeschränkungen ein abgestuftes Instrumentarium zur Verfügung. Dies reicht von der Anordnung eines allgemeinen Verfügungsverbotes mit gleichzeitiger Einsetzung eines vorläufigen Insolvenzverwalters (kombiniertes allgemeines Verfügungsverbot) bis hin zu einem Zustimmungsvorbehalt hinsichtlich einzelner Gegenstände. Ausdrücklich geregelt ist in § 21 Abs. 2 Nr. 2 InsO, daß das Insolvenzgericht ein allgemeines Verfügungsverbot erlassen oder bestimmen kann, daß Verfügungen des Schuldners nur mit Zustimmung des vorläufigen Insolvenzverwalters wirksam sind. Nach Aussage der Gesetzbegründung handelt es sich bei diesen Möglichkeiten, die in § 21 Abs. 2 InsO aufgezählt sind, nur um Beispiele, so daß „*auch andere Maßnahmen zulässig*" sind.[1] Dies wird durch das Wort „*insbesondere*" zu Beginn des § 21 Abs. 2 InsO zum Ausdruck gebracht.

Auf Grund dieser weiten Befugnis der Insolvenzgerichte haben sich in der Praxis die unterschiedlichsten Anordnungskombinationen herausgebildet. In Folge dieser Anordnungen haben sich etliche Streitfragen entwickelt, bei denen es sowohl um die Zulässigkeit einzelner Maßnahmen geht als auch um die Frage, welche Wirkungen den jeweiligen Maßnahmen zukommen. Zum Beispiel ist streitig, ob ein isoliertes allgemeines Verfügungsverbot zulässig ist oder welche Wirkung ein besonderer Zustimmungsvorbehalt hat.

Im Weiteren ist zunächst die zivilrechtliche Terminologie von gesetzlichen Verboten, Verfügungsbeschränkungen und relativen Verfügungsverboten darzustellen. Der Wille des Gesetzgebers hinsichtlich der zulässigen Maßnahmen und der jeweiligen Wirkungen ist anhand der Reformentwicklung und des Wortlauts von Gesetzestext und Begründung zu ermitteln, um schließlich dieses Ergebnis in die zivilrechtliche Terminologie einzufügen. Die Ausführungen beschränken sich in der Einleitung auf die grundlegende Einordnung der Sicherungsmaßnahmen, die die Verfügungen des Schuldners betreffen. In den dann folgenden Abschnitten wird zu den einzelnen Möglichkeiten ausführlicher Stellung genommen und der in der Einleitung aufgezeigte Auslegungs- und Lösungsansatz ausgeführt.

---

[1] Begr. zu 25 RegE [§ 21 InsO], in: *Balz/Landfermann* S. 229.

1. Zivilrechtliche Terminologie

Nach der zivilrechtlichen Terminologie wird zwischen gesetzlichen Verboten gemäß § 134 BGB sowie Verfügungsbeschränkungen und relativen Verfügungsverboten gemäß den §§ 135, 136 BGB unterschieden. Diese Beschränkungen der Verfügungsfreiheit unterscheiden sich nach Konstruktion und Wirkung.

a) Gesetzliche Verbote

Zum Schutz der Allgemeinheit gibt es sogenannte „*Verbotsgesetze*", die ein gesetzliches Verbot im Sinne des § 134 BGB enthalten.[2] Diese existieren in unterschiedlichen Bereichen.[3] Verstößt ein Rechtsgeschäft gegen ein Verbotsgesetz, so ist es gemäß § 134 BGB nichtig. Mit der Nichtigkeit ist jede Art der Heilung ausgeschlossen.[4] Die Nichtigkeit wirkt gegenüber jedermann.[5] Daher werden die gesetzlichen Verbote auch als absolute Verfügungsverbote bezeichnet.[6]

Wie sich im Folgenden zeigen wird, können im Rahmen des § 21 Abs. 2 Nr. 2 InsO Verfügungsbeschränkungen und relative Verfügungsverbote angeordnet werden. Für das absolute Verfügungsverbot des § 134 BGB ist kein Raum.[7] Die Kurzdarstellung der gesetzlichen Verbote dient daher nur der Vollständigkeit und zur Abgrenzung gegenüber den Verfügungsbeschränkungen und relativen Verfügungsverboten.

b) Verfügungsbeschränkungen

Nach der zivilrechtlichen Terminologie wird – neben den Verbotsgesetzen – zwischen Verfügungsverboten und Verfügungsbeschränkungen unterschieden.[8] Diese Verfügungsbeeinträchtigungen kommen zur Anwendung, wenn nicht die

---

2 *Ruhwedel* JuS 1980, 161, 163; *Bülow* JuS 1994, 1, 2.

3 Ein Beispiel findet sich im Betäubungsmittelgesetz, vgl. § 3 BTMG. Zu weiteren Beispielen siehe *Palandt-Heinrichs* § 134 BGB Rdnr. 14 ff.

4 *Bülow* JuS 1994, 1, 2.

5 *Fritsche* DZWIR 2002, 1, 4. Trotzdem sollte die Bezeichnung als *„absolutes Verfügungsverbot"* vermieden (*Palandt-Heinrichs* § 136 BGB Rdnr. 2) den werden, da sie zu Verwechselungen mit denen im weiten dargestellten absolut wirkenden Verfügungsbeschränkungen und den relative wirkenden Verfügungsverboten führen kann, die jeweils nur zur Unwirksamkeit führen.

6 *Palandt-Heinrichs* § 136 BGB Rdnr. 2; *Bork*, BGB AT, Rdnr. 1134.

7 Mißverständlich daher, *Frankfurter Kommentar-Schmerbach* § 24 InsO Rdnr. 16, der im Zusammenhang mit den Verfügungsbeschränkungen des § 24 InsO § 134 BGB anführt.

8 Vgl. *Foerste* S. 17 f.; *Berger* S. 17 ff.; *Kießling/Singhoff* DZWIR 2000, 353, 359; *Fritsche* DZWIR 2002, 1, 3.

Allgemeinheit zu schützen ist, sondern einzelne Personen oder Personengruppen.

Bei den Verfügungsbeschränkungen wird der Berechtigte in seinem rechtlichen Können betroffen.[9] Verfügungsbeschränkungen fallen nicht unter die §§ 135, 136 BGB.[10] Zu den Verfügungsbeschränkungen gehören unter anderem die §§ 1365, 1369, 2211 BGB und § 7 KO.[11] Ein Verstoß gegen eine Verfügungsbeschränkung führt zur absoluten Unwirksamkeit der Verfügung. Anders als bei einem Verstoß gegen ein Verbotsgesetz kann die Verfügung durch eine Genehmigung des Zustimmungsberechtigten geheilt werden. Die absolute Wirkung von Verfügungsbeschränkungen ergibt sich aus dem Charakter und Schutzzweck der Verfügungsbeschränkungen. Dem (ursprünglich) Berechtigten wird entweder seine Verfügungsbefugnis entzogen und diese auf eine andere Person übertragen, wie zum Beispiel bei § 2211 BGB und § 7 KO. Dann verfügt der (ursprünglich) Berechtigte als Nichtberechtiger. Oder dem Berechtigten wird die Möglichkeit genommen, ohne Zustimmung wirksam zu verfügen.[12] Die Zustimmungsbefugnis wird dabei ebenfalls auf eine andere Person übertragen. Eine solche Verfügungsbeschränkung ist beispielsweise in den §§ 1365, 1369 BGB sowie in § 62 Abs. 4 S. 2 VglO geregelt. Auch hier verfügt der (ursprünglich) Berechtigte als Nichtberechtigter.

Gemeinsam ist beiden Arten von Verfügungsbeschränkungen, die Beschränkung des rechtlichen Könnens. Denn anders als bei relativen Verfügungsverboten kann der von der Beschränkung Betroffene auch bei einem Zustimmungsvorbehalt nicht mehr verfügen. Die Verfügungsbeschränkung liegt von ihrer Wirkung zwischen dem Verbotsgesetz und dem relativen Verfügungsverbot, was sich aus der Bedeutung der durch die Verfügungsbeschränkung zu verhindernden Verfügung ergibt. Die zu verhindernde Verfügung betrifft entweder einen großen Personenkreis, so wie beispielsweise im Insolvenzverfahren, oder es ist besonders schutzwürdiges Vermögen betroffen, so wie beim ehelichen Vermögen.

Wegen dieser beiden Konstruktionsmöglichkeiten werden die Verfügungsbeschränkungen von *Böttcher*[13] noch weiter unterteilt, indem er von Verfügungs-

---

9 *BGH*, Urt. v. 28. 4. 1954 – II ZR 8/53, BGHZ 13, 179, 184; *Ruhwedel* JuS 1980, 161, 163.

10 *Bülow* JuS 1994, 1, 2 f.

11 *Palandt-Heinrichs* § 136 BGB Rdnr. 2 a; *Bülow* JuS 1994, 1, 2 f. mwN.; *Ruhwedel* JuS 1980, 161, 163 f. mwN, der diese allerdings als *„absolute Verfügungsverbote"* bezeichnet.

12 Wird die Wirksamkeit einer Verfügung von der Zustimmung eines Dritten abhängig gemacht, handelt es sich hierbei nicht um ein Verfügungsverbot, *Bülow* JuS 1994, 1, 2 mwN. in Fn. 2.

13 Rpfleger 1983, 187 ff.; 1984, 377 ff.; 1985, 1 ff., 381ff.

beschränkungen nur dann spricht, wenn der Berechtigte zwar seine Verfügungsbefugnis nicht verliert, aber die Wirksamkeit der Verfügung von der Zustimmung eines Dritten abhängig gemacht wird. Die übrigen Fälle bezeichnet er als Verfügungsentziehungen. Bei der Verfügungsentziehung verliert der Verfügungsberechtigte seine Verfügungsbefugnis, die auf einen Dritten übertragen wird. Die Unterteilung *Böttchers* ist zwar genauer. Aber stellt man auf die Beschränkung des rechtlichen Könnens ab, sind sowohl die reinen Verfügungsbeschränkungen ohne Übergang der Verfügungsbefugnis als auch die Verfügungsentziehungen als Verfügungsbeschränkungen – sozusagen als Oberbegriff – zu verstehen. Dies entspricht der überwiegend verwendeten Terminologie, die daher der weiteren Darstellung zugrunde gelegt wird.

Wegen ihrer absoluten Wirkung werden Verfügungsbeschränkungen teilweise als absolute Verfügungsverbote bezeichnet.[14] Da der Begriff der absoluten Verfügungsverbote allerdings auch für die Verbotsgesetze gebraucht wird und Verfügungsverbote im Gegensatz zu den Verfügungsbeschränkungen grundsätzlich nur das rechtliche Dürfen beeinflussen, sollte auf den Begriff des absoluten Verfügungsverbotes verzichtet werden.[15]

Die Anwendbarkeit der Gutglaubensvorschriften bei den Verfügungsbeschränkungen ergibt sich aus der jeweiligen Norm. So enthält beispielsweise § 2113 Abs. 3 eine uneingeschränkte Verweisung auf sämtliche Gutglaubenstatbestände. In § 81 Abs. 1 S. 2 InsO dagegen ist der gutgläubige Erwerb nur bei Grundstücken und den anderen in § 81 InsO genannten Fällen geschützt.[16]

c) Relative Verfügungsverbote

Bei Verfügungsverboten wird der Verfügungsberechtigte in seinem rechtlichen Dürfen betroffen,[17] das heißt, dem Berechtigten wird verboten, seine Verfügungsberechtigung insgesamt oder auf bestimmte Gegenstände beschränkt auszuüben. Die Verfügungen bleiben aber gleichwohl wirksam.[18] Bei den Verfügungsverboten, deren Wirkungen für die gesetzlichen in § 135 BGB und für die behördlichen und gerichtlichen in § 136 BGB geregelt sind, behält der Betroffe-

---

14 *Ruhwedel* JuS 1980, 161, 163.

15 Nur bei § 2112 BGB könnte die Bezeichnung eines absoluten Verfügungsverbotes seine Berechtigung haben. Denn hier ist die Verfügung des Vorerben zunächst wirksam, wie es charakteristisch für Verfügungsverbote ist, und wird dann mit Eintritt des Nacherbfalls absolut unwirksam, was mehr einer Verfügungsbeschränkung entspricht.

16 Wegen der Eintragung in die Register ist diese Vorschrift jedoch von geringer praktischer Bedeutung, *Kübler/Prütting-Lüke* § 81 InsO Rdnr. 22.

17 *BGH*, Urt. v. 28. 4. 1954 – II ZR 8/53, BGHZ 13, 179, 184; *Ruhwedel* JuS 1980, 161, 164; *Bülow* JuS 1994, 1, 7.

18 *Fritsche* DZWIR 2002, 1, 3.

ne die Verfügungsmacht über sein Eigentum. Die §§ 135, 136 BGB sprechen zwar von Veräußerungsverboten, dieser Begriff ist jedoch nach allgemeiner Meinung als Verfügungsverbot zu verstehen.[19] Ein Verstoß gegen die §§ 135, 136 BGB führt zur relativen Unwirksamkeit der Verfügung. Der Begriff der relativen *Un*wirksamkeit ist dabei irreführend. Denn die vom Verbot betroffene Verfügung ist zunächst wirksam.[20] Die Verfügung beim relativen Verfügungsverbot ist im Gegensatz zum absoluten nur dem durch das Verbot Geschützten gegenüber unwirksam.

Wie der Verbotsgeschützte dabei sein Recht gegenüber dem Erwerber geltend zu machen hat, ist nur bei der Vormerkung in den §§ 883 ff. BGB gesetzlich geregelt. Bei den übrigen Verfügungsverboten, wie zum Beispiel bei der einstweiligen Verfügung gemäß §§ 935, 940 ZPO[21] oder dem Veräußerungsverbot des § 106 Abs. 1 S. 3 KO[22], fehlt es an einer gesetzlich festgelegten Vorgehensweise. Daher sind unterschiedliche Denkmodelle zur relativen Unwirksamkeit, insbesondere deren Geltendmachung entwickelt worden.[23] Eine Vorstellung geht beispielsweise davon aus, daß das Eigentum des Erwerbers gleichsam mit dem „*Absicherungsrecht*“ eines Dritten, zu dessen Schutz das Verfügungsverbot besteht, belegt ist.[24]

Beim relativen Verfügungsverbot kann der geschützte Dritte oder eine in seinem Interesse verfügende Person nicht handeln. Anders als bei den Verfügungsbeschränkungen geht daher weder die Verfügungsbefugnis auf einen Dritten über noch wird die Wirksamkeit der Verfügung von der Zustimmung eines Dritten abhängig gemacht. Für die Anwendung des § 185 BGB ist bei einem Verfügungsverbot somit kein Platz.[25] Zwar kann der durch das Verbot Geschützte, der Verfügung zustimmen. Hierbei handelt es sich jedoch nicht um eine Zustimmung im Sinne des § 185 BGB. Sondern der durch das Verbot Geschützte verzichtet auf sein Absicherungsrecht. Anders als bei den Verfügungsbeschränkungen hat nämlich eine fehlende Zustimmung keine Auswirkungen auf die Verfü-

---

19 *Palandt-Heinrichs* § 136 BGB Rdnr. 1; *Medicus*, BGB AT, Rdnr. 664; *Bork*, BGB AT, Rdnr. 1125.

20 *Böttcher* Rpfleger 1985, 381, 382; *Ruhwedel* JuS 1980, 161, 166.

21 *Baur*, Sachenrecht, § 15 IV 2 c; *Soergel-Hefermehl* § 136 Rdnr. 17; *Larenz*, AT, § 23 IV.

22 *Baur*, Sachenrecht, § 15 IV 2 c; *Soergel-Hefermehl* § 136 Rdnr. 17; *Larenz*, AT, § 23 IV.

23 Vgl. die Zusammenstellungen bei *Ruhwedel* JuS 1980, 161, 166 ff., *Bülow* JuS 1994, 1, 7 f. und *Böttcher* Rpfleger 1985, 381, 384 f.

24 *Beer* S. 132 ff.; *Münchener Kommentar-Mayer-Maly/Armbrüster* § 135 BGB Rdnr. 36.

25 *Ruhwedel* JuS 1980, 161, 166 Fn. 39; *Münchener Kommentar-Thiele* § 185 BGB Rdnr. 15; **a. A.** *Böttcher* Rpfleger 1985, 381, 383 f. mwN.

gung.[26] Diese ist trotz fehlender Zustimmung, wie teilweise formuliert wird, „*schwebend*" wirksam.[27] Bei dem Verstoß gegen eine Verfügungsbeschränkung ist die Verfügung dagegen schwebend *un*wirksam.

Bei einem relativen Verfügungsverbot ist gemäß § 135 Abs. 2 BGB der gutgläubige Erwerb an unbeweglichen und beweglichen Sachen möglich.[28] Folglich ist bei einem relativen Veräußerungsverbot auch der gute Glaube in die Einzugsberechtigung gemäß § 407 Abs. 1 BGB geschützt.[29] Grundbuchrelevante Verfügungen können mit rangwahrender Wirkung für den Fall, daß das Verbot aufgehoben wird oder der Geschützte nicht widerspricht, im Grundbuch eingetragen werden. Dies ist folgerichtig, da die Verfügung allen vom Verbot nicht geschützten Dritten gegenüber wirksam ist. Mit der Möglichkeit auch noch während der Geltung eines Verfügungsverbotes über den Gegenstand zu verfügen und der weitreichenden Geltung der Gutglaubensvorschriften stellt das relative Verfügungsverbot die „*schwächste Form der Verfügungsbeeinträchtigung*" dar.[30]

2. Verfügungsverbote und -beschränkungen und deren Wirkungen in der Reformentwicklung der Insolvenzordnung

Im Weiteren wird dargestellt, wie nach dem Ersten Bericht der Insolvenzrechtskommission und dem Regierungsentwurf die Verfügungsmacht des Schuldners beschränkt werden konnte. Es wird anhand der dort enthaltenen Ausführungen gezeigt, daß ein isoliertes allgemeines Verfügungsverbot vom Gesetzgeber vorgesehen ist. Weiter läßt sich daraus ableiten, welche Wirkung dieses Verbot hat. Darüber hinaus wird dargestellt, welche Wirkungen die besonderen Verfügungsbeschränkungen haben.

a) Erster Bericht der Insolvenzrechtskommission

1985 legte die Insolvenzrechtskommission ihren Ersten Bericht vor, der in Leitsatz 1.2.3 die vorläufige Insolvenzverwaltung regelte. Dieser Leitsatz war der

---

26 *Böttcher* Rpfleger 1985, 381, 383.

27 *Böttcher* Rpfleger 1985, 381, 382 f.

28 Hat der Verwalter jedoch Besitz ergriffen, kann ein Abhandenkommen im Sinne von § 935 BGB vorliegen, das den gutgläubigen Erwerb ausschließt. Vgl. *Baur/Stürner*, Bd. II, Rdnr. 8.6 (im Beispielsfall).

29 *Palandt-Heinrichs* § 136 BGB Rdnr. 9; *BGH*, Urt. v. 26. 1. 1983 – VIII ZR 258/81, BGHZ 86, 337, 338 f.

30 *Böttcher* Rpfleger 1985, 381, 382.

erste Reglungsvorschlag, aus dem sich in der weiteren Reformentwicklung § 21 InsO herausgebildet hat. Leitsatz 1.2.3 lautet:

> ***1.2.3 Vorläufige Insolvenzverwaltung***
>
> *(1) Das Insolvenzgericht kann ... alle zur Sicherung der Masse dienenden einstweiligen Anordnungen ... treffen.*
>
> *(2) Das Insolvenzgericht kann insbesondere ...*
>
> *c) dem Schuldner ein allgemeines Verfügungsverbot auferlegen;*
> *d) einen vorläufigen Insolvenzverwalter bestellen.*
>
> *(3) Die Befugnis des Schuldners, über sein Vermögen zu verfügen, kann auch in der Weise beschränkt werden, daß er zu bestimmten Geschäften oder allgemein der Zustimmung des vorläufigen Insolvenzverwalters bedarf. Anhängige Prozesse bleiben hiervon unberührt.*
>
> *(4) Wird dem Schuldner ein allgemeines Verfügungsverbot auferlegt und ist ein vorläufiger Insolvenzverwalter bestellt, so geht das Verfügungsrecht auf diesen über. ...*
>
> *(5) Wird ein allgemeines Verfügungsverbot oder eine Verfügungsbeschränkung nach Absatz 3 angeordnet, so richtet sich der Schutz des guten Glaubens beim Erwerb von Sachen und Rechten nach § 135 BGB; dies gilt auch dann, wenn ein vorläufiger Insolvenzverwalter bestellt ist. ...*

Nach Leitsatz 1.2.3 des Ersten Berichts der Insolenzrechtskommission konnte nach Absatz 2 dem Schuldner unter anderem ein allgemeines Verfügungsverbot auferlegt sowie ein vorläufiger Insolvenzverwalter bestellt werden. In Absatz 3 des Leitsatzes 1.2.3 war darüber hinaus die Möglichkeit vorgesehen, einzelne oder alle Geschäfte des Schuldners unter einen Zustimmungsvorbehalt zu stellen. Nach Absatz 4 sollte, wenn dem Schuldner ein allgemeines Verfügungsverbot auferlegt und ein vorläufiger Insolvenzverwalter bestellt wird, das Verfügungsrecht auf den vorläufigen Verwalter übergehen.

Nach der Begründung des Ersten Berichts sollten alle Maßnahmen des Absatzes 2 – also auch allgemeines Verfügungsverbot und vorläufige Insolvenzverwaltung – *„für sich allein oder gemeinsam mit anderen angeordnet werden“* können.[31] Aus der Begründung zu Absatz 4 ergibt sich, daß auch ein allgemeines Verfügungsverbot nicht zwingend mit der Bestellung eines vorläufigen Insolvenzverwalters verknüpft werden muß. Denn es heißt dort: Ein allgemeines Verfügungsverbot *„hat zur Folge, daß der Schuldner das Verfügungsrecht über sein*

---

[31] Begr. zu LS 1.2.3 des Ersten Berichts der Insolvenzrechtskommission, in: *BMJ EB*, S. 104.

Vermögen verliert. Das Insolvenzgericht ***kann*** *dann einen vorläufigen Insolvenzverwalter bestellen.*"[32]

Nach Vorstellung der Begründung des Ersten Berichts zu Leitsatz 1.2.3 konnte in die Rechtsstellung des Schuldners „*in* ***drei*** *Stufen eingegriffen werden, und zwar von einem besonderen über einen allgemeinen Zustimmungsvorbehalt bis hin zu einem allgemeinen Verfügungsverbot*".[33] Alle drei Beschränkungen sollten nur relativ wirken, das heißt, sie sollten nur den Insolvenzgläubigern gegenüber unwirksam sein.[34] Absatz 5 des Leitsatzes 1.2.3 verweist darüber hinaus hinsichtlich der Vorschriften über den Erwerb vom Nichtberechtigten auf § 135 BGB. [35]

b) Diskussionsentwurf und Regierungsentwurf

Ab dem Diskussionsentwurf von 1988 liegt mit § 22 DiskE dem Wortlaut nach die heutige Fassung des § 21 Abs. 2 Nr. 2 InsO vor, der wie folgt lautet:

> ***§ 22 Anordnung von Sicherungsmaßnahmen***
>
> ...
>
> *(2) Das Insolvenzgericht kann insbesondere*
>
> ...
>
> *2. dem Schuldner ein allgemeines Verfügungsverbot auferlegen oder anordnen, daß Verfügungen des Schuldners nur mit Zustimmung des vorläufigen Insolvenzverwalters wirksam sind ...*

Nach der Begründung des Diskussionsentwurfes, die wortgleich in die Begründung des Regierungsentwurfs übernommen wurde, fallen unter § 22 Abs. 2 Nr. 2 DiskE „*die Anordnung eines allgemeinen Verfügungsverbots* ***oder*** *allgemeiner* ***Verfügungsbeschränkungen.***"[36] In der weiteren Begründung wird dann darauf hingewiesen, daß neben der Aufzählung des Absatzes 2 des § 22 DiskE im Rahmen des Sicherungszwecks auch andere Möglichkeiten zulässig sind, und

---

32 Begr. zu LS 1.2.3 des Ersten Berichts der Insolvenzrechtskommission, in: *BMJ EB*, S. 105. Hervorhebung mittels Fettdruck durch die Verfasserin.

33 Begr. zu LS 1.2.3 des Ersten Berichts der Insolvenzrechtskommission, in: *BMJ EB*, S. 104. Hervorhebung mittels Fettdruck durch die Verfasserin.

34 Begr. zu LS 1.2.3 des Ersten Berichts der Insolvenzrechtskommission, in: *BMJ EB*, S. 104 f.

35 Begr. zu LS 1.2.3 des Ersten Berichts der Insolvenzrechtskommission, in: *BMJ EB*, S. 105.

36 Begr. zu § 22 DiskE, in: *BMJ DiskE*, S. B18. Hervorhebung mittels Fettdruck durch die Verfasserin.

nennt in diesem Zusammenhang die Anordnung eines besonderen Zustimmungsvorbehalts.[37]

Den Begriff der allgemeinen Verfügungsbeschränkungen verwendet der Gesetzgeber ebenso im Rahmen der §§ 23 und 24 InsO. In der Begründung zu § 23 InsO, der die Bekanntmachung von Verfügungsbeschränkungen regelt, heißt es, daß nach § 23 InsO „*allgemeine Verfügungsbeschränkungen*" des Schuldners bekannt zu machen sind; § 23 InsO erfasse „*ebenso ein allgemeines Verfügungsverbot* ***und den damit verbundenen*** *Übergang der Verwaltungs- und Verfügungsbefugnis auf den vorläufigen Insolvenzverwalter wie die Anordnung, daß der Schuldner zu* ***allen*** *Verfügungen der Zustimmung des vorläufigen Insolvenzverwalters bedarf.*"[38] Die Begründung zu § 24 InsO, der die Wirkungen der Verfügungsbeschränkungen regelt, spricht ebenfalls von allgemeinen Verfügungsbeschränkungen.

c) Schlußfolgerungen zum Inhalt des § 21 Abs. 2 Nr. 2 InsO und zum Anwendungsbereich der §§ 23, 24 InsO

Die Begründung zu § 21 InsO spricht von der „*Anordnung eines allgemeinen Verfügungsverbots* ***oder*** *allgemeiner Verfügungsbeschränkungen.*"[39] Zieht man zur Auslegung dieser Aussage noch die Begründungen der §§ 23, 24 InsO hinzu, so ist die Zulässigkeit eines isoliert angeordneten allgemeinen Verfügungsverbots zwingend. Allgemeine Verfügungsbeschränkungen sind nach der Diktion des Gesetzgebers das allgemeine Verfügungsverbot bei gleichzeitiger Einsetzung eines vorläufigen Insolvenzverwalters (kombiniertes allgemeines Verfügungsverbot) und der allgemeine Zustimmungsvorbehalt. Daneben gibt es noch das isolierte allgemeine Verfügungsverbot. Damit fallen unter § 21 Abs. 2 Nr. 2 InsO das (isolierte) allgemeine Verfügungsverbot **sowie** das kombinierte allgemeine Verfügungsverbot, dessen Wirkungen iVm. § 22 Abs. 1 S. 1 InsO bestimmt werden, und der allgemeine Zustimmungsvorbehalt. Es gibt ansonsten keine Erklärung, warum der Gesetzgeber neben dem allgemeinen Verfügungsverbot von allgemeinen Verfügungsbeschränkungen im Plural sprechen sollte.

Die Wirkung des isolierten Verfügungsverbots ergibt sich aus dem Folgenden. Nach dem Leitsatz 1.2.3 des Ersten Berichts und dessen Begründung sollten alle Möglichkeiten, Verfügungen des Schuldners zu beschränken, zur relativen Unwirksamkeit verbotswidriger Verfügungen führen. Ab dem Diskussionsentwurf

---

37 Begr. zu § 22 DiskE, in: *BMJ DiskE*, S. B19.

38 Begr. zu § 27 RegE [§ 23 InsO], in: *Balz/Landfermann* S. 234. Hervorhebung mittels Fettdruck durch die Verfasserin.

39 Begr. zu § 22 DiskE, in: *BMJ DiskE*, S. B18. Hervorhebung mittels Fettdruck durch die Verfasserin.

fand insoweit eine Änderung statt, daß dem kombinierten allgemeinen Verfügungsverbot und dem allgemeinen Zustimmungsvorbehalt die absolute Unwirksamkeit zugesprochen wurde. In § 24 Abs. 1 InsO heißt es, daß für die in „*§ 21 Abs. 2 Nr. 2 InsO vorgesehenen Verfügungsbeschränkungen*" die §§ 81, 82 InsO entsprechend gelten. Aus der Begründung zu § 24 InsO ergibt sich, daß nur die allgemeinen Verfügungsbeschränkungen von § 24 InsO erfaßt sein sollen, die – laut der Definition der allgemeinen Verfügungsbeschränkungen in der Begründung des § 23 InsO – nur das kombinierte allgemeine Verfügungsverbot und der allgemeine Zustimmungsvorbehalt sind. Das isolierte allgemeine Verfügungsverbot fällt damit nicht in den Anwendungsbereich des § 24 InsO.

Dieser Hinweis der Begründung zu § 24 InsO, daß nur Verfügungsbeschränkungen erfaßt sind, wäre nicht erforderlich gewesen. Denn bereits nach der zivildogmatischen Terminologie handelt es sich bei dem (isolierten) allgemeinen Verfügungsverbot im Sinne von § 21 Abs. 2 Nr. 2 InsO um ein Verfügungsverbot und nicht um eine Verfügungsbeschränkung. Beim isolierten allgemeinen Verfügungsverbot, bei dem gerade kein vorläufiger Insolvenzverwalter bestellt ist, geht die Verfügungsbefugnis weder auf einen Dritten über, noch wird die Wirksamkeit der Verfügung von der Zustimmung eines Dritten abhängig gemacht. Ohne die Rechtszuständigkeit eines Dritten wäre das Vermögen des Schuldners allerdings außerhalb jeder Verfügungsmöglichkeit, ein *res extra commercium* darf es jedoch nicht geben.[40] Damit bleibt als Wirkung für das isolierte allgemeine Verfügungsverbot nur die relative Unwirksamkeit. Der Schuldner wird nicht in seinem rechtlichen Können, sondern nur in seinem rechtlichen Dürfen beschränkt. Die relative Unwirksamkeit ergibt sich auch aus der Tatsache, daß es an einer insolvenzrechtlichen Regelung für die Wirkung des isolierten allgemeinen Verfügungsverbots fehlt. Damit bleibt es bei den allgemeinen Wirkungen der §§ 135, 136 BGB.

Am Zustimmungsvorbehalt gemäß § 21 Abs. 2 Nr. 2 InsO zeigt sich, daß dessen Einordnung als Verfügungsbeschränkung und damit die Beschränkung des rechtlichen Könnens – und nicht nur des rechtlichen Dürfens – richtig ist. Aus Sicht des Schuldners macht es nämlich keinen Unterschied, ob er seine Verfügungsbefugnis verloren hat oder unter einen Zustimmungsvorbehalt gestellt worden ist. Denn bei dem absolut wirkenden Zustimmungsvorbehalt hat der Schuldner anders als bei einem relativ wirkenden Verbot nicht mehr die Möglichkeit zu verfügen. Ohne Zustimmung ist die Verfügung jedem gegenüber unwirksam. Daher ist davon auszugehen, daß der Gesetzgeber Verfügungsbeschränkungen im Sinne der oben beschriebenen zivilrechtlichen Terminologie verwendet. Somit kann dem Gesetzgeber auch nicht unterstellt werden, er würde

---

[40] *Böttcher* Rpfleger 1985, 381, 382.

die Begriffe Verfügungsbeschränkung und Verfügungsverbot undogmatisch gebrauchen.[41] Folgt man dem eben Dargestellten, so lassen sich alle Formulierungen des Gesetzestextes und der Begründung im Rahmen der §§ 21, 23, 24 InsO einordnen, ohne einen dogmatischen Bruch zu verursachen.

Zur Wirkung der besonderen Verfügungsbeschränkungen und -verbote sagt die Begründung der Insolvenzordnung nichts. Da § 24 InsO, wie oben dargelegt,[42] nur von den allgemeinen Verfügungsbeschränkungen spricht, wird hieraus von einigen geschlossen, daß § 24 InsO nicht auf die besonderen Verfügungsbeschränkungen anzuwenden ist. Jedoch bezieht sich § 24 InsO auf § 21 Abs. 2 Nr. 2 InsO, in dem nur die allgemeinen Verfügungsbeschränkungen aufgezählt sind. Diese Aufzählung ist aber laut der Begründung zu § 21 InsO nur beispielhaft, auch andere Maßnahmen sind möglich. § 24 InsO kann sich jedoch nur auf die im Gesetz ausdrücklich geregelten Maßnahmen beziehen. Es kann hieraus nicht geschlossen werden, daß die absolute Wirkung für die besonderen Verfügungsverbote durch diese Formulierung ausgeschlossen sein soll. Sondern es kann nur festgestellt werden, daß der Gesetzgeber keine ausdrückliche Regelung zu den besonderen Verfügungsbeschränkungen getroffen hat.

Das besondere Verfügungsverbot mit gleichzeitiger Einsetzung eines vorläufigen Insolvenzverwalters (kombiniertes besonderes Verfügungsverbot) und der besondere Zustimmungsvorbehalt sind nach ihrer Konstruktion ebenfalls Verfügungsbeschränkungen, da die Entscheidungsmacht über die Wirksamkeit einer Verfügung auf einen Dritten, sprich den vorläufigen Verwalter, übertragen wird. Das kombinierte besondere Verfügungsverbot und der besondere Zustimmungsvorbehalt stellen nur einen Ausschnitt der allgemeinen Verfügungsbeschränkungen dar. Sie sind sozusagen ein Minus zu den allgemeinen Beschränkungen.[43] Würde man den besonderen Verfügungsbeschränkungen nur eine relative Unwirksamkeit zusprechen, würde dies einen Charakterwechsel und eine geringere Wirksamkeit bedeuten. Dafür gibt es keine Argumente. Bei dem isolierten besonderen Verfügungsverbot bleibt es – ebenfalls als Minus zu dem isolierten allgemeinen Verfügungsverbot – bei der relativen Wirkung.

d) Ergebnis

Die Anordnung relativ wirkender Verfügungsverbote ohne gleichzeitige Einsetzung eines vorläufigen Insolvenzverwalters ist zulässig. Alle Verfügungsbeschränkungen – auch das kombinierte besondere Verfügungsverbot sowie der besondere Zustimmungsvorbehalt – wirken absolut.

---

41 So aber *Kießling/Singhoff* DZWIR 2000, 353, 359.
42 Teil 2 A. I. 2. b).
43 So auch *Pohlmann* Rdnr. 259.

II. Wirkungsumfang der Verfügungsbeschränkungen, §§ 24 Abs. 1, 81, 82 InsO

Gemäß § 24 Abs. 1 InsO gelten bei einem Verstoß gegen eine der Verfügungsbeschränkungen des § 21 Abs. 2 Nr. 2 InsO die §§ 81, 82 InsO entsprechend. Aus den §§ 81, 82 InsO ergeben sich damit die Folgen einer verfügungsbeschränkungswidrigen Verfügung. § 21 Abs. 2 Nr. 2 InsO beinhalten – wie oben dargelegt[44] – als Verfügungsbeschränkungen das kombinierte allgemeine Verfügungsverbot und den allgemeinen Zustimmungsvorbehalt. Das kombinierte besondere Verfügungsverbot und der besondere Zustimmungsvorbehalt folgen als Minus zu den allgemeinen Verfügungsbeschränkungen denselben Regeln.[45] Auf das isolierte Verfügungsverbot ist § 24 InsO nicht anwendbar.

1. Verfügungen im Sinne der §§ 81, 82 InsO

a) Der Begriff der Verfügung

Der Begriff der Verfügung bestimmt sich nach dem materiellen Recht.[46] Demnach sind Verfügungen rechtsgeschäftliche, unmittelbare Einwirkungen auf ein bestehendes Recht durch Übertragung, Belastung, Inhaltsänderung oder Aufhebung.[47]

Rechtsgeschäftsähnliche Handlungen, wie etwa die Mahnung oder Prozeßhandlungen fallen grundsätzlich nicht unter den Begriff der Verfügung. Nach der Vorgängervorschrift des § 81 InsO, dem § 7 KO, in dem statt von „*Verfügungen*" von „*Rechtshandlungen*" gesprochen wurde, waren dagegen auch rechtsgeschäftsähnliche Handlungen[48] sowie Prozeßhandlungen[49] erfaßt. Durch die Änderung des Wortlauts wollte der Gesetzgeber der Insolvenzordnung die mißverständliche Formulierung des § 7 KO beseitigen, die zu dem Streit geführt hatte, ob es sich bei § 7 KO um ein absolutes oder relatives Verbot handelt.[50] Durch die Umformulierung sollte ansonsten keine Rechtsänderung hervorgerufen wer-

---

44 Teil 2 A. 3.

45 Siehe vorheriger Absatz.

46 *Kübler/Prütting-Lüke* § 81 InsO Rdnr. 4.

47 *BGH*, Urt. v. 4. 5. 1987 – II ZR 211/86, BGHZ 101, 24, 26; *Jauernig* § 69 IV 2; *Palandt-Heinrichs* § 185 BGB Rdnr. 2.

48 Zu diesem Problem, *Kübler/Prütting-Lüke* § 81 InsO Rdnr. 5 ff.

49 *Kilger/K. Schmidt* § 7 KO Rdnr. 1

50 *Kübler/Prütting-Lüke* § 81 InsO Rdnr. 2; *v. Olshausen* ZIP 1998, 1094; *Landfermann*, Kölner Schrift, S. 159 ff., Rdnr. 13. Ausführlich *Eickmann*, FS Uhlenbruck, S. 149 f.

den.[51] Daher werden alle Fälle, die unter den Begriff der Rechtshandlungen des § 7 KO fielen, in entsprechender Anwendung von § 81 InsO erfaßt. Somit fallen auch rechtsgeschäftsähnliche Handlungen und Prozeßhandlungen, soweit sie einen im weitesten Sinne verfügenden Charakter haben,[52] unter § 81 InsO analog.[53] Ob hierzu auch die Kündigungsbefugnis gehört, ist umstritten.[54] Reine Verpflichtungsgeschäfte, die als *„Rechtshandlungen“* von § 7 KO erfaßt waren, lassen sich jedoch selbst unter einen weiten insolvenzrechtlichen Verfügungsbegriff nicht fassen.

b) Zeitlicher Geltungsbereich

Zeitlich sind nur Verfügungen betroffen, die der Schuldner nach Wirksamkeit der Verfügungsbeschränkung vornimmt. Fälle, in denen der Erwerbsvorgang vor Anordnung einer Verfügungsbeschränkung eingeleitet wurde, der rechtliche Erfolg aber erst nach Anordnung eintritt, sind nicht von § 81 InsO erfaßt. Eine Verweisung auf den § 91 InsO fehlt in § 24 Abs. 1 InsO. § 91 InsO erfaßt neben dem gestreckten Erwerb, die Zwangsvollstreckung durch Neugläubiger und den Rechtserwerb kraft Gesetzes (§§ 955 f. BGB).[55] Mangels Verweisung auf § 91 InsO werden auch die praktisch relevanten Vorausverfügungen nicht vom allgemeinen Verfügungsverbot erfaßt.[56]

Dieses Ergebnis entspricht auch der besonderen Situation des Eröffnungsverfahrens. Denn bei Anordnung der Sicherungsmaßnahmen ist der Eröffnungsgrund (noch) nicht positiv festgestellt worden. Durch eine Verweisung auf § 91 InsO wären die Wirkungen, die grundsätzlich erst mit Eröffnung eintreten, noch weiter vorgezogen worden. Dies hätte zur Folge gehabt, daß sogar vor Antragstel-

---

51 Begr. zu § 92 RegE [§ 81 InsO], in: *Balz/Landfermann* S. 298. Auf die Tatsache, daß er sich hierdurch neue Probleme geschaffen hat, verweisen *Kübler/Prütting-Lüke* § 81 InsO Rdnr. 2 sowie ausführlich *v. Olshausen* ZIP 1998, 1094; *Eickmann*, FS Uhlenbruck, S. 149 f.

52 *Jauernig* § 69 IV 2.

53 *Kübler/Prütting-Lüke* § 81 InsO Rdnr. 5, 7; *Frankfurter Kommentar-App* § 81 InsO Rdnr. 5; **a. A.** *Hess/Weis/Wienberg-Hess* § 81 InsO Rdnr. 15.

54 Das *LAG Düsseldorf*, Urt. v. 24. 8. 2001 – 18 Sa 671/01, ZInsO 2001, 1022, 1023, faßt eine Kündigung unter den weiten insolvenzrechtlichen Begriff der Verfügungen, weil die Arbeitgeberstellung und damit die Kündigungsbefugnis unstreitig bei dem kombinierten allgemeinen Verfügungsverbot auf den vorläufigen Insolvenzverwalter übergeht. Gegen die Annahme, daß eine Kündigung unter den Verfügungsbegriff fällt, *Berscheid* ZInsO 2001, 989, 990 f., der eine ausdrückliche Anordnung beim Zustimmungsvorbehalt für erforderlich hält, um Auslegungsprobleme zu verhindern.

55 *Bork* Rdnr. 147.

56 *BGH*, Urt. v. 20. 3. 1997 – IX ZR 71/96, ZIP 1997, 737, 739; *Frankfurter Kommentar-Schmerbach* § 24 InsO Rdnr. 10; **a. A.** *Gerhardt*, Kölner Schrift, S. 193 ff., Rdnr. 9; *ders.*, ZZP 109 (1996), 415, 419; *Smid-Smid/Thiemann* § 21 InsO Rdnr. 35.

lung begonnene Rechtsakte mit Anordnung einer Verfügungsbeschränkung unwirksam geworden wären. Für eine dermaßen weite Wirkung fehlt die Rechtfertigung. Kommt es zur Eröffnung des Insolvenzverfahrens, sind diese Rechtserwerbe jedoch gegebenenfalls anfechtbar (§§ 129 ff. InsO) oder auf Grund der Rückschlagsperre (§ 88 InsO) unwirksam, so daß zumindest ein rückwirkender Schutz besteht.

Gemäß §§ 24 Abs. 1, 81 Abs. 1 InsO sind damit nur die Verfügungen des Schuldners unwirksam, bei denen alle Akte der Verfügungen nach Wirksamkeit des Verbotes liegen.

c) Die von der Verfügungsbeschränkung betroffenen Vermögensgegenstände

Nach § 81 Abs. 1 InsO müssen die Verfügungen die Insolvenzmasse betreffen. Dies ist sinngemäß auf die Verfügungsbeschränkungen zu übertragen. Als Zeitpunkt, ab dem die Beschränkung eingreift, ist nicht die Verfahrenseröffnung, sondern der Wirksamkeitszeitpunkt der Verfügungsbeschränkungen entscheidend. Daher fallen – den §§ 35, 36 InsO entsprechend – unter das Verbot nicht Verfügungen, die das insolvenzfreie Vermögen betreffen[57] oder sich auf die Zeit nach Wiedererlangung der Verwaltungs- und Verfügungsbefugnis beziehungsweise nach Freiwerden von einem Zustimmungsvorbehalt beziehen.[58] Auch Verfügungen über fremde Rechte sind nicht erfaßt.[59] Im Vergleich zur Konkursordnung ist neu, daß die Verfügungen über Gegenstände, die während der Geltung der Verfügungsbeschränkungen erlangt werden, nun ebenfalls erfaßt sind. § 35 InsO zählt – abweichend von § 1 KO – nicht nur die Gegenstände, die dem Schuldner bei Eröffnung gehören, sondern auch die, die der Schuldner danach – „*während des Verfahrens*“ – erwirbt, zur Masse.[60]

Nur Gegenstände, die der Schuldner nach Ende des Verfahrens erwirbt, sind nicht von § 81 InsO erfaßt. § 81 Abs. 2 InsO macht hinsichtlich dieser nach Ende des Verfahrens erlangten Gegenstände eine Ausnahme, soweit es um zukünftige Bezüge des Schuldners geht. Diese Ausweitung ist damit gerechtfertigt, daß eine mögliche Sanierung oder Restschuldbefreiung nicht gefährdet werden soll. Die Bezüge des Schuldners machen für eine Sanierung oder Restschuldbe-

---

57 *Hess/Weis/Wienberg-Hess* § 81 InsO Rdnr. 6, 17. Hierbei kann es sich um nicht pfändbare Gegenstände oder um Gegenstände, die gegebenenfalls vom vorläufigen Insolvenzverwalter freigegeben wurden, handeln.

58 *Gerhardt*, Kölner Schrift, S. 193 ff., Rdnr. 38; *Kübler/Prütting-Lüke* § 81 InsO Rdnr. 15.

59 *Heidelberger Kommentar-Eickmann* § 91 InsO Rdnr. 17.

60 *Heidelberger Kommentar-Eickmann* § 35 InsO Rdnr. 25.

freiung in der Regel den wichtigsten Bestandteil der zur Verfügung stehenden Masse aus.

Ist dem Schuldner vor Eröffnung des Insolvenzverfahrens oder während des Verfahrens eine Erbschaft oder ein Vermächtnis angefallen, liegt das Recht, diese auszuschlagen oder anzunehmen gemäß § 83 Abs. 1 InsO beim Schuldner. Diese Entscheidung ist dem Schuldner auf Grund der höchstpersönlichen Erwägungen, die bei der Annahme oder Ausschlagung einer Erbschaft für den Entschluß des Schuldners ausschlaggebend sein können, überlassen worden.[61] Erst recht kann nichts anderes im Eröffnungsverfahren gelten. Eine Erbschaft gehört damit nie zu den von der Verfügungsbeschränkung betroffenen Vermögensgegenständen.

d) Den zukünftigen Insolvenzgläubigern auf Grund wirtschaftlicher Gesamtbetrachtung günstige Verfügungen

Wie bei allen Sicherungsmaßnahmen soll auch durch die Verfügungsbeschränkungen eine den Gläubigern *„nachteilige“* Veränderung der Vermögenslage verhindert werden. Die Wirkungen der Verfügungsbeschränkungen dürfen über diesen Sicherungszweck nicht hinaus gehen.[62] Deshalb stellt sich die Frage, ob Verfügungen, die für das Vermögen des Schuldners auf Grund wirtschaftlicher Gesamtbetrachtung vorteilhaft sind, nicht von den Wirkungen der Verfügungsbeschränkungen erfaßt werden und daher wirksam sind. Eine Verfügung ist zum Beispiel „vorteilhaft“, wenn der Schuldner entgegen der Beschränkung noch Waren zum Ladenpreis verkauft, den Kaufpreis an den Verwalter auszahlt und auch kein höherer Preis hätte erzielt werden können.[63]

Unter die Veränderung der Vermögenslage fallen alle unmittelbaren und mittelbaren Beeinträchtigungen rechtlicher als auch – und vor allem – wirtschaftlicher Art. Dies hat zur Folge, daß immer eine wertende Entscheidung notwendig ist, um festzustellen, ob es sich um eine der zukünftigen Masse vorteilhafte Verfügung handelt. Dies wird sich in den meisten Fällen nicht *„von vornherein übersehen“* lassen.[64] Die Entscheidung, ob eine Verfügung vorteilhaft ist, ist eine

---

61 Vgl. entsprechend zu § 9 KO, der Vorgängervorschrift des § 83 InsO: *RG*, Urt. v. 27. 3. 1914 – Rep. VII. 412/13, RGZ 14, 342, 368.

62 *Kübler/Prütting-Lüke* § 81 InsO Rdnr. 15; *Gerhardt*, Kölner Schrift, S. 193 ff., Rdnr. 38. So bereits zum allgemeinen Veräußerungsverbot im Rahmen des § 106 KO, *Kuhn/Uhlenbruck* § 7 KO Rdnr. 6; *Kilger/ K. Schmidt* § 7 KO, Rdnr. 3; *Zunft* NJW 1956, 735.

63 Beispiel für eine *„vorteilhafte Verfügung“* nach *Jaeger/Henckel* § 7 KO Rdnr. 26, 9.

64 Auf diese Unzweckmäßigkeit, vorteilhafte Verfügungen nicht von den Unwirksamkeitsfolgen des § 7 KO erfassen zu lassen, weisen bereits die Motive zur Konkursordnung hin, *Hahn* S. 62.

Ermessensentscheidung, die, ist eine Verfügungsbeschränkungen angeordnet, dem vorläufigen Insolvenzverwalter obliegt.[65] Die Entscheidung ist insgesamt schwierig und kann meist nur erfolgen, wenn der vorläufige Insolvenzverwalter sich einen Eindruck von den Vermögensverhältnissen des Schuldners verschafft hat.[66]

Fielen nicht alle – auch die günstigen – Verfügungen unter die Verfügungsbeschränkungen, würde man sich in unübersehbare Abgrenzungsschwierigkeiten begeben. Denn es müßten bereits im voraus Kriterien gefunden werden, nach denen die Vorteilhaftigkeit einer Verfügung zweifelsfrei bestimmt werden könnte. Es wäre für die Rechtssicherheit unerträglich, in der unübersichtlichen Situation, die gerade für eine Insolvenz typisch ist, nicht alle Verfügungen über zukünftige Massegegenstände auszuschließen. Aus diesen Gründen sind auch Verfügungen des Schuldners, die günstig für die Vermögenslage sind, gemäß §§ 24 Abs. 1, 81 Abs. 1 InsO unwirksam.

Auf Grund der in vielen Fällen erforderlichen Ermessensentscheidung und den Abgrenzungsschwierigkeiten ist es gerechtfertigt, auch der Masse günstige Verfügungen unter die Verfügungsbeschränkung fallen zu lassen.[67] Nur durch eine umfassende Verfügungsbeschränkung können die Möglichkeiten masseschädigender Verfügungen auf ein Minimum reduziert werden. Daher wird der Sicherungszweck nicht überschritten, selbst wenn auch für die Masse günstige Verfügungen des Schuldners von einer Anordnung gemäß § 21 Abs. 2 Nr. 2 InsO erfaßt werden und ebenfalls unwirksam sind. Es kommt weiter hinzu, daß die Entscheidung, ob eine Verfügung gegen den Sicherungszweck verstößt, sozusagen nur verschoben wird. Denn auch der vorläufige Insolvenzverwalter ist bei seinen Entscheidungen an den Sicherungszweck gebunden. Somit muß er wirtschaftlich sinnvolle Verfügungen des Schuldners, die dem Insolvenzgläubiger zugute kommen und die beim kombinierten allgemeinen Verfügungsverbot nicht die Ziele seiner Geschäftsführung gefährden, genehmigen.

Somit werden alle – auch für das Vermögen auf Grund wirtschaftlicher Gesamtbetrachtung vorteilhafte Verfügungen – von den Verfügungsbeschränkungen er-

---

65 Entsprechend für den endgültigen Verwalter, *Frankfurter Kommentar-App* § 81 InsO Rdnr. 4.

66 Die Frage, ob ein Gegenstand überhaupt zur Masse gehört oder nicht, kann zwar auch in ihrer tatsächlichen Feststellung schwierig sein, hierbei handelt es sich jedoch um keine Ermessensentscheidung.

67 So bereits zur Reichweite des § 7 KO, *Kilger/K. Schmidt* § 7 KO Rdnr. 1 b; *Jaeger/Henckel* § 7 KO Rdnr. 9.

faßt.[68] Dies widerspricht nicht dem Sicherungszweck, nachteilige Veränderungen der Vermögenslage zu verhindern. Denn eine Trennung nach günstigen und nachteiligen Verfügungen ist nicht möglich.

e) Leistungen an den Schuldner

Nimmt der Schuldner eine Leistung an, so erlischt sein Anspruch auf die Leistung, § 362 Abs. 1 BGB.[69] Hiervor muß die Masse für den Fall, daß diese Leistung nicht in die Masse gelangt, geschützt werden.[70] Deswegen bestimmt § 82 S. 1 InsO, daß der Leistende vor der öffentlichen Bekanntmachung der Eröffnung grundsätzlich frei wird, es sei denn, ihm kann bewiesen werden, daß er auch ohne die Bekanntmachung von dem Verbot wußte. § 82 bildet somit das Gegenstück zu § 81 InsO, macht aber aus Gründen des Vertrauensschutzes des Leistenden eine Ausnahme, indem die Annahme der Leistung durch den Schuldner grundsätzlich vor der öffentlichen Bekanntgabe wirksam ist.[71] Für das Eröffnungsverfahren kommt es auf die öffentliche Bekanntmachung des kombinierten allgemeinen Verfügungsverbotes, die in § 23 Abs. 1 S. 1 InsO geregelt ist, an.[72]

Die Wirkung des § 81 InsO wird dadurch unterstützt, daß den Schuldnern des Insolvenzschuldners der Anordnungsbeschluß gesondert zugestellt wird und sie aufgefordert werden, nur unter Beachtung dieses Beschlusses zu leisten, § 23 Abs. 1 S. 2 und 3 InsO.[73] Es ist jedoch zu bedenken, daß – insbesondere kurz nach Antragstellung – viele Schuldner des Insolvenzschuldners noch nicht bekannt sind und eine Zustellung des Beschlusses daher nicht oder erst zu einem späteren Zeitpunkt möglich ist. Daher wird die Kenntnis der Anordnung dem Leistenden kaum nachzuweisen sein.[74] Diesem Problem begegnet die öffentliche Bekanntmachung nach § 23 Abs. 1 S. 1 InsO. Denn § 82 S. 2 InsO enthält die Vermutung, daß der Schuldner des Insolvenzschuldners nach der öffentlichen

---

68 Vgl. *Frankfurter Kommentar-App* § 81 InsO Rdnr. 4. So bereits zur Reichweite des § 7 KO, *Kilger/K. Schmidt* § 7 KO Rdnr. 1 b; *Jaeger/Henckel* § 7 KO Rdnr. 9.

69 Ob es sich bei der Annahme um eine Verfügung handelt, ist sehr umstritten. Vgl. *Münchener Kommentar-Wenzel* § 362 BGB Rdnr. 5 ff.

70 Gelangt die Leistung in die Masse, so tilgt der Schuldner entweder gemäß § 267 BGB als Dritter die Verbindlichkeit oder der Verwalter genehmigt die Leistung an den Schuldner nach § 362 Abs. 2 BGB, *Bork* Rdnr. 145; *Häsemeyer* Rdnr. 10.14.

71 Und wählt somit einem Mittelweg zwischen § 82 InsO und § 407 BGB.

72 Hierzu genauer unten Teil 2 A. VIII. 1.

73 Diese Regelung entspricht § 28 Abs. 3 InsO, der dies für den Eröffnungsbeschluß festlegt.

74 Siehe zu diesem Problem *BGH*, Urt. v. 15. 11. 1999 – II ZR 98/98, ZIP 2000, 146. Hier liegt zwischen Anordnung und Bekanntmachung an den Schuldner des Schuldners ein Monat.

Bekanntmachung Kenntnis von der Anordnung hatte. Somit liegt die Beweislast hinsichtlich seiner Unkenntnis nun beim Schuldner. Mit § 82 InsO ist die Regelung des § 8 KO inhaltlich unverändert übernommen worden.[75]

Neu ist, daß durch die Verweisung des § 24 Abs. 1 InsO auf § 82 InsO dessen Wirkungen bereits im Eröffnungsverfahren bei Anordnung einer Verfügungsbeschränkung zur Anwendung kommen. Unter der Konkursordnung wurde dies von der herrschenden Meinung abgelehnt.[76] Demnach wurde der Leistende gemäß § 407 Abs. 1 BGB grundsätzlich frei. Begründet wurde dies mit dem Charakter des relativen Verfügungsverbotes und der Tatsache, daß im Rahmen des § 106 KO keine Bekanntmachung erforderlich war. Weiter wurde befürchtet, daß ansonsten die Trennung zwischen *„Eröffnungsverfahren und Liquidation"* wegfallen würde.[77] Diese Bedenken sind mit der Entscheidung des Gesetzgebers für die absolute Unwirksamkeit und das Erfordernis der Bekanntmachung nach § 23 InsO weggefallen. Die Trennung zwischen *„Eröffnungsverfahren und Liquidation"* ist durch diese neue Konstruktion nicht aufgehoben worden. Denn diese Grenze verläuft nicht an den Regelungen zum Schutz der Gläubiger, sondern an der Trennung von Verwertung oder Nicht-Verwertung im Interesse des Schuldners.[78]

2. Folgen einer verfügungsbeschränkungswidrigen Verfügung

a) Absolute Unwirksamkeit

Gemäß § 81 Abs. 1 S. 1 InsO sind Verfügungen, die der Schuldner entgegen der Verfügungsbeschränkung vorgenommen hat, unwirksam. Hierbei handelt es sich – wie schon in dem § 81 InsO entsprechenden § 7 KO[79] – um eine absolute Unwirksamkeit.[80] Damit ist die Verfügung jedermann gegenüber unwirksam. Es wird eine Grundbuchsperre ausgelöst.[81] Daß es sich um eine absolute Unwirk-

---

75 Begr. zu § 93 RegE [§ 82 InsO], in: *Balz/Landfermann* S. 299.

76 *Kleiner* S. 19 f.; **a. A.** *Gerhardt* ZIP 1982, 1, 5.

77 So *Kleiner* S. 20, als Argument gegen die Deutung des allgemeinen Veräußerungsverbotes als absolutes Verbot unter der Konkursordnung.

78 Vgl. oben Teil 1 B. II. 2. c).

79 Der Streit, ob es sich bei § 7 KO wegen der Formulierung *„den Konkursgläubigern gegenüber"* um ein relativen Verbot handelt, ist als ein historischer zu betrachten.

80 *Frankfurter Kommentar-Schmerbach* § 24 InsO Rdnr. 1, 4; *Hess/Weis/Wienberg-Hess* § 23 InsO Rdnr. 27; *Kübler/Prütting-Pape* § 24 InsO Rdnr. 1; *Heidelberger Kommentar-Kirchhof* § 24 InsO Rdnr. 3; *Bork* Rdnr. 106; so nun auch *Smid-Smid/Thiemann* § 24 InsO Rdnr. 2 abweichend von *Smid* WM 1995, 787.

81 *Hess/Weis/Wienberg-Hess* § 23 InsO Rdnr. 27; *Frankfurter Kommentar-App* § 81 InsO Rdnr. 15; *Smid-Smid/Thiemann* § 24 InsO Rdnr. 2.

samkeit handelt, ist durch die Formulierung des § 81 Abs. 1 S. 1 InsO, der abweichend von § 7 Abs. 1 KO die Unwirksamkeit nicht nur gegenüber den Insolvenzgläubigern festlegt, klargestellt worden.[82] Durch die Verweisung des § 24 Abs. 1 InsO gilt § 81 Abs. 1 InsO bei Anordnung einer Verfügungsbeschränkung auch im Eröffnungsverfahren. Damit führt ein Verstoß gegen eine Verfügungsbeschränkung ebenso zur absoluten Unwirksamkeit. Im Ersten Bericht der Insolvenzrechtskommission war dies noch ausdrücklich verneint worden. Alle Verfügungsbeschränkungen sollten nur relative Wirkung haben.[83]

Unter der Konkursordnung wurde vertreten, daß es sich bei dem allgemeinen Veräußerungsverbot nach § 106 KO um ein relatives Verbot handele, selbst wenn gleichzeitig die Sequestration angeordnet wurde. Nach Ansicht der herrschenden Meinung ging jedoch die Verwaltungs- und Verfügungsbefugnis auch nicht auf den Sequester über. Nur *Gerhardt*[84] vertrat eine gegenteilige Ansicht. Nach ihm ging die Verwaltungs- und Verfügungsbefugnis bei kombinierter Anordnung auf den Sequester über. Folgerichtig nahm er bei einem allgemeinen Veräußerungsverbot, das mit der Einsetzung eines Sequesters kombiniert wurde, ein absolutes Verbot an.

b) Schwebende Unwirksamkeit und Zustimmungsfähigkeit

Verfügungen, die gegen eine Verfügungsbeschränkung verstoßen sind unwirksam, nicht nichtig.[85] Der Schuldner verfügt in diesem Fall als Nicht-berechtigter im Sinne von § 185 BGB. Bei der Unwirksamkeit handelt es sich um eine schwebende Unwirksamkeit.[86] Diese Unwirksamkeit kann somit durch Genehmigung der Verfügung gemäß § 185 Abs. 2 S. 1 BGB,[87] durch Freigabe des von der Verfügung betroffenen Gegenstandes oder durch Verfahrensbeendigung geheilt werden.[88] Durch die Möglichkeit der Genehmigung können zum Beispiel vorteilhafte Geschäfte des Schuldners noch nachträglich Wirksamkeit erlan-

---

82 Begr. zu § 92 RegE [§ 81 InsO], in: *Balz/Landfermann* S. 298.

83 Begr. zu LS 1.2.3 des Ersten Berichts der Insolvenzrechtskommission, in: *BMJ EB*, S. 105.

84 ZIP 1982, 1, 5.

85 *Hess/Weis/Wienberg-Hess* § 81 InsO Rdnr. 22. Siehe hierzu auch die Ausführung zum Wesen der Verfügungsbeschränkung Teil 2 A. I. 1. b).

86 Dies ergibt sich aus der Tatsache, daß der Gesetzgeber in der Begr. zu § 92 RegE [§ 81 InsO], in: *Balz/Landfermann* S. 298, die Anwendbarkeit des § 185 BGB ausdrücklich vorsieht. Ebenso *Hess/Weis/Wienberg-Hess* § 81 InsO Rdnr. 22; *Kießling/Singhoff* DZWIR 2000, 353, 357.

87 *Kießling/Singhoff* DZWIR 2000, 353, 354; *Kübler/Prütting-Pape* § 24 InsO Rdnr. 1; *Jaffé/Heller* ZIP 1999, 1204, 1206.

88 *Kübler/Prütting-Lüke* § 81 InsO Rdnr. 17.

gen.[89] Die Verfügung wird ebenfalls gemäß § 185 Abs. 2 InsO analog wirksam, wenn der Schuldner nach Aufhebung des Insolvenzverfahrens seine Verwaltungs- und Verfügungsbefugnis zurückerhält.[90] Dasselbe gilt, wenn die Verfügungsbeschränkungen aufgehoben werden.

Wären die verfügungsbeschränkungswidrigen Verfügungen nichtig, bestände die Möglichkeit der Heilung nicht. Dies verdeutlicht die Abstufung der Wirkungen bei einem Verstoß gegen ein Verbotsgesetz im Sinne von § 134 BGB im Gegensatz zu einem Verstoß gegen eine Verfügungsbeschränkung wie dem kombinierten allgemeinen Verfügungsverbot oder einer der übrigen Verfügungsbeschränkungen des § 21 Abs. 2 Nr. 2 InsO.

Die Genehmigung (und die Einwilligung) steht dem Verwalter im Rahmen seiner Machtbefugnisse zu.[91] Es erscheint sinnvoll, während der schwebenden Unwirksamkeit § 108 Abs. 2 BGB analog anzuwenden, um dem Gläubiger eine Möglichkeit an die Hand zu geben, die Unsicherheit über den Bestand des Rechtsgeschäfts zu beseitigen.[92] Hatte der vorläufige Verwalter bereits die Einwilligung zu einer bestimmten Verfügung versagt, besteht keine Heilungsmöglichkeit. Eine schwebende Unwirksamkeit tritt bei dieser verfügungsbeschränkungswidrigen Verfügung nicht ein. Die Verfügung ist sofort endgültig unwirksam.

Der vorläufige Insolvenzverwalter kann grundsätzlich auch bei einem kombinierten Verfügungsverbot zu einer Verfügung des Schuldners seine Einwilligung geben.[93] Von dieser Möglichkeit wird der vorläufige Insolvenzverwalter nur in Ausnahmefällen Gebrauch machen. Denn durch die Verhängung eines kombi-

---

89 Begr. zu § 92 RegE [§ 81 InsO], in: *Balz/Landfermann* S. 298.

90 *Bork* Rdnr. 136 Fn. 1 mwN.; *Kübler/Prütting-Lüke* § 81 InsO Rdnr. 18; *Kübler/Prütting-Pape* § 24 InsO Rdnr. 1.

91 So zur Konkursordnung und dem Verwalter des eröffneten Verfahrens, *Kilger/K. Schmidt* § 7 KO Rdnr. 4.

92 *Pohlmann* Rdnr. 217 Fn. 194; *Kießling/Singhoff* DZWIR 2000, 353, 357. Vgl. zur schwebenden Unwirksamkeit, *Palandt-Heinrichs* § 184 Rdnr. 1.

93 So zur Konkursordnung, *Kilger/K. Schmidt* § 6 KO Rdnr. 3 a. Dies für die Ermächtigung des Schuldners ein Masserecht im eigenen Namen geltend zu machen, ebenfalls bejahend, *BGH*, Urt. v. 29. 5. 1961 – VII ZR 46/60, BGHZ 35, 180; *BGH*, Urt. v. 19. 3. 1987 – III ZR 2/86, NJW 1987, 2018; **a. A.** *Weber* JZ 1963, 223, 225. Es wird in diesem Zusammenhang von einer sogenannten „*modifizierten Freigabe*" gesprochen, *Kilger/K. Schmidt* § 6 KO Rdnr. 7 a. Diese Bezeichnung ist mißlich, da es sich hierbei nicht um eine Freigabe im eigentlichen Sinne, sondern um eine Einwilligung im Sinne von § 183 S. 1 BGB handelt. Vgl. zur Freigabe von Kreditsicherheiten, *Benckendorff*, Kölner Schrift, S. 1099 ff.

nierten Verfügungsverbots soll die Entscheidungsmacht im Verhältnis Schuldner vorläufiger Verwalter beim vorläufigen Verwalter liegen.

c) Gutgläubiger Erwerb und die Auswirkung auf Zwangsvollstrekkungsmaßnahmen

Der gutgläubige Erwerb an Gegenständen, die der Schuldner entgegen einer Verfügungsbeschränkung veräußert, ist bei Grundstücken und den anderen in § 81 Abs. 1 S. 2 InsO genannten Fällen, nicht aber bei beweglichen Sachen möglich.[94] Die Anfechtung dieses Erwerbs ist jedoch möglich, wie sich aus § 147 InsO ergibt. § 147 InsO sieht die Anfechtung in diesen Fällen sogar noch für Rechtshandlungen vor, die nach Eröffnung des Verfahrens vorgenommen wurden.

Im Gegensatz zum relativen allgemeinen Veräußerungsverbots nach § 106 KO, das die Verwertungsmaßnahmen ausschloß, haben die Verfügungsbeschränkungen nach § 21 Abs. 2 Nr. 2 InsO keine Auswirkungen auf die Zwangsvollstrekkung.[95] Ohne einen entsprechenden Beschluß sind Zwangsvollstreckungsmaßnahmen im Eröffnungsverfahren daher wirksam.[96]

III. Das kombinierte allgemeine Verfügungsverbot, § 21 Abs. 2 Nr. 2 Alt. 1 iVm. § 21 Abs. 2 Nr. 1 InsO, § 22 Abs. 1 S. 1 InsO

Nachdem im vorherigen Abschnitt die allgemeinen Wirkungen von Verfügungsbeschränkungen behandelt wurden, werden im diesem Abschnitt die besonderen Wirkungen der weitreichendsten Verfügungsbeschränkung, dem sogenannten kombinierten Verfügungsverbot behandelt. Beim kombinierten Verfügungsverbot wird die Anordnung eines allgemeinen Verfügungsverbots, das sich im Gegensatz zum besonderen Verfügungsverbot auf sämtliche Verfügungen des Schuldners bezieht, mit der Einsetzung eines vorläufigen Insolvenzverwalters kombiniert. Eine Folge dieser Anordnung ist, daß gemäß § 22 Abs. 1 S. 1 InsO die Verwaltungs- und Verfügungsbefugnis auf den vorläufigen Insolvenzverwalter übergeht. Daher ist es in Literatur und Rechtsprechung inzwischen

---

94 Wegen der Eintragung in die Register ist diese Vorschrift hinsichtlich der Grundstücke und der übrigen Fälle jedoch von geringer praktischer Bedeutung, *Kübler/Prütting-Lüke* § 81 InsO Rdnr. 22.

95 *Hintzen*, Kölner Schrift, S. 1107 ff., Rdnr. 13; *ders.*, ZInsO 1998, 174, 176; **a. A.** *Helwich* MDR 1998, 516, 520.

96 *Smid-Smid/Thiemann* § 21 InsO Rdnr. 52 ff.; *Kübler/Prütting-Pape* § 21 InsO Rdnr. 26; **a. A.** *LG Magdeburg*, Beschl. v. 30. 1. 1996 – 3 T 70/96, RPfleger 1996, 210.

üblich geworden, beim vorläufigen Insolvenzverwalter mit Verwaltungs- und Verfügungsbefugnis vom „starken" vorläufigen Insolvenzverwalter zu sprechen – beim vorläufigen Insolvenzverwalter ohne Verwaltungs- und Verfügungsbefugnis vom „schwachen".

1. Wirkungen des allgemeinen kombinierten Verfügungsverbots

Die Wirkungen des kombinierten allgemeinen Verfügungsverbots bestimmen sich gemäß § 24 Abs. 1 InsO nach den §§ 81, 82 InsO. Neben dem bereits erwähnten Übergang der Verwaltungs- und Verfügungsbefugnis kann der vorläufige Insolvenzverwalter gemäß §§ 24 Abs. 2, 85 Abs. 1 S. 1, 86 InsO Rechtsstreitigkeiten aufnehmen, die Gegenstände betreffen, die unter das allgemeine Verfügungsverbot fallen. Tut der Verwalter dies nicht, bleibt der betreffende Prozeß gemäß § 240 S. 2 ZPO unterbrochen. Nach § 55 Abs. 2 InsO sind die vom vorläufigen Insolvenzverwalter begründeten Verbindlichkeiten im eröffneten Insolvenzverfahren Masseverbindlichkeiten.

Beim kombinierten allgemeinen Verfügungsverbot soll die Einmischung des Schuldners in die Amtsführung des Verwalters verhindert[97] und der Schuldner komplett von der Geschäftsführung ausgeschlossen werden. Durch den Übergang der Verwaltungs- und Verfügungsbefugnis steht dem vorläufigen Insolvenzverwalter nicht nur die Entscheidung im Innenverhältnis zwischen ihm und dem Schuldner zu, Verfügungen abzulehnen oder zu genehmigen. Sondern er hat – im Gegensatz zum Zustimmungsvorbehalt – das Initiativrecht zu entscheiden, welche Verfügungen vorgenommen werden sollen. In erster Linie beinhaltet die Verwaltungsbefugnis die Abwicklung bestehender Verträge und Rechtsverhältnisse.[98] Die Verpflichtungsbefugnis des vorläufigen Verwalters, die auch in § 55 Abs. 2 InsO vorausgesetzt wird, ist Annex der Verwaltungs- und Verfügungsbefugnis.[99] Der vorläufige Insolvenzverwalter tritt mit der Anordnung eines kombinierten allgemeinen Verfügungsverbots damit komplett in die Rechtsstellung des Schuldners ein, er hat gegebenenfalls die Aufgaben eines Geschäftsführers wahrzunehmen und übernimmt die Arbeitgeberstellung des Schuldners.[100] Ob dem Schuldner trotzdem die Verpflichtungsbefugnis neben dem starken vorläufigen Verwalter zusteht, wird im nächsten Abschnitt erläutert.

---

97 So zu den §§ 80, 81 InsO, *Häsemeyer* Rdnr. 10.11. Entsprechend zu § 7 KO, der Vorgängervorschrift des § 81 InsO, die Motive zur Konkursordnung, *Hahn* S. 62.

98 *Baur/Stürner*, Bd. II, Rdnr. 10.27.

99 *Pohlmann* Rdnr. 321.

100 *Pohlmann* Rdnr. 173 mwN.

Damit werden mit dem kombinierten allgemeinen Verfügungsverbot wichtige Wirkungen der Eröffnung des Insolvenzverfahrens in das Eröffnungsverfahren vorgezogen. Dem vorläufigen Insolvenzverwalter steht im Gegensatz zum endgültigen allerdings kein Anfechtungs- oder Wahlrecht nach den §§ 129 ff., 103 InsO zu, und Verwertungshandlungen sind grundsätzlich ausgeschlossen.

2. Die Verpflichtungsbefugnis des Schuldners

Es stellt sich die Frage, ob vom kombinierten Verfügungsverbot auch die sogenannte Verpflichtungsbefugnis des Schuldners betroffen ist. Gemeint ist damit die Befugnis des Schuldners, Verpflichtungen einzugehen, für die die spätere Insolvenzmasse haften muß. Schon auf Grund der Bezeichnung als allgemeines **Verfügungs**verbot ist es unklar, ob der Schuldner während der Anordnung eines kombinierten Verfügungsverbotes durch Verpflichtungsgeschäfte noch Insolvenzforderungen begründen kann und dem Schuldner damit die Verpflichtungsbefugnis weiterhin neben dem vorläufigen Verwalter zusteht.

In der Literatur wird dieses Problem mit Ausnahme von *Pohlmann*, der eine Einschränkung der Verpflichtungsbefugnis des Schuldners ablehnt,[101] kaum behandelt. Andere nehmen – jedoch ohne Begründung – an, daß Verpflichtungen durch den Schuldner zu Lasten der Masse nicht möglich sind, wenn ein allgemeines Verfügungsverbot erlassen worden ist.[102] Die gesamte Kommentarliteratur geht auf dieses Problem überhaupt nicht ein, sondern behandelt allenfalls die Verpflichtungsbefugnis des Schuldners im Rahmen des § 81 InsO und somit nur für das eröffnete Verfahren.

Wie sich aus der weiteren Darstellung ergibt, stehen sich für die Frage nach der Verpflichtungsbefugnis des Schuldners zwei Argumentationen gegenüber. Auf der einen Seite sprechen gegen die Verpflichtungsbefugnis des Schuldners die Formulierung des § 22 Abs. 1 S. 1 InsO, der Zweck des kombinierten Verfügungsverbots und die entsprechende Situation im eröffneten Verfahren. Auf der anderen Seite sprechen für die Verpflichtungsbefugnis des Schuldners der klare Wortlaut des § 81 InsO sowie die Kollision mit § 38 InsO. Diese widersprüchliche Situation resultiert, wie zu zeigen ist, aus einer Formulierungsänderung von der Vorgängervorschrift des § 81 InsO, dem § 7 KO, hin zu § 81 InsO.

---

101 *Pohlmann* Rdnr. 272.

102 *Braun/Uhlenbruck* S. 264.

a) Problemverdeutlichung anhand des eröffneten Verfahrens der Insolvenz- und Konkursordnung

Im eröffneten Verfahren regelt § 80 Abs. 1 InsO den Übergang der Verwaltungs- und Verfügungsbefugnis vom Schuldner auf den Insolvenzverwalter; das Vermögen ist mit dem sogenannten Insolvenzbeschlag belegt.[103] Dies hat unter anderem zur Folge, daß der Schuldner nicht mehr über Gegenstände der Insolvenzmasse verfügen kann, §§ 81, 82 InsO. Nach dem Wortlaut des § 81 sind nur „*Verfügungen*" des Schuldners von dem Verbot betroffen.

Im Gegensatz dazu erfaßte der dem § 81 InsO entsprechende § 7 KO alle „*Rechtshandlungen*" des Schuldners. Nach der Konkursordnung war es einhellige Meinung, daß der Begriff der „*Rechtshandlung*" weit auszulegen ist und somit auch obligatorische Rechtsgeschäfte von dem Anwendungsbereich des § 7 KO erfaßt wurden.[104] Diese Verpflichtungsgeschäfte des Schuldners waren zwar wirksam, für sie haftete allerdings nur das konkursfreie Vermögen, nicht aber die Konkursmasse.[105] Die Beschränkung auf die Konkursmasse wurde mit der Formulierung, Rechtshandlungen sind nur „*den Konkursgläubigern gegenüber*" unwirksam, begründet. Diese Formulierung erzeugte jedoch den Streit, ob es sich bei § 7 KO um ein relatives oder um ein absolutes Verbot handelte.[106]

Um klarzustellen, daß die Verfügungsbeschränkung absolute Wirkung hat, entschied sich der Gesetzgeber daher in § 81 Abs. 1 InsO für die Formulierung der „*Verfügung*".[107] Hierdurch wollte er jedoch ausdrücklich keine Änderung der Rechtslage zu § 7 KO herbeiführen.[108] Der Gesetzgeber ging davon aus, daß diese Begriffsänderung hinsichtlich der Behandlung von Verpflichtungsgeschäften des Schuldners während des Insolvenzbeschlags keine Änderung ergeben würde. Denn die Haftung der Masse für neue Verbindlichkeiten des Schuldners ist durch den Wortlaut des § 38 InsO ausgeschlossen. Nach § 38 InsO kann Insolvenzgläubiger nur werden, wer bereits zum Zeitpunkt der Eröffnung des Insolvenzverfahrens eine begründete Forderung gegen den Schuldner hat.

---

103 *Münchener Kommentar-Lwowski* § 35 InsO Rdnr. 22.

104 *Kilger/K. Schmidt* § 7 KO Rdnr. 1.

105 Statt aller: *Baur/Stürner*, Bd. II, Rdnr. 8.8.

106 Ein absolutes Verfügungsverbot bejahend, *Baur/Stürner*, Bd. II, Rdnr. 8.6.; *Flume* S. 353; *Gerhardt*, FS Flume, S. 527, 528; **a. A.** *Enneccerus/Nipperdey* § 202 III.

107 Auf die Tatsache, daß er sich hierdurch neue Probleme geschaffen hat, verweisen *Kübler/Prütting-Lüke* § 81 InsO Rdnr. 2 sowie ausführlich *v. Olshausen* ZIP 1998, 1094; *Eickmann*, FS Uhlenbruck, S. 149 f.

108 Begr. zu § 92 RegE [§ 81 InsO], in: *Balz/Landfermann* S. 298.

Somit ist dem Schuldner im eröffneten Verfahren der Insolvenzordnung zwar seine Verpflichtungsbefugnis nicht genommen, der Neugläubiger kann aber nicht auf die Masse zugreifen. Verstärkt wird der Schutz der Masse vor neuen Verbindlichkeiten, die vom Schuldner begründet wurden, durch § 91 InsO. Dieser verhindert, daß die Neugläubiger in die Masse zwangsvollstrecken können. Damit ist im Ergebnis die Haftung der Masse für Neuverbindlichkeiten des Schuldners im eröffneten Verfahren ausgeschlossen.

Das Ziel, das mit der Formulierung *„Rechtshandlungen* [...] *sind den Konkursgläubigern gegenüber unwirksam"* in § 7 KO erreicht wurde, ist somit – zumindest im eröffneten Verfahren – ebenfalls erreicht. Es wäre jedoch sinnvoll gewesen, diesen Regelungsinhalt – keine Haftung der Masse für Neuverbindlichkeiten des Schuldners – bei den Wirkungen der Eröffnung des Insolvenzverfahrens, den §§ 80 ff. InsO, aufzunehmen und ihn nicht, wohl aus Gründen der *„redaktionellen Straffung"*, § 38 InsO zuzuweisen. Denn so ist der Zusammenhang zwischen dem Übergang der Verwaltungs- und Verfügungsbefugnis und dessen Wirkung, wie er bei den §§ 6 und 7 KO bestand, zerstört.

Im eröffneten Verfahren ergibt sich somit als Folge des Übergangs der Verwaltungs- und Verfügungsbefugnis, daß der Schuldner die Masse nicht mehr wirksam verpflichten kann. Diese Rechtsfolge wird abweichend von der Konkursordnung nicht durch einen weiten Begriff der von § 81 InsO erfaßten Handlungen, sondern durch § 38 InsO erreicht, der den Kreis der Insolvenzgläubiger auf die Gläubiger beschränkt, die ihre Ansprüche gegen den Schuldner vor Insolvenzeröffnung erlangt haben.

b) Die rechtliche Situation im Eröffnungsverfahren

Im Eröffnungsverfahren stellt sich für die Wirkungen des kombinierten Verfügungsverbots in Hinblick auf die Verpflichtungsbefugnis folgendes Problem. Auf der einen Seite *„geht"* nach §§ 21 Abs. 2 Nr. 2 InsO iVm. 22 Abs. 1 S. 1 InsO neben der Verfügungsbefugnis des Schuldners auch die Verwaltungsbefugnis bei Anordnung des kombinierten Verfügungsverbots auf den vorläufigen Insolvenzverwalter *„über"*. Diese Formulierung deckt sich mit der entsprechenden Vorschrift des eröffneten Verfahrens, § 80 Abs. 1 InsO. Die Bezeichnung des *„Übergangs"* spricht dafür, daß der vorläufige Insolvenzverwalter die Verwaltungs- und Verfügungsbefugnis nicht nur neben dem Schuldner erlangt, sondern der Schuldner – wie auch im eröffneten Verfahren – sie inklusive Verpflichtungsbefugnis vollständig verliert.[109] Die Verpflichtungsbefugnis ergibt sich dabei aus der Verwaltungsbefugnis, die den Verwalter zur Geschäftsfüh-

---

[109] Auf den kompletten Übergang hinweisend, *Pohlmann* Rdnr. 87.

rung mit allen dazu erforderlichen Befugnissen ausstattet. Der Schuldner muß seine Rechtsmacht in dem Umfang verlieren, wie der vorläufige Insolvenzverwalter sie erhält.[110] Die Tatsache war in § 6 KO, der Vorgängervorschrift des § 80 InsO noch deutlicher formuliert. Dort hieß es in Absatz 1, daß der Schuldner seine Verwaltungs- und Verfügungsbefugnis *„verliert“* und diese (verlorene) Befugnis vom Konkursverwalter ausgeübt wird, § 6 Abs. 2 KO.

Auf der anderen Seite fehlt für das Eröffnungsverfahren eine dem § 38 InsO entsprechende Norm oder ein Zusatz in § 38 InsO, aus dem sich ergibt, daß dem Schuldner auch während der Anordnung eines kombinierten Verfügungsverbots keine Verpflichtungsbefugnis mehr zusteht. § 24 Abs. 1 InsO, der für alle Verfügungsbeschränkungen des § 21 Abs. 2 Nr. 2 InsO gilt, verweist auf § 81 InsO, der seinem Wortlaut nach nur Verfügungen erfaßt. Die Verpflichtungsbefugnis des Schuldners würde – zumindest nach dieser Verweisungskette – nicht auf den vorläufigen Insolvenzverwalter übergehen. Demnach könnte der Schuldner weiterhin Verpflichtungen, für die die Masse haften müßte, eingehen. Diese könnte er zwar auf Grund des allgemeinen Verfügungsverbotes (§§ 24 Abs. 1, 81 Abs. 1) nicht erfüllen, aber die betreffenden Gläubiger würden mit ihrer Forderung auf Schadensersatz statt der Leistung Insolvenzgläubiger werden.[111] Der Schuldner wäre nicht vollständig von der Geschäftsführung und damit von der Verwaltung seines Vermögens ausgeschlossen und die Masse würde durch weitere Forderungen belastet.[112]

Es stellt sich also die Frage, ob der Gesetzgeber der Insolvenzordnung tatsächlich dem Schuldner seine Verpflichtungsbefugnis während der Anordnung des kombinierten Verfügungsverbots uneingeschränkt belassen wollte oder nur übersehen hat, daß allein über die Verweisung auf den § 81 InsO die gewünschte Rechtsfolge – keine Haftung der Insolvenzmasse für vom Schuldner begründete Verbindlichkeiten während eines kombinierten Verfügungsverbotes – nicht zu erzielen ist.

aa) Zweck des kombinierten Verfügungsverbots

Der Sinn und Zweck aller Sicherungsmaßnahmen nach § 21 InsO ist, wie auch schon nach § 106 KO, der Schutz der zukünftigen Insolvenzgläubiger vor einer Vermögensverschlechterung durch Handlungen des Schuldners oder einzelner Gläubiger sowie durch tatsächliche Geschehnisse. Auf Grund der immer komplexeren wirtschaftlichen Zusammenhänge und der steigenden Zahl der masse-

---

110 So auch *Pohlmann* Rdnr. 88.

111 Hierbei ist als Anspruchsgrundlage wohl die Haftung wegen anfänglichen Unvermögens gemäß §§ 311 Abs. 2, 280 ff. BGB anzunehmen.

112 Dies zu recht feststellend, *Pohlmann* Rdnr. 276.

losen Insolvenzen ist es jedoch schon lange nicht mehr ausreichend, die Sicherung durch statische Erhaltung des Vermögens zu erreichen. Insbesondere bei Unternehmen ist eine Fortführung erforderlich, um den dem Unternehmen innewohnenden Wert zu erhalten. Hierzu ist bereits die Sequestration immer mehr ausgeweitet und die vorläufige Insolvenzverwaltung geschaffen worden.

Um diesen Aufgaben, ein Unternehmen fortzuführen, gerecht werden zu können, muß der vorläufige Insolvenzverwalter mit entsprechenden Befugnissen ausgestattet werden. Für eine Unternehmensfortführung muß ihm eine uneingeschränkte Geschäftsführung möglich sein. Durch die Schaffung des vorläufigen Insolvenzverwalters mit Verwaltungs- und Verfügungsbefugnis sollte gerade das konfliktträchtige Nebeneinander von Schuldner und vorläufigem Verwalter verhindert werden.

bb) Ausformung des kombinierten Verfügungsverbots

Auch die Ausgestaltung der vorläufigen Verwaltung spricht neben dem mit dem kombinierten Verfügungsverbot verfolgten Zweck dafür, daß der Gesetzgeber hinsichtlich des Übergangs der Verwaltungs- und Verfügungsbefugnis gemäß § 22 Abs. 1 S. 1 InsO insgesamt eine rechtlich identische Situation zur Eröffnung schaffen wollte. Der Neuregelung des § 22 Abs. 1 S. 1 InsO liegt ein geändertes Konzept zugrunde, das den Aufgabenkreis und die Befugnisse des starken Verwalters im Gegensatz zu denen des Sequesters ausweitet.[113] Hiermit erhält der starke vorläufige Insolvenzverwalter *„weitgehend die Rechtsstellung eines endgültigen Verwalters“*.[114] In der Begründung zu § 22 InsO heißt es dementsprechend, daß bei einem kombinierten Verfügungsverbot der vorläufige Insolvenzverwalter die *„volle“* Verwaltungs- und Verfügungsbefugnis über das Schuldnervermögen erhält und daß diese nur durch den Sicherungszweck begrenzt wird.[115]

Diese umfassende Stellung des vorläufigen Insolvenzverwalters mit Verwaltungs- und Verfügungsbefugnis zeigt sich an den Vorwirkungen der §§ 21 Abs. 2 Nr. 3, 81 f., 85 f., 55 Abs. 2 InsO und § 240 ZPO. Der Schuldner unterliegt gemäß §§ 24 Abs. 1, 81, 82 InsO denselben Verfügungsbeschränkungen, wie im eröffneten Verfahren. Dem vorläufigen Insolvenzverwalter wird gemäß §§ 24 Abs. 2, 85 Abs. 1, 86 InsO hinsichtlich Gegenständen, die dem allgemeinen Verfügungsverbot unterfallen, die Aktiv- und Passivlegitimation zugesprochen. Prozesse, die der vorläufige Verwalter nicht aufnimmt, werden gemäß § 240

---

113 Ebenso *Bähr* ZIP 1998, 1553, 1563.

114 So bereits die Begr. zu LS 1.2.3 des Ersten Berichts der Insolvenzrechtskommission, in: *BMJ EB*, S. 105.

115 Begr. zu § 26 RegE [§ 22 InsO], in: *Balz/Landfermann* S. 232.

S. 2 ZPO unterbrochen. Die Verwaltungs- und Verfügungsbefugnis geht gemäß § 22 Abs. 1 S. 1 InsO auf den vorläufigen Insolvenzverwalter über. Und wie oben gesehen, ist ein Bestandteil der Verwaltungsbefugnis das Recht, Verpflichtungsgeschäfte vorzunehmen.[116] Diese Verpflichtungsbefugnis des vorläufigen Insolvenzverwalters wird auch in § 55 Abs. 2 InsO vorausgesetzt. Nach § 55 Abs. 2 InsO sind die Verbindlichkeiten des vorläufigen Insolvenzverwalters mit Verwaltungs- und Verfügungsbefugnis Masseverbindlichkeiten.

Besonders § 55 Abs. 2 InsO betont die Bedeutung der Verbindlichkeiten des vorläufigen Insolvenzverwalters. Mit dieser Vorschrift wird ganz deutlich, daß der Gesetzgeber den vorläufigen Insolvenzverwalter als den Handelnden beim kombinierten Verfügungsverbot ansieht.[117] Hiermit schreibt der Gesetzgeber eine Ausnahme zu § 38 InsO fest, indem vor Eröffnung begründete Verbindlichkeiten keine Insolvenzforderungen, sondern Masseverbindlichkeiten sind.[118]

Unterstützend zum kombinierten allgemeinen Verfügungsverbot kann das Insolvenzgericht gemäß § 21 Abs. 2 Nr. 3 InsO Zwangsvollstreckungsmaßnahmen untersagen. Damit wird eine weitere Wirkung der Verfahrenseröffnung, nämlich die des § 89 InsO in das Eröffnungsverfahren vorgezogen. Das Insolvenzgericht ist zwar grundsätzlich nicht zu einer Anordnung nach § 21 Abs. 2 Nr. 3 InsO verpflichtet. Es wird jedoch in der Regel eine Anordnung gemäß § 21 Abs. 2 Nr. 3 InsO erlassen, wenn ein allgemeines kombiniertes Verfügungsverbot erforderlich ist.[119]

Somit sind alle Wirkungen der Eröffnung für den Fall des kombinierten Verfügungsverbotes vollständig ins Eröffnungsverfahren vorverlegt worden. Ausgenommen von der Vorverlegung sind nur Normen, welche die Verwertung des Vermögens betreffen oder wie § 91 InsO, den Zeitpunkt der Vorwirkung noch weiter vorgezogen hätten. Die Wirkung des § 91 InsO, der im eröffneten Verfahren unter anderem die Zwangsvollstreckung von Neugläubigern, die nicht von § 89 InsO erfaßt sind, verhindert, wird jedoch zum Teil durch eine Anordnung gemäß § 21 Abs. 2 Nr. 3 InsO erreicht. Denn „Neugläubiger" gibt es im Eröffnungsverfahren nicht, da Gläubiger die vor Eröffnung eine Forderung gegen den Schuldner erlangen, alle Insolvenzgläubiger sind und daher alle von einer Anordnung gemäß § 21 Abs. 2 Nr. 3 InsO erfaßt werden.

Aus dieser starken Stellung des vorläufigen Insolvenzverwalters mit Verwaltungs- und Verfügungsbefugnis, die mit der des endgültigen Verwalters mit

---

116 Teil 2 A. III. 1.

117 Vgl. hierzu auch die Begr. zu § 64 RegE [§ 55 InsO], in: *Balz/Landfermann* S. 267.

118 So auch *Bork* ZIP 1999, 781, 782.

119 Dies ergibt sich aus der zugrundeliegenden Gefahrenlage, vgl. Teil 1 C. II.

Ausnahme der Begrenzung auf den Sicherungszweck identisch ist, ist zu schließen, daß die Verpflichtungsbefugnis – wie auch beim endgültigen Insolvenzverwalter – auf ihn übergehen muß und damit die Befugnis des Schuldners ausgeschlossen ist. Dies entspricht dem Sicherungszweck des kombinierten Verfügungsverbotes.

cc) Vergleich mit dem Konkursrecht

Dieses Ergebnis, daß dem Schuldner während der Anordnung eines kombinierten Verfügungsverbots die Verpflichtungsbefugnis nicht mehr zusteht, wird auch von einem Vergleich zur Konkursordnung unterstützt.

Unter der Konkursordnung gab es die Möglichkeit gemäß § 106 KO ein allgemeines Veräußerungsverbot kombiniert mit einer Sequestration anzuordnen. Nach der herrschenden Meinung behielt der Schuldner in diesem Fall – zumindest neben dem Sequester – seine Verpflichtungsbefugnis. Alle hieraus resultierenden Verpflichtungen wurden zu Konkursforderungen. Dieser Vergleich mit dem Konkursrecht scheint dafür zu sprechen, daß dem Schuldner während der Anordnung eines kombinierten Verfügungsverbots seine Verpflichtungsbefugnis verbleibt.[120] Hierbei wird jedoch nicht beachtet, daß dem allgemeinen Veräußerungsverbot der Konkursordnung im Gegensatz zum Verfügungsverbot nur eine relative Wirkung beigemessen wurde. Für relative Verfügungsbeschränkungen ist es typisch, daß der durch das Verbot Geschützte nicht vollständig in die Rechtsstellung des von dem Verbot Betroffenen eintritt.[121] Daher wurde auch ein vollständiger Übergang der Verwaltungs- und Verfügungsbefugnis auf den Sequester verneint.[122] Diese Situation ist daher nicht mit dem kombinierten Verfügungsverbot der Insolvenzordnung vergleichbar. Es kann daher aus der Situation der Konkursordnung nicht auf die Behandlung der Verpflichtungsbefugnis des Schuldners im Eröffnungsverfahren der Insolvenzordnung geschlossen werden.[123]

Eine von der herrschenden Meinung abweichende Ansicht ging für den Fall des Veräußerungsverbotes mit gleichzeitiger Einsetzung eines Sequesters bereits nach der Konkursordnung davon aus, daß der Schuldner die zukünftige Masse nicht mehr verpflichten konnte.[124] Nach *Gerhardt*[125] ging die Verwaltungs- und

---

120 So *Pohlmann* Rdnr. 272 bei Fn. 34.

121 Siehe hierzu oben Teil 2 A. 1. c).

122 *Kuhn/Uhlenbruck* § 106 KO Rdnr. 10; *BGH*, Urt. v. 22. 12. 1982 – VIII 241/81, ZIP 1983, 191, 192; *BGH*, Urt. v. 11. 4. 1988 – II ZR 313/87, ZIP 1988, 727, 728.

123 So aber *Pohlmann* Rdnr. 272 bei Fn. 34.

124 *BAG*, Beschl. v. 20. 11. 1984 – 1 ABR 59/80, NJW 1985, 1484; *Gerhardt* ZIP 1982, 1, 5.

Verfügungsbefugnis auf den Sequester über, wenn gleichzeitig ein allgemeines Veräußerungsverbot angeordnet wurde. § 7 KO, der dem heutigen § 81 InsO entspricht, wurde demnach bereits im Eröffnungsverfahren analog angewandt. Mit der Folge, daß dem allgemeinen Veräußerungsverbot nach *Gerhardts* Ansicht – jedoch nur bei gleichzeitiger Einsetzung eines Sequesters[126] – absolute Wirkung zugesprochen wurde. Auch wenn diese Ansicht als politisch wünschenswert bezeichnet wurde, ist zu Recht kritisiert worden, daß diese Auslegung im Rahmen der Konkursordnung nicht möglich war.[127] Eine derart ausgestattete Sequestration paßte nicht in das System der Konkursordnung.

Der Gesetzgeber der Insolvenzordnung hat sich im Falle des kombinierten Verfügungsverbotes für die Vorwirkung des § 81 InsO und den Übergang der Verwaltungs- und Verfügungsbefugnis entschieden. Damit hat er ein bereits zur Sequestration mit gleichzeitiger Anordnung eines allgemeinen Veräußerungsverbotes von *Gerhardt* konstruiertes Institut gebildet. Demnach ist – *Gerhardts* Auffassung zur Konkursordnung entsprechend – die Verpflichtungsbefugnis des Schuldners hinsichtlich der Masse bereits bei Anordnung eines kombinierten Verfügungsverbots beschränkt.

dd) Grenzen des Sicherungszwecks

Wie bereits betont, müssen sich die Wirkungen des kombinierten Verfügungsverbots im Rahmen des Sicherungszwecks des § 21 InsO halten. Denn bei Anordnung der Sicherungsmaßnahmen steht die Insolvenz des Schuldners noch nicht fest, und es kann zur Ablehnung der Eröffnung oder zur Rücknahme des Antrages kommen. *Pohlmann*[128] begründet unter anderem mit diesem Umstand, wieso eine Beschränkung der Verpflichtungsbefugnis im Eröffnungsverfahren abzulehnen ist. Dies macht jedoch nur Sinn, wenn dem Schuldner in Hinblick auf eine mögliche Ablehnung des Antrages ein besonderes Interesse an dem Fortbestand seiner Verpflichtungsbefugnis zugebilligt werden muß. Ein solches besonderes Interesse hat der Schuldner grundsätzlich hinsichtlich des Vermögensbestandes.[129]

Wenn jedoch die Möglichkeit geschaffen wird, durch das kombinierte Verfügungsverbot dem Schuldner bereits im Eröffnungsverfahren seine Verwaltungs- und Verfügungsbefugnis mit den daraus resultierenden Wirkungen zu nehmen, ohne daß der Eröffnungsgrund schon feststeht, stellt sich die Frage, welche In-

---

125 ZIP 1982, 1, 5.

126 Dieser Einschränkung übersehend, *Kilger/K. Schmidt* § 106 KO Rdnr. 3.

127 *Kuhn/Uhlenbruck* § 106 KO Rdnr. 4; *Koch* S. 54 f.

128 *Pohlmann* Rdnr. 276.

129 Siehe hierzu Teil 1 B. II. 2. c).

teressen der Schuldner noch an einer uneingeschränkt weiterbestehenden Verpflichtungsbefugnis haben kann, die gegen den vollständigen Übergang der Verpflichtungsbefugnis hinsichtlich der Masse sprechen könnte. Diese weitgehende Anordnung soll gerade bewirken, daß dem vorläufigen Insolvenzverwalter eine ungestörte Verwaltung des Vermögens zugestanden wird. Der vorläufige Insolvenzverwalter soll komplett in die Stellung des Schuldners treten. Gerade dies würde jedoch konterkariert, ließe man noch eine Haftung der Masse für Verbindlichkeiten zu, die der Schuldner während der Anordnung des kombinierten Verfügungsverbotes begründet hat.

Daher überschreitet eine Beschränkung der Verpflichtungsbefugnis des Schuldners bei Anordnung eines kombinierten Verfügungsverbotes nicht die Grenzen des Sicherungszwecks des § 21 InsO.

c) Ergebnis

Durch die Formulierung in § 81 InsO wollte der Gesetzgeber keine Änderung der Rechtslage zu § 7 KO hervorrufen. Wendet man § 81 InsO in diesem Sinn und mit dem dahinterstehenden Rechtsgedanken auch im Eröffnungsverfahren an, kann der Schuldner durch Verpflichtungsgeschäfte keine Haftung der Gegenstände mehr erreichen, die dem Verfügungsverbot unterliegen.

Diese weite Auslegung ist jedoch mit dem Wortlaut des § 81 InsO nicht zu vereinbaren. Im übrigen würde dies zu nicht beabsichtigten Folgen beim Zustimmungsvorbehalt, bei dem die Verwaltungs- und Verfügungsbefugnis nicht auf den vorläufigen Insolvenzverwalter übergeht, führen. Denn beim Zustimmungsvorbehalt soll dem Schuldner gerade nur seine Verfügungsbefugnis genommen werden, seine Verpflichtungsbefugnis jedoch erhalten bleiben. Und das Ergebnis würde vor allem mit dem Wortlaut des § 38 InsO, der die Insolvenzgläubigerstellung nach dem Zeitpunkt der Eröffnung bestimmt, kollidieren.[130]

Wie schon dargestellt,[131] ist daher in der Formulierung des § 22 Abs. 1 S. 1 InsO, daß die Verwaltungs- und Verfügungsbefugnis auf den vorläufigen Insolvenzverwalter *„übergeht"*, eine eigenständige Regelung über eine Wirkung des kombinierten Verfügungsverbots zu sehen, die neben den Wirkungen der Verfügungsbeschränkungen des § 21 Abs. 2 Nr. 2 InsO steht. Als Folge ist § 38 InsO für die Anordnung eines kombinierten Verfügungsverbots in der Weise extensiv auszulegen, daß die Anordnung eines kombinierten Verfügungsverbots der Eröffnung gleichgesetzt wird. Daher ist nicht auf den Zeitpunkt der Eröffnung abzustellen, sondern auf die mit der Eröffnung verbundenen Wirkungen – also den

---

[130] *Pohlmann* Rdnr. 274.
[131] Teil 2 A. III. 2. b).

Übergang der Verwaltungs- und Verfügungsbefugnis. Dieses Ergebnis wird davon unterstützt, daß der Gesetzgeber auch mit § 55 Abs. 2 InsO für den Fall des kombinierten Verfügungsverbotes eine Ausnahme zu § 38 InsO geschaffen hat.[132]

IV. Das isolierte allgemeine Verfügungsverbot

Nachdem das allgemeine Verfügungsverbot mit der gleichzeitigen Einsetzung eines vorläufigen Insolvenzverwalters ausführlich behandelt worden ist, stellt sich die Frage, ob das allgemeine Verfügungsverbot ohne einen vorläufigen Insolvenzverwalter angeordnet werden kann. Einige Stimmen in der Literatur halten die Anordnung eines solchen isolierten allgemeinen Verfügungsverbotes für nicht möglich.[133] Andere bejahen deren Zulässigkeit.[134]

1. Zulässigkeit des isolierten allgemeinen Verfügungsverbots

Nach der Konkursordnung war ein isoliertes Verfügungsverbot anerkannt und üblich.[135] Hierbei handelte es sich nach herrschender Meinung um ein relatives Verbot.[136] Es ist nicht zu erkennen, warum das übliche und wirksame Instrument des isolierten allgemeinen Veräußerungsverbots abgeschafft werden sollte.

Zum Beispiel bei einem kleinen, bereits eingestellten Betrieb besteht keine Notwendigkeit für einen vorläufigen Insolvenzverwalter. Ein isoliertes Verfügungsverbot gepaart mit der Einstellung der Zwangsvollstreckung kann in diesen Fällen ein wirksames Mittel sein.[137] Gegen die Einsetzung eines nicht benötigten vorläufigen Insolvenzverwalters sprechen in diesen Fällen vor allem die Kosten der vorläufigen Insolvenzverwaltung. Auch beim vereinfachten Verfahren der Verbraucherinsolvenz, bei dem ebenfalls aus Kostengründen die Einsetzung eines vorläufigen Treuhänders in der Regel nicht in Frage kommt, ist ein

---

[132] Vgl. oben Teil 2 A. III. 2. b) bb).

[133] *Nerlich/Römermann-Mönning* § 21 InsO Rdnr. 53 f.; *Smid-Smid/Thiemann* § 21 InsO Rdnr. 23; *Gerhardt*, Kölner Schrift, S. 193 ff., Rdnr. 8; *ders.*, ZZP 109 (1996), 415, 419.

[134] *AG Göttingen*, Beschl. v. 17. 5. 1999 – 74 IN 24/99, ZInsO 1999, 482; *OLG Thüringen*, Beschl. v. 12. 4. 2000 – 5 U 135/99, DZWIR 2000, 513; *Spiekhoff* DZWIR 2000, 514; *Kießling/Singhoff* DZWIR 2000, 353, 361; *Fritsche* DZWIR 2002, 1, 7 f.

[135] *Kleiner* S. 16 mwN.

[136] **A. A.** bei der gleichzeitigen Anordnung eines Sequesters, *Gerhardt* ZIP 1982, 1, 5.

[137] *Haarmeyer/Wutzke/Förster*, InsO, 2. Aufl., Rdnr. 3/208.

isoliertes Verfügungsverbot ein sinnvolles Mittel.[138] Es besteht daher Bedarf, ein isoliertes allgemeines Verfügungsverbot anordnen zu können.

Wie oben dargestellt, war nach der Begründung des Ersten Berichts die isolierte Anordnung eines allgemeinen Verfügungsverbotes ausdrücklich möglich.[139] Nach dem Wortlaut des § 21 Abs. 2 Nr. 2 Alt. 1 InsO ist eine isolierte Anordnung des allgemeinen Verfügungsverbotes nicht ausgeschlossen. Aber die Gesetzesbegründung zu § 23 InsO, der die Bekanntmachung der Verfügungsbeschränkungen regelt, scheint daraufhin zu deuten, daß der Gesetzgeber nur die Möglichkeit eines kombinierten allgemeinen Verfügungsverbotes sah. Denn nach der Begründung erfaßt § 23 InsO *„ein allgemeines Veräußerungsverbot und* ***den damit verbundenen*** *Übergang der Verwaltungs- und Verfügungsbefugnis* [...].“[140] Aus der Gesetzbegründung zu § 21 InsO läßt sich allerdings entnehmen, daß § 21 Abs. 2 Nr. 2 InsO ein allgemeines Verfügungsverbot und allgemeine Verfügungsbeschränkungen regelt. Daraus ergibt sich, wie oben bereits dargestellt, daß auch nach dem Regierungsentwurf ein isoliert angeordnetes, allgemeines Verfügungsverbot vorgesehen ist.[141]

2. Wirkung des isolierten allgemeinen Verfügungsverbots

§ 24 Abs. 1 InsO, der nach seinem Wortlaut die Wirkungen der Verfügungsbeschränkungen des § 21 Abs. 2 Nr. 2 InsO regelt, verweist auf die Rechtsfolgen der §§ 81, 82 InsO. Nach §§ 24 Abs. 1, 81 InsO sind Verstöße gegen die Verfügungsbeschränkungen absolut unwirksam. Wie oben bereits festgestellt, kann es sich bei dem isolierten allgemeinen Verfügungsverbot nicht um eine absolute Verfügungsbeschränkung handeln.[142] Denn dies hätte zur Folge, daß kein Verfügungsberechtigter über das Vermögen existieren würde. Ein *res extra commercium* darf es jedoch nicht geben.[143] Auch nach der Vorstellung der Insolvenzordnung gibt es, wie oben dargelegt,[144] das allgemeine Verfügungsverbot **und** Verfügungsbeschränkungen. Da § 24 InsO aber nur für die Verfügungsbeschränkungen auf die absoluten Wirkungen der §§ 81, 82 InsO verweist und

---

138 *Heidelberger Kommentar-Landfermann* § 306 InsO Rdnr. 4.

139 Begr. zu LS 1.2.3 des Ersten Berichts der Insolvenzrechtskommission, in: *BMJ EB*, S. 104. Siehe zum Text des LS 1.2.3. zu § 21 InsO in der Reformentwicklung oben Teil 2 A. I. 2. a).

140 Begr. zu § 27 RegE [§ 23 InsO], in: *Balz/Landfermann* S. 234. Hervorhebung durch die Verfasserin.

141 Siehe Teil 2 A. I. 3.

142 Siehe Teil 2 A. IV. 2.

143 *Böttcher* Rpfleger 1985, 381, 382.

144 Siehe Teil 2 A. I. 3.

eine absolute Unwirksamkeit auch dem Charakter des isolierten Verfügungsverbots widersprechen würde, wirkt das isolierte Verfügungsverbot nur relativ.

Damit behält der Schuldner beim isolierten allgemeinen Verfügungsverbot seine Verfügungsbefugnis. Er ist damit nicht in seinem rechtlichen Können, sondern nur in seinem rechtlichen Dürfen eingeschränkt. Bei dem isolierten allgemeinen Verfügungsverbot handelt es sich damit um ein relatives Verfügungsverbot gemäß der §§ 135, 136 BGB.[145]

Dieses Ergebnis, daß es sich bei dem isolierten Verbot nur um eine relative Verfügungsbeschränkung handelt, entspricht auch der unterschiedlichen Gefahrenlage, die sich bei der Anordnung eines isolierten allgemeinen Verfügungsverbots beziehungsweise beim kombinierten allgemeinen Verfügungsverbot ergibt. Beim isolierten allgemeinen Verfügungsverbot kommt eine Unternehmensfortführung als Sicherungszweck nicht in Betracht, der die Vorwirkung der §§ 81, 82 InsO und die damit verbundenen stärkeren Wirkungen rechtfertigen könnte.[146]

V. Die besonderen Verfügungsverbote

Nach einhelliger Meinung können die Insolvenzgerichte auch ein besonderes Verfügungsverbot anordnen, das heißt, nur einzelne Verfügungen des Schuldners unter ein Verfügungsverbot stellen.[147] Ob ein Verstoß gegen ein besonderes Verfügungsverbot zur relativen oder absoluten Unwirksamkeit der Verfügung führt, ist streitig.[148] Vor allem ist fraglich, ob bei ein besonderes Verfügungsverbot den Übergang der Verwaltungs- und Verfügungsbefugnis bewirkt und § 55 Abs. 2 InsO anzuwenden ist.

---

145 **A. A.** *Fritsche* DZWIR 2002, 1, 8; *Gerhardt*, Kölner Schrift, S. 193 ff., Rdnr. 38.

146 Diesen weiteren Sicherungszweck in diesem Zusammenhang übersehend, *Pohlmann* Rdnr. 259.

147 *AG Hof*, Beschl. v. 29. 9. 1999 – IN 124/99, NZI 2000, 37; *Smid-Smid/Thiemann* § 21 InsO Rdnr. 22; *Heidelberger Kommentar-Kirchhof* § 21 InsO Rdnr. 14; *Gerhardt* ZZP 109 (1996), 415, 423; *Vallender* DZWIR 1999, 265, 268; *Kießling/Singhoff* DZWIR 2000, 353, 357; *Thiemann* Rdnr. 137 f.

148 Für eine nur **relative** Wirkung, *Fritsche* DZWIR 2002, 1, 9; *Nerlich/Römermann-Mönning* § 21 InsO Rdnr. 64; *Kübler/Prütting-Pape* § 24 InsO Rdnr. 2; *Gerhardt*, Kölner Schrift, S. 193 ff., Rdnr. 16 f.; *ders.*, ZZP 109 (1996), 415, 423; *Bork* Rdnr. 109; *Heidelberger Kommentar-Kirchhof* § 24 InsO Rdnr. 4; *Häsemeyer* Rdnr. 7.37 f. Für die **absolute** Wirkung, *Pohlmann* Rdnr. 259; *Kießling/Singhoff* DZWIR 2000, 353, 357 ff.; *Thiemann* Rdnr. 146.

1. Das isolierte besondere Verfügungsverbot

a) Zulässigkeit eines isolierten besonderen Verfügungsverbots

Daß ein besonderes Verfügungsverbot von allen ohne Diskussion oder Begründung für zulässig erachtet wird, ist zunächst erstaunlich. Denn weder nach dem Wortlaut des § 21 Abs. 2 Nr. 2 InsO ist ein besonderes Verfügungsverbot möglich, noch findet sich in der Gesetzesbegründung – anders als beim besonderen Zustimmungsvorbehalt – ein Hinweis auf ein besonderes Verfügungsverbot.[149] Im Gegenteil vermittelt sogar die Reformentwicklung[150] den Eindruck, daß der Gesetzgeber ein besonderes Verfügungsverbot nicht ins Auge gefaßt hat. In Leitsatz 1.2.3 des Ersten Berichts, der Vorgängervorschrift des § 21 InsO, waren das allgemeine Verfügungsverbot sowie der allgemeine und besondere Zustimmungsvorbehalt ausdrücklich im Gesetz genannt. Nach der Vorstellung der Begründung zu Leitsatz 1.2.3 konnte daher in die Rechtsstellung des Schuldners nur *„in **drei** Stufen, und zwar von einem besonderen über einen allgemeinen Zustimmungsvorbehalt bis hin zu einem allgemeinen Verfügungsverbot eingegriffen werden"*.[151] Diese scheinbare Beschränkung auf nur drei Eingriffsstufen ist jedoch verwunderlich, da zum einen der Leitsatz 1.2.3 in seinem ersten Absatz ebenfalls eine dem § 21 Abs. 1 S. 1 InsO ähnliche Generalklausel enthält und zum anderen die Begründung gerade besonders hervorhebt, daß eine flexible Regelung gewollt ist.[152]

Ab dem Diskussionsentwurf sind nur noch das allgemeine Verfügungsverbot und der allgemeine Zustimmungsvorbehalt im Gesetzestext ausdrücklich genannt. Der besondere Zustimmungsvorbehalt wird in der Gesetzesbegründung erwähnt. Die Vorstellung, daß in die Rechtsstellung des Schuldners nur in drei Stufen eingegriffen werden kann, findet sich nicht mehr.

---

149 Insoweit nicht nachvollziehbare Interpretation bei *Kießling/Singhoff* DZWIR 2000, 353, 357 und *Thiemann* Rdnr. 160 bei Fn. 432. Die Begründungen beziehen sich eindeutig nur auf einen besonderen Zustimmungsvorbehalt. Siehe zum Beispiel Begr. zu § 25 RegE [§ 21 InsO], in: *Balz/Landfermann* S. 229: *„Weiter kommt in Betracht, nur bestimmte, besonders wichtige Verfügungen **an die Zustimmung** des vorläufigen Insolvenzverwalters zu binden."* Hervorhebung mittels Fettdruck durch die Verfasserin. Auch in LS 1.2.3 des Ersten Berichts war in Absatz 3 eindeutig nur von besonderen und allgemeinen Zustimmungsvorbehalten die Rede.

150 Siehe zur Reformentwicklung und den Text des LS 1.2.3, Teil 2 A. I. 2. a).

151 Begr. zu LS 1.2.3 des Ersten Berichts der Insolvenzrechtskommission, in: *BMJ EB*, S. 104. Hervorhebung mittels Fettdruck durch die Verfasserin.

152 Begr. zu LS 1.2.3 des Ersten Berichts der Insolvenzrechtskommission, in: *BMJ EB*, S. 104.

Auch wenn das (isolierte) besondere Verfügungsverbot nicht in § 21 Abs. 2 Nr. 2 InsO ausdrücklich genannt ist, so kann das Insolvenzgericht jedoch nach der Generalklausel des § 21 Abs. 1 S. 1 InsO alle Maßnahmen, die zur Sicherung des Vermögens des Schuldners erforderlich erscheinen, anordnen. Damit ist auch die Anordnung eines besonderen Verfügungsverbotes im Rahmen des § 21 Abs. 1 S. 1 InsO grundsätzlich zulässig. Systematische Bedenken bestehen nicht. Im übrigen wird sich im weiteren zeigen, daß es für das isolierte besondere Verfügungsverbot kaum einen Anwendungsbereich gibt. Denn die Anordnung eines besonderen Verfügungsverbots kommt wegen seiner relativen Wirkungen nur in Frage, wenn tatsächlich kein vorläufiger Insolvenzverwalter eingesetzt wird und damit ein besonderer, absolut wirkender Zustimmungsvorbehalt nicht in Frage kommt. Neben einem allgemeinen Zustimmungsvorbehalt kommt – wie sich zeigen wird – die Anordnung eines besonderen Verfügungsverbotes mit relativen Wirkungen ebenfalls nicht in Frage.

b) Wirkung des isolierten besonderen Verfügungsverbots

Wie oben dargelegt, führt ein Verstoß gegen ein isoliertes allgemeines Verfügungsverbot nur zur relativen Unwirksamkeit der Verfügung.[153] Denn bei dem isolierten Verfügungsverbot handelt es sich um ein Verfügungsverbot und nicht um eine Verfügungsbeschränkung. Damit ist § 24 Abs. 1 InsO nicht anwendbar. Die Wirkungen des isolierten besonderen Verfügungsverbotes können nicht stärker sein als die des allgemeinen. Damit führt ein Verstoß gegen ein besonderes Verfügungsverbot, das sozusagen ein Minus zum allgemeinen darstellt,[154] ohne gleichzeitige Anordnung eines vorläufigen Insolvenzverwalters ebenfalls nur zur relativen Unwirksamkeit der Verfügung gemäß §§ 135, 136 BGB.

2. Das kombinierte besondere Verfügungsverbot

Erläßt das Insolvenzgericht ein besonderes Verfügungsverbot und bestellt gleichzeitig einen vorläufigen Insolvenzverwalter – in der Regel im Rahmen eines allgemeinen Zustimmungsvorbehalts –, stellt sich die Frage nach den Wirkungen dieser Anordnung. Diese Frage ist von hoher praktischer Relevanz. Denn um die Anordnung eines starken vorläufigen Verwalters und damit die Wirkungen des § 55 Abs. 2 InsO zu vermeiden, ist es in der insolvenzrechtlichen Praxis zu zahlreichen Anordnungsvarianten gekommen, durch die die Begründung von Masseverbindlichkeiten ganz verhindert oder auf Teilbereiche beschränkt werden und dem vorläufigen Verwalter dennoch Verfügungsbefugnis zukommen soll. Es stellt sich daher die Frage, ob ein besonderes Verfü-

---

153 Teil 2 A. IV. 2.

154 Vgl. Teil 2 A. I. 3.

gungsverbot einen partiellen Übergang der Verwaltungs- und Verfügungsbefugnis auf den vorläufigen Insolvenzverwalter bewirkt und ob mit einem besonderen Verfügungsverbot die Wirkung des § 55 Abs. 2 InsO ausgelöst oder eine solche Wirkung separat angeordnet werden kann.

a) Erste Wirkung: Partieller Übergang der Verwaltungs- und Verfügungsbefugnis

aa) Absolute Wirkung des besonderen Verfügungsverbots und der Übergang der Verfügungsbefugnis

Es handelt sich bei dem kombinierten besonderen Verfügungsverbot, wie zu Beginn dieses Teils festgestellt,[155] um eine absolut wirkende Verfügungsbeschränkung. Dies bedeutet, daß verfügungsbeschränkungswidrige Verfügungen gegenüber jedermann unwirksam sind. Auch wenn der Gesetzgeber nur die absolute Wirkung der allgemeinen Verfügungsbeschränkungen geregelt hat, gibt es keinen Grund, bei dem besonderen Verfügungsverbot die geringere Wirksamkeit des relativ wirkenden Verbots anzunehmen. Nach der zivilrechtlichen Systematik geht bei einer Verfügungsbeschränkung die Verfügungsmacht auf einen Dritten über. Ein besonderes Verfügungsverbot, das gleichzeitig mit der Einsetzung eines vorläufigen Insolvenzverwalters angeordnet wird, führt dementsprechend zum partiellen Übergang der Verfügungsbefugnis auf den vorläufigen Verwalter.

Die insolvenzrechtliche Systematik spricht nicht gegen einen solchen partiellen Übergang der Verfügungsbefugnis. Der Gesetzgeber hat zwar mit dem allgemeinen Zustimmungsvorbehalt und dem kombinierten allgemeinen Verfügungsverbot nur Verfügungsbeschränkungen geregelt, die sich auf das gesamte Vermögen beziehen. Aber mit der Generalklausel des § 21 Abs. 1 S. 1 InsO hat er den Insolvenzgerichten die Möglichkeit eröffnet, „*alle*“ zur Sicherung des Schuldnervermögens erforderlichen Maßnahmen anzuordnen. Damit sind insbesondere Abstufungen der geregelten allgemeinen Verfügungsbeschränkungen zulässig. Es besteht, wie weiter unten noch ausgeführt wird, vor allem praktischer Bedarf, dem vorläufigen Insolvenzverwalter in Teilbereichen Verfügungsbefugnis einzuräumen. Ein relativ wirkendes Verfügungsverbot könnte diese Funktion nicht erfüllen.

---

155 Siehe oben Teil 2. A. I. 3.

bb) Umfang des Übergangs der Verwaltungsbefugnis, insbesondere in Hinblick auf die Verpflichtungsbefugnis

Abhängig vom Gegenstand auf den sich das besondere Verfügungsverbot bezieht, geht die Verpflichtungsbefugnis für den jeweiligen Bereich oder Gegenstand dann auf den vorläufigen Insolvenzverwalter über, wenn die Verfügungsbefugnis nicht ohne Verpflichtungsbefugnis ausgeübt werden kann. Die Verpflichtungsbefugnis ist in diesen Fällen als Annex der Verfügungsbefugnis anzusehen. Daher sind die Anordnungen der Nummer 2 und Nummer 3 im folgenden Beispiel rein deklaratorisch, jedoch zur Rechtsklarheit durchaus sinnvoll.

> „*A. Dem vorläufigen Insolvenzverwalter wird die alleinige rechtliche Verfügungsbefugnis über folgende Teilbereiche des Vermögens* [...] *übertragen:*
> *1. Veräußerung des Konzerngeschäftsbereichs Kühltechnik* [...].
> *2. Abschluß entsprechender Verträge* [...]
> *3. Vornahme aller sonstigen damit zusammenhängenden Verträge* [...].“[156]

Die Anordnung der Nummer 1 ist dagegen nicht rein deklaratorisch. Denn trotz der Verfügungsbefugnis kann der vorläufige Insolvenzverwalter auf Grund eines besonderen Verfügungsverbots ohne eine entsprechende Ermächtigung nur dann von seiner Verpflichtungsbefugnis Gebrauch machen und den betroffenen Gegenstand veräußern, wenn es sich hierbei um einen Notverkauf oder um einen Verkauf im ordentlichen Geschäftsgang handelt.[157] Die Verpflichtungsbefugnis kann also nur im Rahmen des Sicherungszwecks ausgeübt werden, der insbesondere bei der Frage nach der Zulässigkeit von Veräußerungen durch das Bestandserhaltungsinteresse des Schuldners begrenzt.[158]

cc) Besondere Verfügungsverbote über finanzielle Mittel

Sind (neue) Verpflichtungsgeschäfte zur Verfügung über den vom Verbot betroffenen Gegenstand nicht erforderlich, so ergibt sich aus der reinen Anordnung des besonderen Verfügungsverbots keine Verpflichtungsermächtigung des vorläufigen Insolvenzverwalters. Daß neue Verpflichtungsgeschäfte nicht zur Verfügung erforderlich sind, gilt insbesondere, wenn das Insolvenzgericht ein besonderes Verfügungsverbot über die Bankguthaben des Schuldners verhängt. Der vorläufige Verwalter darf dieses Geld dann nur zur Erfüllung bereits bestehender Verträge, wie zum Beispiel über Strom, Telefon und Wasser und so weiter, verwenden. Auf Grund von Zweckmäßigkeitserwägungen kann der vorläu-

---

156 *AG Duisburg*, Beschl. v. 28. 7. 2002 – 62 IN 167/02, ZIP 2002, 1700.
157 *Pohlmann* Rdnr. 400, 404.
158 Vgl. hierzu oben Teil 1 B. 2. c).

fige Verwalter entscheiden, entsprechende Zahlungen einzustellen.[159] Mit der Verfügungsbefugnis steht ihm somit auch die Verwaltungsbefugnis über den betreffenden Gegenstand zu.[160] Ohne ein begleitendes Verfügungsverbot ist der vorläufige Verwalter dagegen nicht befugt, Zahlungen auf bestehende Verträge zu leisten.[161] Der vorläufige Insolvenzverwalter ist durch ein besonderes Verfügungsverbot, daß sich auf finanzielle Mittel bezieht, nicht befugt, neue Verträge abzuschließen, die er mit diesen Geldern erfüllen will. Denn neue Verträge sind nicht zwingend notwendig, um über das Geld zu verfügen. Hierzu bedarf es einer besonderen Verpflichtungsermächtigung.

Auch die folgenden Überlegungen sprechen gegen eine Verpflichtungsbefugnis als Annex der Verfügungsbefugnis über finanzielle Mittel. Würde die Anordnung eines besonderen Verfügungsverbots hinsichtlich finanzieller Mitte bewirken, daß der vorläufige Insolvenzverwalter mit diesen frei wirtschaften könnte – das heißt, auch neue Verträge abschließen könnte –, würde es durch den Umweg über das besondere Verfügungsverbot zu einem unzulässigen kompetenzrechtlichen Nebeneinander von Schuldner und vorläufigem Verwalter kommen, welches der Gesetzgeber der Insolvenzordnung gerade vermeiden wollte.[162] Denn selbst im Rahmen eines allgemeinen Zustimmungsvorbehalts hat der Schuldner weiterhin seine Verpflichtungsbefugnis.[163] Es bestünden erhebliche Bedenken in Hinblick auf die Abgrenzbarkeit.[164] Denn auf Grund der Anknüpfung der Verwaltungs- und Verfügungsbefugnis an die Geldmittel ist nicht klar, welche Geschäfte der vorläufige Insolvenzverwalter damit tätigen darf. Es ist dann insbesondere die Restbefugnis des Schuldners unklar. Eine entsprechende Anordnung wäre unzulässig, bei der mit einem besonderen Verfügungsverbot über die wahrscheinlich einzigen liquiden Mittel faktisch ein umfassende Verwaltungs- und Verfügungsbefugnis erzielt würde. Ein kompletter Übergang ist jedoch nur im Rahmen des § 22 Abs. 1 InsO zulässig, wie der *Bundesgerichtshof* ausdrücklich hervorhebt.[165] Daher ist auch die folgende Anordnung in den eben dargelegten Grenzen zu interpretieren.

---

159 *BGH*, Urt. v. 18. 7. 2002 – IX ZR 195/01, ZInsO 2002, 819, 824.

160 Ebenso für einen Übergang der Verwaltungs- und Verfügungsbefugnis im Falle eines besonderen Verfügungsverbots, *Pohlmann* Rdnr. 217 Fn. 191; *Hess/Weis/Wienberg-Wienberg* § 21 InsO Rdnr. 32; *AG Coburg*, Beschl. v. 26. 11. 2001 – IN 248/01, ZInsO 2002, 383; *AG Duisburg*, Beschl. v. 28. 7. 2002 – 62 IN 167/02, ZIP 2002, 1700; *AG Hof*, Beschl. v. 29. 9. 1999 – IN 124/99, NZI 2000, 37, 38; *Thiemann* Rdnr. 305.

161 **Anders** anscheinend, *BGH*, Urt. v. 18. 7. 2002 – IX ZR 195/01, ZInsO 2002, 819, 824.

162 Vgl. *Pohlmann* Rdnr. 89.

163 Vgl. hierzu unten Teil 2 A. VI. 3. a) aa).

164 Grundsätzlich auf diese Problem hinweisend, *Förster* ZInsO 2001, 790, 791.

165 *BGH*, Urt. v. 18. 7. 2002 – IX ZR 195/01, ZInsO 2002, 819, 823.

„Dem Schuldner wird verboten, über seine Bankkonten und über seine Außenstände ganz oder teilweise zu verfügen. Hinsichtlich der Bankkonten und der Außenstände des Schuldners geht die Verwaltungs- und Verfügungsbefugnis auf den vorläufigen Insolvenzverwalter über.“[166]

Die Verwaltungsbefugnis hinsichtlich der Bankkonten und Außenstände kann nur so verstanden werden, daß der vorläufige Insolvenzverwalter befugt ist, über die Verwendung des Geldes – sprich, für welche Verträge er das Geld nutzen will – zu entscheiden.

Nach Aussage des *Bundesgerichtshofs* hat jeder Verwalter diese Befugnis, gegebenenfalls die nötigen Ausgaben zur Erhalten von Verträgen zu nutzen.[167] Wie oben bereits festgestellt, sind solche Zahlungen aber gerade nicht ohne begleitendes Verfügungsverbot zulässig. Ob der folgende Beschluß, der der ebengenannten Aussage des *Bundesgerichtshofs* zugrunde lag, für die Anordnung eines besonderen Verfügungsverbots ausreichend ist, erscheint zweifelhaft.

„Den Schuldnern der Schuldnerin (Drittschuldner) wird verboten, an die Schuldnerin zu zahlen. Die vorläufige Insolvenzverwalterin wird ermächtigt, Bankguthaben und sonstige Forderungen der Schuldnerin einzuziehen sowie eingehende Gelder entgegenzunehmen.“[168]

Denn diese Anordnung stellt – zumindest nach dem Wortlaut – eine reine Einziehungsermächtigung dar, vergleichbar mit der Ermächtigung des vorläufigen Insolvenzverwalters, einen bestimmten Gegenstand in Besitz zu nehmen. Hierbei handelt es sich um eine reine Sicherung und die Anordnung beinhaltet ohne weitere Erläuterung nicht die Befugnis, über diesen Gegenstand zu verfügen. Es liegt daher kein besonderes Verfügungsverbot vor.

dd) Ergebnis

Es ist festzuhalten, daß ein besonderes Verfügungsverbot den Übergang der Verwaltungs- und Verfügungsbefugnis auf den vorläufigen Insolvenzverwalter bewirkt. Die Verpflichtungsbefugnis ist nur dann Annex der Verwaltungsbefugnis, wenn sie zur Ausübung der Verfügungsbefugnis zwingend notwendig ist.

---

166 Vgl. *AG Mannheim*, IN 418/99, zitiert bei: *Kießling/Singhoff* DZWIR 2000, 353, 360. Ähnlich *AG Duisburg*, Beschl. v. 7. 7. 1999 – 60 IN 82/99, DZWIR 1999, 437.

167 *BGH*, Urt. v. 18. 7. 2002 – IX ZR 195/01, ZInsO 2002, 819, 824.

168 *BGH*, Urt. v. 18. 7. 2002 – IX ZR 195/01, ZInsO 2002, 819.

b) Zweite Wirkung: Begründung von Masseverbindlichkeiten gemäß § 55 Abs. 2 InsO?

Teilweise wird unterstellt, daß die Anordnung eines besonderen Verfügungsverbots die Wirkungen des § 55 Abs. 2 InsO nach sich zieht. Dementsprechend wird ein besonderes Verfügungsverbot gewählt, um die Wirkungen des § 55 Abs. 2 InsO in Teilbereichen auszulösen. Ein Beispiel hierfür ist die folgende Anordnung des *AG Hof*:

> *„(1) Der W-AG wird der Abschluß von Darlehensverträgen, von Verträgen, die Verpflichtungen zur Besicherung von Darlehensverträgen begründen und/oder Verträgen, die eine Besicherung von Darlehensverträgen vollziehen, untersagt. (2) Hinsichtlich dieser unter Nr. 1 genau bezeichneten Rechtsgeschäfte geht die Verwaltungs- und Verfügungsbefugnis auf den vorläufigen Insolvenzverwalter, [...] über.“*[169]

Nach dem *AG Hof* sind die Verbindlichkeiten aus dem Darlehensvertrag auf Grund des besonderen Verfügungsverbots – so die Bezeichnung des Insolvenzgerichts für diese Anordnung zumindest in den Entscheidungsgründen – Masseverbindlichkeiten. Ähnlich formuliert auch das *AG Coburg* bei einer entsprechenden Anordnung.[170] Auch der *Bundesgerichtshof* scheint von der Begründung von Masseverbindlichkeiten im Rahmen eines besonderen Verfügungsverbots auszugehen, was wohl aus seiner folgenden Aussage zu schließen ist: Es kann *„ein besonderes Verfügungsverbot für diejenigen Gegenstände geboten sein, für deren Verwaltung die Masseverbindlichkeiten nötig sind.“*[171]

§ 55 Abs. 2 InsO knüpft die Begründung von Masseverbindlichkeiten zwar an den Übergang der Verwaltungs- und Verfügungsbefugnis auf den vorläufigen Insolvenzverwalter. Diese Regelung ist jedoch in § 55 Abs. 2 InsO getroffen worden, damit der vorläufige Insolvenzverwalter auch *„anspruchsvollsten Aufgaben“*, wie vor allem einer Unternehmensfortführung, gewachsen ist, die – wie der *Bundesgerichtshof* zutreffend feststellt – nicht der Regelfall ist.[172] § 55 Abs. 2 InsO normiert eine Ausnahme zu § 38 InsO, nach dem alle vor Eröffnung begründete Verbindlichkeiten Insolvenzforderungen sind, für den Fall, daß der vorläufige Insolvenzverwalter bereits eine nahezu identische Stellung wie der endgültige Verwalter hat. Die Begründung von Masseverbindlichkeiten ist aber nicht zwingender Annex zu der Verwaltungs- und Verfügungsbefugnis. Denn auch der Schuldner, der im Eröffnungsverfahren seine Verwaltungs- und Verfü-

169 *AG Hof*, Beschl. v. 29. 9. 1999 – IN 124/99, NZI 2000, 37 f.
170 *AG Coburg*, Beschl. v. 26. 11. 2001 – IN 248/01, ZInsO 2002, 383.
171 *BGH*, Urt. v. 18. 7. 2002 – IX ZR 195/01, ZInsO 2002, 819, 822 f.
172 *BGH*, Urt. v. 18. 7. 2002 – IX ZR 195/01, ZInsO 2002, 819, 822.

gungsbefugnis behält, kann keine Masseverbindlichkeiten begründen. § 55 Abs. 2 InsO ist somit keine zwingende Folge eines besonderen Verfügungsverbots.

c) Wirkung des § 55 Abs. 2 InsO auf Grund richterlicher Anordnung?

Da jedoch offensichtlich Bedarf besteht, die Wirkungen des § 55 Abs. 2 InsO in Teilbereichen auszulösen, stellt sich die Frage, ob die Geltung des § 55 Abs. 2 InsO durch eine Einzelermächtigung angeordnet werden kann, wie es zum Beispiel in dem folgenden – oben bereits erwähnten – Beschluß geschehen ist.

> „*A. Dem vorläufigen Insolvenzverwalter wird die alleinige rechtliche Verfügungsbefugnis über folgende Teilbereiche des Vermögens* [...] *übertragen:*
> *1. Veräußerung des Konzerngeschäftsbereichs Kühltechnik* [...].
> *2. Abschluß entsprechender Verträge* [...]
> *3. Vornahme aller sonstiger damit zusammenhängender Verträge* [...].
>
> *B. Der vorläufige Insolvenzverwalter wird ermächtigt, in Wahrnehmung dieser Verfügungsbefugnis Verbindlichkeiten mit dem Rang des § 55 Abs. 2 InsO zu begründen* [...].“[173]

In diesem Fall und bei den Darlehensbeispielen bestand ein besonderer Sicherungsbedarf insoweit, als die angestrebten Geschäfte zwingend notwendig, aber nur mit der Begründung von Masseverbindlichkeiten möglich waren.

Trotz dieses Sicherungsbedarfs ist jedoch fraglich, ob für eine solche Anordnung eine gesetzliche Grundlage besteht. Dies wird von Teilen der Literatur bezweifelt.[174] Der *Bundesgerichtshof* will eine solche Anordnung auf § 22 Abs. 2 InsO stützen. Er führt als Begründung an, daß zu der Ermächtigung nach § 22 Abs. 2 InsO, die Pflichten des vorläufigen Insolvenzverwalters bestimmen zu können, zwangsläufig gehört, auch dessen Rechte bestimmen zu können. § 55 Abs. 2 InsO regelt jedoch keine Rechte, keine Handlungsbefugnis, sondern legt die Wirkung, also die Rechtsfolge einer Handlung fest, die eine ganz bestimmte Person, nämlich der starke vorläufige Verwalter, vornimmt. Wollte man das Insolvenzgericht für befugt erachten, den vorläufigen Insolvenzverwalter zur Begründung von bestimmten Masseverbindlichkeiten zu ermächtigen, hieße dies im Ergebnis, daß das Insolvenzgericht darüber bestimmt, welche Verbindlichkeiten im Eröffnungsverfahren Masseverbindlichkeiten werden oder nicht. Die Einordnung, ob eine Verbindlichkeit Masse- oder Insolvenzforderung ist, ist ein wesentlicher Unterschied, der darüber entscheidet, ob ein Gläubiger alles oder

---

173 *AG Duisburg*, Beschl. v. 28. 7. 2002 – 62 IN 167/02, ZIP 2002, 1700.

174 *Spliedt*, EWiR 2002, 919, 920; *Prütting/Stickelbrock* ZIP 2002, 1608, 1611; *Haarmeyer/Pape* ZInsO 2002, 845, 847.

nur eine – meist verschwindend geringe – Quote auf seine Forderung erhält. Eine solche Wertung steht nur dem Gesetzgeber zu. Entsprechende Versuche, in die Wertung des Gesetzgebers einzugreifen, hatte bereits das *Bundesarbeitsgericht* vorgenommen, indem es Abfindungsansprüche aus einem Sozialplan als Konkursforderungen ersten Rangs einstufte.[175] Dieser Versuch wurde vom *Bundesverfassungsgericht* für unzulässig erklärt, weil es sich bei § 61 KO um eine abschließende Regelung handele.[176] Auch § 55 InsO stellt eine abschließende Regelung dar.[177] Durch richterliche Einzelermächtigungen wird die in § 55 InsO festgelegte Befriedigungsordnung unterlaufen.[178] Eine entsprechende Ermächtigung ist daher unzulässig.[179]

Weiter spricht gegen die Annahme, daß Insolvenzgericht dürfte den vorläufigen Insolvenzverwalter in Einzelfällen ermächtigen, Masseverbindlichkeiten zu begründen, die darauf resultierende Ungleichbehandlung der Gläubiger innerhalb eines Insolvenzverfahrens. Zu einer solchen Ungleichbehandlung kommt es zum Beispiel, wenn der vorläufige Verwalter ermächtigt wird, gegenüber einem Energielieferungsunternehmen Masseverbindlichkeiten einzugehen, aber gleichzeitig einen Vermieter darauf verweisen kann, daß es sich bei den Mietschulden vor Verfahrenseröffnung nur um Insolvenzforderungen handelt.[180]

Sollte durch den Gesetzgeber in § 55 InsO nicht eine Ermächtigung zur Begründung von Masseverbindlichkeiten aufgenommen werden, so wie es der Arbeitskreis der Insolvenzverwalter vorschlägt,[181] dann bleibt dem vorläufigen Insolvenzverwalter nur die Möglichkeit, die Anordnung eines allgemeinen Verfügungsverbots anzuregen oder nach dem vom *Bundesgerichtshof* anerkannten Treuhandmodell vorzugehen.[182]

---

175 *BAG*, Beschl. v. 13. 12. 1978 – GS 1/77, NJW 1979, 774.

176 *BVerfG*, Beschl. v. 19. 10. 1983 – 2 BvR 485/80 u. 2 BvR 486/80, ZIP 1984, 78, 80 f.

177 *Kübler/Prütting-Pape* § 55 InsO Rdnr. 4, 73,

178 *Kübler/Prütting-Pape* § 55 InsO Rdnr. 73; *Haarmeyer/Pape* ZInsO 2002, 845, 848.

179 So ebenfalls *Uhlenbruck*, Kölner Schrift, S. 325 ff., Rdnr. 13; *Frankfurter Kommentar-Schmerbach* § 22 InsO Rdnr. 61 k; *Kübler/Prütting-Pape* § 55 Rdnr. 72; *Bescheid* ZInsO 1999, 700; *Bähr* ZIP 1998, 1553, 1559; **a. A.** *Meyer* DZWIR 2002, 40, 41; *Pohlmann* Rdnr. 335 ff.; *Münchener Kommentar-Hefermehl* § 55 InsO Rdnr. 219; *Nerlich/Römermann-Mönning* § 22 InsO Rdnr. 224; *Heidelberger Kommentar-Kirchhof* § 22 InsO Rdnr. 30.

180 *Kübler/Prütting-Pape* § 55 InsO Rdnr. 74.

181 *Arbeitskreis* NZI 2002, 3, 5 f. (*Spliedt*). Dies fordert ebenso *Kübler/Prütting-Pape* § 55 InsO Rdnr. 74.

182 Vgl. zum Treuhandmodell *BGH*, Urt. v. 12. 10. 1989 – IX ZR 184/88, ZIP 1998, 1466; *Mönning* Rdnr. 52 ff. Für eine entsprechende Vorgehensweise, *Bähr* ZIP 1998, 1553, 1559; *Berscheid* ZInsO 1999, 679, 700.

Zwar erscheint dieses Ergebnis insbesondere in Hinblick auf eine Darlehensaufnahme mit dem Sicherungszweck zu kollidieren. Aber man muß sich bewußt machen, daß jeder Gläubiger der ohne Sicherheit eine Vorleistung erbringt, dem Schuldner einen Kredit gewährt. Ohne gesetzliche Regelung stellt sich die Frage, wo das Insolvenzgericht die Grenzen zu ziehen hat. Kommt eine Unternehmensfortführung in Frage – nur in einem solchen Fall wird eine Darlehensaufnahme im Raum stehen –, muß das Insolvenzgericht nach der geltenden Gesetzeslage auf den vom Gesetzgeber gerade für diesen Fall vorgesehenen starken Verwalter zurückgreifen. Gleichwohl empfiehlt sich *de lege ferenda* eine dem § 106 VglO vergleichbare Regelung für die Insolvenzordnung. Damit würde die Möglichkeit bestehen, daß der Schuldner mit Zustimmung des vorläufigen Insolvenzverwalters eine neue Darlehensverbindlichkeit im Rang einer Masseforderung eingehen könnte. Es würde durch solche Gesetzesänderung dem Sicherungszweck genüge getan und die klare Trennung zwischen einer Weiterführung durch den Schuldner unter Zustimmungsvorbehalt und einer Weiterführung durch einen starken Verwalter aufrecht erhalten.

3. Ergebnis

Die Anordnung eines besonderen Verfügungsverbotes ist zulässig. Es besteht die Möglichkeit, ein besonderes Verfügungsverbot ohne die Bestellung eines vorläufigen Insolvenzverwalters anzuordnen. Dann hat das Verfügungsverbot relative Wirkung. Wird das besondere Verfügungsverbot gleichzeitig mit der Bestellung eines vorläufigen Insolvenzverwalters angeordnet, so geht die Verwaltungs- und Verfügungsbefugnis hinsichtlich des betreffenden Gegenstandes auf den vorläufigen Insolvenzverwalter über. Die Wirkungen des § 55 Abs. 2 InsO werden durch eine besonderes Verfügungsverbot nicht ausgelöst und können auch nicht durch Einzelermächtigung von den Insolvenzgerichten angeordnet werden.

VI. Der allgemeine Zustimmungsvorbehalt, § 21 Abs. 2 Nr. 2 Alt. 2 InsO

Nach § 21 Abs. 2 Nr. 2 Alt. 2 InsO kann das Insolvenzgericht anordnen, daß Verfügungen durch den Schuldner nur mit Zustimmung eines vorläufigen Insolvenzverwalters wirksam sind. Dies beinhaltet, daß ein Zustimmungsvorbehalt somit nie ohne vorläufigen Insolvenzverwalter angeordnet werden kann.

In der Literatur sind hinsichtlich der Anordnung des Zustimmungsvorbehalts zahlreiche Bedenken geäußert worden. Es wird davon ausgegangen, daß es beim kombinierten allgemeinen Verfügungsverbot und dem Zustimmungsvorbehalt zu ganz ähnlichen Einschränkungen kommt und somit für den Zustimmungsvorbehalt kein Anwendungsbereich bleibt.[183] Es wird bemängelt, daß diese Regelung weit hinter den Wirkungen des kombinierten allgemeinen Verfügungsverbotes zurückbleibt,[184] der Verwalter zum Beispiel das Vermögen nicht in Besitz nehmen kann,[185] und hierdurch die Gefahr einer Masseschmälerung deutlich größer wird.[186] Des weiteren wird kritisiert, daß es durch den Zustimmungsvorbehalt zu Abstimmungsproblemen zwischen dem Schuldner und dem vorläufigen Insolvenzverwalter kommt und insbesondere die Festlegung der Befugnisse des Verwalters schwierig sein wird.[187] Neben diesen, im Tatsächlichen liegenden Erwägungen werden auch rechtliche (Zulässigkeits-)Bedenken geäußert. Einige sehen in der Anordnung des allgemeinen Zustimmungsvorbehalts sogar eine Umgehung der Folgen des § 55 Abs. 2 InsO. Daher will diese Ansicht § 55 Abs. 2 InsO analog beim allgemeinen Zustimmungsvorbehalt anwenden.[188] Nach § 55 Abs. 2 InsO sind vom vorläufigen Insolvenzverwalter mit Verwaltungs- und Verfügungsbefugnis begründete Verbindlichkeiten im eröffneten Verfahren Masseverbindlichkeiten. Bei einer analogen Anwendung des § 55 Abs. 2 InsO auf den Zustimmungsvorbehalt wären auch Verbindlichkeiten, die während der Geltung des Zustimmungsvorbehaltes mit Zustimmung des vorläufigen Insolvenzverwalters begründet werden, Masseverbindlichkeiten.

Durch die nachfolgende rechtliche Einordnung des Zustimmungsvorbehalts wird gezeigt, daß zwischen dem Zustimmungsvorbehalt und dem kombinierten allgemeinen Verfügungsverbot ein gravierender Unterschied besteht, dem Zustimmungsvorbehalt eine ganz andere Konstellation zugrunde liegt, und somit die geäußerten Kritikpunkte nicht zutreffen und eine analoge Anwendung des § 55 Abs. 2 InsO beim Zustimmungsvorbehalt nicht in Frage kommt.

---

183 *Pohlmann* Rdnr. 345. Dies ist für ihn folgerichtig, da er dem Schuldner während der Geltung eines kombinierten allgemeinen Verfügungsverbots die Verpflichtungsbefugnis auch hinsichtlich Gegenständen, die unter das Verbot fallen, zuspricht, *Pohlmann* Rdnr. 272.

184 *Frankfurter Kommentar-Schmerbach* § 22 InsO Rdnr. 59.

185 *Pohlmann* Rdnr. 222; *Frankfurter Kommentar-Schmerbach* § 21 InsO Rdnr. 29; *Gerhardt*, Kölner Schrift, S. 193 ff., Rdnr. 14; **a. A.** ohne Begründung und mit falschem Verweis auf *Pohlmann*, *Hess/Weis/Wienberg-Wienberg* § 22 InsO Rdnr. 128.

186 *Gerhardt*, Kölner Schrift, S. 193 ff., Rdnr. 14.

187 *Gerhardt*, Kölner Schrift, S. 193 ff., Rdnr. 14; *Frankfurter Kommentar-Schmerbach* § 21 InsO Rdnr. 29.

188 *Bork* ZIP 1999, 781, 786; *Heidelberger Kommentar-Eickmann* § 55 InsO Rdnr. 26.

1. Zum Vergleich: Ähnliche Regelungen der Vergleichs- und Insolvenzordnung

Dem Zustimmungsvorbehalt des § 21 Abs. 2 Nr. 2 Alt. 2 InsO ähnliche Regelungen gab es bereits in der Vergleichsordnung. Nach den §§ 12, 59 VglO konnte das Vergleichsgericht im Eröffnungsverfahren als Sicherungsmaßnahmen ein allgemeines oder besonderes Veräußerungsverbot erlassen. Gemäß § 59 VglO ging dabei allerdings nicht die Verwaltungs- und Verfügungsbefugnis auf den vorläufigen Vergleichsverwalter über, sondern dem Vergleichsverwalter kam nur eine – so die Diktion des § 64 VglO, der die Wirkungen des allgemeinen und besonderen Veräußerungsverbotes regelte – „*Zustimmungsbefugnis*" zu. Verpflichtungsgeschäfte des Schuldners waren weiterhin möglich.[189] Das Verbot hatte – wie auch der Zustimmungsvorbehalt nach § 21 Abs. 2 Nr. 2 InsO – absolute Wirkung.[190]

Neben den Veräußerungsverboten konnte das Vergleichsgericht gemäß den §§ 12, 57 VglO anordnen, daß der Schuldner bestimmte „*Verbindlichkeiten*" nur mit Zustimmung des vorläufigen Vergleichsverwalters eingehen soll. Da § 57 VglO nur eine Sollvorschrift enthielt, hatte ein Zuwiderhandeln des Schuldners nicht die Unwirksamkeit des Verpflichtungsgeschäfts zur Folge. Als Sanktion war nur die Aufhebung des Vergleichsverfahrens mit folgendem Anschlußkonkurs möglich.[191]

In der Insolvenzordnung findet sich eine dem Zustimmungsvorbehalts des § 21 Abs. 2 Nr. 2 InsO ähnliche Regelung bei der Eigenverwaltung. Gemäß § 277 InsO können einzelne „*Rechtsgeschäfte*" unter einen Zustimmungsvorbehalt gestellt werden mit der Folge, daß diese Rechtsgeschäfte nur mit Zustimmung des Sachwalters, der dem Schuldner bei der Eigenverwaltung an die Seite gestellt wird, wirksam sind. Durch die Formulierung „*Rechtsgeschäfte*" ist § 277 InsO sowohl auf die Verfügungs- als auch auf die Verpflichtungsgeschäfte des Schuldners anzuwenden.[192] Da durch § 277 InsO nur einzelne Rechtsgeschäfte erfaßt werden, ist diese Regelung vor allem mit dem besonderen Zustimmungsvorbehalt vergleichbar. Die Rechtsgeschäfte, die der Schuldner ohne Zustimmung des Sachwalters vornimmt, sind gemäß §§ 277 Abs. 1 S. 2, 81 Abs. 1 S. 2 und 3 InsO absolut unwirksam.[193] Wie auch beim Zustimmungsvorbehalt und

---

189 *Kilger/K. Schmidt* § 62 VglO Rdnr. 1 a.

190 *Kilger/K. Schmidt* § 62 VglO Rdnr. 2.

191 *Kilger/K. Schmidt* § 57 VglO Rdnr. 2 f.

192 *Frankfurter Kommentar-Foltis* § 277 InsO Rdnr. 4.

193 *Frankfurter Kommentar-Foltis* § 277 InsO Rdnr. 7. Interessant ist, daß § 277 Abs. 1 S. 2 InsO jedoch im Gegensatz zu §§ 21 Abs. 2 Nr. 2 Alt. 2, 24 Abs. 1 InsO nur auf

wie im Vergleichsverfahren behält der Schuldner bei der Eigenverwaltung seine Verwaltungs- und Verfügungsbefugnis.

2. Grundsätzliche Zulässigkeit des allgemeinen Zustimmungsvorbehalts und seine Wirkungen

Wie sich aus der Gesetzesbegründung[194] eindeutig ergibt, ist die Anordnung eines allgemeinen Zustimmungsvorbehalts, der sich auf alle Verfügungen des Schuldners bezieht, zulässig. Aus dem Zusammenhang des betreffenden Abschnitts der Gesetzesbegründung ergibt sich weiter, daß der allgemeine Zustimmungsvorbehalt – trotz der nicht glücklichen Formulierung[195] – unter § 21 Abs. 2 Nr. 2 InsO fällt. Verfügungen, die ohne Einwilligung oder Genehmigung erfolgen, sind gemäß §§ 24 Abs. 1, 81 Abs. 1 InsO absolut unwirksam.[196] Es handelt sich, wie oben bereits festgestellt,[197] bei dem allgemeinen Zustimmungsvorbehalt um eine Verfügungsbeschränkung. Für die Einzelheiten hinsichtlich der Wirkung wie zum Beispiel dem Verfügungsbegriff oder der schwebenden Unwirksamkeit, wird nach oben verwiesen.[198]

Die Verwaltungs- und Verfügungsbefugnis geht beim Zustimmungsvorbehalt nicht auf den vorläufigen Insolvenzverwalter über.[199] Ebenso findet § 240 S. 2 ZPO beim allgemeinen Zustimmungsvorbehalt keine Anwendung.[200] Ob im

---

die Sätze 2 und 3 und nicht auf Satz 1 des § 81 Abs. 1 InsO verweist, in der Wirkung aber gleich ist.

194 Begr. zu § 25 RegE [§ 21 InsO], in: *Balz/Landfermann* S. 229: Im Rahmen des Sicherungszwecks kommt neben den in § 21 Abs. 2 InsO aufgezählten Sicherungsmaßnahmen „*in Betracht, nur bestimmte, besonders wichtige Verfügungen des Schuldners an die Zustimmung des vorläufigen Insolvenzverwalters zu binden.*"

195 „*Verfügungen des Schuldners*" statt *alle* oder *die Verfügungen des Schuldners*, vgl. *Bork* ZIP 1999, 781, 784.

196 *Kübler/Prütting-Pape* § 24 InsO Rdnr. 1; *Heidelberger Kommentar-Kirchhof* § 24 InsO Rdnr. 3; *Uhlenbruck*, Kölner Schrift, S. 325 ff., Rdnr. 16; *Hauser/Hawelka* ZIP 1998, 1261, 1264; *Gerhardt*, Kölner Schrift, S. 193 ff., Rdnr. 15; *Häsemeyer* Rdnr. 7.37; *Pohlmann* Rdnr. 258 ff.; **a. A.** *Nerlich/Römermann-Mönning* § 24 InsO Rdnr. 7; *Hess/Weis/Wienberg-Wienberg* § 22 InsO Rdnr. 82, der nur eine relative Unwirksamkeit annimmt beziehungsweise eine Unwirksamkeit sogar – vielleicht in Hinblick auf § 57 VglO – ganz ablehnt, *Hess/Weis/Wienberg-Wienberg* § 21 InsO Rdnr. 34.

197 Teil 2 A. I. 3.

198 Teil 2 A. II.

199 Dieser Unterschied wird im Ersten Bericht der Insolvenzrechtskommission noch ausdrücklich hervorgehoben, Begr. zu LS 1.2.3 des Ersten Berichts der Insolvenzrechtskommission, in: *BMJ EB*, S. 104.

200 *BAG*, Urt. v. 25. 4. 2001 – 5 AZR 360/99, ZInsO 2001, 1024 LS; *BGH*, Urt. v. 21. 6. 1999 – II ZR 70/98, ZIP 1999, 1314.

Rahmen des Zustimmungsvorbehalts die Wirkungen des § 55 Abs. 2 InsO ausgelöst werden können, wird unten gesondert behandelt.

3. Rechtsnatur des allgemeinen Zustimmungsvorbehalts

a) Die Verteilung der Rechtsmacht zwischen Schuldner und vorläufigem Insolvenzverwalter beim allgemeinen Zustimmungsvorbehalt

aa) Im Außenverhältnis

Beim Zustimmungsvorbehalt geht im Gegensatz zum kombinierten allgemeinen Verfügungsverbot die Verwaltungs- und Verfügungsbefugnis nicht auf den vorläufigen Insolvenzverwalter über. Diesen Unterschied hebt bereits der Erste Bericht der Insolvenzrechtskommission hervor. Beim Zustimmungsvorbehalt verbleibt die Verfügungsbefugnis grundsätzlich beim Schuldner, während sie ihm beim allgemeinen Verfügungsverbot entzogen wird.[201] Nach *Bork* führt dieser Unterschied nur zu einer unterschiedlichen Behandlung des allgemeinen Zustimmungsvorbehalts im Gegensatz zum kombinierten allgemeinen Verfügungsverbot im Innenverhältnis zwischen Schuldner und vorläufigem Verwalter – nicht aber im Außenverhältnis.[202] *Bork* sieht im Außenverhältnis nur den *„technischen Unterschied"*, daß im Fall des Zustimmungsvorbehalts der vorläufige Insolvenzverwalter seine Entscheidung zum Ausdruck bringen muß, indem er die Zustimmung gibt, während beim kombinierten allgemeinen Verfügungsverbot der Verwalter die maßgebliche Willenserklärung selbst abgibt.

Es ist zutreffend, daß es rechtlich im Ergebnis weder für den Schuldner noch für einen Dritten einen Unterschied macht, ob eine Verfügung ohne Zustimmung oder entgegen einem kombinierten Verfügungsverbot erfolgt ist. Die Verfügungen sind in beiden Fällen schwebend unwirksam. Der vorläufige Insolvenzverwalter kann beide Verfügungen nach § 185 BGB genehmigen. Hatte der vorläufige Verwalter seine Einwilligung zu den Verfügungen versagt, besteht in beiden Fällen keine Heilungsmöglichkeit. Aber dennoch steht den Gläubigern beim Zustimmungsvorbehalt der Schuldner als Handelnder gegenüber. Der Schuldner hat die Verfügungen im Außenverhältnis vorzunehmen. Der vorläufige Insolvenzverwalter kann beim Zustimmungsvorbehalt gerade nicht allein verfügen, ihm steht kein eigenes Initiativrecht zu.[203] Darin liegt ein beachtlicher Unter-

---

201 Begr. zu LS 1.2.3 des Ersten Berichts der Insolvenzrechtskommission, in: *BMJ EB*, S. 105.

202 *Bork* ZIP 1999, 781, 784.

203 So auch *Jaffé/Hellert* ZIP 1999, 1204, 1205; *Pohlmann* Rdnr. 255; *Kießling/Singhoff* DZWIR 2000, 353, 356.

schied zum kombinierten Verfügungsverbot.[204] Das Auftreten des vorläufigen Insolvenzverwalters im Außenverhältnis wird daher maßgeblich dadurch beeinflußt, ob ein Zustimmungsvorbehalt oder ein allgemeines Verfügungsverbot angeordnet wird.[205]

Zum anderen übersieht *Bork*, daß sich dieser vermeintlich nur rein *„technische Unterschied"* nicht auf die Verpflichtungsgeschäfte des Schuldners bezieht. *Bork* geht zu Unrecht davon aus, daß der Schuldner bei beiden Verfügungsbeschränkungen Verbindlichkeiten begründet, die auf den Willen des vorläufigen Verwalters zurückgehen.[206] Der Schuldner kann jedoch beim Zustimmungsvorbehalt Verpflichtungen – zumindest rechtlich – ganz ohne Mitwirkung des vorläufigen Insolvenzverwalters eingehen. *„Verpflichtungsgeschäfte durch den Schuldner vermag er nicht zu verhindern."*[207] Diese Verpflichtungsgeschäfte binden die Masse wirksam.[208] Bereits im Rahmen des kombinierten allgemeinen Verfügungsverbotes bedurfte es – wie gesehen – einer besonderen Begründung, wieso der Schuldner keine Verbindlichkeiten zu Lasten der Masse begründen kann.[209] Die Begründung für eine extensive Auslegung des § 38 InsO, die sich aus dem Übergang der Verwaltungs- und Verfügungsbefugnis auf den vorläufigen Insolvenzverwalter beim kombinierten allgemeinen Verfügungsverbot ergibt, fehlt beim Zustimmungsvorbehalt dagegen.

Nach § 57 Abs. 1 VglO gab es die Möglichkeit, auch die Verpflichtungsgeschäfte des Schuldners unter einen Zustimmungsvorbehalt zu stellen, und von § 277 InsO sind Verpflichtungsgeschäfte bereits nach dessen Wortlaut erfaßt. Eine entsprechende Regelung würde jedoch nicht zum allgemeinen Zustimmungsvorbehalt gemäß § 21 Abs. 2 Nr. 2 Alt. 2 InsO passen, da bei einem allgemeinen Zustimmungsvorbehalt der Schuldner die Verwaltung seines Vermögens gerade in der Hand behält. Nach geltendem Recht bleibt im übrigen die Möglichkeit, nach Eröffnung die Geschäfte anzufechten[210] oder bei Gericht gegebenenfalls eine Verschärfung der Sicherungsmaßnahmen anzuregen. Eine generelle Ausdehnung des Zustimmungsvorbehalts auf Verpflichtungsgeschäfte kommt auf Grund des klaren Wortlauts und der dem Schuldner verbleibenden Verwaltungsbefugnis somit nicht in Frage. Es besteht jedoch die Möglichkeit den allgemeinen Zustimmungsvorbehalt durch Einzelanordnungen zu ergänzen. Es

---

204 *Förster* ZIP 1999, 332; *Jaffé/Hellert* ZIP 1999, 1204, 1205 ff.
205 *OLG Köln*, Urt. v. 29. 6. 2001 – 19 U 199/99, DZWIR 2001, 474, 477.
206 *Bork* ZIP 1999, 781, 785.
207 *BGH*, Urt. v. 18. 7. 2002 – IX ZR 195/01, ZInsO 2002, 819, 821.
208 *Kießling/Singhoff* DZWIR 2000, 353, 355; *BGH*, Urt. v. 18. 7. 2002 – IX ZR 195/01, ZInsO 2002, 819, 821.
209 Siehe hierzu ausführlich Teil 2 A. III. 2.
210 *Pohlmann* Rdnr. 275.

können beispielsweise bestimmte Verpflichtungsgeschäfte an die Zustimmung des vorläufigen Insolvenzverwalters geknüpft werden oder die Verpflichtungsbefugnis für konkrete Geschäfte kann auf den vorläufigen Insolvenzverwalter übertragen werden.[211] Oder es kann ein besonderes Verfügungsverbot erlassen werden.[212]

Im Außenverhältnis besteht somit zwischen dem kombinierten allgemeinen Verfügungsverbot und dem Zustimmungsvorbehalt ein Unterschied. Der Schuldner kann beim Zustimmungsvorbehalt die Masse noch wirksam verpflichten, beim kombinierten allgemeinen Verfügungsverbot dagegen nicht. Der Schuldner ist der Verfügende. Der vorläufige Insolvenzverwalter hat daher beim Zustimmungsvorbehalt – zumindest rechtlich – keinen Einfluß auf die Verpflichtungsgeschäfte des Schuldners und kann in eigener Person weder Verfügungs- noch Verpflichtungsgeschäfte tätigen.

bb) Im „Innenverhältnis"

Im Verhältnis zwischen dem Schuldner und dem vorläufigen Insolvenzverwalter stehen dem vorläufigen Verwalter grundsätzlich keine weitergehenden Befugnisse zu, um die Handlungen des Schuldners zu beeinflussen. Auch im Innenverhältnis liegt die Entscheidungsbefugnis, was gemacht werden soll, beim Schuldner. Der vorläufige Insolvenzverwalter kann dem Schuldner weder eigene Initiativen aufzwingen[213] noch dem Schuldner Anweisungen geben, was er zu tun hat. Eine Einflußnahme des vorläufigen Insolvenzverwalters auf den Schuldner ist „*von Rechts wegen unverbindlich*".[214]

Trotzdem wird der vorläufige Insolvenzverwalter häufig bereits dem der Verfügung zugrundeliegenden Verpflichtungsgeschäft zustimmen. Dies wird in der Regel aus praktischen Gründen sinnvoll sein. Liegt eine solche Zustimmung zum Verpflichtungsgeschäft vor, wird der vorläufige Insolvenzverwalter bis auf wenige Ausnahmefälle auch die folgende Verfügung genehmigen, um eine sinnvolle Zusammenarbeit zu gewährleisten. Eine Verpflichtung gegenüber dem Schuldner zur Genehmigung kann jedoch nicht bestehen, da der vorläufige Verwalter nur dem Sicherungszweck des § 21 InsO verpflichtet ist. Liegt keine Zustimmung vor, so wird der vorläufige Insolvenzverwalter bei der Entscheidung, ob er der Verfügung zustimmt oder nicht, andere Überlegungen zugrunde legen, als wenn ihm selbst das Initiativrecht hinsichtlich der Verfügungen zu-

---

211 Vgl. vor allem zu Letzteren, *BGH*, Urt. v. 18. 7. 2002 – IX ZR 195/01, ZInsO 2002, 819, 822.

212 Vgl. oben Teil 2 A. V. 2.

213 *Bork* ZIP 1999, 781, 784.

214 *BGH*, Urt. v. 18. 7. 2002 – IX ZR 195/01, ZInsO 2002, 819, 821.

steht. Denn verweigert er beim Zustimmungsvorbehalt die Zustimmung zur Verfügung, bleibt dem Vertragspartner des Schuldners immer noch ein Anspruch auf Schadensersatz statt der Leistung.

Der Insolvenzverwalter kann im eröffneten Verfahren die Verpflichtungsgeschäfte des Schuldners anfechten. Liegen die Voraussetzungen einer Anfechtung vor, so richtet sich der Anspruch auf die Auflösung des Vertrages.[215] Der Verwalter kann aber auch von der Anfechtung absehen und, soweit die Voraussetzungen vorliegen, gemäß § 103 InsO sein Wahlrecht ausüben und Erfüllung zur Masse verlangen.[216] Ist das Verpflichtungsgeschäft nicht anfechtbar, aber vom Verwalter trotzdem nicht gewollt, bleibt ihm gegebenenfalls nur die Ablehnung des Rechtsgeschäfts nach § 103 InsO. Mit der Ablehnung kann der Insolvenzverwalter jedoch die Wirkungen des Verpflichtungsgeschäftes nicht vollständig beseitigen, denn dem Gläubiger bleibt ein Anspruch auf Schadensersatz statt der Leistung. Mit dieser Forderung ist er Insolvenzgläubiger, § 103 Abs. 2 S. 1 InsO.

Bei der Weiterführung eines Unternehmens durch den Schuldner kommt es vor allem auf das Vertrauen der Kunden und Lieferanten an. Um eine sinnvolle Weiterführung durch den Schuldner gewährleisten zu können, wird der vorläufige Verwalter bei der Zustimmungsverweigerung eher Zurückhaltung bei der Ablehnung von Verfügungen walten lassen, soweit sich die Verfügung des Schuldners noch im Rahmen des Sicherungszwecks bewegt. Denn vereitelt er jedes Geschäft, ist die Fortführung durch den Schuldner sinnlos. Absprachen im Vorfeld sind unerläßlich.

Sieht der Verwalter die Notwendigkeit, regelmäßig die geplanten Verfügungen des Schuldners zu verhindern, dann muß der vorläufige Insolvenzverwalter beim Insolvenzgericht die Anordnung eines kombinierten allgemeinen Verfügungsverbots anregen[217] und die Geschäfte damit selbst in die Hände nehmen. Der Zustimmungsvorbehalt kann nur funktionieren, wenn der Schuldner selber in der Lage ist, wirtschaftlich sinnvolle Entscheidungen zu fällen. Bei umfangreichen Entscheidungen sollte er sich mit dem vorläufigen Insolvenzverwalter absprechen. Im Ergebnis ist diese Situation der des § 57 VglO ähnlich. Bei § 57 VglO gab es nur eine Sollregelung hinsichtlich der Zustimmungsbedürftigkeit, ein Verstoß gegen § 57 VglO wurde durch die Beendigung des Vergleichsverfahrens und die Eröffnung eines Anschlußkonkurses sanktioniert, beim Zustimmungsvorbehalt gemäß § 21 Abs. 2 Nr. 2 InsO kann ein Nicht-Kooperieren nur

---

215 *Baur/Stürner*, Bd. II, Rdnr. 20.5.

216 So zu § 17 KO, *BGH* NJW 1962, 1200, 1202.

217 *Hauser/Hawelka* ZIP 1998, 1261, 1264; *Bähr* ZIP 1998, 1553, 1563.

mit der Anordnung des kombinierten allgemeinen Verfügungsverbots „sanktioniert".

b) Beurteilung der Kritikpunkte der Literatur

Es ist richtig, daß es zu Abstimmungsproblemen zwischen dem vorläufigen Insolvenzverwalter und dem Schuldner kommen kann.[218] Jedoch ist der Zustimmungsvorbehalt für Fälle gedacht, in denen der Schuldner durchaus noch in der Lage ist, sein Unternehmen zu führen. Ihm soll damit die Möglichkeit geben werden, gerade im Außenverhältnis sein „Gesicht" zu wahren.[219]

Wie gesehen, ist der Einwand berechtigt, daß diese Regelung hinter den Wirkungen des kombinierten allgemeinen Verfügungsverbotes zurückbleibt[220] und hierdurch die Gefahr einer Masseschmälerung größer ist.[221] Jedoch darf nicht vergessen werden, daß zum Zeitpunkt der Anordnung von Sicherungsmaßnahmen der Insolvenzgrund noch nicht positiv festgestellt ist und eine Antragsrücknahme möglich ist. Sicherungsmaßnahmen müssen nicht in jedem Fall angeordnet werden, sondern nur wenn sie *„erforderlich"* sind. Daher ist es zulässig, auch eine Maßnahme zu wählen, die hinter den Wirkungen des allgemeinen Verfügungsverbotes zurückbleibt. Die Möglichkeit den Zustimmungsvorbehalt als milderes Mittel im Verhältnis zum kombinierten allgemeinen Verfügungsverbot zu wählen, entspricht dem Grundsatz der Erforderlichkeit.[222] Darüber hinaus darf nicht übersehen werden, daß auch ein Verstoß gegen den allgemeinen Zustimmungsvorbehalt zur absoluten Unwirksamkeit der Verfügung führt. Daß die Wirkungen des Zustimmungsvorbehalts hinter denen des kombinierten allgemeinen Verfügungsverbots zurückbleiben, kann somit kein Kritikpunkt am Zustimmungsvorbehalt sein, sondern nur eine Feststellung, die ein Entscheidungskriterium im Rahmen der Erforderlichkeitsprüfung ist. Besteht tatsächlich die Gefahr einer größeren Masseschmälerung, die zum Beispiel durch Kompetenzkonflikte zwischen Schuldner und vorläufigem Verwalter entsteht und die auch nicht durch andere Aspekte, wie zum Beispiel die deutlich geringeren Kosten für den vorläufigen Insolvenzverwalter beim Zustimmungsvorbehalt, kompensiert wird, ist das kombinierte allgemeine Verfügungsverbot zu wählen.

---

218 *Frankfurter Kommentar-Schmerbach* § 21 InsO Rdnr. 29; *Gerhardt*, Kölner Schrift, S. 193 ff., Rdnr. 14.

219 Vgl. *Kießling/Singhoff* DZWIR 2000, 353, 356; *Vallender* DZWIR 1999, 265, 269; *Heidelberger Kommentar-Kirchhof* § 21 InsO Rdnr. 13; *Hess/Weis/Wienberg-Wienberg* § 21 InsO Rdnr. 32.

220 *Frankfurter Kommentar-Schmerbach* § 22 InsO Rdnr. 59.

221 *Gerhardt*, Kölner Schrift, S. 193 ff., Rdnr. 14.

222 *Kießling/Singhoff* DZWIR 2000, 353, 356; *Jaffé/Hellert* ZIP 1999, 1204, 1206 f.

Der allgemeine Zustimmungsvorbehalt ist daher insbesondere zur Sicherung des Vermögens, also zum Schutz einzelner Vermögensgegenstände geeignet, da der Schuldner nicht mehr ohne den vorläufigen Insolvenzverwalter verfügen kann. Diesen Aspekt hebt auch der *Bundesgerichtshof* hervor: Der allgemeine Zustimmungsvorbehalt schützt vor der „*Verringerung* [des Schuldner-]*Vermögens insbesondere durch Erfüllung einzelner oder aller Verbindlichkeiten.*“[223] Ob der allgemeine Zustimmungsvorbehalt auch zur Erhaltung des Vermögens, also auch zur Bewahrung des funktionsfähigen beziehungsweise verwertungsfähigen Zustands,[224] geeignet ist, muß das Insolvenzgericht in der Erforderlichkeitsprüfung beurteilen. Denn zur Erhaltung ist die Mitwirkung des Schuldners unerläßlich, weil der vorläufige Insolvenzverwalter ohne Verwaltungs- und Verfügungsbefugnis Verträge weder begründen noch beenden kann.[225]

4. § 55 Abs. 2 InsO analog?

Es ist die Wirkung des Zustimmungsvorbehalts, daß Verfügungen des Schuldners ohne Zustimmung des vorläufigen Insolvenzverwalters absolut unwirksam sind, §§ 21 Abs. 2 Nr. 2 Alt. 2, 24 Abs. 1, 81 Abs. 1 InsO. In Literatur und Rechtsprechung wird teilweise angenommen, die Anordnung des Zustimmungsvorbehalts bewirke darüber hinaus, daß Verbindlichkeiten, die mit Zustimmung des vorläufigen Insolvenzverwalters begründet werden, gemäß § 55 Abs. 2 InsO Masseverbindlichkeiten sind.[226] Nach seinem Wortlaut bestimmt § 55 Abs. 2 InsO die Begründung von Masseverbindlichkeiten nur für das kombinierte allgemeine Verfügungsverbot. Entsprechend wird vom Großteil der Literatur und von der Rechtsprechung – insbesondere durch den *Bundesgerichtshof* – eine analoge Anwendung des § 55 Abs. 2 InsO beim Zustimmungsvorbehalt abgelehnt.[227]

---

223 *BGH*, Urt. v. 18. 7. 2002 – IX ZR 195/01, ZInsO 2002, 819, 821.

224 Vgl. zu den Begriffen Sicherung und Erhaltung, *Kirchhof*, Symposium, S. 7, 9 sowie oben Teil 1 B. II. 3. a).

225 Zu den Problemen, vgl. *Kirchhof*, Symposium, S. 14 ff.

226 *Bork* ZIP 1999, 781, 785 f.; *Heidelberger Kommentar-Eickmann* § 55 InsO Rdnr. 26; *Ahrendt/Struck* ZInsO 1999, 450, 452 (analoge Anwendung des § 55 Abs. 2 InsO iVm. § 277 InsO); *wohl* auch *Hauser/Hawelka* ZIP 1998, 1261, 1263, der bei „*faktischer Anordnung*“ die Wirkungen des § 55 Abs. 2 InsO annimmt, ohne zu sagen, wann diese Grenze erreicht sein soll; *LG Essen*, Urt. v. 10. 1. 2001 – 16 O 534/00, NZI 2001, 217.

227 *Pohlmann* Rdnr. 345 ff.; *Förster* ZInsO 1999, 332; *Kirchhof* ZInsO 1999, 365, 368 f.; *Jaffé/Hellert* ZIP 1999, 1204, 1205 ff.; *Meyer* DZWIR 2001, 309, 311 ff.; *Maus* ZIP 2000, 339, 340; *Pape*, Kölner Schrift, S. 531 ff., Rdnr. 66; *LAG Frankfurt/M.*, Urt. v. 6. 2. 2001 – 4 Sa 1583/00, ZInsO 2001, 562; *OLG Hamm*, Urt. v. 7. 3. 2001 – 30 U 192/00, NZI 2002, 162; *AG Leipzig*, Urt. v. 4. 9. 2001 – 08 C 2818/01, ZIP 2001,

a) Umgehung des § 55 Abs. 2 InsO durch die Anordnung des Zustimmungsvorbehalts gemäß § 21 Abs. 2 Nr. 2 InsO?

Die Insolvenzgerichte verzichten häufig in Hinblick auf § 55 Abs. 2 InsO auf die Anordnung eines kombinierten allgemeinen Verfügungsverbots. Hierin wird eine Umgehung des § 55 Abs. 2 InsO gesehen.[228]

Das kombinierte allgemeine Verfügungsverbot soll *„nicht etwa kraft Gesetz der Regelfall jeder vorläufigen Insolvenzverwaltung sein,“* sondern soll dem vorläufigen Verwalter nur die anspruchsvolle Aufgabe einer Unternehmensführung, die eben gerade nicht der Regelfall ist, ermöglichen.[229] Daß die Praxis der Insolvenzgerichte, in der Regel einen allgemeinen Zustimmungsvorbehalt anzuordnen, nicht dem Willen des Gesetzgebers widerspricht, hat sich im Rahmen der Änderungen des § 55 InsO gezeigt. Die Begründung des Insolvenzrechtsgesetz vom 26. 10. 2001[230] zum neuen § 55 Abs. 3 InsO stellt nämlich fest, daß eine Schlechterstellung des Bundesanstalt für Arbeit durch diese Änderung praktisch kaum eintreten würde.[231]

Durch die Begründung von Masseverbindlichkeiten im Eröffnungsverfahren kann die Masse aufgezehrt werden, wenn dies nicht durch andere der Masse vorteilhafte Faktoren, die bei der Fortführung des Unternehmens durch einen starken vorläufigen Insolvenzverwalter entstehen können, ausgeglichen werden kann. Die Abwägung zwischen den masseaufzehrenden Wirkungen des § 55 Abs. 2 InsO und seinem Nutzen ist keine Umgehung des § 55 Abs. 2 InsO, sondern die Wirkung des § 55 Abs. 2 InsO ist ein in der Erforderlichkeitsprüfung zu berücksichtigendes Kriterium. Es wird in Hinblick auf die Gefahr der Masseauszehrung zu recht darauf hingewiesen, daß es dem Sicherungszweck widerspricht, mittels unberechtigter Analogie weitere Masseverbindlichkeiten außerhalb des kombinierten allgemeinen Verfügungsverbots zuzulassen.[232] Daher liegt, selbst wenn die Voraussetzungen für die Anordnung eines kombinierten allgemeinen Verfügungsverbotes ansonsten vorliegen, kein Umgehungstatbe-

---

1780; *AG Wuppertal*, Urt. v. 13. 6. 2001 – 96 C 96/01, ZIP 2001, 1335 mit zust. Anm. *Ringstmeier* EWiR 2002, 113; *LAG Köln*, Urt. v. 22. 10. 2001 – 2 Sa 31/01, ZInsO 2002, 545, 548; *BGH*, Urt. v. 18. 7. 2002 – IX ZR 195/01, ZInsO 2002, 819, 822.

228 *Bork* ZIP 1999, 781 f.; *Heidelberger Kommentar-Eickmann* § 55 InsO Rdnr. 26; a. A. *BGH*, Urt. v. 18. 7. 2002 – IX ZR 195/01, ZInsO 2002, 819, 822.

229 *BGH*, Urt. v. 18. 7. 2002 – IX ZR 195/01, ZInsO 2002, 819, 822.

230 BGBl. I S. 2710.

231 BT-Drs. 14/5680, S. 26.

232 *AG Leipzig*, Urt. v. 4. 9. 2001 – 08 C 2818/01, ZIP 2001, 1780, 1782. Ebenfalls auf die Gefährdung der Insolvenzzwecks der gleichmäßigen Gläubigerbefriedigung hinweisend, *AG Wuppertal*, Urt. v. 13. 6. 2001 – 96 C 96/01, ZIP 2001, 1335, 1336.

stand vor, der eine entsprechende Anwendung des § 55 Abs. 2 InsO im Rahmen des Zustimmungsvorbehalts rechtfertigen kann.[233]

Darüber hinaus handelt es sich beim Zustimmungsvorbehalt im Verhältnis zum kombinierten allgemeinen Verfügungsverbot um den schwächeren Eingriff.[234] Somit entspricht das eben dargestellte Wahlrecht des Insolvenzgerichts auch dem Grundsatz der Erforderlichkeit.[235]

b) Kein Widerspruch zum Normzweck des § 55 Abs. 2 InsO

Die Beschränkung des Anwendungsbereichs des § 55 Abs. 2 InsO auf das kombinierte Verfügungsverbot verstößt auch nicht gegen den Normzweck des § 55 Abs. 2 InsO. Normzweck des § 55 Abs. 2 InsO ist nicht der Schutz der Gläubiger, die Verpflichtungen mit dem vorläufigen Insolvenzverwalter eingehen, als Selbstzweck.[236] Auch wenn die Gesetzesbegründung auf diesen Schutz der Gläubiger hinweist,[237] ist der Schutz der Gläubiger nicht das primäre Ziel dieser Regelung, sondern der Schutz der Masse.[238] Es kam darauf an, dem vorläufigen Insolvenzverwalter mit Verwaltungs- und Verfügungsbefugnis die Möglichkeit zu geben, Partner zu finden, die bereit sind, mit dem Verwalter Geschäfte einzugehen. Ist hierzu niemand bereit, ist dem vorläufigen Insolvenzverwalter eine Fortführung unmöglich. § 55 Abs. 2 InsO ist daher eingeführt worden, um die Fortführung von Unternehmen zu erleichtern. Nur aus diesem Grund wurde den Gläubigern ein besonderer Schutz angeboten. Der Gläubigerschutz ist nicht Zweck, sondern nur Mittel zum Zweck. Dementsprechend stellt der *Bundesgerichtshof* fest, daß die Unterscheidung des § 55 Abs. 2 InsO – Übergang der Verwaltungs- und Verfügungsbefugnis oder nicht – *„nicht an die Stellung der jeweiligen Gläubiger“* anknüpft, sondern von den *„individuellen* ***Besonderheiten und Bedürfnissen des jeweiligen Insolvenzverfahrens*** *selbst“* abhängt.[239]

---

233 *Kirchhof*, Symposium, S. 17; *ders.* ZInsO 1999, 365, 368 f.; *Förster* ZInsO 1999, 332 f.

234 Auch der *BGH*, Urt. v. 18. 7. 2002 – IX ZR 195/01, ZInsO 2002, 819, 822, weist im vorliegenden Zusammenhang darauf hin, daß stets das mildere Mittel zu wählen ist, wenn hierdurch ebenfalls der Sicherungszweck des § 21 InsO erfüllt wird.

235 Auf dieses „*Wahlrecht*“ des Insolvenzgerichts zu Recht verweisend, *AG Wuppertal*, Urt. v. 13. 6. 2001 – 96 C 96/01, ZIP 2001, 1335. Siehe auch *Jaffé/Hellert* ZIP 1999, 1204, 1206 f. Vgl. zum Ermessen des Insolvenzgerichts im Rahmen der Erforderlichkeitsprüfung oben Teil 1 C. III.

236 *AG Leipzig*, Urt. v. 4. 9. 2001 – 08 C 2818/01, ZIP 2001, 1780, 1781; *Kirchhof* ZInsO 1999, 365, 368; **a. A.** *Bork* ZIP 1999, 781, 786; *Ahrendt/Struck* ZInsO 1999, 450, 541.

237 Begr. zu § 64 RegE [§ 55 InsO], in: *Balz/Landfermann* S. 267.

238 *AG Leipzig*, Urt. v. 4. 9. 2001 – 08 C 2818/01, ZIP 2001, 1780, 1781.

239 *BGH*, Urt. v. 18. 7. 2002 – IX ZR 195/01, ZInsO 2002, 819, 825. Hervorhebung mittels Fettdruck durch die Verfasserin.

Im Fall des Zustimmungsvorbehalts gehen die Gläubiger auch gerade nicht mit dem vorläufigen Insolvenzverwalter Verbindlichkeiten ein, sondern mit dem Schuldner. Selbst wenn die Verpflichtungsgeschäfte faktisch auf den vorläufigen Insolvenzverwalter zurückzuführen sind, widerspricht es dem Gläubigerschutz nicht, beim Zustimmungsvorbehalt keine Masseverbindlichkeiten entstehen zu lassen. Der Gläubiger kann sich über die Stellung des vorläufigen Insolvenzverwalters informieren, da sowohl der Zustimmungsvorbehalt als auch das allgemeine Verfügungsverbot gemäß § 23 Abs. 1 S. 1 InsO bekannt zu machen sind.

Mangels eigenständigen Schutzanspruchs können die Gläubiger nicht durch die Entscheidung des Insolvenzgerichts, das kombinierte allgemeine Verfügungsverbot nicht anzuordnen, verletzt werden. Daß die Gläubiger aus § 55 Abs. 2 InsO keinen Schutzanspruch ableiten können, wird besonders deutlich, wenn man sich bewußt macht, daß es sich bei § 55 Abs. 2 InsO um eine Ausnahme zu § 38 InsO handelt. Nach § 38 InsO sind alle Gläubiger, die vor Eröffnung eine Verbindlichkeit gegen den Schuldner begründet haben, Insolvenzgläubiger. Daß Gläubiger bereits im Eröffnungsverfahren Massegläubiger werden können, ist also eine Ausnahme, auf die die Gläubiger keinen Anspruch haben. Der Gläubigerschutzgedanke des § 55 Abs. 2 InsO wird daher durch die Anordnung eines Zustimmungsvorbehalts nicht verdrängt.[240] Ein Verstoß gegen den Normzweck des § 55 Abs. 2 InsO liegt nicht vor. Somit ist § 55 Abs. 2 InsO auch nach seiner *ratio legis* nicht entsprechend beim Zustimmungsvorbehalt anzuwenden.[241]

c) Keine unbeabsichtigte Lücke

Für eine analoge Anwendung des § 55 Abs. 2 InsO beim Zustimmungsvorbehalt fehlt es darüber hinaus an einer unbeabsichtigten Lücke. Im Ersten Bericht der Insolvenzrechtskommission heißt es ausdrücklich zu Leitsatz 1.2.3 Abs. 9, der dem heutigen § 55 Abs. 2 InsO entspricht: Absatz 9 *„gilt nicht für einen vorläufigen Insolvenzverwalter, dem lediglich Zustimmungsvorbehalte* [...] *eingeräumt worden sind. Daraus folgt, daß nur Verbindlichkeiten aus Rechtshandlungen eines verfügungsberechtigten vorläufigen Insolvenzverwalter durch die Eröffnung des Insolvenzverfahrens zu Masseschulden werden; Verbindlichkeiten aus Rechtshandlungen eines weiterhin grundsätzlich verfügungsberechtigten Schuldners sind von dieser* ***Privilegierung selbst dann ausgeschlossen, wenn der vorläufige Insolvenzverwalter*** *den Rechtshandlungen im Rahmen eines all-*

---

240 *Hauser/Hawelka* ZIP 1998, 1261, 1264.

241 *Uhlenbruck* KTS 1990, 15, 24; *Bähr* ZIP 1998, 1553, 1559; *Pohlmann* Rdnr. 345 ff., der jedoch nur auf das den vorläufigen Insolvenzverwalter fehlende Initiativrecht abstellt.

gemeinen oder besonderen Zustimmungsvorbehalts [...] ***zugestimmt hat.***"[242] Eine Konzeptänderung vom Ersten Bericht hin zum Regierungsentwurf gibt es nicht. Der Gesetzgeber wollte daher den § 55 Abs. 2 InsO ausdrücklich nur auf das kombinierte allgemeine Verfügungsverbot anwenden. Diesen Willen hat der Gesetzgeber durch die neue Fassung des § 55 Abs. 2 InsO durch das Insolvenzrechtsänderungsgesetz vom 26. 10. 2001[243] unterstrichen, indem er in Kenntnis der Streitfrage um die Anwendbarkeit des § 55 Abs. 2 InsO beim Zustimmungsvorbehalt keine Änderungen in dieser Hinsicht vorgenommen hat. Der Gesetzgeber hätte zum Beispiel die Anknüpfung an den Übergang der Verwaltungs- und Verfügungsbefugnis streichen können.[244] Es fehlt somit bereits an der für eine Analogie erforderlichen unbeabsichtigten Lücke.[245]

Wegen des eindeutigen Gesetzeswillens, die Wirkungen des § 55 Abs. 2 InsO an den Übergang der Verfügungsbefugnis zu koppeln, geht auch die Begründung für eine analoge Anwendung des § 55 Abs. 2 InsO beim Zustimmungsvorbehalt fehl, daß an die Tatsache anzuknüpfen sei, ob der vorläufige Insolvenzverwalter Leistungen tatsächlich in Anspruch genommen hat oder nicht.[246] Der *Bundesgerichtshof* hat nun sogar festgestellt, daß der schwache vorläufige Verwalter auf Grund seiner Stellung im Rahmen eines Zustimmungsvorbehalts nicht derjenige ist, der die Leistung in Anspruch nimmt beziehungsweise eine Mietsache nutzt.[247]

d) Fehlende Vergleichbarkeit

Es fehlt für eine Analogie des § 55 Abs. 2 InsO nicht nur an einer unbeabsichtigten Lücke, sondern auch die – oben dargestellten[248] – Unterschiede zwischen dem kombinierten Verfügungsverbot und dem Zustimmungsvorbehalt sprechen gegen eine Analogie.[249] Der Gesetzgeber hat wegen dieser Unterschiede daher

---

242 Begr. zu LS 1.2.3 des Ersten Berichts der Insolvenzrechtskommission, in: *BMJ EB*, S. 107. Hervorhebung mittels Fettdruck durch die Verfasserin.

243 BGBl. I S. 2710.

244 Der Gesetzgeber hat absichtlich keine entsprechende Änderung vorgenommen: *Wienberg* EWiR 2001, 1061, 1062; *OLG Köln*, Urt. v. 29. 6. 2001 – 19 U 199/99, DZWIR 2001, 474, 477.

245 So u. a. auch das *AG Leipzig*, Urt. v. 4. 9. 2001 – 08 C 2818/01, ZIP 2001, 1780, 1781; *OLG Köln*, Urt. v. 29. 6. 2001 – 19 U 199/99, DZWIR 2001, 474, 477.

246 So das LG Essen, Urt. v. 10. 1. 2001 – 16 O 534/00, NZI 2001, 217, 218; **a. A.** *Meyer* DZWIR 2001, 309, 311 ff. Ebenso – trotz Nutzung der Mieträume durch den schwachen vorläufigen Verwalter – § 55 Abs. 2 InsO analog ablehnend, *OLG Hamm*, Urt. v. 7. 3. 2001 – 30 U 192/00, NZI 2002, 162.

247 *BGH*, Urt. v. 18. 7. 2002 – IX ZR 195/01, ZInsO 2002, 819, 821.

248 Teil 2 A. VI. 3.

249 So auch *Förster* ZIP 1999, 332.

nicht übersehen, daß er mit dem Zustimmungsvorbehalt denselben Sachverhalt wie beim kombinierten allgemeinen Verfügungsverbot geregelt hat.[250] Die Bindung der zukünftigen Masse durch Verpflichtungen des Schuldners ist beim Zustimmungsvorbehalt im Gegensatz zum kombinierten allgemeinen Verfügungsverbot nicht ausgeschlossen. Aus diesem Grund werden die Eröffnungswirkungen beim Zustimmungsvorbehalt nicht in derselben Weise vorverlegt, wie beim kombinierten Verfügungsverbot. Insbesondere werden an das kombinierte allgemeine Verfügungsverbot im Gegensatz zum Zustimmungsvorbehalt nicht nur die Wirkungen des § 55 Abs. 2 InsO geknüpft, sondern es wird dem starken vorläufigen Insolvenzverwalter mit den §§ 22 Abs. 1 S. 1, 24 Abs. 2, 85 Abs. 1 S. 1, 86 InsO, § 240 S. 2 ZPO eine umfassende, der des endgültigen Verwalters gleichende Stellung eingeräumt.[251]

Somit kommt es für die Anwendbarkeit des § 55 Abs. 2 InsO richtigerweise darauf an, wem die Verpflichtungsbefugnis als Teil der Verwaltungs- und Verfügungsbefugnis zusteht.[252] Da *Pohlmann* die Bindung der Masse durch Verpflichtungsgeschäfte des Schuldners auch beim kombinierten allgemeinen Verfügungsverbot zuläßt, hat der § 55 Abs. 2 InsO daher für ihn eine *„dogmatische Schieflage"*, weil nach seiner Ansicht die schuldrechtliche Rechtsfolge des § 55 Abs. 2 InsO an die Verfügungsbefugnis und damit an die dingliche Rechtsmacht geknüpft ist. Sieht man den Unterschied zwischen kombiniertem Verfügungsverbot und Zustimmungsvorbehalt aber gerade in der Verpflichtungsbefugnis des Schuldners hinsichtlich der zukünftigen Masse, hat § 55 Abs. 2 InsO keine *„dogmatische Schieflage"* und die Begrenzung auf das kombinierte allgemeine Verfügungsverbot ist folgerichtig.

e) Ungerechtfertigte Benachteiligung des Schuldners und der Gläubiger bei einer Unternehmensfortführung unter allgemeinem Zustimmungsvorbehalt im Vergleich zu einer Fortführung unter kombiniertem Verfügungsverbot?

Obwohl die analoge Anwendung des § 55 Abs. 2 InsO beim Zustimmungsvorbehalt auf Grund des Gesetzgeberwillens und der Systematik der Insolvenzordnung zu Recht abzulehnen ist, bleibt ein Konflikt. *Ahrendt* und *Struck*[253] weisen zutreffend darauf hin, daß § 55 Abs. 2 InsO nicht nur durch den Übergang der Verwaltungs- und Verfügungsbefugnis gerechtfertigt wird, sondern darüber hinaus vor allem ein wichtiges Instrument der Unternehmensfortführung ist. Durch die Anknüpfung an den Übergang der Verwaltungs- und Verfügungsbefugnis

---

250 So jedoch *Bork* ZIP 1999, 781, 785.

251 *LAG Frankfurt/M.*, Urt. v. 6. 2. 2001 – 4 Sa 1583/00, ZInsO 2001, 562, 563.

252 Vgl. *Pohlmann* Rdnr. 348.

253 *Ahrendt/Struck* ZInsO 1999, 450, 451.

käme es auf der einen Seite zu einer nicht nachvollziehbaren Schlechterstellung des Schuldners und seines Unternehmens, wenn ohne die Anordnung des allgemeinen Verfügungsverbotes die Begründung von Masseverbindlichkeiten nicht möglich ist und damit eine Weiterführung erschwert wird. Und auf der anderen Seite sei – wie *Meyer*[254] feststellt – aus Sicht der Gläubiger die unterschiedliche Behandlung ihrer Leistungen, die der Masse zugute kommen, nicht nachvollziehbar. Insbesondere in den Fällen, in denen der Schuldner mit Zustimmung des vorläufigen Insolvenzverwalters noch Leistungen entgegennimmt, zum Beispiel Mieträume weiterbenutzt, käme es zu unbilligen Ergebnissen.[255] Es entstehe ein unbilliger „*Subventionseffekt*" zugunsten der Masse und zu Lasten einzelner Gläubiger.[256] Das Ziel der Betriebsfortführung scheint insbesondere dann mit dem Erforderlichkeitsgrundsatz in Konflikt zu geraten, wenn ein Antrag auf Eigenverwaltung im Raum steht. Denn dann kommt es auf der einen Seite grundsätzlich nicht in Frage, dem Schuldner durch Anordnung eines kombinierten Verfügungsverbots seine Verwaltungs- und Verfügungsbefugnis zu nehmen. Auf der anderen Seite hat der Schuldner dann aber nicht die Möglichkeit, Masseverbindlichkeiten zu begründen, und ist somit gegebenenfalls in seinen Fortführungsmöglichkeiten beschränkt.

Mit dieser Ungleichbehandlung und den tatsächlichen Schwierigkeiten kann jedoch ebenfalls keine Regelungslücke begründet werden. Denn es handelt sich hierbei, wie oben bereits gezeigt,[257] um eine bewußte Entscheidung des Gesetzgebers.[258] Für diese Entscheidung des Gesetzgebers spricht, daß es sich bei § 55 Abs. 2 InsO um eine Ausnahmevorschrift zu § 38 InsO handelt. Im übrigen wird Vermieter nur ein (weiterer) Ausfall von höchsten zwei Monaten zugemutet.[259]

Darüber hinaus begründen Masseverbindlichkeiten aus dem Eröffnungsverfahren die Gefahr, daß die zukünftige Masse aufgezehrt wird. Dies würde der Systematik der Masseverbindlichkeiten widersprechen.[260] Damit steht dem gesetzgeberischen Ziel, möglichst die Fortführung eines Unternehmens zu erreichen, das ebenso gewichtige Ziel entgegen, möglichst viele Verfahren zur Eröffnung zu bringen. Denn nur in einem Verfahren, dessen Eröffnung beschlossen und nicht mangels Masse abgelehnt wird, kann eine Abwicklung geregelt erfolgen.

---

254 *Meyer* DZWIR 2001, 309, 310.

255 Auf diese Unbilligkeit ausdrücklich hinweisend, *OLG Köln*, Urt. v. 29. 6. 2001 – 19 U 199/99, DZWIR 2001, 474, 478.

256 *Meyer* DZWIR 2001, 40, 41. Vgl. auch *Förster* ZInsO 2001, 790, 791; *Spliedt* ZIP 2001, 1941, 1947.

257 Teil 2 A. VI. 4. c).

258 So auch *Kirchhof* ZInsO 1999, 365, 368; *Jaffé/Hellert* ZIP 1999, 1204, 1206.

259 *BGH*, Urt. v. 18. 7. 2002 – IX ZR 195/01, ZInsO 2002, 819, 824.

260 Siehe hierzu *Meyer* DZWIR 2001, 309, 312 f.

Im übrigen hat auch der schwache vorläufige Insolvenzverwalter die Möglichkeit – wenn auch unter erschwerten Bedingungen – Geschäftspartner für eine Fortführung zu finden. Zum Beispiel kann der vorläufige Insolvenzverwalter – wie auch schon der Sequester – auf das vom *Bundesgerichtshof* anerkannte Treuhandmodell zurückgreifen.[261]

f) Ergebnis

Entscheidet das Insolvenzgericht, daß eine Anordnung eines kombinierten allgemeinen Verfügungsverbots wegen der Wirkung des § 55 Abs. 2 InsO nicht in Frage kommt, und ordnet einen allgemeinen Zustimmungsvorbehalt an, liegt darin keine Umgehung des § 55 Abs. 2 InsO. Masseverbindlichkeiten schmälern das Vermögen des Schuldners und damit die Befriedigungschancen der Insolvenzgläubiger. Diesen Aspekt hat das Insolvenzgericht zulässigerweise in der Erforderlichkeitsprüfung zu berücksichtigen. Darin liegt auch kein Widerspruch zum Normzweck des § 55 Abs. 2 InsO, der nicht per se die Gläubigerinteressen schützen soll. Ein Schutz der Gläubiger soll nur gewährleistet werden, wenn es zur Fortführung eines Unternehmens im Rahmen eines kombinierten allgemeinen Verfügungsverbots kommt. Für eine analoge Anwendung des § 55 Abs. 2 InsO auf den Zustimmungsvorbehalt fehlt es darüber hinaus an einer unbeabsichtigten Lücke sowie an der grundsätzlichen Vergleichbarkeit von Zustimmungsvorbehalt und kombiniertem allgemeinen Verfügungsverbot.

Allerdings gibt es aus Sicht der Gläubiger keinen Grund, wieso § 55 Abs. 2 InsO nicht auch im Rahmen einer Fortführung durch den Schuldner, der mit einem Zustimmungsvorbehalt belegt ist, gelten soll. Die entsprechende Anwendung des § 55 Abs. 2 InsO würde das Vertrauen der Geschäftspartner sowie etwaige Sanierungsbemühungen stärken und die Handhabung der vorläufigen Verwaltung erleichtern, wenn die Begründung von Masseverbindlichkeiten nicht von der Anordnung des kombinierten allgemeinen Verfügungsverbots abhängig wäre. Aber die entsprechende Anwendung des § 55 Abs. 2 InsO geht auf der anderen Seite zu Lasten der übrigen Gläubiger und widerspricht dem Grundsatz der gleichmäßigen Befriedigung. Die klare Entscheidung des Gesetzgebers, die Wirkungen des § 55 Abs. 2 InsO nicht auf die Verbindlichkeiten des Schuldners zu beziehen, ist daher zu akzeptieren.

---

261 Vgl. zum Treuhandmodell *BGH*, Urt. v. 12. 10. 1989 – IX ZR 184/88, ZIP 1998, 1466; *Mönning* Rdnr. 52 ff. Für eine entsprechende Vorgehensweise, *Bähr* ZIP 1998, 1553, 1559; *Berscheid* ZInsO 1999, 679, 700.

VII. Der besondere Zustimmungsvorbehalt

Der besondere Zustimmungsvorbehalt bezieht sich nur auf einzelne Gegenstände. Auch beim besonderen Zustimmungsvorbehalt ist der vorläufige Insolvenzverwalter der Zustimmungsberechtigte.

Wie oben bereits festgestellt,[262] ist der besondere Zustimmungsvorbehalt wegen fehlendem qualitativen Unterschieds als ein Minus zum allgemeinen zu betrachten.[263] Hiergegen kann auch nicht angeführt werden, daß der besondere Zustimmungsvorbehalt sowohl im Gesetzestext als auch in der Begründung zu § 21 InsO nicht mehr im Zusammenhang mit den allgemeinen Verfügungsbeschränkungen genannt wird, wie es im Leitsatz 1.2.3 des Ersten Berichts der Insolvenzrechtskommission noch der Fall war.[264] In diesem geänderten Konzept ist nur eine redaktionelle Straffung zu sehen. Mit dem allgemeinen Verfügungsverbot und den allgemeinen Verfügungsbeschränkungen sind in den §§ 21 Abs. 2 Nr. 2, 23, 24 InsO nur die stärksten Eingriffsmöglichkeiten hinsichtlich der Verfügungsmacht des Schuldners geregelt. Dadurch wird den Insolvenzgerichten ein weiter Spielraum hinsichtlich aller dahinter zurückbleibenden Kombinationsmöglichkeiten eröffnet, die sich aber in ihren Wirkungen nach der stärksten Eingriffsmöglichkeit, den allgemeinen Einschränkungen richten.

Somit handelt es sich bei dem besonderen Zustimmungsvorbehalt um eine absolut wirkende Verfügungsbeschränkung.[265]

VIII. § 23 InsO – Öffentliche Bekanntmachung und Registereintragung der Verfügungsbeschränkungen

1. Öffentliche Bekanntmachung

Nach dem Wortlaut des § 23 Abs. 1 InsO ist die Anordnung einer Verfügungsbeschränkung gemäß § 21 Abs. 2 Nr. 2 InsO und die gleichzeitige Einsetzung eines vorläufigen Insolvenzverwalters öffentlich bekannt zu machen.[266] Die Be-

---

[262] Teil 2 A. I. 3.

[263] So auch *Kießling/Singhoff* DZWIR 2000, 353, 360.

[264] Vgl. oben Teil 2 A. I. 2. a).

[265] So ebenfalls *Pohlmann* Rdnr. 259; *Vallender* DZWIR 1999, 265, 269; *Kießling/Singhoff* DZWIR 2000, 353, 360; **a. A.** *Gerhardt*, Kölner Schrift, S. 193 ff., Rdnr. 16 f.; *ders.*, ZZP 109 (1996), 415, 423; *Kübler/Prütting-Pape* § 24 InsO Rdnr. 2; *Bork* Rdnr. 109.

[266] *Frankfurter Kommentar-Schmerbach* § 23 InsO Rdnr. 4.

gründung zu § 23 InsO bezieht sich dabei nur auf die Anordnung allgemeiner Verfügungsbeschränkungen.[267] Daher wird vertreten, daß die besonderen Verfügungsbeschränkungen und das isolierte Verfügungsverbot nicht öffentlich bekannt zu machen sind.[268] Andere dagegen halten bei allen Sicherungsmaßnahmen die Bekanntmachung für empfehlenswert.[269]

Durch die öffentliche Bekanntmachung, die meist in einer regionalen Tageszeitung erfolgt,[270] wird die Lage des Schuldners einer breiten Öffentlichkeit bekannt. Es besteht die Gefahr, daß der Schuldner durch die öffentliche Bekanntmachung in Mißkredit gerät.[271] Gerade in Fällen, in denen sich das Insolvenzgericht gegen die Anordnung eines kombinierten allgemeinen Verfügungsverbots oder eines allgemeinen Zustimmungsvorbehalts entscheidet, wird die schlechte finanzielle Lage des Schuldners noch nicht eindeutig festzustellen gewesen sein. In diesen Fällen kann also nicht ohne weiteres davon ausgegangen werden, daß die Lage des Schuldners bereits bekannt ist. Es gibt Fälle, in denen die Insolvenz erst durch die Antragstellung und die damit verbundenen tatsächlichen Folgen ausgelöst wird. Da die Antragstellung auf Eröffnung eines Insolvenzverfahrens als solche nicht bekannt gemacht wird, sind im Interesse des Schuldners nur alle Sicherungsmaßnahmen bekanntzugeben, wenn sowieso eine Bekanntmachung gemäß § 23 Abs. 1 InsO erfolgen muß. Insbesondere die Anordnung eines Vollstreckungsverbotes gemäß § 21 Abs. 2 Nr. 3 InsO sollte dann in die Bekanntmachung aufgenommen werden.[272]

Trotz der möglichen negativen Wirkungen der öffentlichen Bekanntmachung für den Schuldner sind auch die besonderen Verfügungsbeschränkungen bekannt zu machen. Denn wie bei § 24 InsO muß auch für § 23 InsO gelten, daß dieser sich nur auf die in § 21 Abs. 2 Nr. 2 InsO beispielhaft aufgezählten Sicherungsmaßnahmen beziehen kann.[273] Die besonderen Verfügungsbeschränkungen, die ein Minus zu den in § 21 Abs. 2 Nr. 2 InsO aufgezählten allgemeinen Verfügungsbeschränkungen darstellen, weil sie nur in ihrem gegenständlichen Umfang beschränkt sind, müssen denselben Regeln folgen, wie die allgemeinen.[274] Da den besonderen Verfügungsbeschränkungen daher – nach der hier vertretenen An-

---

267 So auch *Kirchhof*, Symposium, S. 14 f. Vgl. auch oben Teil 2 A. I. 3.

268 *Kübler/Prütting-Pape* § 23 InsO Rdnr. 2. Nach dessen Ansicht haben diese allerdings nur relative Wirkung.

269 *Frankfurter Kommentar-Schmerbach* § 23 InsO Rdnr. 4.

270 *Bork* Rdnr. 112 Fn. 3.

271 *Gerhardt*, Kölner Schrift, S. 193 ff., Rdnr. 27.

272 *Münchener Kommentar-Haarmeyer* § 21 InsO Rdnr. 74, 75.

273 Siehe oben Teil 2 A. I. 3.

274 Vgl. Teil 2 A. I. 3.

sicht – ebenfalls die absoluten Wirkungen der §§ 81, 82 InsO zu kommen, ist allein schon für § 82 S. 2 InsO die öffentliche Bekanntmachung erforderlich.

Die praktische Relevanz dieser extensiven Auslegung des § 23 Abs. 1 InsO und die damit verbundenen Nachteile für den Schuldner werden sich in Grenzen halten, da der Hauptanwendungsfall von besonderen Verfügungsbeschränkungen das kombinierte besondere Verfügungsverbot im Rahmen eines allgemeinen Zustimmungsvorbehalts sein wird[275] und eine Bekanntmachung daher wegen des Zustimmungsvorbehalts sowieso erfolgen muß.

Für eine öffentliche Bekanntmachung der relativen Verfügungsverbote könnte sprechen, daß sich deren Wirksamkeit ebenfalls durch die Bekanntmachung erhöht und daher der durch die Bekanntmachung verstärkte Eingriff in die Rechte des Schuldners gerechtfertigt ist. Die Wirksamkeit der relativen Verfügungsbeschränkungen wird jedoch nicht wesentlich durch die öffentliche Bekanntmachung verbessert. Für die relativen Verfügungsverbote gilt die Verweisung des § 24 Abs. 1 InsO auf die §§ 81, 82 InsO nicht.[276] Die Beweislastregelung des § 82 S. 1 InsO, die bestimmt, daß der Leistende ab öffentlicher Bekanntmachung die Beweislast seiner Unkenntnis trägt, kommt daher nicht zur Anwendung. Daher bleibt es bei den relativen Verfügungsverboten bei den allgemeinen Regeln, die außerhalb des Insolvenzverfahrens gelten. Demnach wird der Leistende gemäß § 407 BGB analog frei, wenn er die Verfügungsbeschränkung des Schuldners nicht kannte. Die öffentliche Bekanntmachung als solche löst nicht bereits die Kenntnis des Leistenden aus. Sie könnte allenfalls die Wahrscheinlichkeit erhöhen, dem Leistenden seine Kenntnis nachzuweisen.

Auch hinsichtlich des gutgläubigen Erwerbs von beweglichen Sachen, der bei einem relativen Verfügungsverbot noch möglich ist, bringt die öffentliche Bekanntmachung keinen großen Vorteil für die Effektivität der relativen Verfügungsverbote. Dem Erwerber muß gemäß § 932 BGB entsprechend die Kenntnis oder grobe Unkenntnis des Verfügungsverbotes nachgewiesen werden. Die öffentliche Bekanntmachung kann diesen Nachweis allenfalls erleichtern, aber nicht überflüssig machen. Beim gutgläubigen Erwerb von Immobilien oder von Rechten an solchen muß dem Erwerber, wenn nicht eine Eintragung im Grundbuch vorgenommen worden ist, seine positive Kenntnis des Verfügungsverbotes nachgewiesen werden, § 892 Abs. 1 S. 1 BGB.

Insgesamt kann also gesagt werden, daß die Effektivität der relativen Verfügungsverbote durch die öffentliche Bekanntmachung nicht deutlich erhöht wird. Somit gibt es keine Rechtfertigung entgegen dem Wortlaut des § 23 Abs. 1

---

275 Siehe hierzu oben Teil 2 A. V. 2. d), e) und Teil 2 A. V. 3.

276 Teil 2 A. I. 3.

InsO, auch die relativen Verfügungsverbote gemäß § 21 Abs. 1 S. 1 InsO öffentlich bekannt zu machen. Daher ist die Entscheidung des Gesetzgebers, die öffentliche Bekanntmachung auf die absoluten Verfügungsbeschränkungen zu begrenzen, ernst zu nehmen. Diese Beschränkung gilt ebenso für die besondere Zustellung des Beschlusses über die Anordnung des Verfügungsverbots an den Insolvenzschuldner und an dessen Schuldner gemäß § 23 Abs. 1 S. 2 InsO.

Unter der Konkursordnung wurde die öffentliche Bekanntmachung des allgemeinen Veräußerungsverbots nach § 106 KO für zweckmäßig gehalten und war die gängige Praxis.[277] Nach der Konkursordnung gab es jedoch kein so fein abgestuftes Instrumentarium von Sicherungsmaßnahmen, wie es die Insolvenzordnung zur Verfügung stellt. Daher ist es aus den eben aufgezeigten Gründen gerechtfertigt, die isolierten Verfügungsverbote sowie alle übrigen Sicherungsmaßnahmen grundsätzlich von der öffentlichen Bekanntmachung auszunehmen.

2. Registereintragungen

Nach § 23 Abs. 2 und 3 InsO ist *„der Beschluß"* gegebenenfalls dem Grundbuchamt und den übrigen Registerbehörden mitzuteilen. Aus dem Wortlaut der Absätze 2 und 3 ergibt sich nicht, ob auch diese Anforderung nur für die absoluten Verfügungsbeschränkungen oder aber auch für die relativen Verfügungsverbote gilt. Der Zusammenhang zu Absatz 1 und die Begründung des Regierungsentwurfes[278] scheinen dafür zu sprechen, daß § 23 InsO insgesamt nur bei der Anordnung von Verfügungsbeschränkungen zu beachten ist.

Die Eintragungen haben jedoch nicht so eine weitreichende Außenwirkung wie die öffentliche Bekanntmachung. Daher wird durch die Registereintragung in die Rechte des Schuldners weniger stark eingegriffen. Dagegen steht, daß durch die Eintragung in das Grundbuch und die anderen in § 23 Abs. 3 InsO genannten Register allerdings der gutgläubige Erwerb an Immobilien verhindert werden kann. Es reicht der bloße Registereintrag für den Ausschluß des gutgläubigen Erwerbs an Immobilien oder an Rechten an diesen, § 892 Abs. 1 S. 1 BGB. Dem Erwerber muß der Eintrag nicht bekannt sein.[279] Die Effektivität von relativen Verfügungsverboten, die sich auf Immobilien beziehen, wird also durch die Registereintragung um ein Vielfaches erhöht. Daher ist der mit der Eintragungen verbundene Eingriff in die Rechte des Schuldners, der bei den Eintragung nicht so gravierend ist wie bei einer öffentlichen Bekanntmachung, gerechtfertigt. Für die Eintragung in die Register des § 23 Abs. 2 InsO gibt es keine vergleichbare

---

277 *Gerhardt*, FS Flume, S. 527, 538.
278 Siehe oben Teil 2 A. I. 3.
279 *Palandt-Bassenge* § 892 BGB Rdnr. 1.

Erhöhung der Wirkung der relativen Verfügungsverbote. Damit sind relative Verfügungsverbote nur in das Grundbuch und die anderen Register des § 23 Abs. 3 InsO einzutragen.

Dieses Ergebnis wird von den alten Regelungen der Konkursordnung unterstützt. § 113 Abs. 1 KO sah die Eintragung des allgemeinen Veräußerungsverbots nach § 106 KO im Grundbuch vor. Nur die Eröffnung wurde dem Handels-, Genossenschafts- oder Vereinsregister gemeldet, § 112 KO.

§ 23 Abs. 2 InsO enthält demnach hinsichtlich der Handels-, Genossenschafts- oder Vereinsregister eine Verschärfung zur Konkursordnung. Um diese Regelung auf die relativen Verfügungsverbote anzuwenden, würde es einer ausdrücklichen Anordnung im Gesetz bedürfen, an der es jedoch fehlt.

3. Ergebnis

Es sind alle Verfügungsbeschränkungen gemäß § 23 Abs. 1 InsO öffentlich bekannt zu machen und gemäß § 23 Abs. 2, 3 InsO in das Grundbuch und die übrigen Register einzutragen. Die relativen Verfügungsverbote sowie alle übrigen Sicherungsmaßnahmen sind nicht öffentlich bekannt zu machen und nicht in die Register des § 23 Abs. 2 InsO einzutragen, es sei denn, die öffentliche Bekanntmachung hat bereits wegen einer Verfügungsbeschränkung zu erfolgen.

Bei Verfügungsbeschränkungen und relativen Verfügungsverboten, die sich auf Immobilien beziehen, hat wegen der deutlichen Erhöhung der Wirkung eine Eintragung im Grundbuch und in den anderen in § 23 Abs. 3 InsO genannten Registern zu erfolgen.

B. Die Untersagung und einstweilige Einstellung der Zwangsvollstreckung

I. Einleitung

1. Die Bedrohung des Schuldnervermögens durch Zwangsvollstreckungen im Vorfeld der Insolvenz und die hieraus resultierende Rechtfertigung für die Untersagung und einstweilige Einstellung der Zwangsvollstreckung nach § 21 Abs. 2 Nr. 3 InsO

a) Auswirkungen von Zwangsvollstreckungen im Eröffnungsverfahren

In der Regel häufen sich mit schlechter werdender finanzieller Situation des Schuldners die Zwangsvollstreckungsmaßnahmen gegen diesen. Insbesondere mit Bekanntwerden der Antragstellung versuchen viele Gläubiger noch zu retten, was zu retten ist. Das Betreiben der Zwangsvollstreckung ist dabei der legale Versuch der Gläubiger, zumindest noch einen Teil ihrer Forderung durchzusetzen. Durch die Zwangsvollstreckung soll Befriedigung oder wenigstens ein Pfändungspfandrecht erlangt werden, das grundsätzlich im eröffneten Verfahren zur abgesonderten Befriedigung berechtigt.

Diese Zwangsvollstreckungen der Gläubiger gefährden das Vermögen des Schuldners. Denn durch die Vollstreckungen werden in der Regel nicht nur einzelner Gegenstände dem Vermögen des Schuldners entzogen, sondern es wird vor allem die wirtschaftliche Gesamtheit des Vermögens und der dieser Gesamtheit innewohnende Wert zerstört. Nach der Gesetzesbegründung erfordert daher eine effektive Verfahrengestaltung häufig, daß Zwangsvollstreckungen eingestellt werden, um *„ein vorzeitiges Auseinanderreißen der einzelnen Vermögensgegenstände des Schuldners zu verhindern.“*[1] Durch dieses Auseinanderreißen wird in der Regel die Chance zerstört, ein Unternehmen zumindest kurzfristig weiter zu führen. Dies gilt vor allem, wenn zur Fortführung benötigte Gegenstände, wie zum Beispiel zur Produktion erforderliche Maschinen oder sogar das Betriebsgrundstück, von der Zwangsvollstreckung betroffen sind. Oder aber es werden dem Unternehmen durch die Pfändung von Forderungen, Bargeld oder Wertpapieren die letzten liquiden Mittel entzogen, die für jede auch nur kurzfristige Weiterführung erforderlich sind. Sind keine liquiden Mittel vorhanden, können noch nicht einmal Bargeschäfte, mit denen der Verwalter die laufenden Geschäfte erledigt, abgewickelt werden.

---

[1] Begr. zu § 25 RegE [§ 21 InsO], in: *Balz/Landfermann* S. 229.

Durch das Auseinanderreißen des Schuldnervermögens können aber auch für den Fall der Unternehmenseinstellung Gesamt- oder Einzelverwertungen durch den Insolvenzverwalter vereitelt werden. Eine Verwertung von Gegenständen im Gesamtverband bringt in der Regel einen deutlich höheren Erlös als die Verwertung von einzelnen Gegenständen.

b) Verhältnis von Prioritätsgrundsatz und Grundsatz der gleichmäßigen Befriedigung

Zwangsvollstreckungen im Eröffnungsverfahren und der dadurch entstehende Wettlauf der Gläubiger sind grundsätzlich zulässig, denn bis zur Eröffnung eines Insolvenzverfahrens gilt der Prioritätsgrundsatz des § 804 Abs. 3 ZPO. Erst ab Eröffnung ist der Wettlauf der Gläubiger nicht mehr durch die Anwendung des Prioritätsgrundsatzes gerechtfertigt. Zu diesem Zeitpunkt reicht das Vermögen des Schuldners nicht mehr zur Befriedigung aller aus, ein Insolvenzgrund ist positiv durch das Insolvenzgericht festgestellt worden. Auch wenn die vollständige Befriedigung aller Gläubiger meist schon bei Antragstellung nicht mehr möglich ist, so steht der Insolvenzgrund im Eröffnungsverfahren noch nicht fest. Deshalb ist eine Einschränkung des Prioritätsgrundsatzes und der Wechsel zum Grundsatz der gleichmäßigen Befriedigung der Insolvenzgläubiger zu diesem Zeitpunkt grundsätzlich nicht gerechtfertigt. Ein Wechsel zum Grundsatz der gleichmäßigen Befriedigung bereits im Eröffnungsverfahren ist auch schon deshalb ausgeschlossen, weil erst nach Eröffnung des Insolvenzverfahrens die Gläubiger befriedigt werden. Der Grundsatz der gleichmäßigen Befriedigung kann somit wegen dieser zeitlichen Komponente nicht im Vorfeld gefährdet werden. Nur die Menge des Vermögens, das im eröffneten Verfahren nach Quoten verteilt werden soll, ist der Gefahr ausgesetzt, durch Zwangsvollstreckungen zusammenzuschrumpfen. Diese Vermögensverschlechterung tritt ein, indem eine Forderung, die sonst nur nach Quoten beglichen werden würde, durch die Vollstreckung voll gedeckt wird oder indem ein Gegenstand aus seinem wirtschaftlichen Gesamtverbund gerissen wird und auf diese Weise das Vermögen des Schuldners geschmälert wird, weil zum Beispiel Arbeitsvorgänge nicht mehr ausgeführt werden können. In dieser Gefahr der Verschlechterung des zu verteilenden Vermögens liegt – wie bei allen Sicherungsmaßnahmen – die Rechtfertigung für die einstweilige Einstellung der Zwangsvollstreckungen im Eröffnungsverfahren.

Da also der Grundsatz der gleichmäßigen Befriedigung im Eröffnungsverfahren noch nicht gilt, kann im Eröffnungsverfahren richtiger Weise auch nicht von einer Gefährdung des Grundsatzes der gleichmäßigen Befriedigung gesprochen werden. Der Grundsatz ist im Eröffnungsverfahren nur mittelbar gefährdet, indem durch die Zwangsvollstreckung das Vermögen und somit auch die auf den einzelnen Gläubiger zu verteilende Quote geschmälert wird oder sogar nur so wenig Vermögen bleibt, daß auf die Insolvenzgläubiger gar keine Quote entfällt. Im Eröffnungsverfahren kann also nur das – nach Eröffnung zu verteilende – Vermögen geschützt werden.

An zahlreichen Stellen in der Literatur wird davon gesprochen, daß durch die Sicherungsmaßnahmen der Grundsatz der gleichmäßigen Befriedigung in das Eröffnungsverfahren vorgezogen wird.[2] Entsprechend dem eben Dargestellten muß hierbei jedoch richtiger Weise nicht vom Vorziehen des Grundsatzes der gleichmäßigen Befriedigung, sondern vom Aussetzen des Prioritätsgrundsatzes gesprochen werden.

c) Weitere Rechtfertigungsgründe

Als weitere Gründe, das Vermögen insbesondere vor dem Auseinanderreißen durch Zwangsvollstreckungen zu schützen, lassen sich folgende Gesichtspunkte anführen. Die Masse muß nicht nur für die spätere Verteilung zur Verfügung stehen, sondern auch für eine effektive Verfahrensabwicklung und um überhaupt die Eröffnung des Verfahrens zu ermöglichen.

Darüber hinaus soll die Gläubigerversammlung gemäß § 157 S. 1 InsO im Berichtstermin die Entscheidung treffen, ob ein Unternehmen fortgeführt oder stillgelegt werden soll. Diese gläubigerautonome Entscheidung darf grundsätzlich nicht vorweggenommen werden. Hierzu würde es jedoch kommen, wenn man ein Auseinanderreißen des Schuldnervermögens vor Eröffnung zulassen würde. Die Gläubigerentscheidung nach § 157 S. 1 InsO ist im Zusammenhang mit der insgesamt in der Insolvenzordnung verstärkten Gläubigerautonomie zu sehen. Die verstärkte Gläubigerbeteiligung und somit auch die Entscheidung nach § 157 S. 1 InsO sollen zu einer verbesserten und somit effizienteren Verfahrensabwicklung beitragen. Eine dem § 157 S. 1 InsO entsprechende Regelung gab es zwar bereits in § 132 Abs. 1 KO. Aber durch die Ausrichtung des

---

2 *Kübler/Prütting-Lüke* § 88 InsO Rdnr. 14; *Gerhardt* ZZP 109 (1996), 415, 426; *ders.*, Kölner Schrift, S. 193 ff., Rdnr. 49; ausführlich *Pfefferle* ZIP 1984, 147, 152. So bereit für die Konkursordnung bei gleichzeitiger Anordnung eines allgemeinen Veräußerungsverbots und der Sequestration, *Gerhardt*, FS 100 Jahre KO, S. 111, 121 ff.; *ders.*, FS Flume, S. 541 f.; *LG Köln*, Beschl. v. 17. 5. 1988 – 9 T 92/88, Rpfleger 1988, 422, 423; *LG Frankfurt*, Beschl. v. 2. 11. 1987 – 2/9 T 1023/87, Rpfleger 1988, 111. Die Vorschriften der §§ 2 Abs. 4, 7 Abs. 3 S. 1 GesO sollen nach allgemeiner Meinung den Grundsatz der Gläubigergleichbehandlung stärker als in der Konkursordnung zur Geltung bringen, *Smid-Smid* § 7 GesO Rdnr. 54, § 2 GesO Rdnr. 194; *Haarmeyer/Wutzke/Förster* § 7 GesO Rdnr. 24, § 2 GesO Rdnr. 211 f.; *Hess/Binz/Wienberg* § 7 GesO Rdnr. 27; *Lübchen/Landfermann* ZIP 1990, 829, 833; *Braun/Bußhardt* ZIP 1992, 902, 903.

Verfahrens auf die Fortführung eines Unternehmens hat § 157 S. 1 InsO an Bedeutung gewonnen. Eine effizientere Verfahrensabwicklung wird sich im günstigen Fall in einer höheren Quote für die Insolvenzgläubiger niederschlagen. Daß durch Zwangsvollstreckung im Eröffnungsverfahren die Gläubigerentscheidung nach § 157 S. 1 InsO nicht vorweggenommen werden darf, kann somit ebenfalls, wie sich gezeigt hat, auf den Schutz des Vermögens des Schuldners – und somit auf den allgemeinen Sicherungszweck – zurückgeführt werden. Es ergibt sich hieraus keine eigenständige Rechtfertigung für die Untersagung und einstweilige Einstellung der Zwangsvollstreckung.

d) Die Anordnung des § 21 Abs. 2 Nr. 3 InsO aus Gläubigersicht

Die Untersagung und einstweilige Einstellung der Zwangsvollstreckung findet also ihre Rechtfertigung in der Gefährdung der Vermögenslage des Schuldners – insbesondere durch die Vereitelung einer möglichen Fortführung des Unternehmens – und mittelbar in der Sicherung einer effektiven Verfahrensabwicklung. Hinter diesen Interessen hat der Gesetzgeber der Insolvenzordnung die Belange des einzelnen Gläubigers eingeordnet. Durch § 21 Abs. 2 Nr. 3 InsO wird erheblich in die Rechte der vollstreckenden Gläubiger eingegriffen. Obwohl der vollstreckende Gläubiger bereits einen Titel hat und unter Umständen sogar bereits ein Pfändungspfandrecht erlangt hat, wird er durch § 21 Abs. 2 Nr. 3 InsO gegebenenfalls im Zusammenspiel mit der Rückschlagsperre des § 88 InsO an der Verwertung gehindert. Indem der Gläubiger nicht vollstrecken und damit seine Forderung nicht eintreiben kann, wird er im schlimmsten Fall der Gefahr eigener Insolvenz ausgesetzt. Wie im Rahmen der Erforderlichkeit gesehen, steht den Gläubigern kein Rechtsmittel gegen die Vollstreckungsbeschränkung zu, und bei den vollstreckenden Insolvenzgläubigern werden noch nicht einmal deren wirtschaftlichen Belange bei der Einstellungsentscheidung berücksichtigt.

2. Alte Rechtslage

a) Konkursordnung

aa) Die Auswirkungen der Sicherungsmaßnahmen gemäß § 106 KO auf die im Eröffnungsverfahren betriebenen Zwangsvollstreckungen

Im Konkursverfahren war die Einzelzwangsvollstreckung künftiger Konkursgläubiger nach herrschender Meinung weder durch das Veräußerungsverbot noch durch die Anordnung der Sequestration gehindert.[3] Trotzdem hatte das all-

---

3 *Kuhn/Uhlenbruck* § 14 KO Rdnr. 9, § 106 KO Rdnr. 4 b mwN.; *Hess* § 106 KO Rdnr. 5, 39.

gemeine Veräußerungsverbot nach § 106 KO Auswirkungen auf Zwangsvollstreckungsmaßnahmen. Mit Eröffnungen wurden die Zwangsvollstreckungen analog § 136 BGB unwirksam.[4] Wurde gleichzeitig eine Sequestration angeordnet, konnte der Sequester mit der Widerspruchsklage nach den §§ 135 Abs. 1 S. 2 BGB, 772 S. 1, 771 ZPO der Verwertung widersprechen und so bereits im Eröffnungsverfahren die relative Unwirksamkeit geltend machen.[5] Eine analoge Anwendung des § 14 Abs. 1 KO[6], nach dem die Zwangsvollstreckung von Konkursgläubigern im eröffneten Verfahren unzulässig war, wurde von der herrschenden Meinung abgelehnt.[7] *Koch* wollte für den Fall, daß *„die Pfändung zu einer Lähmung des Schuldnervermögens"* führt, über eine Widerklage nach §§ 772 S. 2, 771 ZPO sogar die Aufhebung der Zwangsvollstreckung erreichen und nicht nur deren Verwertung verhindern.[8] Die Zwangsvollstreckung als solche sollte aber zulässig bleiben.[9]

Die Gegenmeinung[10] wendete § 14 Abs. 1 KO analog auf § 106 KO an, wenn das allgemeine Veräußerungsverbot gleichzeitig mit einem Sequester angeordnet wurde. Diese Ansicht ging entgegen der herrschenden Meinung davon aus, daß es sich bei dem allgemeinen Veräußerungsverbot um ein absolutes Veräußerungsverbot handelte, wenn es gleichzeitig mit einer Sequestration angeordnet wurde. Aus der absoluten Wirkung wurde gefolgert, daß der Sequester mit einer Erinnerung nach § 766 ZPO die Aufhebung der Pfändung erreichen konnte, wenn diese dem Sicherungszweck zuwiderlief.[11]

Dagegen wurde zu Recht angenommen, daß eine Aufhebung der Pfändung nicht in Frage kommt.[12] Denn ein Pfändungspfandrecht kann unter keinen Umständen durch gerichtliche Anordnung aufgehoben werden, weil dies dem Prioritäts-

4 *Kuhn/Uhlenbruck* § 106 KO Rdnr. 4 b; *Kilger/K. Schmidt* § 106 KO Rdnr. 3 mwN.

5 *Kleiner* S. 21 f., 136 ff.; *Herbert* S. 174 f.; *Kuhn/Uhlenbruck* § 106 KO Rdnr. 4 b (S. 1457); *Kilger/K. Schmidt* § 106 KO Rdnr. 3; *Jaeger-Henckel* § 29 Rdnr. 29; *Henkel* JZ 1986, 694, 695.

6 Entspricht § 89 Abs. 1 InsO.

7 *Baur/Stürner*, Bd. II, Rdnr. 7.37; *Hess* § 106 KO Rdnr. 5; *Jaeger-Weber* § 106 KO Rdnr. 6; *Kilger/K. Schmidt* § 106 KO Rdnr. 3; *Kuhn/Uhlenbruck* § 106 KO Rdnr. 4 b mwN.; *Kleiner* S. 128.

8 *Koch* S. 65.

9 *Koch* S. 66.

10 *Gerhardt*, FS 100 Jahre KO, S. 121 ff.; *ders.*, FS Flume, S. 541 f.; *ders.* ZIP 1982, 1, 6; *LG Köln*, Beschl. v. 17. 5. 1988 – 9 T 92/88, Rpfleger 1988, 422, 423; *LG München*, Beschl. v. 3. 5. 1971 – 14 T 132/71, DGVZ 87 (1972), 74, 75; *LG Braunschweig*, Beschl. v. 1. 3. 1976 – 8 T 86/76, NdsRpfl 1976, 135; *LG Frankfurt*, Beschl. v. 2. 11. 1987 – 2/9 T 1023/87, Rpfleger 1988, 111 = NJW-RR 191.

11 *Gerhardt* FS 100 Jahre KO, S. 121 ff.; *ders.* ZIP 1982, 1, 6.

12 *Herbert* S. 175; *Kleiner* S. 128; **a. A.** *Koch* S. 63 ff.

grundsatz des § 804 Abs. 3 ZPO widerspricht. Daß ein Pfändungspfandrecht aus diesem Grunde nicht aufgehoben werden darf, ergibt sich bereits aus den Motiven zur Konkursordnung: „*Die sofortige Sistierung aller Exekutionen* [...] *erscheint unthunlich, weil dadurch für den Fall der Zurückweisung des Eröffnungsantrages die andringenden Gläubiger in ungerechtfertigter Weise geschädigt werden könnten. Es muß genügen, den später erworbenen Pfandrechten den Konkursgläubigern gegenüber, vorausgesetzt also, daß es demnächst zur Konkurseröffnung kommt, die dingliche Kraft zu versagen.*“[13]

bb) Sinn und Zweck der Sicherungsmaßnahmen in Eröffnungsverfahren der Konkursordnung

Wie sich an dem Streit um die Wirkung des allgemeinen Veräußerungsverbots und der damit verbundenen Sequestration beziehungsweise um die analoge Anwendbarkeit des § 14 Abs. 1 KO im Eröffnungsverfahren zeigt, war die Ansicht über den Sinn und Zweck der Sequestration für die jeweilige Meinung entscheidend. Die Ansichten über den Sicherungs- beziehungsweise Sequestrationszweck differierten dementsprechend. So ging die herrschende Meinung[14] von folgendem aus: „*Handelt es sich bei der Vollstreckung um eine bloße Sicherungsmaßnahme, so steht diese Vollstreckungsmaßnahme nicht im Widerspruch zur angeordneten Sequestration.*“[15] Denn die Pfändung einzelner beweglicher Sachen kann „*kaum dem Sequestrationszweck zuwiderlaufen* [...]; *durch die Pfändung wird das sequestrierte Vermögen nicht geschmälert.*“[16] Die Gegenansicht[17], die nicht nur die Verwertung verhindern wollte, sah bereits in der Möglichkeit des vollstreckenden Gläubigers, noch ein Pfändungspfandrecht – und somit nach Eröffnung ein Absonderungsrecht – zu erlangen, einen Verstoß gegen den Sicherungszweck der Sequestration.

Diese gegenteiligen Ansichten hinsichtlich des Sicherungszwecks führen zu folgender Beurteilung. Es ist grundsätzlich richtig, daß durch eine Pfändung das Vermögen des Schuldners als solches nicht geschmälert wird, denn es kommt keine weitere Forderung hinzu. Das Entscheidende ist jedoch, daß die Forderung des betroffenen Gläubigers auf Grund der Pfändung und dem daraus resultieren-

---

13 Motive bei *Hahn* S. 300.

14 *Kuhn/Uhlenbruck* § 14 KO Rdnr. 9; *Hess* § 106 KO Rdnr. 5.

15 *Herbert* S. 173, 175; **a. A.** *Gerhardt* ZIP 1982, 1, 6.

16 *Herbert* S. 176.

17 *Gerhardt*, FS 100 Jahre KO, S. 121 ff.; *ders.*, FS Flume, S. 541 f.; *ders.*. ZIP 1982, 1, 6; *AG Bonn* DGVZ 94 (1979), 76; *Herbert* S. 175 f.; LG Köln, Beschl. v. 17. 5. 1988 – 9 T 92/88, Rpfleger 1988, 422, 423; *LG München*, Beschl. v. 3. 5. 1971 – 14 T 132/71, DGVZ 87 (1972), 74, 75; *LG Braunschweig*, Beschl. v. 1. 3. 1976 – 8 T 86/76, NdsRpfl 1976, 135; *LG Frankfurt*, Beschl. v. 2. 11. 1987 – 2/9 T 1023/87, Rpfleger 1988, 111 = NJW-RR 191.

den Absonderungsrecht vollständig aus der zukünftigen Masse erfüllt wird. Die anderen Gläubiger erhalten dagegen nach dem Grundsatz der gleichmäßigen Befriedigung nur einen Teil ihrer Forderung. Das hierfür zu verteilende Vermögen des Schuldners wird durch ein weiteres Absonderungsrecht verringert. Zur Konkursordnung ging die herrschende Ansicht dennoch davon aus, daß eine Pfändung dem Sequestrationszweck nicht widersprach. Diese Ansicht wollte somit das Vermögen des Schuldners nur vor tatsächlichen Verringerungen im Moment des Eröffnungsverfahrens schützen, wie zum Beispiel das Abhandenkommen von Gegenständen oder durch die Verwertung im Zuge einer Zwangsvollstrekkung. Der Prioritätsgrundsatz hatte demnach bis zur Eröffnung des Insolvenzverfahrens noch seine volle Geltung. Die andere Ansicht zog bereits bei gleichzeitig angeordnetem allgemeinen Veräußerungsverbot und Sequestration den Grundsatz der gleichmäßigen Befriedigung in das Eröffnungsverfahren vor. Diesem Ansatz der Mindermeinung zur Konkursordnung ist der Gesetzgeber der Insolvenzordnung gefolgt.

cc) Sonstige Möglichkeiten zur Beschränkung der Zwangsvollstreckung im Eröffnungsverfahren der Konkursordnung

Selbst wenn man die analoge Anwendung des § 14 Abs. 1 KO im Eröffnungsverfahren mit der herrschenden Meinung ablehnte, war das sequestrierte Vermögen gegen Zwangsvollstreckungen nicht vollkommen schutzlos. Der Sequester mußte als Dritter gemäß §§ 808, 809 ZPO einer Pfändung zustimmen, wenn sich der betreffende Gegenstand in seinem Besitz befand.[18]

Darüber hinaus wurde bereits im Rahmen der Konkursordnung vertreten, daß eine „*Untersagung*" von bereits betriebenen oder noch beabsichtigten Zwangsvollstreckungen durch das Konkursgericht zulässig sei.[19] Die Zwangsvollstrekkung von Aus- und Absonderungsberechtigten konnte jedoch im eröffneten Konkursverfahren nach keiner Ansicht beschränkt werden.[20] Daher kam ein

---

18 *Kleiner* S. 134 ff.; *Kilger/K. Schmidt* § 106 KO Rdnr. 3 (S. 409); *Castendiek* S. 82; **a. A.** *Koch* S. 79 f.

19 *Kuhn/Uhlenbruck* § 106 KO Rdnr. 4 e; *Kleiner* S. 130 letzter Absatz. *Kleiner* ist jedoch mit der **Bezeichnung** „*Untersagung*" der Zwangsvollstreckung **ungenau**. Denn eine bereits betriebene Zwangsvollstreckung kann nur eingestellt, nicht aber mehr untersagt werden. Untersagen bedeutet, jegliche Zwangsvollstreckung ist unzulässig, ein Pfändungspfandrecht kann nicht mehr entstehen. Die Einstellung bedeutet, daß die die Zwangsvollstreckung abschließende Verwertung verhindert wird, daß Pfändungspfandrecht aber bestehen läßt. *Uhlenbruck* spricht nur von „Untersagung" mit dem Verweis auf *Kleiner*, so daß man annehmen muß, daß auch *Uhlenbruck* „*Untersagung*" von betriebenen und noch beabsichtigten Zwangsvollstreckung meint.

20 *Kuhn/Uhlenbruck* § 106 KO Rdnr. 4 e; *Kleiner* S. 129; *Herbert* S. 179 f.

Verbot jeglicher Zwangsvollstreckung nach § 106 KO im Eröffnungsverfahren nicht in Frage.[21]

dd) Zusammenfassung

Zusammenfassend kann festgestellt werden, daß es im Eröffnungsverfahren der Konkursordnung keine Möglichkeit zur generellen einstweiligen Einstellung oder Untersagung der Zwangsvollstreckung gab. Weder die Sequestration nach § 106 Abs. 1 S. 2 KO noch das allgemeine Veräußerungsverbot nach § 106 Abs. 1 S. 3 KO beinhalten ein Vollstreckungsverbot. Das allgemeine Veräußerungsverbot verhinderte nach der überwiegenden Meinung nur die Verwertung.[22] Im Eröffnungsverfahren der Konkursordnung wurde der Prioritätsgrundsatz gemäß § 804 Abs. 3 ZPO nicht eingeschränkt. Nur nach einer vereinzelten Ansicht waren gerichtliche Einzelanordnungen möglich, die sich aber nur auf die Zwangsvollstreckungen künftiger Konkursgläubiger beziehen konnten.[23]

b) Vergleichsordnung und Gesamtvollstreckungsordnung: Ein vergleichender Überblick

Ziel der Vergleichsordnung – wie es auch der Gesetzgeber der Insolvenzordnung angestrebt hat – war die Sanierung des Schuldners. Nach § 13 Abs. 1 VglO war die einstweilige Einstellung von Zwangsvollstreckungen unter bestimmten Voraussetzungen möglich, soweit es sich um die Vollstreckung künftiger Vergleichsgläubiger handelte. Die Vollstreckung von Aus- oder Absonderungsberechtigten konnte nicht beeinträchtigt werden.[24] Vollstreckungen im ganzen, das heißt, alle Zwangsvollstreckungsmaßnahmen von Vergleichsgläubigern in das Schuldnervermögen, konnten nicht eingestellt werden.[25] § 13 VglO sollte verhindern, daß sich einzelne Gläubiger nach Antragstellung Sondervorteile verschafften und das Schuldnervermögen verschleudert wurde.[26]

Die Vorschriften der §§ 2 Abs. 4, 7 Abs. 3 S. 1 GesO sollten den Grundsatz der Gläubigergleichbehandlung stärker als in der Konkursordnung zur Geltung bringen.[27] § 2 Abs. 4 GesO erstreckt das Verbot der Zwangsvollstreckung auf die

---

21 *Kleiner* S. 129; *Lohkemper* ZIP 1995, 1641, 1648.

22 *Frankfurter Kommentar-Schmerbach* § 21 InsO Rdnr. 72.

23 *Kleiner* S. 129; *Herbert* S. 179 f.;

24 *Kleiner* S. 131.

25 *Kilger/K. Schmidt* § 13 VglO Rdnr. 2; *Bley/Mohrbutter* § 13 VglO Rdnr. 11.

26 *Kilger/K. Schmidt* § 13 VglO Rdnr. 1; *Bley/Mohrbutter* § 13 VglO Rdnr. 1.

27 *Smid-Smid* § 7 GesO Rdnr. 54, § 2 GesO Rdnr. 194; *Haarmeyer/Wutzke/Förster* § 7 GesO Rdnr. 24, § 2 GesO Rdnr. 211 f.; *Hess/Binz/Wienberg* § 7 GesO Rdnr. 27; *Lübchen/Landfermann* ZIP 1990, 829, 833; *Braun/Bußhardt* ZIP 1992, 902, 903.

Zeit zwischen Eröffnungsantrag und Verfahrenseröffnung.[28] § 7 Abs. 3 GesO entspricht der Rückschlagsperre des § 88 InsO; jedoch galt § 7 Abs. 3 GesO ohne jede zeitliche Begrenzung.[29] Die Wirkung des § 2 Abs. 4 GesO trat nicht mit Antragstellung ein, sondern es bedurfte eines ausdrücklichen Beschlusses, der jedoch zwingend war.[30]

Trotz der im Vergleich zur Konkursordnung erweiterten Möglichkeiten der Insolvenzordnung, Zwangsvollstreckung einzustellen, ist der Gesetzgeber der Insolvenzordnung hinter der weiten Ausgestaltung der Gesamtvollstreckungsordnung zurückgeblieben.[31]

3. Umfang der Darstellung

Mit der Insolvenzordnung sind die Möglichkeiten, im Eröffnungsverfahren Zwangsvollstreckungsmaßnahmen zu verhindern, im Vergleich zur Konkursordnung *„erheblich erweitert“* worden.[32] Im Rahmen des Eröffnungsverfahrens können Zwangsvollstreckungsmaßnahmen in bewegliche Sachen gemäß § 21 Abs. 2 Nr. 3 InsO einstweilig eingestellt oder untersagt werden. Die Zwangsversteigerung von Immobilien kann gemäß § 30 d Abs. 4 ZVG auf Antrag des vorläufigen Insolvenzverwalters eingestellt werden. Ob auch die Zwangsverwaltung, wie es im eröffneten Verfahren nach § 153 b ZVG möglich ist, bereits im Eröffnungsverfahren eingestellt werden kann, ist streitig.

Verfügungsverbote oder -beschränkungen haben keine Auswirkungen auf die Zwangsvollstreckung.[33] Und auch eine Unterbrechung gemäß § 240 ZPO kommt nicht in Frage.[34] Die Vorschriften der §§ 239 ff. ZPO beziehen sich nur auf das Erkenntnisverfahren.[35] Dies ergibt sich aus der unterschiedlichen Aus-

---

28 *BGH*, Urt. v. 26. 1. 1995 – IX ZR 99/94, ZIP 1995, 480, 481.

29 *BGH*, Urt. v. 26. 1. 1995 – IX ZR 99/94, NJW 1995, 1159, 1160 = ZIP 480, 481.

30 *BGH*, Urt. v. 13. 6. 1995 – IX ZR 137/94, ZIP 1995, 1200, 1201; *Hess/Binz/Wienberg* § 2 GesO Rdnr. 121; *Kilger/K. Schmidt* § 2 GesO Rdnr. 4; *Stengel* ZfIR 2001, 347, 348; **a. A.** *OLG Brandenburg*, Urt. v. 13. 12. 2000 – 13 U 156/00, NZI 2001, 601, 602.

31 *BGH*, Urt. v. 26. 1. 1995 – IX ZR 99/94, NJW 1995, 1159 = ZIP 480, 481; *Haarmeyer/Wutzke/Förster* § 2 GesO Rdnr. 218.

32 *Jungmann* NZI 1999, 352.

33 *Hintzen* ZInsO 1998, 318; *ders.* ZInsO 1998, 174, 176; **a. A.** *Helwich* MDR 1998, 516, 520.

34 *AG Göttingen*, Beschl. v. 16. 11. 1999 – 71 K 2/98, ZInsO 2000, 50; *Stöber* NZI 1998, 105, 106; *Stöber* § 15 ZVG Rdnr. 23.11; *Gerhardt*, Grundpfandrechte, Rdnr. 254; *Helwich* DGVZ 113 (1998), 50, 53.

35 *Thomas/Putzo* vor § 239 ZPO Rdnr. 1; *OLG Neustadt*, Beschl. v. 28. 11. 1964 – 2 W 98/64, NJW 1965, 591; *Stein/Jonas-Roth* vor § 239 ZPO Rdnr. 2; *Nerlich/*

richtung von Zwangsvollstreckungs- und Erkenntnisverfahren. Das grundsätzlich das Erkenntnisverfahren abschließende Urteil hängt vom tatsächlichen Bestehen einer Forderung ab, die Zwangsvollstreckung nicht. Für deren Wirksamkeit ist nur der zugrundeliegende Titel entscheidend. Die Vollstreckung ist auf eine rasche Durchsetzung ausgerichtet,[36] das Erkenntnisverfahren auf genaue Prüfung der materiellen Berechtigung. Für die Einstellung von Zwangsvollstreckungsmaßnahmen gibt es daher spezielle Regelungen,[37] wie beispielsweise die in diesem Abschnitt behandelten Normen der Insolvenzordnung und des Gesetzes über die Zwangsversteigerung und die Zwangsverwaltung.

a) Die Bedeutung der Normen des eröffneten Verfahrens

Bei der Untersagung und einstweiligen Einstellung von Zwangsvollstreckungsmaßnahmen im Eröffnungsverfahren sind andere Schwerpunkte zu setzen als bei den Verfügungsverboten und -beschränkungen gemäß § 21 Abs. 2 Nr. 2 InsO.

Bei den Verfügungsbeschränkungen lag der Schwerpunkt in der Abgrenzung, der rechtlichen Einordnung und den Wirkungen der abgeschwächten Formen der Verfügungsbeschränkungen. Denn nur der stärkst mögliche Eingriff, der vorgezogene Übergang der Verwaltungs- und Verfügungsbefugnis, ist mit den §§ 21 Abs. 2 Nr. 2, 22 Abs. 1 S. 1 InsO ausführlich geregelt worden. Wie sich zeigen wird, werfen die Normen, nach denen Zwangsvollstreckungen im Eröffnungsverfahren einstweilig eingestellt oder untersagt werden können, dagegen vor allem Fragen hinsichtlich der Reichweite der entsprechenden Anordnungen auf. Die Grenze ist anhand der Einstellungsmöglichkeiten im eröffneten Verfahren zu ziehen. Denn die Sicherungsmaßnahmen im Eröffnungsverfahren dürfen nie über die Maßnahmen und Wirkungen des eröffneten Verfahrens hinausgehen. Diese Begrenzung ergibt sich aus der Besonderheit der Sicherungsmaßnahmen im Insolvenzverfahren. Sicherungsmaßnahmen stellen eine *„vorweggenommene Wahrung der Interessen der Gläubiger“* dar, und deswegen *„kann die Schutzwürdigkeit* [...] *nicht weiter ausgedehnt sein, als die Wahrung dieser Gläubigerbelange nach Eröffnung des Insolvenzverfahrens.“*[38]

Aus diesem Grund bieten die Regelungen des eröffneten Verfahrens eine wichtige Orientierung für die Fragen, die sich bezüglich der Untersagung und einstweiligen Einstellung von Zwangsvollstreckungen im Eröffnungsverfahren erge-

---

Römermann-Wittkowski § 85 InsO Rdnr. 4; **a. A.** *Frankfurter Kommentar-App* § 85 InsO Rdnr. 6; *Münchener Kommentar-Feiber* § 240 ZPO Rdnr. 3.

36 *Stöber* Einl. Rdnr. 27; *OLG Neustadt*, Beschl. v. 28. 11. 1964 – 2 W 98/64, NJW 1965, 591.

37 *Stein/Jonas-Roth* vor § 239 ZPO Rdnr. 2

38 *Stöber* § 30 d ZVG Rdnr. 6.2.

ben. Um Zwangsvollstreckungsmaßnahmen in das Vermögen des Schuldners nach Eröffnung zu verhindern, enthält die Insolvenzordnung für die jeweiligen Gläubigergruppen unterschiedliche Regelungen. Mit diesen Regelungen ergibt sich ein abgestuftes System, das Zwangsvollstreckungsmaßnahmen nahezu vollständig verhindert.

Es ist zu trennen zwischen Vorschriften, die mit Eröffnung ihre Wirkung entfalten – §§ 89, 90, 166 InsO –, und Vorschriften, die dem Insolvenzverwalter die Möglichkeit einräumen, Zwangsvollstreckungsmaßnahmen einstellen zu lassen – §§ 30 d, 153 b ZVG. Mit diesen Normen hat der Gesetzgeber eine Wertung vorgenommen, wie stark in die Rechte des jeweiligen Gläubigers zum Schutz der Masse eingegriffen werden darf, aus der Rückschlüsse für das Eröffnungsverfahren zu ziehen sind. Bei dem Vergleich mit dem eröffneten Verfahren kommt es dabei nicht nur auf diese Regelungen an, die sich direkt auf die Zwangsvollstreckung beziehen, sondern auch auf die §§ 107 Abs. 2, 112 InsO, durch die die Ausübung bestimmter Aussonderungsrechte beschränkt wird. Diese Normen helfen ebenfalls, § 21 Abs. 2 Nr. 3 InsO und § 30 d Abs. 4 ZVG auszulegen und deren Wirkungsumfang zu bestimmen.

Der Schwerpunkt bei der Bearbeitung der Einstellungs- und Untersagungsmöglichkeiten im Eröffnungsverfahren liegt daher nicht bei den Wirkungen der Untersagung und einstweiligen Einstellung, sondern bei der Frage, welche Gläubiger in welchem Umfang von einer entsprechenden Anordnung betroffen sind.

b) Rückwirkende Regelungen

Die folgenden Ausführungen beschränken sich auf die Behandlung von Zwangsvollstreckungsmaßnahmen im eröffneten Insolvenzverfahren. Die nachfolgende kurze Darstellung der rückwirkenden Regelungen soll verdeutlichen, in welchen Rahmen die Maßnahmen zur Untersagung und einstweiligen Einstellung von Zwangsvollstreckungen eingebettet sind.

Unterstützend zu den Regeln des eröffneten Verfahrens über die Untersagung und einstweilige Einstellung der Zwangsvollstreckung ist das Anfechtungsrecht der Insolvenzordnung verschärft worden, indem die Anfechtungsfristen verlängert wurden und die Durchsetzbarkeit erleichtert wurde.[39] Weiter ist die Rückschlagsperre eingeführt worden, die es nach altem Recht nur in der Vergleichsordnung gab. Die Rückschlagsperre, § 88 InsO, und die Anfechtung, §§ 129 ff. InsO, bieten einen rückwirkenden Schutz für die Masse.

---

[39] Vgl. die Begr. vor § 144 RegE [§ 129 InsO], in: *Balz/Landfermann* S. 363 f.

Gemäß § 88 InsO sind alle Sicherungen, die ein Insolvenzgläubiger einen Monat vor Eröffnung oder während des Eröffnungsverfahrens durch Zwangsvollstrekkung erlangt hat, mit der Eröffnung unwirksam. Das Pfändungspfandrecht erlischt, die öffentlich-rechtliche Verstrickung bleibt jedoch bestehen.[40] Hat ein Insolvenzgläubiger im Zeitraum der Rückschlagsperre Befriedigung erzielt oder eine Sicherung durch vertragliche Vereinbarung oder außerhalb des Geltungszeitraumes der Rückschlagsperre erlangt, ist die Rückschlagsperre nicht anwendbar.

Rechtshandlungen, die nicht von der Rückschlagsperre erfaßt werden, sind jedoch gegebenenfalls nach § 131 InsO wegen inkongruenter Deckung anfechtbar.[41] Somit ergänzen sich die Regeln über die Anfechtung und die Rückschlagsperre. Aber auch zwischen der Rückschlagsperre und den Sicherungsmaßnahmen besteht ein wechselseitiges Verhältnis. Die Rückschlagsperre bietet einen zusätzlichen, rückwirkenden Schutz zu den Beschränkungen der Zwangsvollstreckung, und die Sicherungsmaßnahmen nach § 21 Abs. 2 Nr. 3 InsO die Befriedigung des vollstreckenden Gläubigers und sichern somit die Voraussetzung der Rückschlagsperre.

II. Untersagung und einstweilige Einstellung von Zwangsvollstreckungen gemäß § 21 Abs. 2 Nr. 3 InsO

Gemäß § 21 Abs. 2 Nr. 3 InsO kann das Insolvenzgericht die Zwangsvollstekkungen gegen den Schuldner untersagen oder einstweilig einstellen.

1. Wirkung der Untersagung und einstweiligen Einstellung von Zwangsvollstreckungen

Wird die Zwangsvollstreckung durch das Insolvenzgericht untersagt, handelt es sich bei dem Beschluß um ein Vollstreckungshindernis gemäß § 775 Nr. 1 ZPO.[42] Vollstreckungsmaßnahmen, die gegen den Beschluß verstoßen, sind unzulässig,[43] aber nicht unwirksam, sondern nur anfechtbar.[44] Denn ein Vollstrek-

---

40 *Heidelberger Kommentar-Eickmann* § 88 InsO Rdnr. 11 f.

41 *Münchener Kommentar-Breuer* § 88 InsO Rdnr. 3.

42 *Heidelberger Kommentar-Kirchhof* § 21 InsO Rdnr. 23; *Hintzen*, Zwangsversteigerung, Rdnr. 125.

43 *Brox/Walker* Rdnr. 184.

44 *OLG München*, Beschl. v. 12. 10. 1928 – BeschwReg. 1070/28 IV, ZZP 55 (1930), 153, 154; *Stein/Jonas-Münzberg* § 766 ZPO Rdnr. 16 sowie § 775 ZPO Rdnr. 41. Eine

kungsakt ist ein staatlicher Hoheitsakt, der ein besonderes Vertrauen erzeugt und fordert.[45] Deswegen ist auch eine Zwangsvollstreckungsmaßnahme, die gegen § 21 Abs. 2 Nr. 3 InsO verstößt, nicht nichtig, sondern nur nach § 766 ZPO anfechtbar. Parallel zu der Wirkung des § 89 InsO, nach dem alle Zwangsvollstreckungen von Insolvenzgläubigern unzulässig sind,[46] entsteht somit wegen des schweren Verfahrensfehlers kein Pfändungspfandrecht. Der betreffende Gegenstand wird jedoch öffentlich-rechtlich verstrickt.[47]

Die einstweilige Einstellung einer bereits begonnenen Zwangvollstreckungsmaßnahme ist ein Vollstreckungshindernis im Sinne von § 775 Nr. 2 ZPO.[48] Der Gläubiger darf die Zwangsvollstreckung nicht mehr weiter betreiben. Die bereits vorgenommen Vollstreckungshandlungen behalten aber ihre Wirksamkeit, insbesondere wird durch die Einstellungsanordnung ein bereits begründetes Pfändungspfandrecht nicht aufgehoben.[49] Es behält seine rangwahrende Funktion. Dem zwangsvollstreckenden Gläubiger ist jedoch während der einstweiligen Einstellung der Zwangsvollstreckung die Verwertung des betreffenden Gegenstandes untersagt.

Im Fall der Eröffnung des Insolvenzverfahrens erlöschen nach § 88 InsO die Pfändungspfandrechte der Insolvenzgläubiger, die im Eröffnungsverfahren oder einen Monat vor Antragstellung erlangt worden sind. Kommt es trotzdem zur Verwertung, so erwirbt zwar *„der Ersteher verbotsfrei, aber der Vollstreckungsgläubiger muß den Erlös herausgeben.“*[50]

Ausnahme macht das *AG Mönchengladbach*, Beschl. 14. 5. 2002 – 29 C 96/02, ZInsO 2002, 643 bei Zwangsvollstreckungen über künftige Bezüge, in dem es § 114 Abs. 3 InsO analog auf die Anordnung von Sicherungsmaßnahmen anwendet.

45 *Stein/Jonas-Münzberg* vor § 704 Rdnr. 128.

46 *Heidelberger Kommentar-Eickmann* § 89 InsO Rdnr. 5; *Landfermann*, Kölner Schrift, S. 159 ff., Rdnr. 35; *Gerhardt*, Kölner Schrift, S. 193 ff., Rdnr. 47; *App* NZI 1999, 138, 139. So bereits zu § 14 KO, *Kuhn/Uhlenbruck* Rdnr. 17; *Vallender* ZIP 1997, 1993, 1998; **a. A.** *Jauernig* § 47 II 3., der davon ausgeht, daß das Pfändungspfandrecht trotz § 89 InsO in anfechtbarer Weise entsteht.

47 *Brox/Walker* Rdnr. 192.

48 *Zöller-Stöber* § 775 ZPO Rdnr. 5. Vollstreckungen werden nicht durch Einwendungen des Schuldners oder Dritter gehindert, sondern das Vollstreckungsorgan darf nur Abhilfe schaffen, wenn ihm eine gerichtliche Entscheidung nach § 775 ZPO vorgelegt wird, *Stein/Jonas-Münzberg* § 775 ZPO Rdnr. 1.

49 *Heidelberger Kommentar-Kirchhof* § 21 InsO Rdnr. 23; *Frankfurter Kommentar-Schmerbach* § 21 InsO Rdnr. 76.

50 *Rosenberg/Gaul/Schilken* S. 684.

2. Betroffene Maßnahmen

a) Zwangsvollstreckungen wegen Geldforderungen in das bewegliche Vermögen

§ 21 Abs. 1 InsO bestimmt, daß *„nachteilige Veränderungen in der Vermögenslage des Schuldners zu verhüten sind.“* Vermögenslage beinhaltet nicht nur die einzelnen Gegenstände, die der Schuldner in seinem Eigentum hat, sondern auch Vermögenswerte wie zum Beispiel das Know-how einer Firma oder deren Fortführungswert. Diese Vermögenswerte sind jedoch nicht pfändbar. Im Rahmen des § 21 Abs. 2 Nr. 3 InsO sind nur die einzelnen, pfändbaren, beweglichen Gegenstände des Schuldnervermögens zu schützen.

Dabei kann ein umfassender Schutz des beweglichen Vermögens mit einer Anordnung nach § 21 Abs. 2 Nr. 3 InsO erreicht werden. Zu den beweglichen Gegenständen gehören auch die Früchte eines Grundstückes, selbst wenn sie noch nicht vom Grundstück getrennt worden sind.[51] Bei der Vollstreckung auf Herausgabe eines Wohnhauses handelt es sich nicht um die Zwangsvollstreckung **in** eine Immobilie. Diese Vollstreckung wird daher von einer Anordnung gemäß § 21 Abs. 2 Nr. 2 InsO erfaßt.[52] Nicht zu den beweglichen Gegenständen gehören dagegen die Miet- und Pachtzinsen eines bereits beschlagnahmten Grundstücks.[53]

Von einer Untersagung oder einstweiligen Einstellung gemäß § 21 Abs. 2 Nr. 3 InsO sind nicht nur Zwangsvollstreckungsmaßnahmen betroffen, die sich auf Gegenstände der künftigen Insolvenzmasse beziehen, sondern auch Gegenstände des sonstigen Vermögens des Schuldners[54] und Gegenstände, die während der Anordnung nach § 21 Abs. 2 Nr. 3 InsO zu dem Vermögen hinzukommen.[55] § 21 Abs. 2 Nr. 3 InsO hat damit denselben Wirkungsumfang wie § 89 InsO,[56] dessen Wirkungen laut Gesetzesbegründung durch eine Anordnung nach § 21 Abs. 2 Nr. 3 InsO in das Eröffnungsverfahren vorgezogen werden.[57] § 89 InsO erfaßt bereits nach seinem Wortlaut die Insolvenzmasse sowie das sonstige Vermögen des Schuldners. Allerdings besteht das sonstige Vermögen, nachdem

---

51 *Zöller-Stöber* § 803 ZPO Rdnr. 1.

52 *Hintzen* ZInsO 2001, 575; **a. A.** *AG Mainz*, Beschl. v. 14. 2. 2001 – 201 M 180/01, ZInsO 2001, 574.

53 *LG Traunstein*, Beschl. v. 9. 6. 2000 – 4 T 1597/00, NZI 2000, 438.

54 *Smid-Smid/Thiemann* § 21 InsO Rdnr. 57; *Frankfurter Kommentar-Schmerbach* § 21 InsO Rdnr. 75 a.

55 *Hintzen* Rpfleger 1999, 256, 257.

56 Vgl. zum Wirkungsumfang des § 89 InsO, *Hess/Weis/Wienberg-Hess* § 89 InsO Rdnr. 2, 17; *Heidelberger Kommentar-Eickmann* §89 InsO Rdnr. 3.

57 Begr. zu § 25 RegE [§ 21 InsO], in: *Balz/Landfermann* S. 228.

auch der Neuerwerb zur Insolvenzmasse gehört (§ 35 InsO), nur noch aus dem nach den Vorschriften der Zivilprozeßordnung ohnehin unpfändbaren Vermögen.[58] Daher hat das sonstige Vermögen nur noch eine *„geringe Bedeutung“*.[59] Daß auch dieses sonstige Vermögen durch eine Anordnung gemäß § 21 Abs. 2 Nr. 3 InsO geschützt wird, entspricht einmal dem Zweck des Gesetzes, auch dieses Vermögen von der Zwangsvollstreckung freizulassen.[60] Denn auch im Rahmen eines Insolvenzverfahrens muß dem Schuldner ein Existenzminimum belassen werden. Und zweitens sollen Unklarheiten über das dem Insolvenzbeschlag unterliegende Vermögen nicht im Eröffnungsverfahren ausgetragen werden.[61]

Gegenstände, die nicht zum Vermögen des Schuldners gehören, sind nicht betroffen.

b) Zwangsvollstreckungen wegen anderer Ansprüche

Der Begriff der Zwangsvollstreckung im Sinne des § 21 Abs. 2 Nr. 3 InsO umfaßt **alle** Maßnahmen der Zwangsvollstreckung mit Ausnahme der Zwangsvollstreckung in unbewegliche Gegenstände. Nach seinem Wortlaut bezieht sich § 21 Abs. 2 Nr. 3 InsO somit – entgegen der anscheinend allgemeinen Ansicht[62] – nicht nur auf Zwangsvollstreckungen in bewegliche Gegenstände, sondern es sind grundsätzlich alle Zwangsvollstreckungen gemäß des Achten Buchs der Zivilprozeßordnung, §§ 704 ff. ZPO, erfaßt.[63] Auch der Begründung des Regierungsentwurfs zu § 21 InsO ist keine Einschränkung auf Zwangsvollstreckungen in Mobilien zu entnehmen.[64] Die Begründung stellt darüber hinaus fest, daß § 21 Abs. 2 Nr. 3 InsO die Wirkungen des § 89 InsO vorzieht. Dementsprechend sind die Aussagen zum Wirkungsumfang des § 89 InsO auf § 21 Abs. 2 Nr. 3 InsO zu übertragen.

Nach allgemeiner Ansicht sind von § 89 InsO die Zwangsvollstreckungen wegen Geldforderungen in bewegliche Sachen, sowie in Forderungen und sonstige

---

58 Vgl. die §§ 850 ff. ZPO.

59 Begr. zu § 100 RegE [§ 89 InsO], in: *Balz/Landfermann* S. 303.

60 Vgl. entsprechend zu § 14 KO: *Kuhn/Uhlenbruck* § 14 KO Rdnr. 6.

61 *Frankfurter Kommentar-Schmerbach* § 21 InsO Rdnr. 75 a.

62 *Nerlich/Römermann-Mönning* § 21 InsO Rdnr. 82; *Hess/Weis/Wienberg-Wienberg* § 21 InsO Rdnr. 39; *Frankfurter Kommentar-Schmerbach* § 21 InsO Rdnr. 76; *Münchener Kommentar-Haarmeyer* § 21 InsO Rdnr. 71; *Smid-Smid/Thiemann* § 21 InsO Rdnr. 50, 57; *Gerhardt*, Kölner Schrift, S. 193 ff., Rdnr. 81.

63 So auch der Ausschußbericht zu § 25 RegE [§ 21 InsO], in: *Balz/Landfermann* S. 228, Fn. 3.

64 Vgl. Begr. zu § 25 RegE [§ 21 InsO], in: *Balz/Landfermann* S. 228.

Rechte betroffen.[65] Auch Zwangsvollstreckungen wegen anderer Ansprüche (§§ 883 ff. ZPO) fallen unter das Verbot des § 89 InsO – allerdings mit der Einschränkung, daß es sich hierbei um Insolvenzforderungen handeln muß.[66] Insolvenzforderung kann nur ein *Vermögens*anspruch sein. Ein solcher liegt vor, wenn es sich um eine Geldforderung handelt oder sich der Anspruch in eine solche gemäß der §§ 45, 46 InsO umwandeln läßt.[67] Zu den nicht auf Geld gerichteten, aber in Geld umwandelbaren Insolvenzforderungen zählen Ansprüche, deren Gegenstand in der Verschaffung oder Übereignung von beweglichen Sachen besteht.[68] Auch Ansprüche auf Abgabe einer Willenserklärung, die auf einen Anspruch beruhen, der aus dem Vermögen des Schuldners zu erfüllen ist, wie zum Beispiel die Abtretung einer Forderung, sind als in Geld umwandelbare Ansprüche Insolvenzforderungen. Kann die Willenserklärung dagegen nicht nach § 894 ZPO ersetzt werden, wie der Widerruf einer ehrkränkenden Erklärung, liegt keine Insolvenzforderung vor.[69] Denn die Insolvenzmasse dient als Liquidationsvermögen für die Befriedigung der Insolvenzgläubiger. Ansprüche auf vertretbare Handlungen, wie zum Beispiel die Erstellung eines Bauwerks, sind Insolvenzforderungen, weil sich die Ansprüche wegen § 887 ZPO nicht gegen den Schuldner, sondern sein Vermögen richten, weil die Kosten für die Ersatzvornahme durch einen Dritten gegen das Schuldnervermögen vollstreckt werden.[70]

Keine Insolvenzforderungen sind Ansprüche, die keinen in Geld umwandelbaren Inhalt haben.[71] Diese Ansprüche können auch während eines Insolvenzverfahrens gegen den Schuldner persönlich durchgesetzt werden. Dazu zählen höchstpersönliche Ansprüche wie zum Beispiel das Namensrecht oder der Anspruch auf Ehescheidung. Auch Unterlassensansprüche fallen nicht unter § 38 InsO,[72] es sei denn, durch eine Zuwiderhandlung ist bereits vor Insolvenzeröff-

---

65 *Hess/Weis/Wienberg-Hess* § 89 InsO Rdnr. 17.

66 *Hess/Weis/Wienberg-Hess* § 89 InsO Rdnr. 18; *Kübler/Prütting-Lüke* § 89 InsO Rdnr. 8. So ebenfalls zu § 14 KO, *Kuhn/Uhlenbruck* § 14 KO Rdnr. 2.

67 *Münchener Kommentar-Ehricke* § 38 InsO Rdnr. 14; *Kübler/Prütting-Holzer* § 38 InsO Rdnr. 13.

68 *Kübler/Prütting-Holzer* § 45 InsO Rdnr. 3; *Münchener Kommentar-Lwowski/Bitter* § 45 Rdnr. 6.

69 *Münchener Kommentar-Ehricke* § 38 InsO Rdnr. 43.

70 *Münchener Kommentar-Ehricke* § 38 InsO Rdnr. 109; *Kübler/Prütting-Holzer* § 38 InsO Rdnr. 34. Ebenso zu § 3 KO, der Vorgängervorschrift des § 38 InsO, *Jaeger-Henckel* § 3 KO Rdnr. 22.

71 *Münchener Kommentar-Ehricke* § 38 InsO Rdnr. 14, 36.

72 *Münchener Kommentar-Ehricke* § 38 InsO Rdnr. 37 ff.; *Nerlich/Römermann-Wittkowski* § 89 InsO Rdnr. 16; *Kübler/Prütting-Holzer* § 38 InsO Rdnr. 18. So bereits zu § 3 KO, *RG*, Urt. v. 6. 1. 1932 – I ZR 295/30, RGZ 134, 377, 379; *Jaeger-Henckel* § 3 KO Rdnr. 27.

nung ein Entschädigungsanspruch ausgelöst worden[73] oder der Insolvenzverwalter hat gegen die Unterlassenspflicht verstoßen. Im letzteren Fall handelt es sich allerdings um einen Masseanspruch.[74] Ebenso keine Insolvenzforderungen sind Ansprüche aus **un**vertretbaren Handlungen[75] und auf Duldung einer Handlung, da sie sich gegen den Schuldner persönlich richten und nicht aus der Insolvenzmasse beizutreiben sind.[76]

c) Arrest und einstweilige Verfügung

Zu den Maßnahmen der Zwangsvollstreckung im Rahmen des § 21 Abs. 2 Nr. 3 InsO gehören – auch ohne ausdrückliche Nennung – der Vollzug des Arrestes und der einstweiligen Verfügung. § 25 RegE bezeichnet den Arrest und die einstweilige Verfügung noch ausdrücklich als Zwangsvollstreckung im Sinne der Insolenzordnung. Diese Aussage ist vom Rechtsausschuß als Selbstverständlichkeit gestrichen worden, weil auch der Arrest und die einstweilige Verfügung im Achten Buch der Zivilprozeßordnung unter dem Titel „*Zwangsvollstreckung*" geregelt sind.[77] Zumindest der Vollzug des Arrestes und einstweiligen Verfügung erfolgt in einer „*Art der Zwangsvollstreckung*", die jedoch nicht zu einer Befriedigung, sondern nur zu einer Sicherung führt.[78] Am Willen des Gesetzgebers, auch den Vollzug des Arrestes und der einstweiligen Verfügung unter den Anwendungsbereich des § 21 Abs. 2 Nr. 3 InsO zu fassen, zeigt sich, daß bereits eine reine Sicherung verhindert werden soll. Insbesondere unter dem Aspekt, daß die Entscheidungen über den Arrest und die einstweilige Verfügung in einem summarischen Verfahren schnell ergehen,[79] besteht beim Arrest und der einstweiligen Verfügung Handlungsbedarf für deren Beschränkung im Eröffnungsverfahren.[80]

---

73 *Münchener Kommentar-Ehricke* § 38 InsO Rdnr. 42.

74 So im Rahmen von § 3 KO, *Jaeger-Henckel* § 3 KO Rdnr. 27.

75 *Münchener Kommentar-Ehricke* § 38 InsO Rdnr. 43; *Muth* EWiR 1995, 275, 276. So bereits zu § 3 KO, *OLG Neustadt*, Urt. v. 6. 10. 1964 – 1 U 67/64. Zu den Besonderheiten von Auskunftsansprüchen, vgl. *OLG Stuttgart*, Beschl. v. 2. 1. 1995 – 2 W 28/93, ZIP 1995, 45 f.; *Münchener Kommentar-Ehricke* § 38 InsO Rdnr. 46.

76 *Nerlich/Römermann-Wittkowski* § 89 InsO Rdnr. 16; *LG Mainz*, Beschl. v. 20. 2. 2002 – 8 T 302/01, ZInsO 2002, 639 für die Duldung der Sperrung eines Stromanschlusses.

77 Ausschußbericht zu § 25 RegE [§ 21 InsO], in: *Balz/Landfermann* S. 228, Fn. 3.

78 *Jauernig* § 34 III; *ders.* § 47 II, kritisch zur Aussage des Gesetzgebers, den Vollzug des Arrestes und der einstweiligen Verfügung unter den Oberbegriff der Zwangsvollstreckung zu fassen.

79 *Jauernig* § 34 III.

80 *Münchener Kommentar-Breuer* § 89 InsO Rdnr. 9; *Kübler/Prütting-Lüke* § 89 InsO Rdnr. 6, 8 f.

d) Eidesstattliche Offenbarungsversicherung, § 807 ZPO

Ob Handlungsbedarf auch für die Beschränkung einer eidesstattlichen Offenbarungsversicherung besteht, ist fraglich. Es ist umstritten, ob eine eidesstattliche Offenbarungsversicherung gemäß § 807 ZPO unter den Begriff der Zwangsvollstreckung im Sinne der Insolvenzordnung fällt und somit während der Anordnung nach § 21 Abs. 2 Nr. InsO unzulässig ist.[81] Wie sich zeigen wird, ist für die Frage der Zulässigkeit einer eidesstattlichen Offenbarungsversicherung nicht der Sicherungszweck das maßgebliche Kriterium. Entscheidend ist vielmehr, ob sich ein Rechtsschutzbedürfnis für eine Offenbarungsversicherung aufzeigen läßt, wenn die Zwangsvollstreckung nach § 21 Abs. 2 Nr. 3 InsO untersagt oder einstweilig eingestellt ist.

aa) Die eidesstattliche Offenbarungsversicherung nach einer Anordnung des allgemeinen Veräußerungsverbots gemäß § 106 KO

Bereits für das Eröffnungsverfahren im Rahmen der Konkursordnung war die Frage streitig, ob eine eidesstattliche Offenbarungsversicherung während der Geltung eines allgemeinen Veräußerungsverbots nach § 106 KO zulässig ist. Auf diesen Streit wird in der Literatur zur Insolvenzordnung Bezug genommen.[82] Es stellt sich also die Frage, inwieweit die Argumente des Streits zu §§ 807 ZPO, 106 KO auf die Insolvenzordnung übertragbar sind und welche Schlüsse aus den Argumenten gezogen werden können.

Für den Streit im Rahmen der Konkursordnung ist grundlegend, welche Wirkung dem allgemeinen Veräußerungsverbot beigemessen wird. Entweder verhindert das allgemeine Veräußerungsverbot nur die Verwertung von gepfändeten Gegenständen, ein Pfändungspfandrecht kann aber noch entstehen[83], oder Zwangsvollstreckungen als solche sind unzulässig[84] mit der Folge, daß auch

---

[81] Für die Zulässigkeit einer eidesstattliche Offenbarungsversicherung nach § 807 ZPO während der Untersagung der Zwangsvollstreckung, *LG Würzburg*, Beschl. v. 21. 9. 1999 – 9 T 1930/99, NZI 1999, 504; *AG Rostock*, Beschl. v. 10. 1. 2000 – 64 M 6512/99, NZI 2000, 142; *Thomas/Putzo* § 807 ZPO Rdnr. 2; **a. A.** *AG Wilhelmshaven*, Beschl. v. 26. 2. 2001 – 14 M 979/00, NZI 2001, 436; *Viertelhausen* DGVZ 2001, 36, 39; *Baumbach/Lauterbach/Albers/Hartmann* § 807 ZPO Rdnr. 3; *Steder* NZI 2000, 456, 457; *dies.* ZIP 2002, 65, 66.

[82] *Baumbach/Lauterbach/Albers/Hartmann* § 807 ZPO Rdnr. 3.

[83] So die h. M. *Kuhn/Uhlenbruck* § 106 KO Rdnr. 4 b; *Kilger/K. Schmidt* § 106 KO Rdnr. 3; *Stein/Jonas-Münzberg* § 807 ZPO Rdnr. 22; *LG Detmold*, Beschl. v. 6. 2. 1989 – 2 T 36/89, Rpfleger 1989, 300.

[84] *Gerhardt*, FS 100 Jahre KO, S. 121 ff.; *ders.*, FS Flume, S. 541 f.; *ders.* ZIP 1982, 1, 6; LG Köln, Beschl. v. 17. 5. 1988 – 9 T 92/88, Rpfleger 1988, 422, 423; *LG München*, Beschl. v. 3. 5. 1971 – 14 T 132/71, DGVZ 87 (1972), 74, 75; *LG Braun-*

kein Pfändungspfandrecht entstehen kann. Ausgehend von diesen beiden Ansichten ergeben sich folgende Argumentationsmöglichkeiten für die Frage, ob eine eidesstattliche Offenbarungsversicherung während eines allgemeinen Veräußerungsverbots zulässig ist.

(1) Erste Ansicht zur Wirkung des allgemeinen Veräußerungsverbots

Ist nur die Verwertung unzulässig, so kann ein Gläubiger auch noch während des Eröffnungsverfahrens vollstrecken und ein Pfändungspfandrecht erlangen, das im eröffneten Konkurs zur Absonderung berechtigt; somit kann eine eidesstattliche Offenbarungsversicherung sinnvoll und nützlich sein, weil ein Absonderungsrecht erlangt wird. Der Sicherungszweck wird hierdurch nicht gefährdet. Eine eidesstattliche Offenbarungsversicherung ist daher zulässig.[85]

Diese Ansicht stellt somit darauf ab, ob der Gläubiger ein Rechtsschutzbedürfnis hinsichtlich der Abgabe einer eidesstattlichen Offenbarungsversicherung hat.

(2) Zweite Ansicht zur Wirkung des allgemeinen Veräußerungsverbots

Wird davon ausgegangen, daß die Zwangsvollstreckung unzulässig ist und kein Pfändungspfandrecht entsteht, ist zwischen drei Argumentationslinien zu unterscheiden. Erstens: Die eidesstattliche Offenbarungsversicherung verschlechtert als solche nicht das Vermögen des Schuldners, der Sicherungszweck ist nicht gefährdet. Eine eidesstattliche Offenbarungsversicherung ist somit zulässig.[86] Zweitens: Auch die eidesstattliche Offenbarungsversicherung ist per Definition eine Zwangsvollstreckungsmaßnahme und somit unzulässig.[87] Drittens: Eine eidesstattliche Offenbarungsversicherung ist mangels Rechtsschutzinteresses unzulässig.[88]

Die Begründung der dritten Ansicht für das fehlende Rechtsschutzbedürfnis ergibt sich dabei aus einer genaueren Betrachtung der dieser Ansicht zugrundeliegenden Urteile. Nach dem *LG Braunschweig* fehlt es *„am schutzwürdigen Inter-*

---

schweig, Beschl. v. 1. 3. 1976 – 8 T 86/76, NdsRpfl 1976, 135; *LG Frankfurt*, Beschl. v. 2. 11. 1987 – 2/9 T 1023/87, Rpfleger 1988, 111 = NJW-RR 191.

85 So die Argumente des *LG Detmold*, Beschl. v. 6. 2. 1989 – 2 T 36/89, Rpfleger 1989, 300; *Stein/Jonas-Münzberg* § 807 ZPO Rdnr. 22.

86 *LG Frankfurt*, Beschl. v. 2. 11. 1987 – 2/9 T 1023/87, Rpfleger 1988, 111 = NJW-RR 191.

87 *LG Köln*, Beschl. v. 17. 5. 1988 – 9 T 92/88, Rpfleger 1988, 422, 423.

88 *LG München*, Beschl. v. 3. 5. 1971 – 14 T 132/71, DGVZ 87 (1972), 74, 75; *LG Braunschweig*, Beschl. v. 1. 3. 1976 – 8 T 86/76, NdsRpfl 1976, 135; *Kuhn/Uhlenbruck* § 106 KO Rdnr. 4 e; a. A. *Hess* § 106 KO Rdnr. 8; *AG München*, Beschl. v. 27. 9. 1984 – 34 M 9908/84, DGVZ 100 (1985), 158.

esse eines Konkursgläubigers an Maßnahmen, die die Einzelzwangsvollstreckung vorbereiten sollen, denn ***diese*** [Einzelzwangsvollstreckung] ***ist*** *nach dem Gesetz nicht zulässig.*"[89] Das *LG Braunschweig* trennt also zwischen Einzelzwangsvollstreckungsmaßnahmen und Maßnahmen, die die Einzelzwangsvollstreckung vorbereiten. Noch deutlicher in Hinblick auf das fehlende Rechtschutzbedürfnis ist das *LG München*[90]. Der Offenbarungseid[91] beziehungsweise das Offenbarungsverfahren „*hat eine zweifache Funktion: einmal zwingt es den Schuldner, die Forderung des Gläubigers zu befriedigen, wenn er die Durchführung des Offenbarungsverfahrens gegen ihn sowie die Eintragung in das Schuldnerverzeichnis (§ 915 ZPO) verhindern will, und zum anderen versetzt das Vermögensverzeichnis den Gläubiger nach der Abgabe der eidesstattlichen Versicherung in die Lage zu beurteilen, ob und gegebenenfalls in welche Vermögensgegenstände eine Vollstreckungsmaßnahme mit Aussicht auf Erfolg* [...] *eingeleitet werden soll.* ***Beide Wirkungen kann ein Offenbarungsverfahren nicht äußern, wenn es während des Bestehens eines allgemeinen Veräußerungsverbotes weitergeführt wird.***"[92]

Folgt man dem *LG Braunschweig* und *LG München,* so geht es bei der Zulässigkeit des Offenbarungseides also um die Frage, ob, wenn Zwangsvollstreckungen unzulässig sind, ein Rechtsschutzbedürfnis für eine die Zwangsvollstreckung vorbereitende Maßnahme besteht. Dies ist mit dem *LG Braunschweig* und dem *LG München* zu verneinen.

Der ersten Ansicht ist insoweit zuzustimmen, als die Abgabe einer eidesstattlichen Offenbarungsversicherung nicht den Sicherungszweck gefährdet, weil das Schuldnervermögen nicht durch die Abgabe einer eidesstattlichen Offenbarungsversicherung beeinträchtigt wird.[93] Es kann in der Tat nicht nur formal auf den Begriff der Zwangsvollstreckung abgestellt werden.[94] Denn alle Sicherungsmaßnahmen sind nur insoweit zulässig, als sie zur Erreichung des Sicherungszwecks erforderlich sind. Dennoch kann der ersten Ansicht im Ergebnis nicht gefolgt werden. Denn dem Gläubiger fehlt das Rechtsschutzinteresse, weil eine eidesstattliche Offenbarungsversicherung während der Geltung eines allgemeinen Veräußerungsverbotes nicht ihre Funktion erfüllen kann.

---

89 Hervorhebung mittels Fettdruck durch die Verfasserin.

90 Beschl. v. 3. 5. 1971 – 14 T 132/71, DGVZ 87 (1972), 74, 75.

91 „*Offenbarungseid*" ist der alte Begriff für die „*eidesstattliche Versicherung*", *Baur/ Stürner*, Bd. I, Rdnr. 48.1.

92 Hervorhebung mittels Fettdruck durch die Verfasserin.

93 *LG Frankfurt*, Beschl. v. 2. 11. 1987 – 2/9 T 1023/87, Rpfleger 1988, 111 = NJW-RR 191.

94 So aber die zweite Ansicht, *LG Köln*, Beschl. v. 17. 5. 1988 – 9 T 92/88, Rpfleger 1988, 422, 423.

(3) Ergebnis

Es ist somit – ohne daß der Streit hinsichtlich der Wirkung eines allgemeinen Veräußerungsverbots auf Zwangsvollstreckungen entschieden werden muß – festzustellen, daß es bei der Frage der Zulässigkeit der eidesstattlichen Offenbarungsversicherung darauf ankommt, ob der Gläubiger, der eine eidesstattliche Offenbarungsversicherung fordert, ein Rechtsschutzbedürfnis hat. Das Rechtsschutzbedürfnis des Gläubigers ist zu bejahen, wenn die eidesstattliche Offenbarungsversicherung ihre Funktion im Vollstreckungsverfahren erfüllen kann.[95] Es ist also nicht eine insolvenzrechtliche, sondern eine vollstreckungsrechtliche Betrachtungsweise entscheidend.

bb) Die eidesstattliche Offenbarungsversicherung nach einer Anordnung gemäß § 21 Abs. 2 Nr. 3 InsO

Anhand des Ergebnisses zum Offenbarungseid im Konkursverfahren ist die Frage zu beurteilen, ob eine eidesstattliche Offenbarungsversicherung während der einstweiligen Einstellung oder Untersagung der Zwangsvollstreckung nach § 21 Abs. 2 Nr. 3 InsO zulässig ist. Diese Zulässigkeit ist auch in der Literatur und Rechtsprechung zur Insolvenzordnung streitig.

(1) Nicht gefährdeter Sicherungszweck und fehlendes Rechtschutzinteresse als Begründung für die Zu- beziehungsweise Unzulässigkeit der eidesstattlichen Offenbarungsversicherung

Es wird einerseits vertreten, daß für die eidesstattliche Offenbarungsversicherung nach § 807 ZPO kein Raum ist beziehungsweise sie unzulässig ist, wenn ein allgemeines Verfügungsverbot mit der Untersagung und einstweiligen Einstellung von Vollstreckungen nach § 21 Abs. 2 Nr. 3 InsO verbunden wird.[96] Die andere Ansicht hält eine eidesstattliche Offenbarungsversicherung trotz der Untersagung und einstweiligen Einstellung der Zwangsvollstreckung für zulässig, weil der Sicherungszweck des § 21 InsO nicht betroffen sei.[97]

---

95 Vgl. hierzu *LG Braunschweig*, Beschl. v. 1. 3. 1976 – 8 T 86/76, NdsRpfl 1976, 135; *LG Detmold*, Beschl. v. 6. 2. 1989 – 2 T 36/89, Rpfleger 1989, 300.

96 *AG Wilhelmshaven*, Beschl. v. 26. 2. 2001 – 14 M 979/00, NZI 2001, 436, 437; *Baumbach/Lauterbach/Albers/Hartmann* § 807 ZPO Rdnr. 3. Wohl auch *Baur/Stürner*, Bd. I, Rdnr. 48.3. Fn. 2 a. E. und *Stein/Jonas-Münzberg* § 807 ZPO Rdnr. 22, bei dem allerdings am Ende der Rdnr. 22 die widersprechende und unklare Aussage folgt, daß eine Offenbarung in Hinblick auf das Ende des Verfahrens „*ausnahmsweise beantragt werden*" kann.

97 *LG Würzburg*, Beschl. v. 21. 9. 1999 – 9 T 1930/99, NZI 1999, 504; *Thomas/Putzo* § 807 ZPO Rdnr. 2.

Grundsätzlich ist von einer Anordnung gemäß § 21 Abs. 2 Nr. 3 InsO, die ein Vollstreckungshindernis im Sinne von § 775 ZPO darstellt, „*jede Art der Zwangsvollstreckung*“[98] betroffen. Wohl aus diesem Grund wird dem Schuldner ein Widerspruchsrecht gegen die Abnahme einer eidesstattlichen Versicherung gemäß § 900 Abs. 5 ZPO zugebilligt, wenn ein Vollstreckungsverbot gemäß § 775 ZPO besteht. Am Beispiel des § 89 InsO, bei dem nach einhelliger Meinung eine eidesstattliche Offenbarungsversicherung nicht zulässig ist,[99] zeigt sich jedoch, daß eine eidesstattliche Versicherung während der Geltung eines Vollstreckungshindernisse nicht ausgeschlossen ist, weil **alle** Vollstreckungsmaßnahmen erfaßt sind, sondern weil das Rechtsschutzinteresse an einer eidesstattlichen Offenbarungsversicherung während der Geltung eines Vollstreckungshindernisses fehlt. Vom Verbot des § 89 InsO sind auch nur die Zwangsvollstreckungen erfaßt, die Auswirkungen auf das Vermögen des Schuldners haben können.[100] Eine Abnahme einer eidesstattlichen Offenbarungsversicherung würde die Vermögensinteressen ebenfalls nicht betreffen. Dennoch ist sie unzulässig. Daher kann nur auf das fehlende Rechtsschutzbedürfnis abgestellt werden, weil der Zweck der eidesstattlichen Offenbarungsversicherung wegen des Vollstreckungshindernisses nicht mehr erfüllt werden kann. Die Zulässigkeit einer eidesstattlichen Offenbarungsversicherung mangels Rechtsschutzbedürfnisses wird bei Vollstreckungshindernissen immer verneint und dem Schuldner ein Widerspruchsrecht gemäß § 900 Abs. 5 ZPO auch zugesprochen, wenn auf Grund eines Vollstreckungshindernisses nach § 775 ZPO die mit der Offenbarungsversicherung angestrebte Zwangsvollstreckung nur „*derzeit*“ unzulässig ist.[101]

Auch im Rahmen des § 21 Abs. 2 Nr. 3 InsO wird der Sicherungszweck in der Tat nicht durch eine eidesstattliche Offenbarungsversicherung betroffen. Jedoch kommt es hierauf – wie auch bei § 89 InsO – nicht an. Sondern es ist allein auf das fehlende Rechtschutzbedürfnis abzustellen, weil ein Pfändungspfandrecht nicht mehr entstehen kann.[102] „*Denn an der Anwendung eines ungeeigneten Mittels kann für den Gläubiger kein Rechtsschutzinteresse bestehen.*“ Es entspricht einem allgemeinen Prinzip, „*daß jede an einen Antrag gebundene gerichtliche Entscheidung ein Rechtsschutzbedürfnis voraussetze.*“[103]

---

98 *Landfermann*, Kölner Schrift, S. 159 ff., Rdnr. 34.

99 *Helwich* DGVZ 113 (1998), 50; *Heidelberger Kommentar-Eickmann* § 89 InsO Rdnr. 4; *Stein/Jonas-Münzberg* § 807 ZPO Rdnr. 22. So bereits auch schon zur Konkursordnung, *Jaeger-Henckel* § 14 KO Rdnr. 7.

100 Vgl. hierzu oben Teil 2 B. II. 2. b).

101 *Baumbach/Lauterbach/Albers/Hartmann* § 900 ZPO Rdnr. 26; *Baur/Stürner*, Bd. I, Rdnr. 48.15.

102 Siehe hierzu oben Teil 2 B. II. 1.

103 *BVerfG*, Beschl. v. 19. 10. 1982 – 1 BvL 34, 55/80, NJW 1993, 559.

Diese Überlegung, daß eine eidesstattliche Offenbarungsversicherung mangels Rechtsschutzinteresses unzulässig ist, wenn sie ihre Funktion nicht mehr erfüllen kann,[104] lag auch der Ansicht zur Konkursordnung[105] zugrunde, nach der das allgemeine Veräußerungsverbot nach § 106 KO die Entstehung eines Pfändungspfandrechts verhinderte.

Auch aus der Möglichkeit, daß die Eröffnung des Insolvenzverfahrens abgelehnt wird, kann kein Rechtsschutzinteresse des vollstreckenden Gläubigers an einer eidesstattlichen Offenbarungsversicherung abgeleitet werden.[106] Der Gläubiger könnte zwar darauf abstellen, daß eine eidesstattliche Offenbarungsversicherung auch während einer Anordnung im Sinne von § 21 Abs. 2 Nr. 3 InsO nicht gegen den Sicherungszweck des § 21 InsO verstößt und er im Falle einer möglichen Ablehnung des Insolvenzantrages und der damit verbundenen Aufhebung der Sicherungsmaßnahmen die durch die eidesstattliche Versicherung erlangten Informationen für die dann wieder zulässige Zwangsvollstreckung verwenden könnte. Diese Aussicht auf eine eventuelle mögliche Nutzung in der Zukunft ist jedoch zur Begründung für ein Rechtschutzbedürfnis nicht ausreichend. Denn im Rahmen von § 775 ZPO sind eidesstattliche Offenbarungsversicherung immer wegen fehlenden Rechtschutzbedürfnis unzulässig, auch wenn die angestrebte Zwangsvollstreckungsmaßnahme nur „*derzeit*" unzulässig ist.

Dies deckt sich auch mit den Ergebnissen zur Konkursordnung. Denn das gleiche Argument hätte auch für die Zulässigkeit einer eidesstattlichen Offenbarungsversicherung während eines allgemeinen Veräußerungsverbots gemäß § 106 KO gegolten. Dennoch wurde das Rechtschutzbedürfnis abgelehnt.

Auch in Hinblick auf die Tatsache, daß § 21 Abs. 2 Nr. 3 InsO die Wirkungen des § 89 InsO vorzieht,[107] ist nicht ersichtlich, warum eine eidesstattliche Offenbarungsversicherung im Rahmen von § 21 Abs. 2 Nr. 3 InsO anderes als bei § 89 InsO zulässig sein sollte.

---

104 Siehe zu der Funktion, oben Teil 2 B. II. 2. a).

105 *LG München*, Beschl. v. 3. 5. 1971 – 14 T 132/71, DGVZ 87 (1972), 74, 75; *LG Braunschweig*, Beschl. v. 1. 3. 1976 – 8 T 86/76, NdsRpfl 1976, 135.

106 Auf die Möglichkeit der Nicht-Eröffnung hinweisend, *LG Detmold*, Beschl. v. 6. 2. 1989 – 2 T 36/89, Rpfleger 1989, 300, 301; *LG Frankfurt*, Beschl. v. 2. 11. 1987 – 2/9 T 1023/87, Rpfleger 1988, 111 = NJW-RR 191; *AG Rostock*, Beschl. v. 10. 1. 2000 – 64 M 6512/99, NZI 2000, 142.

107 Begr. zu § 25 RegE [§ 21 InsO], in: *Balz/Landfermann* S. 229. Vgl. zu § 89 InsO auch unten Teil 2 B. III. 1. e).

(2) Fehlendes Rechtsschutzbedürfnis wegen § 88 InsO?

Teilweise wird in der Literatur hinsichtlich der Frage, ob eine eidesstattliche Offenbarungsversicherung während der Anordnung nach § 21 Abs. 2 Nr. 3 InsO zulässig ist, ein Zusammenhang zu § 88 InsO hergestellt, der anscheinend auf die Unzulässigkeit einer eidesstattlichen Offenbarungsversicherung hindeutet.[108] Der hinter diesem Hinweis stehende Gedanke kann nur bedeuten, daß ein Rechtsschutzinteresse an einer eidesstattlichen Offenbarungsversicherung in Hinblick auf § 88 InsO verneint wird, weil die Sicherung, die auf Grund der durch die Versicherung erlangten Informationen werden könnte, mit Eröffnung wegen § 88 InsO sowieso ihre Wirksamkeit verlieren würde. Während der Untersagung und einstweiligen Einstellung kann jedoch kein Pfändungspfandrecht mehr entstehen, so daß § 88 InsO in diesem Zusammenhang keine Rolle spielen kann.

Der dennoch in der Literatur erfolgte Hinweis auf § 88 InsO läßt sich nur aus der Rechtslage nach der Konkursordnung erklären. Nach herrschender Meinung verhinderte das allgemeine Veräußerungsverbot nach § 106 KO im Gegensatz zu der Untersagung nach § 21 Abs. 2 Nr. 3 InsO nur die Verwertung, ein Pfändungspfandrecht konnte entstehen. Hätte die Untersagung nach § 21 Abs. 2 Nr. 3 InsO entsprechend zum allgemeinen Veräußerungsverbot ebenso die Wirkung, daß nur die Verwertung, aber nicht das Entstehen eines Pfändungspfandrechtes verhindert würde, dann würde dieses Pfändungspfandrecht mit Eröffnung wegen der Rückschlagsperre nach § 88 InsO erlöschen. Ein Rechtsschutzinteresse an einer eidesstattlichen Offenbarungsversicherung, was nach alter Rechtslage auf Grund der Möglichkeit, ein Absonderungsrecht zu erlangen, bestand, würde somit fehlen. Und eine eidesstattliche Offenbarungsversicherung wäre unzulässig. Die Ansicht, die zur Begründung des fehlenden Rechtsschutzbedürfnisses auf § 88 InsO verweist, übersieht daher, daß bei Untersagung kein Pfändungspfandrecht entsteht und bei einstweiliger Einstellung die Frage nach der Zulässigkeit einer eidesstattlichen Offenbarungsversicherung nicht relevant wird.

Somit hat § 88 InsO auf das Rechtsschutzbedürfnis des vollstreckenden Gläubigers hinsichtlich einer eidesstattlichen Offenbarungsversicherung keine Auswirkungen.

---

108 So *Baur/Stürner*, Bd. I, Rdnr. 48.3 Fn. 2 a. E.; *Stein/Jonas-Münzberg* § 807 ZPO Rdnr. 22.

(3) Keine eidesstattliche Offenbarungsversicherung im Eröffnungsverfahren aus Informationszwecken

Zur Konkursordnung wurde – als weitere Begründung für die Zulässigkeit des § 807 ZPO – angeführt, daß eine eidesstattliche Offenbarungsversicherung dem Sequestrationsverfahren „*dient*".[109] Diesem Gedanken, daß im Eröffnungsverfahren ein besonderer Informationsbedarf besteht, der am besten durch die Kenntnisse des Schuldners gedeckt werden kann, ist der Gesetzgeber mit den §§ 20, 22 Abs. 3 S. 3 InsO nachgekommen. Diese Paragraphen normieren eine umfassende Auskunftspflicht des Schuldners gegenüber dem Insolvenzgericht und dem vorläufigen Insolvenzverwalter. Sie gelten bereits im Eröffnungsverfahren und beheben damit den Streit zur Konkursordnung, ob § 100 KO, der die Auskunftspflicht des Schuldners im eröffneten Konkursverfahren regelt, schon im Eröffnungsverfahren anzuwenden ist.[110] Mit den Verweisungen in § 20 S. 2 InsO und § 22 Abs. 3 S. 3 a. E. InsO auf § 98 InsO ist die Möglichkeit eröffnet, daß das Insolvenzgericht bereits im Eröffnungsverfahren eine eidesstattliche Offenbarungsversicherung vom Schuldner über die Richtigkeit seiner Auskünfte fordern kann. Diese Auskunftspflicht deckt sich inhaltlich mit den Informationen, die der Schuldner gemäß § 807 ZPO eidesstattlich versichern muß und geht noch darüber hinaus.[111] Somit rechtfertigt auch der Informationsgedanke nicht die Zulässigkeit einer eidesstattlichen Offenbarungsversicherung nach § 807 ZPO.

(4) Zusammenfassung

Zusammenfassend kann festgestellt werden, daß es nach richtiger Ansicht auf das Rechtsschutzbedürfnis des vollstreckenden Gläubigers bei der Frage nach der Zulässigkeit einer eidesstattlichen Offenbarungsversicherung nach § 807 ZPO – unabhängig vom Sicherungszweck – ankommt. Sind Zwangsvollstreckungen bereits im Eröffnungsverfahren untersagt, fehlt dieses Rechtschutzinteresse. Wird eine bereits begonnene Zwangsvollstreckung eingestellt, kommt eine eidesstattliche Offenbarungsversicherung für diese konkrete, eingestellte Maßnahme nicht mehr in Betracht.

---

109 *LG Detmold*, Beschl. v. 6. 2. 1989 – 2 T 36/89, Rpfleger 1989, 300, 301.

110 Vgl. zum Streit *Kuhn/Uhlenbruck* § 100 KO Rdnr. 7.

111 Vgl. zu Inhalt der Auskunftspflicht, *Heidelberger Kommentar-Kirchhof* § 20 Rdnr. 8 ff.

3. Betroffene Gläubiger

§ 21 Abs. 2 Nr. 3 InsO beschränkt sich im Gegensatz zu § 89 InsO nach seinem Wortlaut nicht auf die Zwangsvollstreckung von Insolvenzgläubigern. Nach dem Wortlaut können – ohne jegliche Einschränkung – alle Zwangsvollstreckungsmaßnahmen gegen den Schuldner einstweilig eingestellt oder untersagt werden. Es stellt sich also die auch äußerst praxisrelevante Frage, ob Zwangsvollstreckungen, die von zukünftigen Aus- oder Absonderungsberechtigten beziehungsweise Massegläubigern betrieben werden, beschränkt werden können. Es muß daher ermittelt werden, inwieweit eine solche einstweilige Einstellung der Intention des Gesetzgebers entspricht.

Durch das grundsätzliche Vollstreckungsverbot für Insolvenzgläubiger und die Beschränkungen und Einstellungsmöglichkeiten bei Maßnahmen der Absonderungsberechtigten sind die Gläubiger in ihrem Recht auf Zwangsvollstreckung in der eröffneten Insolvenz stärker als nach der Konkursordnung beschränkt. Aus den dargestellten Regelungen ergibt sich ein abgestuftes System von Einschränkungen. An diesem System zeigt sich die Bedeutung der jeweiligen Gläubigerinteressen und welche Rechtfertigung für einen Eingriff erforderlich ist, um diesen Interessen gerecht zu werden. Hieran ist die gesetzliche Wertung, die auch für die Beurteilung des Eröffnungsverfahrens gelten muß, abzulesen.

a) Insolvenzgläubiger

aa) Insolvenzgläubiger im eröffneten Verfahren

Die Insolvenzgläubiger sind nach Eröffnung des Insolvenzverfahrens gemäß § 89 InsO an jeglicher Art der Zwangsvollstreckung gehindert. Hierzu gehören auch der Arrest und die einstweilige Verfügung,[112] sowie die Zwangsversteigerung und -verwaltung, die von allen Gläubigern – auch den Insolvenzgläubigern – betrieben werden können. § 89 InsO trennt nicht zwischen Zwangsvollstreckungen in bewegliches oder unbewegliches Vermögen. Eine eidesstattliche Offenbarungsversicherung gemäß § 807 ZPO ist im eröffneten Verfahren nach allgemeiner Meinung unzulässig.[113] Ein Verstoß gegen § 89 InsO hindert das Entstehen des Pfändungspfandrechts, nicht jedoch die öffentlich-rechtliche Verstrickung.[114] § 89 InsO stellt ein Vollstreckungshindernis im Sinne vom § 775

---

112 Begr. zu § 100 RegE [§ 89 InsO], in: *Balz/Landfermann* S. 303.

113 *Heidelberger Kommentar-Eickmann* § 89 InsO Rdnr. 4; *Stein/Jonas-Münzberg* § 807 ZPO Rdnr. 22. So bereits auch schon zur Konkursordnung, *Jaeger-Henckel* § 14 KO Rdnr. 7.

114 *Heidelberger Kommentar-Eickmann* § 89 InsO Rdnr. 5; *Hess/Weis/Wienberg-Hess* § 89 InsO Rdnr. 31; *Landfermann*, Kölner Schrift, S. 159 ff., Rdnr. 35; *Gerhardt*, Köl-

ZPO dar. Eine verbotswidrige Vollstreckung ist unzulässig, aber nicht unwirksam und somit nur nach § 766 ZPO anfechtbar.[115]

Hat ein Gläubiger bereits vor der Eröffnung mit der Zwangsvollstreckung begonnen und ein Pfändungspfandrecht erlangt, fällt diese Zwangsvollstreckung nicht mehr in den Anwendungsbereich des § 89 InsO. Denn mit dem Pfändungspfandrecht hat der Gläubiger ein Recht auf abgesonderte Befriedigung erlangt. Dieses Pfändungspfandrecht wird jedoch wegen der Rückschlagsperre gemäß § 88 InsO erlöschen, wenn es nicht mehr als einen Monat vor Antragstellung erlangt wurde.

Die Insolvenzgläubiger sind durch § 89 InsO komplett von der Zwangsvollstreckung ausgeschlossen, weil eine gerechte Verteilung der Masse nur an alle erfolgen kann und der Prioritätsgrundsatz der Zwangsvollstreckung daher nicht mehr gerechtfertigt ist.

bb) Insolvenzgläubiger im Eröffnungsverfahren

Gemäß § 21 Abs. 2 Nr. 3 InsO können Zwangsvollstreckungsmaßnahmen gegen den Schuldner im Eröffnungsverfahren mit den oben beschriebenen Wirkungen untersagt oder einstweilig eingestellt werden.[116] Diese Möglichkeit besteht laut Gesetzesbegründung insbesondere bei Zwangsvollstreckungen von Insolvenzgläubigern.

Mit der Untersagung aller Zwangsvollstreckungen von zukünftigen Insolvenzgläubigern werden die Wirkungen des § 89 InsO in das Eröffnungsverfahren vorgezogen.[117] Es ist jedoch im Rahmen der Erforderlichkeit der Sicherungsmaßnahme gemäß § 21 Abs. 1 S. 1 InsO zu berücksichtigen, daß es nicht zur Eröffnung des Insolvenzverfahrens kommen muß. Den Gläubigern darf daher – in Hinblick auf eine mögliche Ablehnung der Eröffnung – ohne besondere Rechtfertigung nicht die Möglichkeit genommen werden, sich durch Pfändung einen Vorsprung vor anderen Gläubigern zu verschaffen.[118]

---

ner Schrift, S. 193 ff., Rdnr. 47. So bereits zur Konkursordnung, *Kuhn/Uhlenbruck* § 14 KO Rdnr. 17; *Jaeger-Henckel* § 14 KO Rdnr. 41. A. A. *Jauernig* § 47 II 3., der davon ausgeht, daß das Pfändungspfandrecht trotz § 89 InsO in anfechtbarer Weise entsteht.

115 *Stein/Jonas-Münzberg* § 775 ZPO Rdnr. 42 (zu § 89 InsO); *Brox/Walker* Rdnr. 194; *Kübler/Prütting-Pape* § 21 InsO Rdnr. 31.

116 Teil 2 B. II. 1.

117 Begr. zu § 25 RegE [§ 21 InsO], in: *Balz/Landfermann* S. 229.

118 So zur Sequestration, *Kuhn/Uhlenbruck* § 106 KO Rdnr. 4 b (S. 1458).

Auch die Anordnung, alle Zwangsvollstreckungen von zukünftigen Insolvenzgläubigern einzustellen, ist möglich und in Hinblick auf die Rückschlagsperre des § 88 InsO sinnvoll. Durch die einstweilige Einstellung der Zwangsvollstrekkung wird verhindert, daß die Sicherung durch das Pfändungspfandrecht zur Befriedigung führt. Tritt erst einmal Befriedigung ein, greift § 88 InsO nicht mehr. Daher stellt die einstweilige Einstellung sicher, daß mit Eröffnung die Rückschlagsperre greifen kann und das Pfändungspfandrecht erlischt.

b) Absonderungsberechtigte

aa) Absonderungsberechtigte im eröffneten Verfahren

Die Beschränkung der Zwangsvollstreckungen von Absonderungsberechtigten im eröffneten Verfahren richtet sich danach, ob das Absonderungsgut ein beweglicher oder unbeweglicher Gegenstand ist. Für die Absonderungsberechtigung und die Anwendbarkeit der entsprechenden Normen – §§ 166 ff. InsO, §§ 30 d, 153 b ZVG – ist dabei entscheidend, daß das Absonderungsrecht des Gläubigers nicht erloschen ist. Es sind dabei beim Pfändungspfandrecht § 88 InsO, bei Abtretungen von Forderungen aus Miete oder Pacht sowie Dienstbezüge oder an deren Stelle tretende laufende Bezüge als Sicherungsabtretung die §§ 110 Abs. 1, 114 Abs. 1 InsO zu beachten.

Handelt es sich um ein Absonderungsrecht an einem beweglichen Gegenstand, dann liegt das Verwertungsrecht gemäß § 166 InsO grundsätzlich beim Insolvenzverwalter.[119] Der Treuhänder in der Verbraucherinsolvenz hat diese Verwertungsbefugnis jedoch nicht, § 313 Abs. 3 InsO. Bei Absonderungsrechten an einer Immobilie sind dagegen die Gläubiger grundsätzlich nicht an der Zwangsvollstreckung gehindert. Der Insolvenzverwalter kann allerdings gemäß § 30 d Abs. 1 ZVG die Zwangsversteigerung oder gemäß § 153 b ZVG beantragen, die Zwangverwaltung von Grundstücken einstweilig einzustellen.

Voraussetzung für das Verwertungsrecht des Verwalters an einer Mobilie gemäß § 166 InsO ist, daß der Verwalter im Besitz des betreffenden Gegenstandes ist. Somit fällt, neben den praktisch bedeutenden Fällen des Sicherungseigentums und den Erweiterungsformen des Eigentumsvorbehalts, auch ein durch Pfändung erlangtes Pfandrecht unter das Verwertungsrecht des Verwalters, soweit der gepfändete Gegenstand im Besitz des Schuldners beziehungsweise Verwal-

---

[119] Diese Regelung stellt eine Neuerung im Vergleich zur Konkursordnung dar, *Heidelberger Kommentar-Landfermann* § 166 InsO Rdnr. 1.

ters bleibt.[120] Das Verwertungsrecht des Insolvenzverwalters nach § 166 InsO wird durch ein umfangreiches Verwendungsrecht gemäß § 172 InsO ergänzt.

In der Gesetzesbegründung heißt es zu der Wirkung des § 166 InsO auf Zwangsvollstreckungen: *„Eine Zwangsvollstreckung für den* [absonderungsberechtigten] *Gläubiger in den belasteten Gegenstand ist jetzt unzulässig; war die Zwangsvollstreckung schon begonnen* [...], *so darf sie nicht mehr fortgesetzt werden.“*[121] In der Literatur wird diese Aussage zur Wirkung des § 166 InsO auf Zwangsvollstreckungsmaßnahmen ohne weitere Erläuterung übernommen.[122] Die Unzulässigkeit künftiger Zwangsvollstreckungen ergibt sich aber nicht – wie der Wortlaut der Gesetzesbegründung vermuten läßt – direkt aus § 166 InsO, wie es bei § 89 InsO der Fall ist, sondern nur als zwangsläufige Folge. Die Verwertung, die gemäß § 166 InsO dem Insolvenzverwalter zusteht, ist der die Zwangsvollstreckung abschließende Akt. Liegt die Verwertungsbefugnis beim Verwalter, fehlt dem vollstreckenden Gläubiger für die Zwangsvollstreckung das Rechtsschutzbedürfnis, weil an *„der Anwendung eines ungeeigneten Mittels* [...] *für den Gläubiger kein Rechtsschutzinteresse“* bestehen kann.[123] Die Zwangsvollstreckung ist daher auf Grund fehlenden Rechtsschutzbedürfnisses – als Folge des § 166 InsO – unzulässig.

Wird trotz des Verwertungsrechts des Insolvenzverwalters nach § 166 InsO von einem Gläubiger vollstreckt, entsteht – parallel zu § 89 InsO – kein Pfändungspfandrecht, sondern es kommt nur zur öffentlich-rechtlichen Verstrickung, die gemäß § 766 ZPO vom Insolvenzverwalter angefochten werden kann. Wird eine bereits begonnene Zwangsvollstreckung auf Grund von § 166 InsO unterbrochen, bleibt das Pfändungspfandrecht und die öffentlich-rechtliche Verstrickung bestehen. Der Gläubiger ist nur an der die Vollstreckung abschließenden Verwertung gehindert.

Absonderungsrechte sind gerade für die Absicherung einer Forderung im Insolvenzfall gedacht. Ihre Einschränkung bedarf deshalb einer besonderen Rechtfertigung. Das Absonderungsgut wird in der Regel für die Fortführung eines Unternehmens gebraucht oder für eine sinnvolle Gesamtverwertung von wirtschaftlichen Einheiten. Aus diesem Grund wird bei § 166 InsO auf den Besitz abgestellt, und es muß deshalb als Voraussetzung der §§ 30 d, 153 ZVG eine erschwerte Verwertung oder Nutzung der Masse gegeben sein.

---

120 *Kübler/Prütting-Kemper* § 166 InsO Rdnr. 6; *Heidelberger Kommentar-Landfermann* § 166 InsO Rdnr. 10.

121 Begr. zu § 191 RegE [§ 166 InsO], in: *Balz/Landfermann* S. 412.

122 *Heidelberger Kommentar-Landfermann* § 166 InsO Rdnr. 21; *Hess/Weis/Wienberg-Hess* § 166 InsO Rdnr. 10; *Klein* ZInsO 1065, 1066.

123 *BVerfG*, Beschl. v. 19. 10. 1982 – 1 BvL 34, 55/80, NJW 1993, 559.

bb) Absonderungsberechtigte im Eröffnungsverfahren

(1) Wirkungsumfang des § 21 Abs. 2 Nr. 3 InsO

Nach allgemeiner Meinung kann das Insolvenzgericht gemäß § 21 Abs. 2 Nr. 3 InsO auch Zwangsvollstreckung von Absonderungsberechtigten einschränken.[124] Hiermit soll laut Gesetzgeber eine Vorwirkung des Verwertungs- und Nutzungsrechts des Verwalters gemäß der §§ 166, 172 InsO bewirkt werden.[125] Daß Zwangsvollstreckungen, die von Absonderungsberechtigten betrieben werden, einstweilig eingestellt werden können, wird auch in § 169 S. 2 InsO, der eine Zinszahlung an den absonderungsberechtigten Gläubiger spätestens drei Monate nach Einstellung anordnet, vorausgesetzt.

Das in § 166 InsO normierte Verwertungsrecht sagt jedoch zunächst nichts darüber aus, welche Wirkungen sich aus diesem Verwertungsrecht des Verwalters für die Zwangsvollstreckung des Absonderungsberechtigten ergeben. Wie oben im Rahmen des eröffneten Verfahrens gesehen, decken sich – trotz abweichender Formulierung – die Wirkungen des § 166 InsO mit denen des § 21 Abs. 2 Nr. 3 InsO hinsichtlich der betroffenen Zwangsvollstreckungsmaßnahmen. Somit gibt es mit § 166 InsO eine Norm aus dem eröffneten Verfahren, die die Zwangsvollstreckung von Absonderungsberechtigten beziehungsweise die diese abschließende Verwertung beschränkt. Die Beschränkung der Zwangsvollstrekkung von Absonderungsberechtigten gemäß § 21 Abs. 2 Nr. 3 InsO geht damit nicht über die Wirkungen des Eröffnungsverfahrens hinaus und ist daher grundsätzlich zulässig.

Die Zwangsvollstreckung von Absonderungsberechtigten im Verbraucherinsolvenzverfahren, in dem § 166 InsO von § 313 Abs. 3 InsO verdrängt wird, kann nicht gemäß § 21 Abs. 2 Nr. 3 InsO eingestellt werden.[126] Denn die Wirkungen des Eröffnungsverfahrens können nicht über die Wirkungen des eröffneten Verfahrens hinausgehen.[127]

Von der Anordnung gemäß § 21 Abs. 2 Nr. 3 InsO sind jedoch auch Gläubiger betroffen, die auf Grund eines Pfändungspfandrechts an einer Forderung, das sie

---

124 *Heidelberger Kommentar-Kirchhof* § 21 InsO Rdnr. 20; *Gerhardt*, Kölner Schrift, S. 193 ff., Rdnr. 20; *Gerhardt* ZZP 109 (1996), 415, 425; *Kübler/Prütting-Pape* § 21 InsO Rdnr. 28; *Nerlich/Römermann-Mönning* § 21 InsO Rdnr. 85; *Smid-Smid/Thiemann* § 21 InsO Rdnr. 50; *Hess/Weis/Wienberg-Wienberg* § 21 InsO Rdnr. 39; *Viertelhausen* S. 38; *Liwinska* InVo 2002, 125, 127.

125 Begr. zu § 25 Reg [§ 21 InsO], in: *Balz/Landfermann* S. 229.

126 So auch *Steder* ZIP 2002, 65, 69.

127 *Kleiner* S. 129; *Stöber* § 30 d ZVG Rdnr. 6.2.

einen Monat vor Antragstellung oder später erlangt haben, zur Absonderung berechtigt sind.[128] Dem widerspricht die Tatsache, daß von dem Verwertungsrecht des § 166 Abs. 2 InsO nur sicherungsabgetretene Forderungen betroffen sind, nicht. Der Ausschluß des durch Pfändung erlangten Absonderungsrechts in § 166 Abs. 2 InsO hat seinen Grund darin, daß ein solches dem Schuldner sowieso angezeigt wurde, eine Verwertung durch den Insolvenzverwalter keine Erleichterung bringt und eine Kostenbeteiligung im Sinne von § 170 Abs. 1 InsO nicht gerechtfertigt ist.[129] Das Verwertungsrecht des Insolvenzverwalters muß bei einem Pfändungspfandrecht also nicht durch § 166 InsO geschützt werden. Der Pfändungspfandrechtsgläubiger an einer Forderung ist aber ansonsten nicht schutzwürdiger, als Pfändungspfandgläubiger an anderen beweglichen Gegenständen. Sie werden gleichermaßen von der Rückschlagsperre erfaßt. Wie sich aus der Gesetzessystematik ergibt, soll § 21 Abs. 2 Nr. 3 InsO die Anwendbarkeit der Rückschlagsperre unterstützten.[130] Unter diesem Gesichtspunkt sind somit auch die Zwangsvollstreckungen von Pfändungspfandrechtsgläubigern an einer Forderung gemäß § 21 Abs. 2 Nr. 3 InsO einzustellen. § 166 Abs. 2 InsO wirkt nicht begrenzend.

(2) Erforderlichkeit einer ausdrücklichen Anordnung hinsichtlich der Absonderungsberechtigten?

(a) Meinungsstand

Häufig geben die Beschlüsse der Insolvenzgerichte, mit denen die Beschränkung von Zwangsvollstreckungsmaßnahmen angeordnet wird, nur den Wortlaut des § 21 Abs. 2 Nr. 3 InsO wieder. Unklar ist, ob diese Anordnungen auch die Zwangsvollstreckung von Absonderungsberechtigten automatisch erfassen oder ob die Absonderungsberechtigten ausdrücklich vom Insolvenzgericht genannt werden müssen.[131]

Nach der ersten Ansicht[132] sind Gegenstände, an denen ein Absonderungsrecht besteht, immer erfaßt, weil sich die Sicherungspflicht des § 21 InsO allgemein auf das Schuldnervermögen beziehen würde.[133] Im übrigen könne der Absonde-

---

128 A. A. *Steder* ZIP 2002, 65, 70.

129 *Heidelberger Kommentar-Landfermann* § 166 InsO Rdnr. 17.

130 Siehe hierzu oben Teil 2 B. I. 3. b).

131 So wohl *Smid-Smid/Thiemann* § 21 InsO Rdnr. 50; *Gerhardt*, Kölner Schrift, S. 193 ff., Rdnr. 20, der von *„ebenfalls* ***erfaßbare*****[n]**" Absonderungsberechtigten spricht, was impliziert, daß sie nicht automatisch erfaßt werden. Hervorhebung mittels Fettdruck durch die Verfasserin.

132 *Hintzen* ZInsO 1998, 174, 178; *Mönning* Rdnr. 58; *Eckardt* ZIP 1999, 1734, 1738.

133 *Hintzen*, Kölner Schrift, S. 1107 ff., Rdnr. 14.

rungsberechtigte die Herausgabe des Sicherungsguts bei einer Anordnung nach § 21 Abs. 2 Nr. 3 InsO – auch ohne ausdrückliche Nennung der Absonderungsberechtigten – nicht durchsetzen, weil § 169 S. 2 InsO „*implizit*“ voraussetze, daß die Absonderungsberechtigten mit umfaßt würden.[134]

Teilweise wird bei Auslegung einer Anordnung, wie sie oben zitiert ist, danach differenziert, ob § 21 Abs. 2 Nr. 3 InsO mit einem vorläufigen Insolvenzverwalter mit oder ohne Verwaltungs- und Verfügungsbefugnis angeordnet worden ist.[135] Nur bei der Anordnung mit einem vorläufigen Insolvenzverwalter mit Verwaltungs- und Verfügungsbefugnis sollen auch die Absonderungsberechtigten von der Untersagung der Zwangsvollstreckung betroffen sein.

(b) Auslegung einer pauschalen Anordnung

Bei Anordnungsbeschlüssen, die ohne Erläuterung oder Begründung nur den Wortlaut des § 21 Abs. 2 Nr. 3 InsO wiedergeben, muß davon ausgegangen werden, daß die Insolvenzgerichte den nach dieser Norm größtmöglichen Wirkungsumfang erzielen wollen. § 21 Abs. 2 Nr. 3 InsO ist daher in Hinblick auf die Absonderungsberechtigten auszulegen.

Nach allgemeiner Literaturmeinung und der eigenen Aussage des Gesetzgebers können Zwangsvollstreckungen, die von Absonderungsberechtigten betrieben werden, durch den § 21 Abs. 2 Nr. 3 InsO beschränkt werden.[136] Dahinter steht das erklärte Ziel des Gesetzgebers, die Insolvenzverfahren möglichst zur Eröffnung zu bringen, um so eine geordnete Liquidation oder im günstigsten Fall eine Sanierung des Schuldners zu erreichen. Dieses Ziel ist meist nur durch eine Unternehmensfortführung, für die das Vermögen des Schuldners zusammen gehalten werden muß, zu erreichen. Das Vermögen ist jedoch in den meisten Fällen vollständig mit Absonderungsrechten belastet. Aus dieser Situation ergibt sich die Rechtfertigung für die Beschränkung der Zwangsvollstreckung von Absonderungsberechtigten. Gerade im Eröffnungsverfahren ist in der Regel nicht zu überblicken, welche Absonderungsgegenstände für das Verfahren noch benötigt werden. Dies muß insbesondere bei großen Verfahren und zahlreichen Zwangsvollstreckungen gelten.

---

134 *Eckardt* ZIP 1999, 1734, 1738.

135 *Eckardt* ZIP 1999, 1734, 1738.

136 *Heidelberger Kommentar-Kirchhof* § 21 InsO Rdnr. 20; *Gerhardt*, Kölner Schrift, S. 193 ff., Rdnr. 20; *Gerhardt* ZZP 109 (1996), 415, 425; *Kübler/Prütting-Pape* § 21 InsO Rdnr. 28; *Nerlich/Römermann-Mönning* § 21 InsO Rdnr. 85; *Smid-Smid/Thiemann* § 21 InsO Rdnr. 50; *Hess/Weis/Wienberg-Wienberg* § 21 InsO Rdnr. 39; *Vierteلhausen* S. 38; *Liwinska* InVo 2002, 125, 127; Begr. zu § 24 RegE [§ 21 InsO], in: *Balz/Landfermann* S. 229.

Im übrigen steht das Absonderungsgut im Eigentum des Schuldners. Der bei einer Verwertung nach Befriedigung der Absonderungsberechtigten – zumindest theoretisch – übrigbleibende Erlös gehört daher zur Insolvenzmasse. Aus diesem Grund ist das Absonderungsgut – zumindest mittelbar – vom Sicherungszweck des § 21 InsO erfaßt.[137] Auch dieser Aspekt spricht dafür, daß die Zwangsvollstreckung von Absonderungsberechtigten ebenso wie die Zwangsvollstreckung von Insolvenzgläubigern von einer generellen Anordnung nach § 21 Abs. 2 Nr. 3 InsO betroffen ist.

Aus dem § 169 S. 2 InsO kann für den Wirkungsumfang einer pauschalen Anordnung kein weiteres Argument abgeleitet werden. Ihm kann nur die Anordnungs**möglichkeit** entnommen werden. Daß eine pauschale Anordnung nach § 21 Abs. 2 Nr. 3 InsO die Absonderungsberechtigten mit umfassen muß, setzt § 169 S. 2 InsO nicht „*implizit*" voraus.

Ob gleichzeitig ein vorläufiger Insolvenzverwalter mit oder ohne Verwaltungs- und Verfügungsbefugnis angeordnet wird, ändert an der Auslegung, daß auch die Absonderungsberechtigten von einer pauschalen Anordnung nach § 21 Abs. 2 Nr. 3 InsO betroffen sind, nichts. Denn aus der Anordnung eines vorläufigen Insolvenzverwalters ohne Verwaltungs- und Verfügungsbefugnis kann nicht geschlossen werden, daß die Anordnung nicht auch das Absonderungsgut umfassen soll. Denn die Fortführung des Unternehmens kann ebenso durch den Schuldner bei Anordnung eines Zustimmungsvorbehalts erfolgen.[138] Das Absonderungsgut verliert für die Fortführung durch den Schuldner nicht seine Bedeutung. Die Einsetzung eines vorläufigen Insolvenzverwalters mit der Anordnung eines Zustimmungsvorbehalts zu verbinden, kann erforderlich sein, wenn zum Beispiel aus anderen Gründen, die nichts mit dem Grad der Gefährdung des Schuldnervermögens durch Zwangsvollstreckungen zu tun haben, von einem allgemeinen Verfügungsverbot abgesehen wurde. Als Beispiel kommen eine drohende Masseauszehrung als Folge des § 55 Abs. 2 InsO in Betracht, der bei Anordnung eines vorläufigen Insolvenzverwalters mit Verwaltungs- und Verfügungsbefugnis bewirkt, daß alle Verbindlichkeiten im folgenden Insolvenzverfahren Masseverbindlichkeiten werden.[139] Rückschlüsse auf eine geringere Gefährdung des Schuldnervermögens durch Zwangsvollstreckungen können deswegen aus der Tatsache, daß der vorläufige Insolvenzverwalter nur mit einem Zustimmungsvorbehalt kombiniert wird, nicht gezogen werden. Ein generelles Zwangsvollstreckungsverbot, das ebenso die Absonderungsberechtigten umfaßt, kann trotzdem erforderlich sein.

---

137 Siehe oben zum Verhältnis Sicherungszweck und Absonderungsberechtigte, Teil 2 B. II. 4. b) bb).

138 Siehe oben Teil 2 A. VI. 3.

139 Vgl. zur Erforderlichkeit oben Teil 1 C. I. 1. a) bb).

Dies muß um so mehr gelten, da die Fortführung durch den Schuldner ohne die Möglichkeit, Masseverbindlichkeiten zu begründen, sowieso schon erschwert ist. Die Fortführung durch den Schuldner bedeutet aber den deutlich geringeren Eingriff als ein kombiniertes allgemeines Verfügungsverbot. Auch vor diesem Hintergrund ist eine pauschale Anordnung gemäß § 21 Abs. 2 Nr. 3 InsO, die nicht mit einem starken vorläufigen Verwalter kombiniert wird, ebenso weit auszulegen. Sie umfaßt ebenfalls die Zwangsvollstreckung von Absonderungsberechtigten.

Aus den vorstehenden Argumenten ergibt sich somit, daß der größtmöglichste Wirkungsumfang hinsichtlich der Absonderungsberechtigten deren Zwangsvollstreckung mitumfaßt, um das Gesetzesziel einer möglichst effektiven Insolvenzabwicklung zu erreichen. Diesen Wirkungsumfang hat die Anordnung des Insolvenzgerichts, wenn es in seinem Sicherungsbeschluß den Wortlaut des § 21 Abs. 2 Nr. 3 InsO wiedergibt.

(c) Fehlende Bestimmtheit eines pauschalen Beschlusses hinsichtlich der Absonderungsberechtigten?

Gegen diese weite Auslegung könnte sprechen, daß bei den Absonderungsberechtigten mit der Untersagung und einstweiligen Einstellung der Zwangsvollstreckung grundsätzlich ein stärkerer Eingriff verbunden ist, als bei einem ungesicherten Gläubiger. Denn die Absonderungsberechtigten sind wegen ihrer dinglichen Sicherung grundsätzlich stärker geschützt. Aus diesem Grund könnte es sich verbieten, es als Regel anzusehen, daß die Absonderungsberechtigten immer von einem generellen Zwangsvollstreckungsverbots mit erfaßt sind. Aus dem stärkeren Eingriff könnte sich die Notwendigkeit einer ausdrücklichen Nennung der Absonderungsberechtigten ergeben. Die Anordnung könnte zu unbestimmt sein.

Dies ist jedoch zu verneinen. Denn der größere Schutz der Absonderungsberechtigten ist eine Frage der Erforderlichkeit eines generellen Zwangsvollstreckungsverbotes und ist vom Insolvenzgericht bei der Prüfung, welche Sicherungsmaßnahmen anzuordnen sind, mit zu berücksichtigen. Im übrigen ist der Absonderungsberechtigte vor einer zu großen Beeinträchtigung durch die §§ 169, 172 InsO analog geschützt, nach denen dem Absonderungsberechtigten für eine Verzögerung der Verwertung bereits im Eröffnungsverfahren ein Ausgleich zu zahlen ist.[140] Die Beeinträchtigung hält sich auch deswegen in Grenzen, da dem Absonderungsberechtigten in erster Linie ein Anspruch auf abgesonderte Befriedigung aus dem Erlös des betreffenden Gegenstandes zusteht.

---

[140] Begr. zu § 25 RegE [§ 21 InsO], in: *Balz/Landfermann* S. 229.

Hieran ändert die Verwertung des betreffenden Gegenstands durch den Verwalter grundsätzlich nichts.

(3) Der Besitz des vorläufigen Insolvenzverwalters als Voraussetzung der Unzulässigkeit der Zwangsvollstreckung eines Absonderungsberechtigten

Von einem generellen Zwangsvollstreckungsverbot nach § 21 Abs. 2 Nr. 3 InsO sind – wie im vorherigen Abschnitt festgestellt – neben den künftigen Insolvenzgläubigern auch die Absonderungsberechtigten betroffen. Die Zwangsvollstreckung der Absonderungsberechtigten ist im Falle dieser Anordnung jedoch nur unzulässig, wenn der vorläufige Insolvenzverwalter im Besitz des betreffenden Gegenstandes ist.[141] Denn der Besitz des Absonderungsgutes ist im eröffneten Verfahren nach § 166 InsO Voraussetzung für die Verwertungsbefugnis des Insolvenzverwalters. Dabei ist der mittelbare Besitz ausreichend.[142] Dies ist zum Beispiel der Fall, wenn Waren bei einem Dritten eingelagert worden sind oder wenn sich eine Maschine in Reparatur befindet.

Bei § 166 InsO wird aus der Tatsache, daß der Verwalter noch im Besitz des betreffenden Gegenstandes ist, geschlossen, daß der Gegenstand noch in den wirtschaftlichen Zusammenhang des Unternehmens eingebunden und für eine mögliche Fortführung erforderlich ist. Dieser Gedanke kann insoweit auf das Eröffnungsverfahren und § 21 Abs. 2 Nr. 3 InsO übertragen werden, als die Erforderlichkeit für eine Fortführung oder die günstigere Verwertung durch den Verwalter darüber entscheidet, ob die betreffende Zwangsvollstreckung des Absonderungsberechtigten untersagt oder eingestellt werden muß. Ist der vorläufige Verwalter nicht mehr im Besitz des betreffenden Gegenstandes, kann dieser weder für eine Fortführung entscheidend sein, noch kann der Verwalter diesen verwerten.

Andersherum darf aus dem Besitz des Schuldners beziehungsweise des vorläufigen Insolvenzverwalters allein – abweichend von § 166 InsO – noch nicht automatisch auf die Erforderlichkeit der einstweiligen Einstellung oder Untersagung von Zwangsvollstreckungen in Absonderungsgut geschlossen werden. Wenn eine Fortführung und eine Gesamtverwertung nämlich nicht in Frage kommen oder keine besseren Ergebnisse erwarten lassen, gibt es keine Rechtfertigung für eine Beschränkung der Zwangsvollstreckung des Absonderungsbe-

---

141 *Hintzen*, Kölner Schrift, S. 1107 ff., Rdnr. 14.

142 *Heidelberger Kommentar-Landfermann*, § 166 InsO Rdnr. 11; *Frankfurter Kommentar-Wegener* § 166 InsO Rdnr. 4; *Braun-Gerbers* § 166 InsO Rdnr. 7; *Bork* Rdnr. 254; *ders.*, FS Gaul, S. 71, 74, 76; a. A. *Kübler/Prütting-Kemper* § 166 InsO Rdnr. 4; *Haunschild* DZWIR 1999, 60, 61.

rechtigten. Die Rechtfertigung wird jedoch nur bei offensichtlichen Fällen zu verneinen sein. Ansonsten wird bereits eine Möglichkeit der Fortführung oder Gesamtverwertung für eine einstweilige Einstellung oder Untersagung der Zwangsvollstreckung des Absonderungsberechtigten ausreichen. Denn damit wird das Verwertungsrecht des Insolvenzverwalters nach § 166 InsO erhalten.

(4) Zusammenfassung

Somit sind die Absonderungsberechtigten ebenfalls von einer pauschalen Anordnung nach § 21 Abs. 2 Nr. 3 InsO erfaßt. Das Insolvenzgericht muß jedoch prüfen, ob diese weitgehende Einschränkung erforderlich und somit im Sinne von § 21 Abs. 1 InsO gerechtfertigt ist. Ansonsten muß das Insolvenzgericht die Absonderungsberechtigten von der Anordnung insgesamt ausnehmen beziehungsweise die Anordnung nur auf bestimmte Absonderungsberechtigte – abhängig von der Bedeutung des Absonderungsgutes für das Verfahren – beziehen.

c) Aussonderungsberechtigte

aa) Aussonderungsberechtigte im eröffneten Verfahren

Die Rechte von Aussonderungsberechtigten sind vom Insolvenzverfahren grundsätzlich nicht betroffen. Sie richten sich gemäß § 47 S. 2 InsO nach den Gesetzen, die außerhalb des Insolvenzverfahrens gelten. An diesem Grundsatz hat sich in der Insolvenzordnung im Vergleich zur Konkursordnung nichts geändert.[143] Nach der Konkursordnung konnten Aussonderungsberechtigte auch noch während des Insolvenzverfahrens zwangsvollstrecken.

Das vom Gesetzgeber der Insolvenzordnung hoch angesiedelte Fortführungsinteresse und das Interesse an einer ungestörten Verfahrensabwicklung zeigt sich jedoch auch bei den Aussonderungsberechtigten. Durch die §§ 112, 107 Abs. 2 InsO müssen Aussonderungsberechtigte, die Vermieter, Verpächter oder Verkäufer eines Gegenstandes unter einfachem Eigentumsvorbehalt sind, hinsichtlich der Durchsetzung ihrer Ansprüche Einschränkungen hinnehmen.[144] Das Aussonderungsgut gehört zwar nicht zur Masse, dennoch kann das Vermögen des Schuldners beeinträchtigt werden, wenn das Aussonderungsgut *„zur Unzeit“* aus dem wirtschaftlichen Gesamtverbund der Gegenstände, die sich im Besitz

---

143 *Heidelberger Kommentar-Eickmann* § 89 InsO Rdnr. 16.

144 Auf die Bedeutung des § 107 Abs. 2 InsO für das Fortführungsinteresse und das Interesse an einer ungestörten Verfahrenabwicklung hinweisend, *Heidelberger Kommentar-Landfermann* § 166 InsO Rdnr. 10.

des Schuldners befinden, herausgerissen wird.[145] Nach dem Ersten Bericht der Insolvenzrechtskommission war sogar vorgesehen, mit Eröffnung die Aussonderung komplett zu verhindern.[146]

In der Literatur wird auf die §§ 112, 107 Abs. 2 InsO beziehungsweise allgemein auf § 103 InsO verwiesen, wenn es um die Frage geht, ob Zwangsvollstreckungen von Aussonderungsberechtigten im Eröffnungsverfahren einstweilig eingestellt oder untersagt werden können. Teilweise wird davon ausgegangen, daß die Aussonderungsberechtigten von einer Anordnung gemäß § 21 Abs. 2 Nr. 3 InsO betroffen sind, soweit sie im eröffneten Verfahren durch die §§ 107 Abs. 2, 103 InsO beschränkt werden.[147] Bei anderen wird die angebliche Möglichkeit, Zwangsvollstreckung von Aussonderungsberechtigten einzustellen, nicht begründet beziehungsweise aus dem Hinweis auf die §§ 112, 107 Abs. 2 InsO ergibt sich nicht, ob sich die Einschränkung direkt aus der Anwendung dieser Vorschriften oder des Rechtsgedankens dieser Vorschriften ergeben soll.[148] Bei allen Vertretern, die eine Beschränkung von Zwangsvollstreckungen von Aussonderungsberechtigten durch § 21 Abs. 2 Nr. 3 InsO bejahen, wird vor allem nicht deutlich, ob die Zwangsvollstreckungen von sämtlichen Aussonderungsberechtigten betroffen sein können, wenn der betreffende Gegenstand zum Beispiel zu einer Unternehmensfortführung benötigt wird, oder nur diejenigen Zwangsvollstreckungen von Aussonderungsberechtigten, die im eröffneten Verfahren durch die §§ 112, 107 Abs. 2 InsO beschränkt werden.

Auf jeden Fall kommt eine Einstellung von Zwangsvollstreckungsmaßnahmen von Aussonderungsberechtigten im Eröffnungsverfahren auf Grund und in Hinblick auf die §§ 112, 107 Abs. 2, 103 InsO nur in Frage, wenn sich diese Vorschriften im eröffneten Verfahren auf die Zwangsvollstreckung auswirken. Denn auch hier gilt, daß die Sicherungsmaßnahmen nie über die Wirkungen des eröffneten Verfahrens hinausgehen dürfen.[149]

---

145 Begr. zu § 126 RegE [§ 112 InsO], in: *Balz/Landfermann* S. 339.

146 Siehe LS 1.2.10 Abs. 3 des Ersten Berichts der Insolvenzrechtskommission, in: *BMJ EB* S. 118.

147 *Nerlich/Römermann-Mönning* § 21 InsO Rdnr. 85, 134, 144.

148 *Uhlenbruck* InVo 1996, 85, 89, Fn. 31; *ders.* KTS 2000, 154, 155; *Vallender* ZIP 1997, 1993, 1997; *Kübler/Prütting-Pape* § 21 InsO Rdnr. 28; *Braun-Kind* § 21 InsO Rdnr. 26.

149 Siehe hierzu oben Teil 2 B. I. 3. a).

(1) § 112 InsO

(a) Wirkung und zeitlicher Anwendungsbereich des § 112 InsO

Nach § 112 InsO können Vermieter oder Verpächter von unbeweglichen oder beweglichen Gegenständen – also auch bei Leasinggut – nach Antragstellung wegen Verzuges, der vor Antragstellung eingetreten ist, oder wegen der Verschlechterung der Vermögensverhältnisse des Schuldners nicht mehr kündigen.[150] Teilweise wird über den Wortlaut hinaus vertreten, daß § 112 InsO auch anzuwenden ist, wenn der Verzug nach Antragstellung eingetreten ist.[151]

§ 112 InsO gilt für eine Kündigung wegen eines vor Antragstellung eingetretenen Verzuges auch im eröffneten Verfahren.[152] Die Annahme, daß nur das Eröffnungsverfahren in den zeitlichen Anwendungsbereich des § 112 fällt,[153] wird vom Wortlaut des § 112 InsO nicht gestützt. Denn nach Antragstellung liegt nicht nur das Eröffnungsverfahren, sondern auch das eröffnete Verfahren. Die Gesetzesbegründung weist dementsprechend darauf hin, daß die Kündigungssperre „*auch schon*" für die Zeit des Eröffnungsverfahrens gilt.[154] Also gilt sie nicht nur, sondern „*auch*" im Eröffnungsverfahren. Dieses Ergebnis entspricht auch der systematischen Stellung des § 112 InsO, der im dritten Teil der Insolvenzordnung steht, in dem die Eröffnungswirkungen des Insolvenzverfahrens geregelt sind. Ursprünglich hatte der Gesetzgeber eine Kündigungssperre auch nur für das eröffnete Verfahren vorgesehen, sie dann aber auf das Eröffnungsverfahren ausgeweitet.[155]

(b) Auswirkung des § 112 InsO auf das Aussonderungsrecht

Ist der Aussonderungsberechtigte durch § 112 InsO an der Kündigung gehindert, kann dieser den Vertrag mit dem Schuldner nicht beenden. Somit kann er das Recht des Schuldners zum Besitz gemäß § 986 BGB nicht zum Wegfall bringen, und der Miet- oder Pachtgegenstand kann nicht ausgesondert werden. Das Aus-

---

150 Vgl. allgemein zu § 112 InsO, *Marotzke*, FS Zöllner, S. 1193 ff.

151 *Kübler/Prütting-Tintelnot* § 112 Rdnr. 11 f.; *Pape*, Kölner Schrift, S. 531 ff., Rdnr. 59; **a. A.** *Frankfurter Kommentar-Wegener* § 112 InsO Rdnr. 6; *Münchener Kommentar-Eckert* § 112 InsO Rdnr. 35; *Nerlich/Römermann-Balthaser* § 112 InsO Rdnr. 13; *Heidelberger Kommentar-Marotzke* § 112 InsO Rdnr. 8; *Braun-Kroth* § 112 InsO Rdnr. 10.

152 Vgl. *Pape*, Kölner Schrift, S. 531 ff., Rdnr. 59; *BGH*, Urt. v. 18. 7. 2002 - IX ZR 195/01, ZInsO 2002, 819, 825.

153 So *Pape*, Kölner Schrift, S. 531 ff., Rdnr. 6.

154 Begr. zu § 126 RegE [§ 112 InsO], in: *Balz/Landfermann* S. 339.

155 *Münchener Kommentar-Eckert* § 112 InsO Rdnr. 1; LS 2.4.1. Abs. 7 des Ersten Berichts, in: *BMJ EB*, S. 224.

sonderungsrecht, das sich in diesem Fall aus § 985 BGB ergibt, besteht zwar, wird aber durch die Einwendung nach § 986 BGB gehindert. Wollte der Aussonderungsberechtigte zwangsvollstrecken, würde er in diesem Fall auf Grund der Einwendung des bestehenden Besitzrechts keinen für die Zwangsvollstrekkung erforderlichen Titel erlangen. Durch § 112 InsO wird somit das vertragliche Rechtsverhältnis der Miete oder Pacht mit allen Rechten und Pflichten in seinem Fortbestand gesichert.

(2) §§ 107 Abs. 2, 103 InsO

§ 107 Abs. 2 InsO ist eine Spezialnorm zu § 103 InsO, der das Wahlrecht des Insolvenzverwalters regelt. Nach § 103 Abs. 2 S. 2 InsO muß der Verwalter unverzüglich erklären, ob er Erfüllung verlangen will, wenn ihn der andere Teil zur Ausübung des Wahlrechts auffordert. Hiervon macht § 107 Abs. 2 InsO eine Ausnahme. Nach § 107 Abs. 2 InsO muß sich der Insolvenzverwalter für den Fall eines Kaufvertrages mit einfachem Eigentumsvorbehalt erst nach dem Berichtstermin unverzüglich äußern, wenn er vom Verkäufer zur Ausübung des Wahlrechts aufgefordert wird.

Auch auf § 107 Abs. 2 InsO beziehungsweise § 103 InsO wird in Hinblick auf die Einstellung der Zwangsvollstreckung von Aussonderungsberechtigten im Eröffnungsverfahren hingewiesen.[156] Insbesondere der Wirkungsumfang des § 107 Abs. 2 InsO ist schwieriger zu bestimmen als bei § 112 InsO. Denn nach dem Wortlaut trifft § 107 Abs. 2 InsO nur eine Aussage über das Wahlrecht des Insolvenzverwalters. Die Frage ist also, ob § 107 Abs. 2 InsO – sozusagen parallel zu § 112 InsO – ebenfalls das Rücktrittsrecht des Vorbehaltsverkäufers nach § 455 Abs. 1 BGB a.F. beziehungsweise nach §§ 449, 323 BGB n.F.[157] ausschließt und damit bei Verzug den betroffenen Vertrag erhält.

Nach § 107 Abs. 2 InsO ist dem Insolvenzverwalter gestattet, sein Wahlrecht nach § 103 Abs. 2 S. 2 InsO hinsichtlich der Vorbehaltsware erst unverzüglich nach dem Berichtstermin auszuüben. Der Verwalter soll dadurch laut Gesetzesbegründung „*Sachen, die* [er] *im Falle der Fortführung des Unternehmens benötigt,* [behalten können], *wenn ihm in der ersten Phase des Insolvenzverfahrens keine ausreichende Liquidität für die Wahl der Erfüllung des Kaufvertrages zur*

---

156 Auf § 107 Abs. 2 InsO verweisen, *Uhlenbruck* InVo 1996, 85, 89, Fn. 31; *ders.* KTS 2000, 154, 155; *Vallender* ZIP 1997, 1993, 1997; *Kübler/Prütting-Pape* § 21 InsO Rdnr. 28 f. Auf das Wahlrecht des § 103 InsO allgemein verweist *Frankfurter Kommentar-Schmerbach* § 21 InsO Rdnr. 77.

157 Vgl. zu den Auswirkungen der Schuldrechtsänderungen auf die §§ 112, 107 Abs. 2 InsO, *Marotzke* KTS 2002, 1, 10 f.

Verfügung steht".[158] Der Verwalter soll demnach bis zur Ausübung des Wahlrechts keine Kaufpreisraten entrichten müssen.[159] Das Ziel des Gesetzgebers, daß der Insolvenzverwalter auch ohne liquide Mittel, mit denen er die Kaufpreisraten begleichen könnte, den Vorbehaltsgegenstand behalten kann, ist nur zu erreichen, wenn § 107 Abs. 2 InsO das Rücktrittsrecht des Vorbehaltsverkäufers nach § 455 Abs. 1 BGB a.F. beziehungsweise nach §§ 449, 323 BGB n.F.[160] ausschließt. Denn zahlt der Verwalter die Kaufpreisraten nicht beziehungsweise hat der Schuldner bereits vor Eröffnung nicht mehr gezahlt, könnte der Vorbehaltsverkäufer gemäß § 455 Abs. 1 BGB a.F. beziehungsweise nach §§ 449, 323 BGB n.F. zurücktreten und die Sache nach § 985 BGB herausverlangen. Der Verwalter könnte sie dann nicht behalten, wie es § 107 Abs. 2 InsO laut Gesetzesbegründung bewirken soll.

Diese Einschränkung des Rücktrittsrechts ergibt sich allerdings nicht aus dem Wortlaut § 107 Abs. 2 InsO. Daher wird vertreten, daß das Wahlrecht des Insolvenzverwalters die sich aus dem betroffenen Vertrag ergebenden Rücktrittsmöglichkeiten nicht ausschließt. Hinsichtlich § 455 Abs. 1 BGB a.F. böte § 107 Abs. 2 InsO für eine solche Beschränkung „*keine Stütze*".[161]

(a) Die Wirkung des Wahlrechts nach § 103 InsO und dessen Bedeutung für § 107 Abs. 2 InsO sowie die analoge Anwendung des § 112 InsO

§ 107 Abs. 2 InsO bewirkt, daß das Wahlrecht des Insolvenzverwalters abweichend von § 103 Abs. 2 S. 2 InsO trotz Aufforderung des Gläubigers bis zum Berichtstermin nicht ausgeübt werden muß. Um entscheiden zu können, welche Auswirkung § 107 Abs. 2 InsO auf das Aussonderungsrecht hat, insbesondere ob diese Norm das Rücktrittsrecht des Vorbehaltsverkäufers gemäß § 455 Abs. 1 BGB a.F. beziehungsweise nach §§ 449, 323 BGB n.F.[162] ausschließt, muß die grundsätzliche Wirkungsweise des Wahlrechts nach § 103 InsO dargestellt werden.

Nach der neusten Entscheidung des *Bundesgerichtshofs* verlieren die Gegenleistungsansprüche auf Grund des § 103 InsO mit Eröffnung nur ihre „*Durchsetz-*

---

158 Begr. zu § 121 RegE [§ 107 InsO], in: *Balz/Landfermann* S. 334.

159 *Bork* Rdnr. 162 Fn. 18.

160 Vgl. *Marotzke* KTS 2002, 1, 10 f.

161 *Marotzke* JZ 1995, 803, 813; *ders.* KTS 2002, 1, 8 f.

162 Vgl. zu den Auswirkungen der Schuldrechtsänderungen auf die §§ 112, 107 Abs. 2 InsO, *Marotzke* KTS 2002, 1, 10 f.

barkeit".[163] Mit dieser Entscheidung korrigiert der *Bundesgerichtshof* seine bisher ständige Rechtsprechung, die von Teilen der Literatur bereits kritisiert worden war.[164] In seinen alten Entscheidungen hatte der *Bundesgerichtshof* stets davon gesprochen, daß die gegenseitigen Ansprüche aus beidseitig noch nicht erfüllten Verträgen mit Eröffnung „*erlöschen*".[165] Mit der neuen Entscheidung ändert sich an der bereits unbestrittenen Feststellung, daß das Kündigungs- und Rücktrittsrecht wegen eines nach Eröffnung eingetretenen Verzuges nicht ausgeübt werden darf, solange das Wahlrecht des Verwalters noch besteht,[166] nichts. Nur die Herleitung ist eine andere. Laut der neuen Entscheidung des *Bundesgerichtshofs* fehlt es an der Durchsetzbarkeit, weil dem Insolvenzverwalter die Einrede des nicht erfüllten Vertrages gemäß § 320 BGB zusteht.[167] Da der Vertragspartner wegen § 103 InsO nicht in der Lage ist, mit Wirkung für und gegen die Masse zu erfüllen,[168] ist er nicht zur Leistung imstande. Damit kann wegen der Einrede des nichterfüllten Vertrages bis zur Ausübung des Wahlrechts auch kein Verzug eintreten.[169] Dieser Aufschub ist angemessen, weil der Gläubiger gemäß § 103 Abs. 2 S. 2 InsO den Verwalter jederzeit zur Ausübung des Wahlrechts auffordern kann.

Im Rahmen des § 107 Abs. 2 InsO hat der aussonderungsberechtigte Vorbehaltsverkäufer nicht die Möglichkeit, den Verwalter sofort zur Ausübung seines Wahlrechts aufzufordern, sondern muß bis zum Berichtstermin warten. Gerade hierin liegt die Beschränkung des aussonderungsberechtigten Vorbehaltsverkäufers durch die Insolvenzordnung im Vergleich zur Konkursordnung. Diese Beschränkung ist aber durch die besondere Bedeutung der Vorbehaltsware für das Insolvenzverfahren gerechtfertig.[170] Deswegen ist die Wirkung des Wahlrechts –

---

163 *BGH*, Urt. v. 25. 4. 2002 – IX ZR 313/99, ZInsO 2002, 577, 579. In diesem Sinne bereits, *Münchener Kommentar-Kreft* § 103 InsO Rdnr. 13 ff.; *Jaeger-Henckel* § 17 KO Rdnr. 6.

164 *Marotzke* Rdnr. 3.42 ff., 14.111 ff.; *Bork* JZ 1996, 51 f.

165 *BGH*, Urt. v. 11. 2. 1988 – IX ZR 36/87, BGHZ 103, 250, 252; *BGH*, Urt. v. 20. 12. 1988 – IX ZR 50/88, BGHZ 106, 236, 242; *BGH*, Urt. 21. 11. 1991 – IX ZR 290/90, BGHZ 116, 156, 158; *BGH*, Urt. v. 4. 5. 1995 – IX ZR 256/93, ZIP 1995, 926, 927; *BGH*, Urt. v. 27. 2. 1997 – IX ZR 5/96, ZIP 1997, 688, 689; *BGH*, Urt. v. 11. 3. 1997 – X ZR 146/94, ZIP 1997, 1072, 1075. Diese Ansicht folgend, *Pape*, Kölner Schrift, S. 531 ff., Rdnr. 10 ff.; *Tintelnot* ZIP 1995, 616, 618; *Huber* NZI 1998, 97, 98; *Krull* ZInsO 1998, 291, 292; *Kuhn/Uhlenbruck* § 17 KO Rdnr. 1; *Jauernig* § 49 II.

166 *Frankfurter Kommentar-Wegener* § 107 InsO Rdnr. 27; *Marotzke* Rdnr. 5.102, 7.12.

167 *BGH*, Urt. v. 25. 4. 2002 – IX ZR 313/99, ZInsO 2002, 577, 579. Der Insolvenzverwalter kann diese Einrede sogar geltend machen, wenn der Schuldner vorleistungsverpflichtet war, *Münchener Kommentar-Kreft* § 103 InsO Rdnr. 17.

168 *Münchener Kommentar-Kreft* § 103 InsO Rdnr. 16.

169 Vgl. zum Verhältnis von Verzug und der Nichterfüllungseinrede, *Fikentscher* § 45 II 5, Rdnr. 362; *Larenz* § 23 I, S. 351.

170 Vgl. Begr. zu § 121 RegE [§ 107 InsO], in: *Balz/Landfermann* S. 334.

kein Verzug nach Eröffnung – auf § 107 Abs. 2 InsO zu übertragen. Somit ist auch durch § 107 Abs. 2 InsO der Rücktritt gemäß § 455 Abs. 1 BGB a.F. beziehungsweise nach §§ 449, 323 BGB n.F.[171] ausgeschlossen, wenn der Verzug erst nach Eröffnung eintritt. Damit ergibt sich bereits aus dem Charakter des Wahlrechts, daß der Verwalter *„Sachen, die* [er] *im Falle der Fortführung des Unternehmens benötigt,* [behalten kann], *wenn ihm in der ersten Phase des Insolvenzverfahrens keine ausreichende Liquidität für die Wahl der Erfüllung des Kaufvertrages zur Verfügung steht*".[172]

Ist der Verzug vor Eröffnung eingetreten, wird das Rücktritts- oder Kündigungsrecht grundsätzlich nicht durch das Wahlrecht im Sinne des § 103 InsO beeinflußt.[173] Will der vorläufige Insolvenzverwalter die Mietsache für das Verfahren erhalten, muß er vertragsgemäß das laufende Entgelt zahlen.[174] Auch für die speziellere Norm des § 107 Abs. 2 InsO kann nichts anderes gelten. § 107 Abs. 2 InsO modifiziert nicht das Wahlrecht des Insolvenzverwalters als solches, sondern verlängert nur den Zeitraum des § 103 Abs. 2 S. 2 InsO, in dem der Verwalter sich *„unverzüglich*" zu der Aufforderung des Vertragspartners äußern muß. Daher ist *Marotzke*[175] zuzustimmen, daß sich in § 107 Abs. 2 InsO für eine Beschränkung des Rücktrittsrechts – zumindest für ein vor Eröffnung entstandenes – *„keine Stütze*" findet.

Um gleichwohl auszuschließen, daß der Vorbehaltsverkäufer auch wegen eines vor Eröffnung eingetretenen Verzuges nicht gemäß § 455 Abs. 1 BGB a.F. beziehungsweise nach §§ 449, 323 BGB n.F.[176] vom Vertrag zurücktreten und damit den Gegenstand der Nutzung des Verwalters entziehen kann, schlägt *Marotzke*[177] eine Analogie zu § 112 InsO vor. Eine entsprechende Analogie kommt in Betracht, weil der Gesetzgeber den Aussonderungsgütern, die in den Anwendungsbereich der §§ 112, 107 Abs. 2 InsO fallen, die gleiche Bedeutung zugemessen hat.[178] Allerdings würde diese Analogie nur den Rücktritt wegen eines vor Antragstellung, aber nicht zwischen Antragstellung und Eröffnung eintre-

---

171 Vgl. zu den Auswirkungen der Schuldrechtsänderungen auf die §§ 112, 107 Abs. 2 InsO, *Marotzke* KTS 2002, 1, 10 f.

172 So die Begr. zu § 121 RegE [§ 107 InsO], in: *Balz/Landfermann* S. 334.

173 So bereits zu § 17 KO, Motive bei *Hahn* S. 86, 106; *Jaeger-Henckel* § 17 KO Rdnr. 28; *Tintelnot* ZIP 1989, 144, 152.

174 *BGH*, Urt. v. 18. 7. 2002 - IX ZR 195/01, ZInsO 2002, 819, 824.

175 *Marotzke* JZ 1995, 803, 813; *ders.* KTS 2002, 1, 8 f.

176 Vgl. *Marotzke* KTS 2002, 1, 10 f.

177 In: JZ 1995, 803, 813; *ders.* Rdnr 4.113, 7.58 Fn. 136, 7.66. Ebenso *AG Düsseldorf*, Beschl. v. 11. 5. 2000 – 27 C 18048/99, DZWIR 2000, 347, 348; *Smid* DZWIR 2000, 348, 349.

178 Vgl. Begr. zu § 126 RegE [§ 112 InsO], in: *Balz/Landfermann* S. 339. Vgl. auch *Marotzke* KTS 2002, 1, 7, 9 f.

tenden Verzuges verhindern. Denn eine Rücktritts- beziehungsweise Kündigungssperre wegen nach Antragstellung eingetretenen Verzugs ist bereits nach dem Wortlaut des § 112 InsO nicht möglich.[179] Gleichwohl wird teilweise vertreten, daß § 112 InsO auch für einen im Eröffnungsverfahren eingetretenen Verzuges anzuwenden sei,[180] jedenfalls wenn ein starker vorläufiger Insolvenzverwalter eingesetzt worden ist.[181] Um diese weite Auslegung des § 112 InsO auch auf den § 107 Abs. 2 InsO zu übertragen, damit jeglicher Rücktritt des Vorbehaltsverkäufers nach Antragstellung ausgeschlossen werden kann, wäre eine analoge Anwendung des extensiv auszulegenden § 112 InsO erforderlich.

Diese aufgeworfenen Einzelfragen und -probleme hinsichtlich der Reichweite und des Wirkungsumfangs des Wahlrechts des § 107 Abs. 2 InsO sollen nicht abschließend entschieden werden. Denn für die vorliegende Arbeit ist nur die grundsätzliche Wirkung der §§ 103, 107 Abs. 2 InsO auf das Aussonderungsrecht von Bedeutung, um das Verhältnis § 107 Abs. 2 InsO zur Zwangsvollstreckung darstellen zu können.

(b) Ergebnis

Es kann zusammenfassend festgestellt werden, daß § 107 Abs. 2 InsO zumindest teilweise den Rücktritt des aussonderungsberechtigten Vorbehaltsverkäufers ausschließt und somit – wie auch § 112 InsO – vertragserhaltend wirkt. In welchem Umfang § 107 Abs. 2 InsO darüber hinaus, eventuell durch Analogie zu § 112 InsO, das Rücktrittsrecht ausschließt, ist unter dem Aspekt der Zwangsvollstreckung – wie sich im weiteren zeigen wird – irrelevant.

---

179 So ausdrücklich die Begr. zu § 126 RegE [§ 112 InsO], in: *Balz/Landfermann* S. 339, die allerdings auch vom Leitbild des starken vorläufigen Insolvenzverwalters ausging. Ebenso *Frankfurter Kommentar-Wegener* § 112 InsO Rdnr. 6; *Münchener Kommentar-Eckert* § 112 InsO Rdnr. 35.

180 *Kübler/Prütting-Tintelnot* § 112 Rdnr. 11 f.; *Pape*, Kölner Schrift, S. 531 ff., Rdnr. 59; **a. A.** *Frankfurter Kommentar-Wegener* § 112 InsO Rdnr. 6; *Münchener Kommentar-Eckert* § 112 InsO Rdnr. 35; *Nerlich/Römermann-Balthaser* § 112 InsO Rdnr. 13; *Heidelberger Kommentar-Marotzke* § 112 InsO Rdnr. 8; *Braun-Kroth* § 112 InsO Rdnr. 10; *BGH*, Urt. v. 18. 7. 2002 - IX ZR 195/01, ZInsO 2002, 819, 824 f.: Der Gläubiger kann bei Verzug nach Antragstellung gemäß § 543 Abs. 2 Nr. 3 BGB n.F. zwei Monte später kündigen.

181 *OLG Celle*, Urt. v. 6. 2. 2002 – 2 U 201/01, KTS 2002, 297 LS.

(3) Der Unterschied zwischen den §§ 112, 107 Abs. 2 InsO und den Normen über die Beschränkung der Zwangsvollstreckung und dessen Bedeutung

In Hinblick auf das Eröffnungsverfahren und die bereits angesprochene Literaturansicht, die gestützt auf die §§ 112, 107 Abs. 2 InsO eine Beschränkung der Zwangsvollstreckung von Aussonderungsberechtigten im Rahmen des § 21 Abs. 2 Nr. 3 InsO für zulässig erachtet, stellt sich die Frage, ob die §§ 112, 107 Abs. 2 InsO eine direkte Wirkung auf Zwangsvollstreckungsmaßnahmen haben und mit den Regelungen über die Beschränkung von Zwangsvollstreckungen vergleichbar sind.

Als Vergleichsbeispiel für die Beschränkung der Zwangsvollstreckung kommt § 166 InsO in Frage, der die Verwertung des Absonderungsguts und somit den die Zwangsvollstreckung abschließenden Akt verhindert. Einen entsprechenden Vergleich zieht der Gesetzgeber der Insolvenzordnung an mehreren Stellen der Gesetzesbegründungen: § 112 InsO *„beruht auf dem Gedanken, daß die wirtschaftliche Einheit im Besitz des Schuldners nicht zu Unzeit auseinandergerissen werden darf.* ***Ebenso*** *wie Gegenstände, die unter Eigentumsvorbehalt geliefert sind oder an denen Absonderungsrechte* [§ 166 InsO] *bestehen, nach der Eröffnung des Insolvenzverfahrens zunächst im Verfügungsbereich des Insolvenzverwalters bleiben sollen,* [...] *sollen* ***auch*** *gemietete oder gepachtete Gegenstände dem Verwalter nicht auf Grund von Zahlungsrückständen* ***des Schuldners*** *entzogen werden. Solche Gegenstände können für die Fortführung des Unternehmens* [...] *erforderlich sein.“*[182] § 107 Abs. 2 InsO *„dient –* ***ebenso*** *wie das Verwertungsrecht des Verwalters bei zur Sicherung übereigneten Sachen* [§ 166 InsO] *– dem Ziel, das Vermögen im Besitz des Schuldners zunächst zusammenzuhalten, um Fortführungs- und Sanierungschancen zu wahren.“*[183] Laut Gesetzgeber ist somit das gemeinsame Ziel, Fortführungs- und Sanierungschancen zu erhalten, aber auch eine wirtschaftlich sinnvolle Gesamtverwertung zu ermöglichen. Für eine Fortführung ist es entscheidend, den betroffenen Gegenstand nutzen zu können, für eine Verwertung das Eigentum des Schuldners und/oder eine entsprechende Verwertungsbefugnis. Dieses gesetzgeberische Ziel – Nutzungs- und Verwertungsbefugnis – werden jedoch bei den Aus- und Absonderungsberechtigten auf unterschiedlichem Wege erreicht.

Die §§ 89, 90, 166 InsO, §§ 30 d, 153 b ZVG haben gemeinsam, daß sie die Zwangsvollstreckung in Gegenstände untersagen oder beschränken, die im Ei-

---

182 Begr. zu § 126 RegE [§ 112 InsO], in: *Balz/Landfermann* S. 339. Hervorhebung mittels Fettdruck durch die Verfasserin.

183 Begr. zu § 198 RegE [§ 107 InsO], in: *Balz/Landfermann* S. 334. Hervorhebung mittels Fettdruck durch die Verfasserin.

gentum[184] des Schuldners stehen. Im Falle der §§ 89, 90 InsO haben die Gläubiger noch kein Recht an dem Gegenstand, in den sie vollstrecken wollten, erlangt. Das Nutzungs- und Verwertungsrecht des Insolvenzverwalters ergibt sich in diesem Fall aus der Eigentumsbefugnis als solches. Bei den § 166 InsO, §§ 30 d, 153 b ZVG besteht zwar an den betroffenen Gegenständen ein Recht auf abgesonderte Befriedigung. Bei beweglichem Absonderungsgut hat trotzdem der Insolvenzverwalter nach § 166 InsO die Verwertungsbefugnis und nach § 172 InsO ein Nutzungsrecht.[185] Bei unbeweglichem Absonderungsgut ist grundsätzlich der Gläubiger gemäß § 49 InsO zur Zwangsvollstreckung berechtigt. Wird diese nach den §§ 30 d, 153 b ZVG einstweilig eingestellt, hat der Insolvenzverwalter gemäß § 30 e ZVG ein Nutzungsrecht.[186]

Das Aussonderungsgut dagegen steht nicht im Eigentum des Schuldners. Ein Recht zur Verwertung kommt ihm daher grundsätzlich nicht zu. Ein Aussonderungsgut, wie zum Beispiel das Betriebsgrundstück, kann somit nur für eine Fortführung interessant sein. Es kommt also beim Aussonderungsgut einzig und allein darauf an, wie die Nutzungsberechtigung des Insolvenzverwalters an diesem Gegenstand erhalten werden kann.

Die Nutzungsberechtigung ergibt sich grundsätzlich aus dem Recht zum Besitz im Sinne des § 986 BGB. Dieses Besitzrecht ergibt sich aus dem jeweils zugrundeliegenden Vertrag. Dies wird hauptsächlich ein Miet-, Pacht-, Leasing- oder beim einfachen Eigentumsvorbehalt ein Kaufvertrag sein. Nur wenn der Gläubiger wegen Zahlungsrückständen wirksam kündigen oder vom Vertrag zurücktreten kann, entfällt das Besitzrecht und damit auch das Nutzungsrecht des Schuldners beziehungsweise des Insolvenzverwalters. Dies versuchen die §§ 112, 107 Abs. 2 InsO – wie oben gesehen – zu verhindern, indem sie das Kündigungs- beziehungsweise Rücktrittsrecht des Gläubigers einschränken.

Wollte man die Zwangsvollstreckung von Aussonderungsberechtigten einstweilig einstellen, würde dies zweierlei bedeuten. Erstens muß dieser Aussonderungsberechtigte bereits wirksam die Kündigung oder den Rücktritt erklärt haben, weil er ansonsten keinen Titel erlangt haben könnte. Nach der Titelerlangung kann also weder eine Kündigungssperre wirken noch das Wahlrecht nach den §§ 103 ff. InsO ausgeübt werden. Zweitens würde bei der Einstellung der

184 Ausnahme: Verlängerter und erweiterter Eigentumsvorbehalt sowie Sicherungseigentum. Hier wird auf die Anwartschaft beziehungsweise den wirtschaftlichen Eigentümer abgestellt.

185 Als Ausgleich steht dem Gläubiger bei Verzögerung der Verwertung ein Anspruch auf Zinsen nach § 169 InsO und im Fall der Nutzung durch den Verwalter gegebenenfalls ein Anspruch auf Wertausgleich nach § 172 InsO zu.

186 Aus § 30 e ZVG ergibt sich ebenfalls ein Anspruch auf Zinsen und Wertausgleich.

Zwangsvollstreckung von Aussonderungsberechtigten der dingliche Herausgabeanspruch des Eigentümers beschränkt werden und nicht nur, wie es in Folge der §§ 112, 107 Abs. 2 InsO der Fall ist, ein schuldrechtlicher Anspruch. Der dingliche Eigentumsanspruch des Aussonderungsberechtigten ist aber stärker als ein Anspruch auf abgesonderte Befriedigung. Gibt es für das schwächere Absonderungsrecht Eingriffsnormen, durch die die Zwangsvollstreckung beschränkt werden kann, kann nicht in das stärkere Eigentumsrecht ohne ausdrückliche Regelung eingegriffen werden.

Und selbst, wenn man die einstweilige Einstellung der Zwangsvollstreckung bejahen wollte, würde es immer noch an der Befugnis des Verwalters zur Nutzung fehlen, ohne die die Einstellung jedoch keinen Sinn machen würde. Denn es kommt bei dem Aussonderungsgut – wie oben dargelegt – nur auf die Nutzungsmöglichkeit an. Selbst für das Absonderungsgut gibt es Regelungen, die den Verwalter ausdrücklich zur Nutzung berechtigen und für einen Gläubigerausgleich sorgen. Durch die §§ 112, 107 Abs. 2 InsO wird die Nutzung nur ermöglicht, wenn der Vertrag noch besteht. Würde man, nachdem sich der Aussonderungsberechtigte auf Grund von Zahlungsrückständen vom Vertrag gelöst und einen Titel erlangt hat, noch die Zwangsvollstreckung behindern, würde dies eine unverhältnismäßige Beschränkung des Aussonderungsgutes bedeuten, die man nicht mit dem Hinweis auf die Fortführungsmöglichkeit rechtfertigen kann.

Eine einstweilige Einstellung der Zwangsvollstreckung in Aussonderungsgut in Hinblick auf den Rechtsgedanken der §§ 112, 107 Abs. 2 InsO kommt somit nicht in Frage.

(4) Ergebnis

Der Gesetzgeber hat mit den §§ 112, 107 Abs. 2 InsO – parallel zu den §§ 166, 172 InsO – die Möglichkeit geschaffen, Gegenstände, die mit einem Aussonderungsrecht belegt sind, weiter für die Masse zu nutzen. Diese Möglichkeit besteht aber nur, wie sich eindeutig aus dem Gesetz und der Systematik der Aussonderungsrechte in der Insolvenz ergibt, wenn der zugrundeliegende Vertrag noch besteht. Eine weitere Nutzung ohne vertragliche Grundlage hätte einer Eingriffsnorm und Ausgleichsregelungen bedurft. Diese gibt es nicht. Eine Einschränkung von Zwangsvollstreckungen, die von Aussonderungsberechtigten betrieben werden, könnte zwar in Hinblick auf eine kurzfristige Fortführung wirtschaftlich sinnvoll sein. Eine mögliche Fortführung kann aber allein ohne entsprechende Norm den Eingriff in das Aussonderungsrecht nicht rechtfertigen. Eine solche Einschränkung der Zwangsvollstreckung von Aussonderungsberechtigten wird auch von niemandem vertreten.

Abschließend kann daher zu der Gewichtung der Aussonderungsberechtigten folgendes festgestellt werden: Die Aussonderungsberechtigten sind von den Absonderungsberechtigten zu trennen. Die Aussonderungsberechtigten haben einen Herausgabeanspruch hinsichtlich eines bestimmten Gegenstandes und nicht nur einen Anspruch auf abgesonderte Befriedigung. Der Gegenstand gehört somit nicht zur Masse und ist daher für das Insolvenzverfahren grundsätzlich irrelevant. Eine Einschränkung der Zwangsvollstreckung ist nicht möglich. Ein Absonderungsgut kann aber auf Grund seiner wirtschaftlichen Einbindung in ein Unternehmen auch ohne Massezugehörigkeit für die Masse von Bedeutung sein. Ohne die gemieteten Geschäftsräume ist ein Betrieb nicht fortzuführen, ohne das gepachtete Betriebsgrundstück kein Unternehmen. In diesen Fällen wird wegen der besonderen Bedeutung dieser Aussonderungsgüter die Geltendmachung des Aussonderungsrechts beschränkt, jedoch nicht durch die Einschränkung der Zwangsvollstreckung, sondern indem dem Schuldner beziehungsweise dem Insolvenzverwalter durch die §§ 107 Abs. 2, 112 InsO die Einwendung gemäß § 986 BGB erhalten wird. Dadurch ist bereits die Klage auf Herausgabe gemäß § 985 BGB unbegründet, und es kann kein Titel für eine Zwangsvollstreckung erlangt werden.

bb) Aussonderungsberechtigte im Eröffnungsverfahren

§ 21 Abs. 2 Nr. 3 InsO spricht nur von „*Maßnahmen der Zwangsvollstreckung*". Nach diesem Wortlaut könnte das Insolvenzgericht alle Zwangsvollstreckungen, also auch die von Aussonderungsberechtigten, beschränken.

Zum Vergleich: Im Rahmen des § 2 Abs. 4 GesO, der Zwangsvollstreckungen ebenfalls ohne Beschränkung für unzulässig erklärt, wird zwar auch von „*allen Gläubigern*" gesprochen. Aus dem Kontext, in dem diese Aussage „*alle Gläubiger*" steht, ergibt sich jedoch, daß nur die Insolvenzgläubiger und Absonderungsberechtigten gemeint sind.[187] Nur teilweise wird vertreten, daß auch die Zwangsvollstreckung von Aussonderungsberechtigten in den Geltungsbereich des § 2 Abs. 4 GesO einzubeziehen sei,[188] obwohl in der Gesamtvollstreckungsordnung nach Eröffnung keine Einschränkung der Zwangsvollstreckung von Aussonderungsberechtigten möglich ist.[189]

---

187 Wie zum Beispiel bei *Haarmeyer/Wutzke/Förster* § 2 GesO Rdnr. 214.

188 *Braun/Bußhardt* ZIP 1992, 902, 907; *Stengel* ZfIR 2001, 347, 348; *Pape* KTS 1996, 231, 246 f.

189 Vgl. § 12 Abs. 1 GesO.

(1) Meinungsstand

Die Frage, ob die Zwangsvollstreckung von Aussonderungsberechtigten im Rahmen des Eröffnungsverfahrens der Insolvenzordnung eingestellt werden kann, wird in der Literatur zum Teil gar nicht behandelt.[190] Soweit auf die Frage eingegangen wird, gehen die Antworten auseinander.

Von einigen wird die Möglichkeit, Zwangsvollstreckungen von Aussonderungsberechtigten einzustellen, bejaht.[191] Die Erklärungen hierfür sind unterschiedlich. *Vallender* begründet die Möglichkeit allein mit dem Wortlaut des § 21 Abs. 2 Nr. 3 InsO, empfiehlt aber den Insolvenzgerichten, ausdrücklich aufzunehmen, daß Aussonderungsberechtigte nicht betroffen sind. Denn nach Eröffnung sei keine Beschränkung der Zwangsvollstreckung der Aussonderungsberechtigten vorgesehen, weswegen auch eine Regelung für einen Zins- und Wertausgleich wie in den §§ 169, 172 InsO fehle. Damit wären die Aussonderungsberechtigten im Eröffnungsverfahren schlechter gestellt als die Absonderungsberechtigten.

Schmerbach[192] stellt hinsichtlich der Zwangsvollstreckungseinstellung bei Aussonderungsberechtigten darauf ab, daß das Wahlrecht nach § 103 InsO nicht durch die Zwangsvollstreckungen von Aussonderungsberechtigten vereitelt werden dürfte.

Bei *Uhlenbruck*[193] und *Kirchhof*[194] bleibt unklar, ob sich die Beschränkungen der Aussonderungsberechtigten direkt aus § 21 Abs. 2 Nr. 3 InsO ergeben oder aus den §§ 107 Abs. 2, 112 InsO abgeleitet werden sollen.

Mönning[195] geht davon aus, daß eine Einschränkung der Zwangsvollstreckung möglich ist, soweit die Aussonderungsberechtigten im eröffneten Verfahren eine Einschränkung hinnehmen müssen; hierzu läßt er die §§ 107 Abs. 2, 103 InsO ausreichen. *Mönning* folgert aus § 107 Abs. 2 InsO, daß die einstweilige Einstellung grundsätzlich möglich ist, aber als Voraussetzung für die Anordnung – also für die Erforderlichkeit – dem Rechtsgedanken des § 107 Abs. 2 InsO entspre-

---

190 *Gerhardt* ZZP 109 (1996), 415, 424 ff.; *Smid-Smid/Thiemann* § 21 InsO Rdnr. 50 ff.; *Viertelhausen* S. 35 ff.

191 *Frankfurter Kommentar-Schmerbach* § 21 InsO Rdnr. 77; *Uhlenbruck* InVo 1996, 85, 89, Fn. 31; *ders.* KTS 2000, 154, 155; *Vallender* ZIP 1997, 1993, 1997; *Kübler/Prütting-Pape* § 21 InsO Rdnr. 28 f.; *Nerlich/Römermann-Mönning* § 21 InsO Rdnr. 85, 134, 144; *Braun-Kind* § 21 InsO Rdnr. 26; *Hintzen* ZInsO 2001, 575; *AG Köln*, Beschl. v. 29. 6. 1999 – 71 IN 143/99, NZI 1999, 333.

192 In: Frankfurter Kommentar § 21 InsO Rdnr. 77.

193 *Uhlenbruck* InVo 1996, 85, 89, Fn. 31; *ders.* KTS 2000, 154, 155.

194 In: Heidelberger Kommentar, § 21 InsO Rdnr. 22.

195 In: Nerlich/Römermann § 21 InsO Rdnr. 85, 134, 144.

chend nötig ist, daß der betreffende Gegenstand für die weitere Abwicklung des Verfahrens, insbesondere für eine Fortführung gebraucht wird. Sonst „*wäre dies das Ende der Reformabsicht*", wenn diese Zwangsvollstreckungen nicht eingestellt werden könnten.[196]

Andere Stimmen in der Literatur und Rechtsprechung verneinen dagegen die Möglichkeit, auch die Zwangsvollstreckungen von Aussonderungsberechtigten einzustellen.[197]

(2) Abwägung

(a) Gesetzesbegründung

In der Gesetzesbegründung zu § 21 InsO findet sich nur ein ausdrücklicher Hinweis auf die Absonderungsberechtigten, ein entsprechender auf die Aussonderungsberechtigten fehlt. Es ist davon auszugehen, daß, wenn der Gesetzgeber mit § 21 Abs. 2 Nr. 3 InsO eine so weitgehende Einschränkungsmöglichkeit gewollt hätte, er dann insbesondere auch die Aussonderungsberechtigten genannt hätte. Denn deren Zwangsvollstreckungen können gerade – anders als bei den Absonderungsberechtigten – im eröffneten Verfahren nicht eingeschränkt werden.[198] Der Regierungsentwurf hat gerade nicht die Vorstellung des Ersten Berichts übernommen, nachdem die Aussonderung mit Eröffnung komplett ausgeschlossen war.[199]

Darüber hinaus heißt es in der Begründung zu § 112 InsO, der das Kündigungsrecht des Vermieters oder Verpächters zwischen Antragstellung und Eröffnung einschränkt: Die Einschränkung des Kündigungsrechts „***entspricht** im Bereich der Absonderungsrechte der Möglichkeit, daß* […] *nach dem Eröffnungsantrag der Zugriff der Absonderungsberechtigten auf das Sicherungsgut ausgeschlossen wird (vgl. die Begründung zu § 25 des Entwurfs [§ 21 InsO]).*"[200] Die Kündigungssperre für Aussonderungsberechtigte „*entspricht*" also laut Gesetzgeber der Beschränkung der Zwangsvollstreckungen von Absonderungsberechtigten, ist ihr aber nicht gleich. Wie oben dargestellt, entsprechen sich die Einschrän-

---

196 *Nerlich/Römermann-Mönning* § 21 InsO Rdnr. 142.

197 *Lohkemper* ZIP 1995, 1641, 1650; *Gerhardt*, Kölner Schrift, S. 193 ff., Rdnr. 20; *Hess/Weis/Wienberg-Wienberg* § 21 InsO Rdnr. 39; *AG Mainz*, Beschl. v. 14. 2. 2001 – 201 M 180/01, ZInsO 2001, 574.

198 Siehe oben Teil 2 B. II. 4. c) aa).

199 Siehe LS 1.2.10 Abs. 3 des Ersten Berichts, in: *BMJ EB* S. 118.

200 Begr. zu § 126 RegE [§ 112 InsO], in: *Balz/Landfermann* S. 339. Hervorhebung mittels Fettdruck durch die Verfasserin.

kungsmöglichkeiten der Aus- und Absonderungsberechtigten nur im Ziel, nicht aber im Weg.

Der Gesetzgeber wollte somit nur die Möglichkeit geben, Zwangsvollstreckungen von (Insolvenzgläubigern und) Absonderungsberechtigten einzuschränken.

(b) Charakter der §§ 112, 107 Abs. 2 InsO in Abweichung zu den Normen hinsichtlich der einstweiligen Einstellung von Zwangsvollstreckungen

Die Ansicht, daß auch die Zwangsvollstreckungen von Aussonderungsberechtigten einstweilig eingestellt werden können, wird mit den §§ 112, 107 Abs. 2 InsO begründet. Wie sich jedoch oben bei der Darstellung der §§ 112, 107 Abs. 2 InsO ergeben hat, ist der Sinn und Zweck dieser Paragraphen die Erhaltung des jeweiligen Vertrages, die mit einer einstweiligen Einstellung oder Untersagung von Zwangsvollstreckungen nicht erreicht werden kann.

Die Argumentation, die einstweilige Einstellung oder Untersagung von Zwangsvollstreckungen, die von Aussonderungsberechtigten betrieben werden, sei zulässig, um das Wahlrecht des Insolvenzverwalters nicht ins Leere laufen zulassen,[201] ist ebenfalls falsch. Denn hat der Aussonderungsberechtigte bereits gekündigt oder ist vom Vertrag zurückgetreten und hat er danach einen Titel für die Zwangsvollstreckung erlangt, gibt es keinen Vertrag mehr, hinsichtlich dessen der Insolvenzverwalter sein Wahlrecht ausüben könnte. Auch von einer „*unklaren*“ Rechtslage, die eventuell eine Verweigerung der Herausgabe des betreffenden Guts rechtfertigen soll, kann in Anbetracht eines bereits vorliegenden Titels nicht gesprochen werden.

Aus § 107 Abs. 2 InsO kann auch keine Rechtfertigung gefunden werden, daß die Zwangsvollstreckung von Aussonderungsberechtigten abweichend von den Absonderungsberechtigten ohne Ausgleich des Wertverlustes eingestellt werden kann.[202]

Wie schon mehrmals betont, dürfen die Sicherungsmaßnahmen nie über die Maßnahmen im Hauptverfahren hinaus gehen. Denn Sicherungsmaßnahmen stellen eine „*vorweggenommene Wahrung der Interessen der Gläubiger*“ dar und deswegen „*kann die Schutzwürdigkeit* [...] *nicht weiter ausgedehnt sein, als die Wahrung dieser Gläubigerbelange nach Eröffnung des Insolvenzverfahrens.*“[203] Es kann auch nicht darauf abgestellt werden, daß es sich im Eröff-

---

201 *Frankfurter Kommentar-Schmerbach* § 21 InsO Rdnr. 77.

202 A. A. *Kübler/Prütting-Pape* § 21 InsO Rdnr. 29.

203 *Stöber* § 30 d ZVG Rdnr. 6.2.

nungsverfahren nur um eine kurzfristige Einstellung der Zwangsvollstreckung handelt.[204] Denn diese Argumentation würde dazu führen, daß auch im eröffneten Verfahren die Zwangsvollstreckung von Aussonderungsberechtigten aus demselben Grund einstweilig eingestellt werden könnte. Hierfür fehlt es jedoch eindeutig an entsprechenden Regelungen.

(3) Zusammenfassung

Zwangsvollstreckungen von Aussonderungsberechtigten können nicht einstweilig eingestellt oder untersagt werden. Denn es findet sich im eröffneten Verfahren keine Norm, die die Zwangsvollstreckung von Aussonderungsberechtigten beschränkt oder dem Insolvenzgericht die Möglichkeit gibt, eine solche einzustellen. Die §§ 107 Abs. 2, 112 InsO verhindern nur mittelbar die Zwangsvollstreckung, indem sie verhindern, daß der Aussonderungsberechtigte einen Titel auf Herausgabe des betreffenden Gegenstandes erlangen kann, weil der Schuldner auf Grund der §§ 107 Abs. 2, 112 InsO sein Besitzrecht gemäß § 986 BGB behält.

d) Massegläubiger

aa) Massegläubiger im eröffneten Verfahren

Nach der Konkursordnung konnte die Zwangsvollstreckung von Massegläubigern überhaupt nicht beschränkt werden. Die Massegläubiger brauchten keine Rücksicht auf „*den Stand der Verwertung*" nehmen.[205] Denn wartet der Massegläubiger zu lange mit einer zwangsweisen Durchsetzung seiner Rechte, wird für ihn das Risiko einer Masseunzulänglichkeit immer größer.[206] Mit einer Pfändung kann er sich auf Grund des Prioritätsgrundsatzes einen Rang sichern.

Daß die Massegläubiger auch nach Eröffnung noch ungehindert vollstrecken konnten, stellte unter der Konkursordnung eine erhebliche Belastung für die Masse dar.[207] Denn bereits durch die Entstehung von Pfändungspfandrechten werden der Masse Gegenstände entzogen,[208] weil sich der Absonderungsberechtigte aus dem Pfändungspfandrecht in voller Höhe befriedigen kann und seine Forderung nicht mehr nur anteilig beglichen werden muß. Dies schmälert die Quote für die übrigen Insolvenzgläubiger. Aufgrund dieser Tatsache schlug die

---

204 So jedoch *Stengel* ZfIR 2001, 347, 351.
205 *Pape* S. 91.
206 *Pape* S. 92.
207 *Kilger/K. Schmidt* § 14 KO Rdnr. 9; *Kuhn/Uhlenbruck* § 14 KO Rdnr. 14; *Landfermann*, Kölner Schrift, S. 159 ff., Rdnr. 43.
208 *Kübler/Prütting-Lüke* § 90 InsO Rdnr. 17.

Insolvenzrechtskommission[209] zunächst ein generelles Vollstreckungsverbot für Massegläubiger vor, dann eine Vollstreckungssperre auf Antrag des Insolvenzverwalters[210] und entschied sich letztendlich – sozusagen als Mittelweg – für eine automatische Sperre begrenzt auf sechs Monate.

Demnach ist gemäß § 90 Abs. 1 InsO die Zwangsvollstreckung von Massegläubigern wegen Verbindlichkeiten, die nicht durch eine Rechtshandlung des Insolvenzverwalters begründet worden sind (sogenannte oktroyierte Masseverbindlichkeiten[211]), für sechs Monate seit Eröffnung unzulässig. Die in § 90 Abs. 2 InsO aufgezählten Verbindlichkeiten sind von dieser Sperre ausgenommen. Eine weitere Sperre gilt für Masseverbindlichkeiten nach § 209 Abs. 1 Nr. 3 InsO ab Anzeige der Masseunzulänglichkeit durch den Insolvenzverwalter, § 210 InsO. Wird entgegen einer dieser Sperren zwangsvollstreckt, so kommt es wie bei § 89 InsO zwar zur öffentlich-rechtlichen Verstrickung, ein Pfändungspfandrecht entsteht jedoch nicht.[212]

In der Gesetzesbegründung zu § 90 InsO heißt es darüber hinaus wie folgt: „*Der besondere Vollstreckungsschutz bei Masseverbindlichkeiten* [nach § 90 InsO] *steht dem Insolvenzverwalter* ***zusätzlich zu sonstigen Rechten*** *zur Verfügung. Andere Rechtsbehelfe gegen einzelne Vollstreckungsmaßnahmen* [...] *bleiben also unberührt.*“[213] Es stellt sich damit die Frage, ob die Zwangsvollstreckung von Massegläubigern noch auf andere Weise – wie in dieser Stelle der Gesetzesbegründung scheinbar vorausgesetzt wird – eingeschränkt werden kann. Als Normen für eine solche Einschränkung kommen die §§ 166 InsO, 30 d, 153 b ZVG in Frage.

(1) Einschränkung der Zwangsvollstreckung von Massegläubigern nach § 166 InsO und den §§ 30 d, 153 b ZVG?

Vollstreckt ein Massegläubiger, erlangt er wie jeder andere Gläubiger ein Pfändungspfandrecht und somit ein Absonderungsrecht. Daher kann ein Gläubiger auf Grund einer Forderung zugleich Massegläubiger und Absonderungsberech-

---

209 Siehe LS 1.2.10 Abs. 5 des Ersten Berichts, in: *BMJ EB* S. 118.

210 Siehe § 96 DiskE, in: *BMJ DiskE* S. 45 f.

211 Zu diesen oktroyierten Masseverbindlichkeiten gehören zum Beispiel Verbindlichkeiten aus Miet- oder Arbeitsverhältnissen, die kraft Gesetz fortbestehen, *Landfermann*, Kölner Schrift, S. 159 ff., Rdnr. 43, zum Beispiel „*Lohnansprüche eines Arbeitnehmers, dem der Verwalter sofort nach der Eröffnung des Insolvenzverfahrens gekündigt hat und der während der Kündigungsfrist nicht mehr beschäftigt wird.*“ Ausschußbericht zu § 101 RegE [§ 90 InsO], in: *Balz/Landfermann* S. 306.

212 *Heidelberger Kommentar-Eickmann* § 90 InsO Rdnr. 12.

213 Begr. zu § 101 RegE [§ 90 InsO], in: *Balz/Landfermann* S. 305. Ebenso *Smid-Smid* § 90 InsO Rdnr. 4. Hervorhebung mittels Fettdruck durch die Verfasserin.

tigter sein.[214] Grundsätzlich können Absonderungsrechte nur vor der Eröffnung des Insolvenzverfahrens entstehen, § 91 InsO. Das Absonderungsrecht des Massegläubigers ist eine Ausnahme von diesem Grundsatz. Folglich fielen – zumindest nach dem Wortlaut des § 166 InsO – die Absonderungsrechte, die eine Masseforderung absichern, ebenfalls unter das Verwertungsrecht des Insolvenzverwalters. Durch § 166 InsO wird, wie oben gesehen, die Verwertung verhindert.

Eine wortlautgemäße Anwendung des § 166 InsO hätte also einen Verwertungsstop für den absonderungsberechtigten Massegläubiger zur Folge. Aber „*gerade im Verfahrensrecht soll nie so sehr der Wortlaut als vielmehr der Zusammenhang und Zweck der Vorschrift entscheiden.*“[215] Es ist also zu klären, ob die Massegläubiger vom Sinn und Zweck der Norm unter den Anwendungsbereich des § 166 InsO fallen.

(a) Literaturaussagen über den absonderungsberechtigten Massegläubiger im Rahmen des § 127 KO und deren Bedeutung für die Stellung des Massegläubigers in der Insolvenz

In der Literatur findet sich der Hinweis, daß es sich bei der Befriedigung von Massegläubigern aus einer Sicherheit „*nicht um eine abgesonderte Befriedigung nach §§ 49, 50* [handelt], *da sich diese Vorschriften allein auf Insolvenzgläubiger beziehen.*“[216] Eine ausdrückliche Aussage über die Anwendbarkeit von § 166 InsO auf die Massegläubiger wird nicht getroffen. Es findet sich nur eine Bemerkung über die Anwendbarkeit der Vorgängervorschrift des § 166 InsO, § 127 KO, der die Pfandverwertung durch den Konkursverwalter regelte: „*Die §§ 64, 96, 153, 168 Nr. 3*[217] *finden auf Massegläubiger, die absonderungsberechtigt sind, keine Anwendung,* ***wohl aber § 127.***“[218] Diese Anwendbarkeit des

---

214 *Hess/Weis/Wienberg-Weis* § 49 InsO Rdnr. 11, so bereits zur Konkursordnung *Kuhn/Uhlenbruck* § 57 KO Rdnr. 2; **a. A.** *Pape* S. 7; *Jaeger-Henckel* § 3 Rdnr. 30 f.; *Jauernig* § 41 I: Absonderungsrechte können **nach Eröffnung** des Konkurses **nicht** mehr entstehen.

215 So das *OLG München*, Beschl. v. 13. 1. 1954 – 1 W 1941/53, NJW 1954, 887, im Rahmen einer Auslegung des § 127 KO, der Vorgängervorschrift des § 166 InsO.

216 *Nerlich/Römermann-Wittkowski* § 90 InsO Rdnr. 5; *Häsemeyer* Rdnr. 14.26; frühere h.M. *Kuhn/Uhlenbruck* § 57 KO Rdnr. 16, in Anschluß an *RG*, Urt. v. 19. 5. 1885 – Rep. II. 106/85, RGZ 14, 3.

217 §§ 64, 96, 153, 168 Nr. 3 KO entsprechen den §§ 52, 77, 237, 190 und 190 Abs. 2 S. 2 InsO.

218 *Kuhn/Uhlenbruck* § 57 KO Rdnr. 16 (Hervorhebung mittels Fettdruck durch die Verfasserin). So ebenfalls zur Anwendbarkeit des § 127 KO: *Jaeger-Lent* § 57 KO Rdnr. 10 (S. 797); *Wolff* § 57 KO Rdnr. 5; sowie zu § 117 KO, der Vorgängervorschrift des § 127 KO: *RG*, Urt. v. 19. 5. 1885 – Rep. II. 106/85, RGZ 14, 1, 3.

§ 127 KO auf Massegläubiger wird unter anderem mit der von § 64 KO abweichenden Stellung im Gesetz[219] und seinem ganzen Sinn und Zweck begründet.[220] An diesen Literaturaussagen zeigt sich, daß sowohl nach der Konkurs- als auch nach der Insolvenzordnung der Begriff des Absonderungsberechtigten grundsätzlich die absonderungsberechtigten Massegläubiger mit einschließt. Ob die §§ 49, 50 InsO und §§ 64, 96, 127, 153, 168 Nr. 3 KO[221] auch auf absonderungsberechtigte Massegläubiger anzuwenden sind, ergibt sich nicht aus deren Wortlaut, sondern ist dem Sinn und Zweck der Regelung zu entnehmen. Es ist also zu prüfen, wie die zitierte Aussage zu § 127 KO zu werten ist und ob sich daraus Folgerungen für § 166 InsO ergeben.

Im Rahmen des § 127 KO war streitig, ob § 127 Abs. 1 KO das Verwertungsrecht des Absonderungsberechtigten verdrängt und der Verwalter eine begonnene Verwertung unterbrechen lassen kann.[222] Lehnt man ein ausschließliches Verwertungsrecht des Verwalters ab, hätte § 127 KO bereits eine andere Rechtsfolge als § 166 InsO, bei dem das Verwertungsrecht des absonderungsberechtigten Gläubigers vollständig verdrängt wird. Aber selbst wenn man annimmt, daß nach § 127 KO auch eine begonnene Zwangsvollstreckung eines Absonderungsberechtigten unterbrochen werden konnte, ließen sich aus dieser Deutung des § 127 KO dennoch keine Einstellungsmöglichkeit für die Zwangsvollstreckung von absonderungsberechtigten Massegläubigern herleiten – auch wenn die oben zitierte Aussage feststellt, daß § 127 KO auf Massegläubiger anzuwenden sei.[223] Dies ergibt sich aus der dieser Aussage zugrundeliegenden Entscheidung des Reichsgerichts.[224] In dieser wird zwar festgestellt, daß § 117 KO, der spätere § 127 KO, *„ganz allgemein"* gehalten ist und nicht unterschieden wird, *„ob ein gewöhnlicher Gläubiger oder ein Massegläubiger"* betroffen ist. Weiter wird jedoch ausgeführt, daß ein Massegläubiger auf Grund *„seiner besonderen Stellung"* durch § 127 KO nicht an der Pfändung und der Verwertung gehindert werden kann. Es bliebe aber bei der Aussage des § 127 Abs. 1 S. 2 KO, daß ein Massegläubiger, der nicht von seinem Recht zur Zwangsvollstreckung Gebrauch macht, seinen Anspruch auf bevorzugten Erlös geltend machen kann. Eine Beschränkung der Zwangsvollstreckung eines Massegläubigers ist nicht möglich, weil die Befriedigung der Massegläubiger außerhalb des Verfahrens stattfin-

---

219 § 64 KO regelt die Geltendmachung des Ausfalls bei Absonderungsrecht und steht im *„Achten Titel. Konkursgläubiger"* der Konkursordnung.

220 *Jaeger-Lent* § 57 KO Rdnr. 10 (S. 797).

221 §§ 64, 96, 127, 153, 168 Nr. 3 KO entsprechen den §§ 52, 77, 237, 166, 190 und 190 Abs. 2 S. 2 InsO.

222 So *Jaeger-Weber* § 127 KO Rdnr. 1; *OLG München*, Beschl. v. 13. 1. 1954 – 1 W 1941/53, NJW 1954, 887; a. A. *Baur/Stürner*, Bd. II, Rdnr. 15.13; *OLG Schleswig*, Beschl. v. 19. 7. 1966 – 1 W 93/66, NJW 1967, 988.

223 *Kuhn/Uhlenbruck* § 57 KO Rdnr. 16.

224 *RG*, Urt. v. 19. 5. 1885 – Rep. II. 106/85, RGZ 14, 1, 3.

det[225] und unabhängig vom Gang der Verteilung ist.[226] § 127 KO wird also nur insoweit auf Massegläubiger angewandt, als nicht in ihre besondere Stellung im Konkursverfahren eingegriffen wird. § 127 KO wird daher nur in Hinblick auf den Erlösanspruch nach § 127 Absatz 1 S. 2 KO angewandt, falls der Massegläubiger auf sein Zwangsvollstreckungsrecht verzichtet.

(b) Folgerungen für die Beschränkung von Zwangsvollstreckungen von absonderungsberechtigten Massegläubigern im Insolvenzverfahren

Aus dieser besonderen Stellung der Massegläubiger, die sich auch in § 47 S. 2 InsO wiederfindet, daß die Massegläubiger ihre Rechte unabhängig vom Insolvenzverfahren gelten machen können, ergibt sich das Ergebnis zum Anwendungsbereich des § 166 InsO. In das Recht der Massegläubiger, ihre Ansprüche ungehindert durchzusetzen, kann nur auf Grund ausdrücklicher Anordnung – wie es in den §§ 90, 210 InsO geschehen ist – eingegriffen werden.[227] Massegläubiger haben im Insolvenzverfahren grundsätzlich alle Befugnisse, die sonst Gläubiger außerhalb eines Insolvenzverfahrens zustehen.[228] Die Massegläubiger können daher auch frei in die Insolvenzmasse zwangsvollstrecken, es sei denn, es handelt sich bei den Forderungen um *„unechte und aufgezwungene Masseverbindlichkeiten“*.[229] Somit können sich auch Massegläubiger, die eine Sicherheit aus der Masse erlangen, aus dieser befriedigen, also die Verwertung betreiben.[230]

Es handelt sich zwar ebenso um die Befriedigung eines Absonderungsberechtigten,[231] aber aus der besonderen Stellung der Massegläubiger ergibt sich, daß § 166 InsO keine Anwendung finden kann. Es wäre auch widersinnig, gerade die absonderungsberechtigten Massegläubiger mehr zu beschränken als den ungesicherten Massegläubiger. Somit findet § 166 InsO auf absonderungsberechtigte Massegläubiger keine Anwendung.

Die Zwangsvollstreckung von absonderungsberechtigten Massegläubigern ist darüber hinaus auch nie durch die Sperre des § 90 InsO zu verhindern, weil kein Anwendungsbereich für die Sperre des § 90 Abs. 1 InsO für einen absonde-

---

225 *BGH*, Urt. v. 30. 5. 1958 – V ZR 295/56, WM 1958, 903.

226 Motive bei *Hahn*, S. 227.

227 Vgl. *Heidelberger Kommentar-Eickmann* § 53 InsO Rdnr. 6; *Kübler/Prütting-Lüke* § 90 InsO Rdnr. 16.

228 *Häsemeyer* Rdnr. 14.24.

229 *Häsemeyer* Rdnr. 14.26.

230 *Häsemeyer* Rdnr. 14.26.

231 A. A. *Häsemeyer* Rdnr. 14.26., der davon ausgeht, daß die Absonderungsregelungen allein auf die Rechtsstellung der Insolvenzgläubiger zugeschnitten sind.

rungsberechtigten Massegläubiger denkbar ist. Hat ein Massegläubiger ein Absonderungsrecht auf Grund von Sicherungseigentum, verlängertem oder erweitertem Eigentumsvorbehalt, liegt dem immer eine gewillkürte Verbindlichkeit zu Grunde, die auf Grund von § 90 Abs. 2 InsO sowieso nicht von der Sperre erfaßt ist. Ein Absonderungsrecht auf Grund eines Pfändungspfandrechts bei den oktroyierten Masseverbindlichkeiten, die nach Eröffnung entstanden sind, kann wegen der Sperre des § 90 Abs. 1 InsO nicht entstehen. Auch die Verbindlichkeiten des vorläufigen Insolvenzverwalters werden wegen § 90 Abs. 2 InsO ebenfalls nicht von der Sperre des Absatzes 1 erfaßt.[232]

Es besteht zwar die Möglichkeit, daß einem Massegläubiger ein Absonderungsrecht in Folge eines Vertrages, der vor Eröffnung lag, zusteht. Diesem Absonderungsrecht liegt aber eine Insolvenzforderung zu Grunde, die nicht § 90 InsO, sondern den §§ 165 ff. InsO unterfällt, auch wenn der Gläubiger hinsichtlich anderer Forderung den Rang eines Massegläubigers einnimmt. Im Ergebnis kann die Zwangsvollstreckung somit nur von Massegläubigern verhindert werden, soweit sie dem § 90 InsO unterfällt. Die Zwangsvollstreckung von absonderungsberechtigten Massegläubigern kann in Hinblick auf die Entstehungsmöglichkeiten dieses Absonderungsrechts nie verhindert werden.

Das Ergebnis, daß § 166 InsO nicht auf absonderungsberechtigte Massegläubiger angewandt werden kann, deckt sich auch mit dem Sinn und Zweck des § 166 InsO. Wie sich aus der Gesetzesbegründung ergibt, lag der Einführung des § 166 InsO folgendes Problem während der Geltung der Konkursordnung zu Grunde: „*Wenn **nach der Eröffnung** eines Konkursverfahrens die zur Sicherung übereigneten Sachen von den gesicherten Gläubigern aus dem Unternehmensverbund herausgelöst werden, verliert das insolvente Unternehmen häufig Betriebsmittel, die für eine Fortführung unentbehrlich sind*“.[233] Hieraus ergibt sich, daß der Gesetzgeber die **vor** Eröffnung entstandenen Absonderungsrechte im Auge hatte – hauptsächlich das Sicherungseigentum und den verlängerten und erweiterten Eigentumsvorbehalt. Der § 166 InsO bezieht sich also nur auf den Regelfall des Absonderungsrechts, das heißt, auf die Absonderungsrechte, die vor Eröffnung des Verfahrens begründet worden sind. Masseverbindlichkeiten – von der Ausnahme des § 55 Abs. 2 InsO abgesehen – entstehen jedoch erst nach der Eröffnung des Insolvenzverfahrens. Daher können Massegläubiger ein Absonderungsrecht auf Grund der Masseverbindlichkeit auch erst nach Eröffnung erlangen.

---

232 Siehe hierzu unten unter Teil 2 B. II. 4. d) bb).

233 Begr. zu § 191 RegE [§ 166 InsO], in: *Balz/Landfermann* S. 410. Hervorhebung mittels Fettdruck durch die Verfasserin.

Für die §§ 30 d, 153 b ZVG, die sich auf Zwangsvollstreckungen beziehen, welche von Gläubigern betrieben werden, die ein Recht auf abgesonderte Befriedigung an dem Grundstück haben,[234] gilt das Entsprechende. Sie sind nicht anwendbar auf Massegläubiger, die ein Absonderungsrecht an einer Immobilie haben.

(2) Ergebnis

Abschließend ist festzustellen, daß der absonderungsberechtigte Massegläubiger nicht durch § 166 InsO an der Verwertung gehindert werden kann. § 166 InsO ist insoweit teleologisch zu reduzieren. Nur wenn der absonderungsberechtigte Massegläubiger sein Recht auf Zwangsvollstreckung nicht wahrnimmt, bleibt es – entsprechend der oben dargestellten Rechtsprechung zu § 127 KO – bei der Anwendbarkeit des § 170 Abs. 1 S. 2 InsO auch für die absonderungsberechtigten Massegläubiger. Der Massegläubiger hat nach der Verwertung einen Anspruch auf bevorzugte Befriedigung aus dem Erlös.

Sonstige Rechte zum Vollstreckungsschutz vor Massegläubigern – wie es die Gesetzesbegründung zu § 90 InsO vermuten läßt – entbehren somit jeglicher Grundlage. Es gibt sie nicht.

Damit wird in die Rechte der Massegläubiger im Gegensatz zu den anderen Gläubigergruppen am wenigsten eingegriffen. Diese Bevorzugung erklärt sich aus der Notwendigkeit und dem Interesse aller Gläubiger, in der Insolvenzsituation noch neue Geschäftspartner zu finden, um eine auch nur kurzzeitige Fortführung zu ermöglichen beziehungsweise ein Verfahren überhaupt auf den Weg bringen zu können. Diese neuen Partner verdienen daher einen besonderen Schutz und eine besondere Gewährleistung ihrer Forderung. Zwangsvollstrekkungsmaßnahmen werden deswegen nur für einen begrenzten Zeitraum eingeschränkt. Durch die Sperrfrist nach § 90 Abs. 1 InsO in der schwierigen Phase direkt nach Eröffnung des Verfahrens soll eine ungestörte Massebildung ermöglicht und die liquiden Mittel, die zur Unternehmensfortführung benötigt werden, sollen geschont werden.[235] Eine über diesen Zeitraum hinausgehende Einschränkung würde der Stellung der Massegläubiger widersprechen. Selbst wenn also ein Massegläubiger nach der Sechs-Monats-Frist in einen unbeweglichen Gegenstand vollstreckt, kann der Verwalter diese Vollstreckung nicht nach den §§ 30 d, 153 b ZVG einstellen lassen. Ebenso fällt eine Zwangsvollstreckung eines Massegläubigers in das bewegliche Vermögen nicht unter § 166 InsO.

---

234 *Stöber* § 30 d ZVG Rdnr. 1.1.

235 *Heidelberger Kommentar-Eickmann* § 90 InsO Rdnr. 1; Begr. zu § 101 RegE [§ 90 InsO], in: *Balz/Landfermann* S. 305.

bb) Massegläubiger im Eröffnungsverfahren

(1) Einleitung

Wird der vorläufige Insolvenzverwalter gleichzeitig mit einem allgemeinen Verfügungsverbot angeordnet, so gelten die von diesem begründeten Verbindlichkeiten gemäß § 55 Abs. 2 InsO als Masseverbindlichkeiten. Es stellt sich bei dieser Konstellation die Frage, ob die Zwangsvollstreckungen zum Beispiel von Arbeitnehmern, die von einem vorläufigen Insolvenzverwalter mit Verwaltungs- und Verfügungsbefugnis im Eröffnungsverfahren weiterbeschäftigt werden, durch Anordnung des Insolvenzgerichts gemäß § 21 Abs. 2 Nr. 3 InsO verhindert werden können. Diese Anordnung könnte erforderlich werden, wenn es einem Massegläubiger zum Beispiel in einem Urkundenprozeß oder durch Mahnverfahren gegen den starken vorläufigen Insolvenzverwalter gelingen würde, einen vollstreckbaren Titel zu erlangen. Denn die Prozeßführung wegen einer Masseverbindlichkeit ist bereits im Eröffnungsverfahren möglich.[236]

Zumindest nach dem Wortlaut des § 21 Abs. 2 Nr. 3 InsO wäre es zulässig, die Zwangsvollstreckung eines Massegläubigers zu verhindern, da § 21 Abs. 2 Nr. 3 InsO nur allgemein von Zwangsvollstreckungen ohne Eingrenzung auf bestimmte Gläubigergruppen spricht. Diese Ansicht vertritt *Riedel*.[237] Jedoch ist eine solche Anordnung nur möglich, wenn sie nicht über die Anordnungen des eröffneten Verfahrens hinausgeht.[238] Denn die Sicherungsmaßnahmen stellen eine *„vorweggenommene Wahrung der Interessen der Gläubiger"* dar, und deswegen *„kann die Schutzwürdigkeit* [...] *nicht weiter ausgedehnt sein, als die Wahrung dieser Gläubigerbelange nach Eröffnung des Insolvenzverfahrens."*[239]

Für die Frage, ob in die Zwangsvollstreckungen wegen Masseverbindlichkeiten, die im Eröffnungsverfahren gemäß § 55 Abs. 2 InsO begründet wurden, in stärkerem Maße eingegriffen werden darf als nach Eröffnung, sind diese Masseverbindlichkeiten mit denen zu vergleichen, die nach Eröffnung begründet wurden. Stärkere Beschränkungen der Massegläubiger im Eröffnungsverfahren und damit ein geringerer Schutz sind nur gerechtfertigt, wenn die im Eröffnungsverfahren begründeten Masseverbindlichkeiten rechtliche Unterschiede aufweisen und sich daraus eine unterschiedliche Behandlung ergibt.

---

236 *Kübler/Prütting-Pape* § 24 InsO Rdnr. 12.

237 KKZ 1999, 217.

238 *Kleiner* S. 129.

239 *Stöber* § 30 d ZVG Rdnr. 6.2.

(2) Vergleich der Verbindlichkeiten nach § 55 Abs. 2 InsO mit den übrigen Masseverbindlichkeiten

Es könnte zweifelhaft sein, ob die Masseverbindlichkeiten nach § 55 Abs. 2 InsO bereits im Eröffnungsverfahren denselben rechtlichen Charakter wie die übrigen, nach Eröffnung entstandenen Masseverbindlichkeiten aufweisen. Denn im Wortlaut des § 55 Abs. 2 InsO heißt es: „*Verbindlichkeiten* [...] *gelten* [erst!] ***nach*** *der Eröffnung des Verfahrens* ***als*** *Masseverbindlichkeiten.*“[240] Auch nach der Systematik der §§ 53 ff. InsO entstehen Masseverbindlichkeiten grundsätzlich nach Eröffnung des Insolvenzverfahrens. Die Einteilung als Masseverbindlichkeit bewirkt, daß die zugrundeliegenden Forderungen im nachfolgenden, eröffneten Verfahren vorweg aus der Masse zu befriedigen sind. Der Rang dieser Verbindlichkeit wird also festgelegt. Dieses Merkmal hat die Verbindlichkeit nach § 55 Abs. 2 InsO im Moment des Eröffnungsverfahrens nicht, denn im Eröffnungsverfahren wird noch keine Verwertung und die sich hieran anschließende Befriedigung vorgenommen.[241]

In der Rangfestlegung erschöpft sich jedoch die Qualifizierung als Masseverbindlichkeit nicht. Der Charakter zeigt sich vielmehr an den Schutzmechanismen und den dahinterstehenden Gründen für die Einteilung als Masseverbindlichkeit. Es bedarf eines besonderen Vertrauensschutzes der betreffenden Gläubiger, damit sich überhaupt noch Vertragspartner finden, die während oder bei sich ankündigender Insolvenz Verträge mit dem Verwalter eingehen. Zu diesem Schutz gehört, daß die Zwangsvollstreckung von Massegläubigern im eröffneten Verfahren mit Ausnahme der Fälle der §§ 90, 210 und 123 InsO[242] zulässig ist – die Massegläubiger also nicht das Verteilungsverfahren abwarten müssen, sondern sich unabhängig hiervon befriedigen können. Diese Bevorrechtigung der Massegläubiger findet ihre Rechtfertigung in dem Nutzen dieser Geschäfte für die Masse und somit für die übrigen Gläubiger.

Die Einstufung der Verbindlichkeiten des vorläufigen Insolvenzverwalters mit Verwaltungs- und Verfügungsbefugnis als Masseverbindlichkeiten gemäß § 55 Abs. 2 InsO erfolgt auf Grund dieses Nutzens. Denn diese Verbindlichkeiten sind „*funktionsbestimmt*“[243], „*weil sie, obwohl vor Verfahrenseröffnung begrün-*

---

240 Hervorhebung mittels Fettdruck durch die Verfasserin.

241 Mit Ausnahme der Erfüllung von Masseverbindlichkeiten, die bereits vor Eröffnung fällig werden.

242 Die Zwangsvollstreckung von Massegläubigern ist nach § 90 InsO wegen oktroyierter Masseverbindlichkeiten, nach § 210 InsO bei Masseunzulänglichkeit und nach § 123 Abs. 3 S. 2 InsO wegen Sozialplanforderung unzulässig.

243 *Häsemeyer* Rdnr. 14.19, 14.03.

det, funktionell der Durchführung des Gesamtverfahrens dienen.“[244] Erst die neuen Verträge mit Lieferanten, Abnehmern und so weiter machen die Fortführung eines Unternehmens möglich. § 55 Abs. 2 InsO soll gerade dieses dem vorläufigen Insolvenzverwalter ermöglichen, ohne daß hierzu andere Konstruktionen erforderlich sind. Durch die Fortführung werden Werte geschaffen beziehungsweise erhalten, die eine Eröffnung und ein effektives Gesamtverfahren ermöglichen. Diese Funktionen werden bereits im Eröffnungsverfahren erfüllt.

Die Formulierung des § 55 Abs. 2 InsO – „*gelten nach Eröffnung*“ – bezieht sich somit nur darauf, welche Rechtsfolge die Einteilung als Masseverbindlichkeit nach Eröffnung hat – nämlich die uneingeschränkte Durchsetzbarkeit der Masseverbindlichkeiten –, und nicht darauf, aus welchem Grunde eine Verbindlichkeit nach § 55 Abs. 2 InsO als Masseverbindlichkeit eingeteilt wird. Es scheitert also nicht an der Formulierung „*gelten nach Eröffnung*“, diese Verbindlichkeiten bereits vor Eröffnung als Masseverbindlichkeiten zu behandeln.

Der vom Gesetzgeber besonders betonte Vertrauensschutzgedanke[245] zugunsten der Vertragspartner des Verwalters, der darin besteht, daß die Erfüllung der Verträge entsprechend den ausgehandelten Bedingungen erfolgt und die Forderungen realisiert werden können, gilt daher ebenso im Eröffnungsverfahren für den vorläufigen Insolvenzverwalter mit Verwaltungs- und Verfügungsbefugnis.[246] Ein Zuwarten mit der Vollstreckung ist nach Ansicht des Gesetzgebers nicht zumutbar.[247] Insbesondere bei Arbeitnehmern, die nicht freigestellt werden, erlangt die Masse einen vermögenswerten Vorteil, und der Arbeitnehmer kann seinen Lebensunterhalt nicht auf andere Weise verdienen.[248]

Eben diese Wertung zeigt sich auch darin, daß die Begründung von Masseverbindlichkeiten gemäß § 55 Abs. 2 InsO nach einhelliger Meinung nicht anfechtbar ist.[249] Wegen ihrer Funktionsbestimmtheit handelt es sich bei den Masseverbindlichkeiten des § 55 Abs. 2 InsO, obwohl sie vor Eröffnung entstanden sind,

---

244 *Häsemeyer* Rdnr. 14.03.

245 Begr. zu § 101 RegE [§ 90 InsO], in: *Balz/Landfermann* S. 305; *Smid-Smid* § 90 InsO Rdnr. 1.

246 Begr. zu § 64 RegE [§ 55 InsO], in: *Balz/Landfermann* S. 267.

247 Begr. zu § 101 RegE [§ 90 InsO], in: *Balz/Landfermann* S. 305. In diesem Sinne auch, *Vallender* ZIP 1997, 1993, 1999; *Eckert* ZIP 1996, 897, 906.

248 *Kübler/Prütting-Lüke* § 90 InsO Rdnr. 9.

249 *Bork* Rdnr. 208; *Braun/Uhlenbruck* S. 251; *Feuerborn* KTS 1997, 191, 198; *Pape* ZIP 1994, 89, 95; *Häsemeyer* Rdnr. 21.42; *Pohlmann* Rdnr. 514 ff.; *OLG Hamm*, Urt. v. 17. 1. 2002 – 27 U 150/01, ZInsO 2002, 379, 380. Im Gegensatz dazu sind die vom vorläufigen Insolvenzverwalter ohne Verwaltungs- und Verfügungsbefugnis begründeten Verbindlichkeiten anfechtbar, *LG Karlsruhe*, Urt. v. 6. 2. 2002 – 1 S 141/01, ZIP 2002, 362 mit zust. Anm. *Marotzke* EWiR 2002, 351.

um sogenannte *„echte“* Masseverbindlichkeiten.[250] Sie sind mit den sogenannten *„unechten“* Masseverbindlichkeiten des § 59 Abs. 1 Nr. 3 a-e KO und § 123 InsO, die aus sozialpolitischen Gründen als Masseverbindlichkeiten eingeordnet wurden, ohne funktionsbestimmt zu sein, nicht zu vergleichen. Mit der Norm des § 55 Abs. 2 InsO werden – wie es immer wieder beim vorläufigen Insolvenzverwalter mit Verwaltungs- und Verfügungsbefugnis betont wird – die Wirkungen des eröffneten Verfahrens vorgezogen.

Der Vergleich der Verbindlichkeiten nach § 55 Abs. 2 InsO mit den Masseverbindlichkeiten, die nach Eröffnung des Insolvenzverfahrens stehen, zeigt somit, daß sie dieselben Charaktermerkmale aufweisen und somit zum selben Schutz der betroffenen Gläubiger führen müssen. Im eröffneten Insolvenzverfahren kann die Zwangsvollstreckung von Massegläubigern auf Grund ihrer privilegierten Stellung nicht beschränkt werden.[251] Es sei denn, die Vollstreckung fällt unter ein Vollstreckungsverbot gemäß der §§ 90, 210 und 123 InsO.[252] Die Zwangsvollstreckung von Massegläubigern ist demnach im Eröffnungsverfahren, wenn sich aus den Ausnahmen der §§ 90, 210 und 123 InsO im Folgenden nichts anderes ergibt, nicht zu verhindern.

(3) Bedeutung der Vollstreckungssperren für das Eröffnungsverfahren

Im eröffneten Verfahren werden vom Grundsatz der freien Vollstreckbarkeit der Masseverbindlichkeiten Ausnahmen gemacht. Zwangsvollstreckungen sind für sechs Monate seit Eröffnung, § 90 Abs. 1 InsO, oder für Masseverbindlichkeiten im Sinne von § 209 Abs. 1 Nr. 3 InsO ab Anzeige der Masseverbindlichkeit durch den Insolvenzverwalter, § 210 InsO, unzulässig. Ein weiteres Vollstreckungsverbot gibt es gemäß § 123 Abs. 3 S. 2 InsO für Masseverbindlichkeiten auf Grund eines Sozialplans, bei denen § 90 InsO nicht eingreift.[253] Wie sich oben gezeigt hat, sind diese gesetzlichen Ausnahmen abschließend.

(a) Bedeutung der Vollstreckungssperre des § 90 InsO für die Masseverbindlichkeiten nach § 55 Abs. 2 InsO vor und nach der Eröffnung?

Der sechsmonatigen Sperre des § 90 InsO liegt der Gedanke zu Grunde, daß dem Insolvenzverwalter *„in der ersten Phase des Verfahrens Bewegungsspiel-*

---

[250] *Häsemeyer* Rdnr. 14.03.

[251] Siehe hierzu oben Teil 2 B. II. 4. d) aa) (2).

[252] Die Zwangsvollstreckung von Massegläubigern ist nach § 90 InsO wegen oktroyierter Masseverbindlichkeiten, nach § 210 InsO bei Masseunzulänglichkeit und nach § 123 Abs. 3 S. 2 InsO wegen Sozialplanforderung unzulässig.

[253] *Kübler/Prütting-Moll* §§ 123, 124 InsO Rdnr. 91.

raum" verschafft werden soll.[254] Es sollen dem Verwalter insbesondere nicht *„die zur Fortführung des Unternehmens erforderlichen flüssigen Mittel entzogen werden.*"[255] Allerdings fallen unter die Sperre nur die Verbindlichkeiten, auf deren Entstehung der Insolvenzverwalter keinen Einfluß hat, die sogenannten oktroyierten Masseverbindlichkeiten. Zu diesen oktroyierten Masseverbindlichkeiten gehören unter anderem Verbindlichkeiten aus Miet- oder Arbeitsverhältnissen, die kraft Gesetz fortbestehen,[256] wie zum Beispiel Lohnansprüche von Arbeitnehmern während der Kündigungsfrist, wenn der Verwalter sofort nach Eröffnung den Arbeitnehmern gekündigt und diese freigestellt hatte.[257] Bei allen anderen Masseverbindlichkeiten muß der Verwalter nicht durch eine Sperre geschützt werden, weil er bei diesen Verbindlichkeiten deren Entstehung in der Hand hat.

Der Wortlaut des § 90 InsO stellt also darauf ab, ob die Verbindlichkeit durch eine Rechtshandlung des Insolvenzverwalters entstanden ist. Insbesondere, wenn der Insolvenzverwalter nicht bereits vorläufiger Insolvenzverwalter war, wäre diese Anforderung bei den Verbindlichkeiten nach § 55 Abs. 2 InsO zu verneinen. Denn rein nach dem Wortlaut des § 90 InsO fallen unter die Sperre nur die Verbindlichkeiten, auf die der Insolvenzverwalter keinen Einfluß hat. Diese wäre bei den Verbindlichkeiten des **vorläufigen** Insolvenzverwalters der Fall. Trotz dieses Wortlauts des § 90 InsO ist es überwiegende Meinung, daß die Verbindlichkeiten des § 55 Abs. 2 InsO nicht unter die Sperre fallen.[258] Nur *Wittkowski*[259] hält es für gerechtfertigt, daß die Massegläubiger hinter den Interessen des Schuldners und der Insolvenzgläubiger an einer möglichen Unternehmensfortführung zurückstehen und daher die sechsmonatige Sperre ihrer Zwangsvollstreckungen in Kauf nehmen müssen. Dem Vertrauensschutz sei bereits mit der Einstufung als Masseschuld nach § 55 Abs. 2 InsO genüge getan. Würde man dieser Ansicht, daß die Masseverbindlichkeiten nach § 55 Abs. 2 InsO unter die Sperre des § 90 InsO fallen, folgen, wäre zu überlegen, ob die Zwangsvollstreckung von Gläubigern nach § 55 Abs. 2 InsO in Hinblick auf § 90 InsO dann auch bereits im Eröffnungsverfahren einzustellen sei.

Eine Sperre der Zwangsvollstreckung auf Grund von Verbindlichkeiten gemäß § 55 Abs. 2 InsO ist jedoch für das eröffnete Verfahren und damit auch für das Eröffnungsverfahren abzulehnen. Denn, wie oben gesehen, ergibt sich aus der

---

254 Ausschußbericht zu § 101 RegE [§ 90 InsO], in: *Balz/Landfermann* S. 306.

255 Begr. zu § 101 RegE [§ 90 InsO], in: *Balz/Landfermann* S. 305.

256 *Landfermann*, Kölner Schrift, S. 159 ff., Rdnr. 43.

257 Ausschußbericht zu § 101 RegE [§ 90 InsO], in: *Balz/Landfermann* S. 306.

258 *Heidelberger Kommentar-Eickmann* § 90 InsO Rdnr. 3; *Frankfurter Kommentar-App* § 90 InsO Rdnr. 4; *Kübler/Prütting-Lüke* § 90 InsO Rdnr. 10.

259 In: Nerlich/Römermann § 90 InsO Rdnr. 3 b.

Funktion der Verbindlichkeiten im Sinne von § 55 Abs. 2 InsO, dem Gesamtverfahren zu dienen, daß sie sich nicht von den nach Eröffnung entstandenen echten Masseverbindlichkeiten unterscheiden. Im eröffneten Verfahren ist der Entstehungszeitpunkt maßgeblich für die Einordnung als Masseverbindlichkeit. So sind zum Beispiel Verbindlichkeiten, die zwar nach Eröffnung entstanden, aber ohne Nutzen für die Masse sind, auch Masseverbindlichkeiten: Im eröffneten Verfahren sind Arbeitnehmeransprüche Masseverbindlichkeiten, unabhängig davon, ob die Arbeitsleistung in Anspruch genommen worden ist oder nicht.[260] Hierbei handelt es sich um oktroyierte Masseverbindlichkeiten. Bei den anderen Verbindlichkeiten, die auf Grund einer Rechtshandlung des Insolvenzverwalters entstehen, handelt es sich um gewillkürte Masseverbindlichkeiten. Diese gewillkürten Verbindlichkeiten werden bevorzugt, indem sie durch die §§ 90 Abs. 2, 210 iVm. 209 Abs. 1 Nr. 2, Abs. 2 InsO von der Vollstreckungssperre ausgenommen werden. Hinter dem Kriterium der gewillkürten Masseverbindlichkeit, steht der Nutzen dieser Verbindlichkeiten für die Masse. Der Nutzen wird unterstellt, wenn die Verbindlichkeit auf eine Handlung des Verwalter zurückzuführen sind. Dieser ausschlaggebende Aspekt des Nutzens der diesen Verbindlichkeiten zugrundeliegenden Verträge gilt gleichermaßen für die Verträge, aus denen die Verbindlichkeiten nach § 55 Abs. 2 InsO entstehen. § 55 Abs. 2 InsO begrenzt dementsprechend die Masseverbindlichkeiten nur auf Fälle, in denen der vorläufige Insolvenzverwalter die Gegenleistung tatsächlich in Anspruch genommen hat. Stellt der vorläufige Insolvenzverwalter zum Beispiel einen Arbeitnehmer frei, kann dieser seine Lohnansprüche im eröffneten Verfahren nur als Insolvenzgläubiger geltend machen. Das gleiche gilt, wenn der vorläufige Insolvenzverwalter die Mietsache dem Vermieter wieder zur Verfügung stellt.[261] Es kommt also darauf an, ob eine Leistung in das Vermögen des Schuldners geflossen ist oder nicht.[262] Es gilt das „*strikte Äquivalenzprinzip*".[263] Somit handelt es sich bei Verbindlichkeiten nach § 55 Abs. 2 InsO um keine oktroyierten im Sinne von § 90 Abs. 1 InsO.

Die engere Auslegung des § 90 InsO im Sinne von *Wittkowski*[264], auch die Verbindlichkeiten nach § 55 Abs. 2 InsO unter die Sperre des § 90 InsO fallen zu lassen, hätte zwar den Vorteil, daß dem Insolvenzverwalter „*in der ersten Phase des Verfahrens Bewegungsspielraum*"[265] verschafft würde und ihm nicht „*die zur Fortführung des Unternehmens erforderlichen flüssigen Mittel entzogen*

---

260 *Heidelberger Kommentar-Eickmann* § 55 InsO Rdnr. 23; *Wellensiek*, Kölner Schrift, S. 403 ff., Rdnr. 19; *Hess/Weis/Wienberg-Weis* § 55 InsO Rdnr. 126.

261 *Smid-Smid* § 55 InsO Rdnr. 44; *Hess/Weis/Wienberg-Weis* § 55 InsO Rdnr. 204.

262 *Smid-Smid* § 55 InsO Rdnr. 44.

263 *Kübler/Prütting-Lüke* § 55 InsO Rdnr. 69.

264 In: Nerlich/Römermann § 90 InsO Rdnr. 3 b.

265 Ausschußbericht zu § 101 RegE [§ 90 InsO], in: *Balz/Landfermann* S. 306.

werden"[266] würden. Denn gerade die Masseverbindlichkeiten nach § 55 Abs. 2 InsO setzen den Verwalter unter einen erhöhten Druck. Ebendies hält viele Gerichte von der Anordnung des starken Insolvenzverwalters ab. Eine Sperre erscheint aus diesem Grunde wünschenswert. Aber zum einen würde eine solche Sperre der Systematik des Gesetzes widersprechen und zum anderen ist es fraglich, ob sich dann im Eröffnungsverfahren noch genügend Vertragspartner für eine Weiterführung finden lassen würden. Darüber hinaus wird die Gesetzesänderung des § 55 InsO, nach der die auf die Bundesanstalt für Arbeit übergegangen Lohnansprüche nur Insolvenzforderungen sind,[267] bewirken, daß auf den Insolvenzverwalter kurz nach Eröffnung deutlich weniger Masseverbindlichkeiten zukommen werden als vor der Gesetzesänderung.

(b) Vollstreckungssperre für die Masseverbindlichkeiten im Eröffnungsverfahren auf Grund des Rechtsgedankens des § 210 InsO?

Eine Beschränkung der Zwangsvollstreckung von Masseverbindlichkeiten im Eröffnungsverfahren auf Grund des dem § 210 InsO zugrundeliegenden Rechtsgedankens, daß ab Anzeige der Masseunzulänglichkeit die Zwangsvollstreckung von Alt-Massegläubigern unzulässig wird, kommt ebensowenig in Frage. Denn tritt im Eröffnungsverfahren Masseunzulänglichkeit ein, wird der Eröffnungsantrages gemäß § 26 Abs. 1 S. 1 InsO abgelehnt und die Sicherungsmaßnahmen sind aufzuheben. Daß die Sicherungsmaßnahmen bei Ablehnung des Eröffnungsantrages aufzuheben sind, wurde als Selbstverständlichkeit aus § 29 RegE, der Vorgängervorschrift des § 21 InsO, gestrichen.[268] Damit kann der Gedanke des § 210 InsO keine Auswirkungen auf die Zwangsvollstreckung von Massegläubigen **während** einer Anordnung gemäß § 21 Abs. 2 Nr. 3 InsO haben.

(4) Zusammenfassung

Es gibt im eröffneten Verfahren keine Sperre, die die Zwangsvollstreckung von Masseverbindlichkeiten gemäß § 55 Abs. 2 S. 1 InsO verhindert. Die Masseverbindlichkeiten nach § 55 Abs. 2 S. 2 InsO sind den nach Eröffnung entstandenen Masseverbindlichkeiten gleichgestellt. Damit kann die Zwangsvollstreckung von Massegläubigern im Eröffnungsverfahren nicht verhindert oder beschränkt werden.

---

266 Begr. zu § 101 RegE [§ 90 InsO], in: *Balz/Landfermann* S. 305.

267 § 55 Abs. 3 S. 1 InsO angefügt durch das Insolvenzrechtsänderungsgesetz vom 26. 10. 2001, BGBl. I S. 2710.

268 Ausschußbericht zu § 29 RegE [§ 21 InsO], in: *Balz/Landfermann* S. 228, Fn. 3.

III. Einstweilige Einstellung der Zwangsvollstreckung in Immobilien nach dem Gesetz über die Zwangsversteigerung und die Zwangsverwaltung

Neben Zwangsvollstreckungen in bewegliche Gegenstände, wie zum Beispiel Maschinen oder Büroeinrichtungen, kann auch die Zwangsvollstreckung in Immobilien die Vermögenslage des Schuldners nachteilig verändern. Hierbei kann es sich um das für eine mögliche Fortführung benötigte Betriebsgrundstück handeln, aber auch um wichtige Zubehörgegenstände, die zu den unbeweglichen Gegenständen im Sinne des § 30 d ZVG zählen.[269]

Bei der Zwangsvollstreckung in unbewegliche Gegenstände hat der Gläubiger mehrere Möglichkeiten. Ihm stehen die Zwangsversteigerung, die zwangsweise Eintragung einer Sicherungshypothek oder die Zwangsverwaltung zur Verfügung. Nach § 30 d Abs. 4 ZVG kann nur die Zwangsversteigerung im Eröffnungsverfahren verhindert werden. Ob eine Zwangsverwaltung wie im eröffneten Verfahren gemäß § 153 b ZVG analog einstweilig eingestellt werden kann, ist umstritten. Die Eintragung einer Zwangshypothek kann weder im Eröffnungsverfahren noch im eröffneten Verfahren abgewendet werden.

1. Einstweilige Einstellung der Zwangsversteigerung nach § 30 d Abs. 4 ZVG

§ 30 d ZVG regelt die einstweilige Einstellung der Zwangsversteigerung sowohl im Eröffnungsverfahren als auch im eröffneten Verfahren. Über die Einstellung entscheidet dabei nicht das Insolvenzgericht, sondern das Vollstreckungsgericht. Diese Zuständigkeit des Vollstreckungsgerichts ist auf Anregung des Rechtsausschusses in das Gesetz über die Zwangsversteigerung und die Zwangsverwaltung zurückverlagert worden, um die Insolvenzgerichte zu entlasten[270] und um das Verfahren zu vereinfachen.[271] Nach § 25 Abs. 2 RegE, der § 21 Abs. 2 InsO im wesentlichen entsprach, konnte das Insolvenzgericht gemäß der Nummer 3 des § 25 Abs. 2 RegE auch die Zwangsvollstreckung in unbewegliche Gegenstände untersagen oder einstweilige einstellen.

---

269 Hierdurch soll die Haftungseinheit für die Immobiliarvollstreckung gesichert werden, *Stein/Jonas-Münzberg* § 775 ZPO Rdnr. 41.

270 Ausschußbericht EG zu Art. 20 Nummern 2 bis 3 c [§§ 30 c bis 30 f ZVG], in: *Balz/Landfermann* S. 649; *Jungmann* NZI 1999, 352 bei Fn. 4; *Niester* InVo 1998, 141, 143.

271 *Hess* Art. 20 EGInsO Rdnr. 11.

Der neue § 30 d ZVG enthält im Wesentlichen den Inhalt des § 187 RegE, der die einstweilige Einstellung der Zwangsversteigerung im eröffneten Verfahren regelte, und in Absatz 4 des § 30 d ZVG den Inhalt des § 25 Abs. 2 Nr. 3 RegE. Dabei ist „*die Ausgestaltung der Vorschrift* [des § 30 d ZVG] *an den systematischen Zusammenhang im Gesetz über die Zwangsversteigerung und die Zwangsverwaltung angepaßt*" worden.[272] Was dies im Einzelnen bedeutet, zeigt sich insbesondere daran, daß auch im Eröffnungsverfahren ein Antrag auf Einstellung der Zwangsversteigerung erforderlich ist.

a) Antragsberechtigter: Vorläufiger Insolvenzverwalter mit *und* ohne Verwaltungs- und Verfügungsbefugnis?

Die einstweilige Einstellung der Zwangsversteigerung unbeweglicher Gegenstände kann nur auf Antrag des vorläufigen Insolvenzverwalters angeordnet werden. Es stellt sich dabei die Frage, ob sowohl der vorläufige Insolvenzverwalter mit als auch der ohne Verwaltungs- und Verfügungsbefugnis antragsberechtigt ist. Nach dem Wortlaut des § 30 d Abs. 4 ZVG ist die Verwaltungs- und Verfügungsbefugnis nicht Voraussetzung für die Antragsberechtigung.

In der Literatur ist die Frage umstritten. Zum Großteil wird dem Wortlaut entsprechend angenommen, daß jeder vorläufige Insolvenzverwalter antragsberechtigt ist.[273] *Depré*[274] und *Pohlmann*[275] dagegen machen die Antragsbefugnis hinsichtlich § 30 d Abs. 4 ZVG ausdrücklich am Übergang der Verwaltungs- und Verfügungsbefugnis nach § 22 InsO fest.[276]

aa) Zwingender Zusammenhang von Antragsberechtigung und Verwaltungs- und Verfügungsbefugnis?

Der systematische Zusammenhang des § 30d Abs. 4 ZVG mit den Absätzen 1 bis 3 und die allgemeine Annäherung der Rechtsstellung des vorläufigen Insolvenzverwalters mit Verwaltungs- und Verfügungsbefugnis an die des endgülti-

---

272 Ausschußbericht EG zu Art. 20 Nummern 2 bis 3 c [§§ 30 c bis 30 f ZVG], in: *Balz/Landfermann* S. 649.

273 *Klein* ZInsO 1065, 1067; *Stöber* § 30 d ZVG Rdnr. 6.1.; *Kübler/Prütting-Pape* § 21 InsO Rdnr. 33; *Lwowski/Tetzlaff* WM 1999, 2336, 2339; *Hintzen*, Kölner Schrift, S. 1107 ff., Rdnr. 104.

274 In: Smid § 49 InsO Rdnr. 82.

275 Rdnr. 24 Fn. 18.

276 So anscheinend auch *Vallender* RPfleger 1997, 353, 355, der davon aus geht, daß der vorläufige Insolvenzverwalter wegen seiner Fortführungsverpflichtung nach § 22 Abs. 1 S. 2 Nr. 2 InsO, die nur den „Starken" trifft, einen Antrag nach § 30 d Abs. 4 ZVG auf alle Fälle stellen wird.

gen Verwalters deuten darauf hin, daß nur der starke vorläufige Insolvenzverwalter antragsberechtigt sein soll.

Und auch in anderen Zusammenhängen wird die Antragsberechtigung im Rahmen des Gesetzes über die Zwangsversteigerung und die Zwangsverwaltung von der Verwaltungs- und Verfügungsbefugnis abhängig gemacht. Dies ist beispielsweise der Fall, wenn bei der Eigenverwaltung die Verwaltungs- und Verfügungsbefugnis beim Schuldner verbleibt[277], oder bei dem Antragsrecht des Schuldners auf einstweilige Einstellung nach § 30 a ZVG[278]. Der Übergang der Antragsberechtigung wird insbesondere im Zusammenhang mit der Eröffnung des Insolvenzverfahrens betont.[279] Denn mit Eröffnung wird der Insolvenzverwalter Beteiligter im Sinne des Gesetzes über die Zwangsversteigerung und die Zwangsverwaltung.[280] Gibt der Verwalter ein Grundstück frei oder wird das Verfahren aufgehoben, *„ist der Schuldner selbst wieder verfügungsberechtigt, d.h. wieder Schuldner i. S. des ZVG.“*[281]

Im Rahmen des Gesetzes über die Zwangsversteigerung und die Zwangsverwaltung ist der Schuldner grundsätzlich, wie in den eben angeführten Beispielen, antragsbefugt. Verliert der Schuldner seine Verwaltungs- und Verfügungsbefugnis, so ist derjenige antragsbefugt, auf den die Verwaltungs- und Verfügungsbefugnis übergeht – im Falle der Insolvenz gemäß § 80 InsO der Verwalter. § 30 d ZVG stellt aber einen Sonderfall dar. Denn der Insolvenzverwalter hat kein vom Schuldner abgeleitetes, sondern ein originäres Antragsrecht inne. Im Rahmen einer Eigenverwaltung steht dem Schuldner ein Antragsrecht nicht deshalb zu, weil er verwaltungs- und verfügungsbefugt bleibt, sondern weil er insolvenzrechtlich an die Stelle des Verwalters tritt. Die Antragsberechtigung basiert daher auch bei der Eigenverwaltung auf einem eigenen und nicht einem vom Schuldner abgeleiteten Antragsrecht. Somit ist entscheidendes Kriterium für die Antragsberechtigung nach § 30 d ZVG nicht die Verwaltungs- und Verfügungsbefugnis, sondern Stellung des Insolvenzverwalters.

Es ergibt sich auch keine Kompetenzenkollision zwischen dem vorläufigen Verwalter und dem Schuldner, selbst wenn dem Schuldner, der im Rahmen ei-

---

277 Dann ist der Schuldner nach § 30 d ZVG antragsberechtigt, weil ihm dieselben Aufgaben obliegen wie sonst dem Insolvenzverwalter, *Stöber* NZI 1998, 105, 112.

278 *Smid-Depré* § 49 InsO Rdnr. 82; *Eickmann* § 26 II 3: Verliert der Schuldner seine Verwaltungs- und Verfügungsbefugnis, ist er nicht mehr nach § 30 a ZVG antragsberechtigt.

279 So zu § 30 a ZVG a. F., *AG Hannover*, Beschl. v. 21. 5. 1986 – 731 K 5/86, Rpfleger 1987, 166.

280 *Stöber* § 9 Rdnr. 3.15.

281 *Hennings* Rdnr. 1.56.

nes Zustimmungsvorbehalts verwaltungs- und verfügungsbefugt bleibt, parallel ein Antragsrecht nach § 30 a ZVG zusteht.[282] Dieses Recht muß dem Schuldner aus Schuldnerschutzgründen[283] und der Tatsache, daß Sicherungsmaßnahmen wegen der Ablehnung der Eröffnung aufgehoben werden können, zugesprochen werden. Also behält der Schuldner, selbst wenn er unter Zustimmungsvorbehalt gestellt worden ist, seine Antragsberechtigung für die Anträge, die von seiner Schuldnerstellung abhängig sind. Im übrigen kann die Masse durch den Einstellungsantrag des Schuldners keinen Schaden nehmen. Deshalb ergibt sich bei dieser Konstellation keine für die Masse ungünstige Kompetenzenkollision, die gegen ein Antragsrecht des schwachen Verwalters nach § 30 d Abs. 4 ZVG sprechen könnte.

bb) Keine inhaltliche Änderung

Auch das Folgende spricht gegen eine Koppelung der Antragsberechtigung nach § 30 d Abs. 4 ZVG an den Übergang der Verwaltungs- und Verfügungsbefugnis. Es sollte durch die Verlegung der Einstellungsmöglichkeit von § 21 Abs. 2 Nr. 3 InsO nach § 30 d ZVG keine inhaltliche, sondern nur eine Änderung der Zuständigkeit vorgenommen werden.[284] Eine Anordnung nach § 21 Abs. 2 Nr. 3 InsO wird jedoch in der Praxis regelmäßig mit der Einsetzung eines vorläufigen Insolvenzverwalters ohne Verwaltungs- und Verfügungsbefugnis ausgesprochen. Insbesondere kann das Insolvenzgericht die Stellung des schwachen vorläufigen Insolvenzverwalter gemäß § 22 Abs. 2 InsO weit an die des starken annähern,[285] so daß in Einzelfällen die Notwendigkeit besteht, auch dem vorläufigen Insolvenzverwalter ohne Verwaltungs- und Verfügungsbefugnis die Möglichkeit zur Antragstellung gemäß § 30 d ZVG zu gewähren.[286] Diese Kombination wäre nicht mehr möglich, wenn nur der starke Verwalter antragsberechtigt ist. Für eine solche Beschränkung gibt es keine Anhaltspunkte.

Auch aus der Tatsache, daß nach der Verlagerung der Zuständigkeit ein Antrag erforderlich ist, ist keine Inhaltsänderung zu schließen, die gegen ein Antragsrecht des schwachen vorläufigen Insolvenzverwalters sprechen könnte. Denn eine einstweilige Einstellung auf Antrag entspricht zum einen der Systematik des Gesetzes über die Zwangsversteigerung und die Zwangsverwaltung, in dem es eine einstweilige Einstellung von Amts wegen nicht gibt. Zum anderen hat das Vollstreckungsgericht im Gegensatz zum Insolvenzgericht gar nicht die Möglichkeit, von Amts wegen zu entscheiden, ob eine einstweilige Einstellung

---

282 So auch *Städtler* S. 234.

283 Vgl. zum Sinn und Zweck des § 30 a ZVG, *Stöber* § 30 a ZVG Rdnr. 1.1.

284 Vgl. unten Teil 2 B. III. 2. a) cc) (a).

285 *BGH*, Urt. v. 18. 7. 2002 – IX ZR 195/01, ZInsO 2002, 819, 823.

286 So auch *Klein* ZInsO 2002, 1065, 1067.

erforderlich ist, da dem Vollstreckungsgericht die entsprechenden Informationen fehlen.

Darüber hinaus steht es dem Gesetzgeber zu, die Rechte des vorläufigen Insolvenzverwalters frei zu gestalten. Selbst bei Einzelanordnung des Insolvenzgerichts ist anerkannt, daß dem schwachen vorläufigen Insolvenzverwalter Befugnisse zugesprochen werden können, durch die er die Verfügungsbefugnis – nur auf bestimmte Bereiche beschränkt – erlangt, wie zum Beispiel beim Forderungseinzug.[287] Hieraus ergibt sich, daß es möglich ist, einzelne Bereiche einer Verfügungsbefugnis per Gerichtsbeschluß zu übertragen. Somit ist dies erst recht per gesetzlicher Anordnung möglich.

Demnach ist auch der vorläufige Insolvenzverwalter ohne Verwaltungs- und Verfügungsbefugnis – dem Wortlaut des § 30 d Abs. 4 ZVG entsprechend – berechtigt, die einstweilige Einstellung der Zwangsversteigerung zu beantragen.

b) Einstellungsvoraussetzungen

Der vorläufige Insolvenzverwalter muß gemäß § 30 d Abs. 4 ZVG glaubhaft machen, daß die einstweilige Einstellung erforderlich ist, um eine nachteilige Veränderung in der Vermögenslage des Schuldners zu verhüten. Diese Voraussetzung entspricht wortgleich dem § 21 Abs. 1 InsO. Das Vollstreckungsgericht muß im Gegensatz zum Insolvenzgericht die Erforderlichkeit nur für überwiegend wahrscheinlich halten. Das Insolvenzgericht dagegen muß sich auf Grund seiner Amtsermittlungspflicht die nötigen Informationen für die Anordnung von Sicherungsmaßnahmen nach § 21 InsO selber beschaffen[288] und von der Erforderlichkeit der Maßnahmen überzeugt sein.

Was die Vermögensverschlechterung im Sinne von § 30 d Abs. 4 ZVG im konkreten Fall bedeutet und welche Anforderungen sich daraus für die Glaubhaftmachung des vorläufigen Insolvenzverwalters ergeben, ist im Folgenden zu klären.

aa) Eingrenzung der Einstellungsvoraussetzungen

In der Literatur finden sich hierzu meist nur ungenaue Angaben zu den vom vorläufigen Verwalter glaubhaft zu machenden Voraussetzungen. Diese Aussagen vermitteln vor allem, daß die einstweilige Einstellung nach § 30 d Abs. 4 ZVG vom vorläufigen Insolvenzverwalter leicht zu erlangen ist. So wird der Einstel-

---

[287] *BGH*, Urt. v. 18. 7. 2002 – IX ZR 195/01, ZInsO 2002, 819, 822.

[288] Diese Informationsbeschaffung wird dem Insolvenzgericht unter anderem durch die Auskunftspflicht des Schuldners nach § 20 InsO erleichtert.

lungsgrund – zur Verhinderung einer nachteiligen Vermögensveränderung erforderlich – als *„relativ weit gefaßt“* angesehen, weil in § 30 d Abs. 4 ZVG nicht wie in § 30 d Abs. 1 S. 1 Nr. 2 ZVG nach Betriebsgrundstück oder privatem Vermögen unterschieden wird. Auch würde nicht bestimmt, daß das Grundstück zur Fortführung des Unternehmens oder zur Vorbereitung einer Veräußerung des Betriebes erforderlich sein muß.[289] Weiter wird an anderer Stelle davon ausgegangen, daß die Voraussetzung der Verschlechterung der Vermögenslage *„schnell bejaht“* werden könne, da im Eröffnungsverfahren das Verfahrensziel – Liquidation oder „Gesamtlösung“[290] – noch nicht feststehe.[291] Diese Aussagen sind zu überprüfen.

(1) Systematik des § 30 d Abs. 4 ZVG

Die Aussage, § 30 d Abs. 4 ZVG sei *„relativ weit gefaßt“*, wird auf einen Vergleich mit Nummer 2 des § 30 d Abs. 1 ZVG gestützt. Aus der Systematik des § 30 d Abs. 1 ZVG ergibt sich jedoch, daß es sich sowohl bei Nummer 2 als auch 3 nur um Beispiele für Einstellungsgründe handelt und nicht um zwingend vorzuliegende Voraussetzungen. Denn es heißt in der letzten Nummer als eine Voraussetzung der Einstellung, daß *„**in sonstiger Weise** durch die Versteigerung die angemessene Verwertung der Insolvenzmasse wesentlich erschwert würde.“*[292] Es sind also weitere Antragsbegründungen zulässig, durch die der Insolvenzverwalter darlegen kann, daß die Versteigerung sich nachteilig auf das Vermögen auswirkt. Nichts anderes bedeutet die Erschwerung einer Verwertung des Vermögens im Interesse der Gläubigergesamtheit. Die Begrenzung auf das betriebliche Vermögen liegt somit nur in der Nummer 2, aber nicht in der Nummer 4 vor. Durch Nummer 4 des § 30 d Abs. 1 ZVG ist Absatz 1 somit genauso eng oder weit gefaßt wie der Absatz 4.

Absatz 4 ist in Hinblick auf § 30 d Abs. 1 Nr. 1 ZVG sogar enger. Denn § 30 d Abs. 1 Nr. 1 ZVG läßt bis zum Berichtstermin eine einstweilige Einstellung **ohne** Grund zu. Eine inhaltliche Eingrenzung der sachlichen Voraussetzungen des § 30 d Abs. 4 ZVG läßt sich somit aus dem Vergleich mit § 30 d Abs. 1 ZVG nicht erzielen.

---

289 *Hintzen* Teil C Rdnr. 215; *ders.*, Kölner Schrift, S. 1107 ff., Rdnr. 106; *Städtler*, S. 235.

290 Die Gesamtlösung meint die Veräußerung des gesamten Unternehmens oder von Teilen, die Sanierung oder Betriebsfortführung.

291 *Lwowski/Tetzlaff* WM 1999, 2336, 2339; *Wenzel* NZI 1999, 101, 102.

292 Hervorhebung mittels Fettdruck durch die Verfasserin.

(2) Sinn und Zweck des § 30 d Abs. 4 ZVG im Verhältnis zur vorläufigen Insolvenzverwaltung

Die Eingrenzung des § 30 d Abs. 4 ZVG und damit die Bestimmung, in welchem Rahmen sich die glaubhaft zu machenden Voraussetzungen bewegen, muß vielmehr aus dem Sinn und Zweck der Sicherungsmaßnahmen ermittelt werden. Auch wenn die einstweilige Einstellung der Zwangsversteigerung im Gesetz über die Zwangsversteigerung und die Zwangsverwaltung geregelt ist, ändert dies nichts daran, daß es sich hierbei um eine Sicherungsmaßnahme im Rahmen des Insolvenzverfahrens handelt. Die Verlagerung dieser Einstellungsmöglichkeit in das Gesetz über die Zwangsversteigerung und die Zwangsverwaltung hatte, wie oben gesehen, seinen Grund allein in der Entlastung der Insolvenzgerichte, ohne daß damit eine sachliche Änderung beabsichtigt war.[293] § 30 d Abs. 4 ZVG gleicht dementsprechend – hinsichtlich der Erforderlichkeit – dem Wortlaut der Generalklausel des § 21 Abs. 1 InsO. Somit sind die Kriterien, die sich aus dem Sinn und Zweck des § 21 Abs. 1 InsO ergeben,[294] anzuwenden. Dabei werden die sachlichen Voraussetzungen von der *ratio legis* des § 30 d Abs. 4 ZVG als solches bestimmt und – was eine Besonderheit der einstweiligen Einstellung der Zwangsversteigerung ist – durch den Zweck der vorläufigen Insolvenzverwaltung beeinflußt.[295] Denn eine Anordnung kann auf Grund des Antragserfordernisses nur erfolgen, wenn bereits ein vorläufiger Insolvenzverwalter eingesetzt worden ist, da die einstweilige Einstellung einen Antrag des vorläufigen Verwalters voraussetzt.

Für den Einfluß der vorläufigen Verwaltung auf die Einstellungsvoraussetzungen des § 30 d Abs. 4 ZVG ist von entscheidender Bedeutung, daß jeder vorläufige Insolvenzverwalter nach § 22 Abs. 1 Nr. 1 InsO das Vermögen zu **sichern**[296] und in der Regel auch zu **erhalten** hat, wenn er mit Verwaltungs- und Verfügungsbefugnis versehen worden ist. Hat der vorläufige Verwalter keine Verwaltungs- und Verfügungsbefugnis, wird er in der Regel mit entsprechenden Befugnissen ausgestattet und somit dem starken angenähert.[297] Es kommt damit nicht auf den Wortlaut des Gesetzes über die Zwangsversteigerung und die Zwangsverwaltung an, sondern es ist eine *„eigenständige insolvenzrechtliche*

---

293 *Pape* ZInsO 1999, 398, 399.

294 Vgl. zur Erforderlichkeit, Teil 1 C.

295 So auch *Kübler/Prütting-Kemper* § 165 InsO Rdnr. 34, der davon ausgeht, daß sich der Begriff der nachteiligen Veränderung nach dem Zweck der vorläufigen Insolvenzverwaltung bestimmt.

296 *Pohlmann* Rdnr. 221; *Kirchhof*, Symposium, S. 17.

297 *Kirchhof*, Symposium, S. 17. Die Erhaltung durch den vorläufigen Insolvenzverwalter ohne Verwaltungs- und Verfügungsbefugnis ist jedoch immer dadurch beschränkt, daß er auf die Initiative des Schuldners angewiesen bleibt.

Betrachtungsweise angezeigt, die den Sinn des Einstellungsrechts des vorläufigen Insolvenzverwalters entsprechend berücksichtigt.“[298]

Wie oben schon gesehen, bedeutet Sicherung des Vermögens, daß der Zugriff von Dritten oder dem Schuldner auf Gegenstände der zukünftigen Insolvenzmasse verhindert wird.[299] Wird die Zwangsversteigerung einen Monat vor Antragstellung oder danach von einem ungesicherten Gläubiger betrieben, kann durch die einstweilige Einstellung auf Antrag des vorläufigen Insolvenzverwalters das Ausscheiden des Grundstücks aus dem Vermögen des Schuldners verhindert werden. Denn die Sicherung, die der Gläubiger mit dem Beginn der Zwangsversteigerung erlangt hat, wird mit Eröffnung auf Grund der Rückschlagsperre gemäß § 88 InsO unwirksam, wenn durch die Einstellung eine Befriedigung verhindert wurde. Damit handelt es sich in diesem Fall um eine reine Sicherung.

Erhaltung des Schuldnervermögens bedeutet, daß das Vermögen des Schuldners in einem funktionsfähigen oder zumindest verwertungsfähigen Zustand bleibt.[300] Dies geht über die rein statische Sicherung einzelner Vermögensgegenstände hinaus und erfordert in der Regel aktive Erhaltungshandlungen, wie zum Beispiel die Fortführung eines Unternehmens. Diese Erhaltungsfunktion wird mit der Einstellung angestrebt, wenn die Zwangsversteigerung durch die Einstellung hinausgezögert werden kann.

§ 30 d Abs. 4 ZVG soll parallel zu der Erhaltungs- und Sicherungsfunktion der vorläufigen Verwaltung das vorzeitige Auseinanderreißen des Schuldnervermögens verhindern[301], um letztendlich die bestmögliche Verwertung der Masse zugunsten der Insolvenzgläubiger zu erreichen.[302] Die Ziele der vorläufigen Insolvenzverwaltung und der einstweiligen Einstellung der Zwangsversteigerung gehen damit in dieselbe Richtung, sie stehen sozusagen in einer Wechselbeziehung. Mit § 30 d Abs. 4 ZVG ist dem vorläufigen Insolvenzverwalter – neben den §§ 107 Abs. 2, 112, 166 InsO – eine weitere Norm zur Seite gestellt worden,

---

298 So für die Auslegung der Vorschriften des Gesetzes über die Zwangsversteigerung und die Zwangsverwaltung anhand der Insolvenzordnung bei der Frage, ob im Rahmen des § 30 d Abs. 4 ZVG auch die dinglichen Zinsen berücksichtigt werden und ob Teilbeträge auf die Zinsen zu leisten sind, *Pape* ZInsO 1999, 398, 399.

299 *Kirchhof*, Symposium, S. 9. Näher zum Begriff der Sicherung und Erhaltung siehe oben unter Teil 1 B. II. 3. a). Das ursprüngliche Leitbild der Konkursordnung war die reine Sicherung durch § 106 KO, *Berscheid* ZInsO 1998, 9; Motive bei *Hahn*, S. 299. Dementsprechend wurde zwischen Sicherungs- und Verwaltungssequestration unterschieden.

300 *Kirchhof*, Symposium, S. 9.

301 *Böttcher* § 30 d ZVG Rdnr. 15.

302 Vgl. *Nerlich/Römermann-Becker* § 165 InsO Rdnr. 43.

die das vorzeitige Auseinanderreißen des Schuldnervermögens verhindern soll und somit die Aufgabe des vorläufigen Insolvenzverwalters, das Vermögen zu sichern und zu erhalten, erleichtert.

(3) Ergebnis

Die vom reinen Wortlaut her *„relativ weit gefaßte“* Norm des § 30 d Abs. 4 ZVG erfährt somit ihre Eingrenzung durch den Sicherungszweck des § 21 InsO, insbesondere durch den der vorläufigen Verwaltung. Daraus ergeben sich die im Folgenden dargestellten Voraussetzungen der Glaubhaftmachung.

bb) Die glaubhaft zu machenden Einstellungsvoraussetzungen

Für die Glaubhaftmachung des vorläufigen Insolvenzverwalters und die Entscheidungskriterien des Vollstreckungsgerichts ergibt sich aus Sinn und Zweck der §§ 30 d Abs. 4 ZVG, § 21 Abs. 1 InsO für die jeweiligen Gläubigergruppen und Verfahrenssituationen das Folgende.

Zunächst gibt es eine Möglichkeit der Glaubhaftmachung, die so nur im Eröffnungsverfahren in Hinblick auf die Rückschlagsperre des § 88 InsO möglich ist und keine Entsprechung im eröffneten Verfahren findet, da es durch § 30 d Abs. 1 ZVG nie zur Aufhebung des Zwangsversteigerungsverfahrens kommen kann: Bei der Zwangsversteigerung eines ungesicherten Gläubigers muß der vorläufige Insolvenzverwalter nur die nicht vorhandene Absicherung des Gläubigers und die Aussicht einer nahen Verwertung der Immobilie glaubhaft machen, da die Vermögensverschlechterung in diesem Fall immer vorliegt. Denn wird die Zwangsversteigerung unterbrochen, würde die durch die begonnene Zwangsvollstreckung erlangte Sicherung – sprich die Beschlagnahme des Grundstücks – mit Eröffnung gemäß § 88 InsO erlöschen. Käme es jedoch zur Befriedigung durch die Zwangsversteigerung vor Eröffnung, kommt die Rückschlagsperre des § 88 InsO nicht mehr zur Anwendung. Das Grundstück wäre für die Masse verloren.

Bei der Zwangsversteigerung eines Absonderungsberechtigten muß der vorläufige Insolvenzverwalter glaubhaft machen, daß das betroffene Grundstück mindestens für **eine** im Berichtstermin zu wählende Möglichkeit eine Bedeutung haben kann. Eine Verschlechterung der Vermögenslage ist zum Beispiel zu befürchten, wenn die Immobilie, in die vollstreckt wird, zur Fortführung benötigt wird.[303] Eine einstweilige Einstellung ist daher geboten, wenn ein Geschäftsbe-

---

[303] So für die Zeit nach Eröffnung, *Wenzel* NZI 1999, 101, 102.

trieb vorhanden ist und wenn eine Sanierung beziehungsweise eine Insolvenzplanalternative möglich erscheint.[304]

Eine weitere Möglichkeit, die eine Einstellung der Zwangsversteigerung eines Absonderungsberechtigten begründen würde, ist, daß zu einem späteren Zeitpunkt wahrscheinlich ein besserer Preis erzielt werden kann, weil dann beispielsweise eine Veräußerung im wirtschaftlichen Zusammenhang denkbar wäre. Eine Verwertung *„zur Unzeit"*[305] soll verhindert werden. Diese Begründung kommt allerdings nur in Frage, wenn überhaupt Aussicht besteht, daß der Erlös nicht komplett durch die Sicherungsrechte am Grundstück aufgebraucht wird und noch ein Betrag auf die Masse entfällt. Ein konkreter Anhaltspunkt für eine bessere Verwertung, wie es im eröffneten Verfahren erforderlich ist,[306] muß im Eröffnungsverfahren ebenfalls bestehen. Denn die Anforderungen an die Einstellungsvoraussetzungen sind hoch.[307]

Der vorläufige Insolvenzverwalter muß für die Glaubhaftmachung einen Überblick über das Vermögen des Schuldners geben und darlegen, wie sich die Versteigerung auf das Vermögen auswirken würde.[308] Allein aus der Tatsache, daß durch eine Zwangsversteigerung das Grundstück dem Vermögen des Schuldners endgültig entzogen wird, ergibt sich die Erforderlichkeit jedoch noch nicht. Denn das Grundstück, zum Beispiel Bauland, kann über seinen Wert verschuldet oder in keiner Weise in das Vermögen des Schuldners eingebunden sein. Der vorläufige Insolvenzverwalter muß also die Wirkungen der Versteigerung konkret benennen.[309]

Neben den Anforderungen an die Glaubhaftmachung darf die einstweilige Einstellung nicht durch andere, speziellere Normen erreicht werden können. Die

---

304 *Eickmann* ZfIR 1999, 81, 83.

305 Begr. zu § 126 RegE [§ 112 InsO], in: *Balz/Landfermann* S. 339.

306 *Stöber* § 30 d ZVG Rdnr. 2.3 d). So im Rahmen des § 30 c Abs. 1 S. 1 ZVG a.F., *AG Bremen*, Beschl. v. 14. 2. 1980 – 106 K 114-116/79, ZIP 1980, 389 (Baulanderwartung); *LG Düsseldorf*, Beschl. v. 15. 3. 1956 – 14 T 60 und 78/56, KTS 1956, 62 (Möglichkeit den Gläubiger auszuzahlen o. freihändige Veräußerung); *LG Ulm*, Beschl. v. 21. 4. 1980 – 1 T 2/80, ZIP 1980, 477.

307 Besonderes ausführlich zu den Anforderungen an den Einstellungsantrag nach § 30 c ZVG a.F. *LG Ulm*, Beschl. v. 21. 4. 1980 – 1 T 2/80, ZIP 1980, 477.

308 *Kübler/Prütting-Kemper* § 165 InsO Rdnr. 34.

309 Vgl. *LG Göttingen*, Beschl. v. 21. 12. 2001 – 10 T 69/01, ZInsO 2002, 142 ff., zu § 30 c ZVG a.F., der Vorgängervorschrift des § 30 d ZVG n.F.

einstweilige Einstellung nach § 30 d Abs. 4 ZVG ist zum Beispiel nicht erforderlich, wenn die Voraussetzungen der §§ 75 bis 77 ZVG vorliegen.[310]

cc) Hat die Ernennung eines vorläufigen Insolvenzverwalters mit Verwaltungs- und Verfügungsbefugnis Auswirkungen auf die Anforderungen des § 30 d Abs. 4 ZVG?

§ 30 d Abs. 4 ZVG trennt weder bezüglich der Antragsberechtigung noch bei den glaubhaft zu machenden Einstellungsvoraussetzungen nach der Art des eingesetzten vorläufigen Verwalters. In Hinblick auf § 30 d Abs. 1 Nr. 1 ZVG, der dem Insolvenzverwalter im eröffneten Verfahren eine einstweilige Einstellung ohne Begründung bis zum Berichtstermin ermöglicht, ist jedoch zu überlegen, ob die Anforderungen an den Antrag eines vorläufigen Insolvenzverwalters mit Verwaltungs- und Verfügungsbefugnis geringer sind als die bei einem ohne. Auf Grund der weitreichenden Möglichkeiten des § 21 InsO können nahezu alle Wirkungen der Eröffnung durch eine umfassende Anordnung von Sicherungsmaßnahmen – insbesondere durch die Einsetzung eines starken vorläufigen Verwalters – in das Eröffnungsverfahren vorgezogen werden. Dementsprechend könnte daran gedacht werden, den Rechtsgedanken des § 30 d Abs. 1 Nr. 1 ZVG bei einem starken vorläufigen Verwalter im Rahmen des § 30 d Abs. 4 ZVG entsprechend anzuwenden. Dies hätte zur Folge, daß der vorläufige Verwalter mit Verwaltungs- und Verfügungsbefugnis seinen Antrag auf Einstellung einer Zwangsversteigerung nicht begründen müßte. Auf diesen Zusammenhang spielt die Literaturansicht wahrscheinlich an, die den Antrag für schnell zu bejahen hält, weil die Frage des Verfahrensfortganges meist noch nicht feststünde.

Dem § 30 d Abs. 1 Nr. 1 ZVG liegt folgendes zu Grunde: Erst im Berichtstermin wird erörtert, wie der Fortgang des Insolvenzverfahrens aussehen soll, und es werden die entsprechenden Möglichkeiten untersucht. Bis zum Berichtstermin ist daher auf Antrag einzustellen, *„ohne daß weitere Erfordernisse erfüllt sein müßten.“*[311] Denn *„bis zu diesem Termin sollen alle Möglichkeiten für die weitere Durchführung des Insolvenzverfahrens offengehalten werden (vgl. die Begründung zu § 175 des Entwurfs* [§ 156 InsO] *).“*[312] In diesem Fall ist es ausreichend, wenn der Insolvenzverwalter den Eröffnungsbeschluß mit der Termi-

---

[310] *Kübler/Prütting-Kemper* § 165 InsO Rdnr. 35. § 75 ZVG [Einstweilige Einstellung wegen Zahlung im Termin], § 76 ZVG [Einstweilige Einstellung nach Deckung aus Einzelgebot, § 77 ZVG [Ergebnisloser Termin, Fortsetzung als Zwangsverwaltung].

[311] *Stöber* § 30 d ZVG Rdnr. 2.3 b).

[312] Begr. zu § 187 RegE [§ 30 d ZVG], in: *Balz/Landfermann* S. 647.

nierung des Berichtstermins vorlegt.[313] Erst danach soll es für die einstweilige Einstellung zum Beispiel darauf ankommen, ob das Grundstück für eine Fortführung benötigt wird. Der Zeitraum bis zum Berichtstermin dient *„dem Verwalter zur Feststellung der Rechte aller Beteiligten und zur Prüfung der Frage, welche Art der Durchführung des Insolvenzverfahrens für alle Beteiligten – auch für die absonderungsberechtigten Gläubiger – am günstigsten ist. Hinzu kommt, daß der Zeitraum bis zum Berichtstermin eng begrenzt ist (vgl. § 35 Abs. 1 Nr. 2 des Entwurfs* [§ 29 Abs. 1 Nr. 1 InsO] *) und daß die Durchsetzung von Rechten im Wege der Zwangsvollstreckung stets mit einem gewissen Zeitaufwand verbunden ist.“*[314] Der Zeitraum ist *„eng begrenzt“*, weil nach § 29 Abs. 1 Nr. 1 InsO der Berichtstermin nicht mehr als sechs Wochen nach Eröffnung liegen soll und nicht mehr als drei Monate liegen darf.

Diese Begründung des § 30 d Abs. 1 Nr. 1 ZVG trifft zwar in allen Punkten – begrenzter Zeitraum, in dem sich der Verwalter einen Überblick verschaffen muß, und keine Vorwegnahme der Entscheidung über den Verfahrensfortgang – auch auf den vorläufigen Insolvenzverwalter mit Verwaltungs- und Verfügungsbefugnis zu. Es ist auch nicht ersichtlich, warum der starke vorläufige Verwalter, der einen noch geringeren Überblick über die Verhältnisse hat als der endgültige Verwalter, welcher in der Regel auf die Ergebnisse des Eröffnungsverfahrens zurückgreifen kann, höhere Anforderungen bezüglich der einstweiligen Einstellung der Zwangsversteigerung erfüllen soll. Trotzdem ist eine Vorziehung des § 30 d Abs. 1 Nr. 1 ZVG beim starken vorläufigen Verwalter nicht mit dem Wortlaut des § 30 d Abs. 4 ZVG vereinbar, der die Glaubhaftmachung der Erforderlichkeit der Einstellung verlangt. Die weitreichende Bestimmung des § 30 d Abs. 1 Nr. 1 ZVG kann somit ohne ausdrückliche, gesetzliche Anordnung nicht in das Eröffnungsverfahren übertragen werden. Denn im Gegensatz zum eröffneten Verfahren fehlt im Eröffnungsverfahren die Rechtfertigung des positiv festgestellten Eröffnungsgrundes.

Auf den Fortgang der Verfahrens – Liquidation oder „Gesamtlösung“ – kommt es im Eröffnungsverfahren jedoch zunächst nicht an. Denn sowohl für eine Liquidation als auch für eine Gesamtlösung kann eine kurzfristige Fortführung, für die das Betriebsgrundstück unerläßlich ist, erforderlich und somit günstig sein, wenn zum Beispiel noch Rohstoffe wertsteigernd zu Endprodukten verarbeitet werden sollen. Diese kurzfristige Fortführung bis zur Eröffnung beziehungsweise bis zum Berichtstermin ist vom Gesetzgeber grundsätzlich gewollt. Denn im Eröffnungsverfahren soll die Entscheidung, Liquidation oder Gesamtlösung,

---

[313] Böttcher § 30 d ZVG Rdnr. 5; *Hintzen* Rpfleger 1999, 256, 259; *ders.*, Kölner Schrift, S. 1107 ff., Rdnr. 81; *Kübler/Prütting-Kemper* § 165 InsO Rdnr. 26. Kritisch zu § 30 d Abs. 1 Nr. 1 ZVG, *Schmidt* InVo 1999, 73, 75.

[314] Begr. zu § 187 RegE [§ 30 d ZVG], in: *Balz/Landfermann* S. 647 f.

nicht vorweggenommen werden. Es kommt vielmehr darauf an, ob das betroffene Grundstück für diese – wenn auch nur kurzfristige – Fortführung benötigt wird, und nicht darauf, ob das Grundstück auch nach der Entscheidung über den Verfahrensfortgang im Rahmen einer Gesamtlösung gebraucht wird.

Daß es auf die Frage Liquidation oder Gesamtlösung nicht ankommen kann, zeigt sich auch daran, daß in manchen Fällen ein Grundstück für keine Möglichkeit von Nutzen sein kann. Denn wie sich an dem Bauland-Beispiel[315] zeigt, ist es möglich, daß das Grundstück weder zu einer Fortführung benötigt wird noch ein besserer Erlös durch den Verwalter zu erwarten ist oder das Grundstück dermaßen belastet ist, daß auf keinen Fall ein Erlösanteil auf die Masse entfallen würde.

Damit zeigt sich der Unterschied zwischen § 30 d Abs. 1 und Abs. 4 ZVG. Absatz 1 stellt in seinen Nummern 2 bis 4 darauf ab, daß der Verwalter – im Gegensatz zum vorläufigen Insolvenzverwalter – das Grundstück mit einem konkreten Verfahrensziel in Verbindung bringen muß. Der vorläufige Verwalter muß nur glaubhaft machen, das heißt, die überwiegende Wahrscheinlichkeit darlegen,[316] daß die Immobilie zumindest kurzfristig unabhängig von einem konkreten Verfahrensfortgang benötigt wird. Damit ist § 30 d Abs. 4 ZVG auf der einen Seite enger als der Absatz 1, da der vorläufige Verwalter nicht ohne Begründung auskommt. Dies ist in Hinblick auf den noch nicht festgestellten Insolvenzgrund angemessen. Auf der anderen Seite können an die Begründung eben wegen des geringen Überblicks des vorläufigen Insolvenzverwalters keine zu hohen Anforderungen gestellt werden. Dies gilt insbesondere für den vorläufigen Verwalter mit Verwaltungs- und Verfügungsbefugnis und in größeren Verfahren mit Zustimmungsvorbehalt. Hält das Insolvenzgericht entsprechend weitgehende Anordnungen nicht für erforderlich, so wird der schwache vorläufige Verwalter dem Vollstreckungsgericht ausführlicher begründen müssen, wieso er eine Einstellung der Zwangsversteigerung für erforderlich hält. Die Übergänge sind bei diesen Anforderungen, abhängig vom konkreten Verfahren, fließend.

dd) Zusammenfassung

Es ist abschließend festzustellen, daß der vorläufige Insolvenzverwalter die Vermögensgefährdung konkret darlegen muß. Dabei reicht es allerdings aus, daß der Verwalter die Möglichkeit einer Gefährdung für einen bestimmten und

---

315 Siehe oben vor Fn. 288.

316 *OLG Köln*, Beschl. v. 29. 2. 1988 – 2 W 9/88, ZIP 1988, 664; *Baumbach/Lauterbach/Hartmann* § 294 Rdnr. 1 A.; *Jauernig* § 49 II. 2: Es reicht „*die gute Möglichkeit, daß die Behauptung wahr oder unwahr ist.*" A. A. *Scherer* S. 85 ff.

im Moment des Antrages auch möglich erscheinenden Verfahrensfortgang darlegen kann.

Die Tatsache, daß das Insolvenzgericht einen vorläufigen Insolvenzverwalter mit Verwaltungs- und Verfügungsbefugnis eingesetzt hat, erleichtert diese Anforderungen. Der Umfang der vom Insolvenzgericht angeordneten Sicherungsmaßnahmen kann dem Vollstreckungsgericht als Hinweis dienen, daß das Insolvenzgericht die Notwendigkeit eines starken vorläufigen Insolvenzverwalters gesehen hat, was auf die Möglichkeit einer umfangreichen Fortführung hindeutet. Dies hat für den Antrag des vorläufigen Insolvenzverwalters damit zur Folge, daß er weniger den konkreten Verfahrensfortgang darlegen muß, sondern mehr die genaue Bedeutung des betreffenden Grundstücks für das Verfahren.

Ähnliches gilt für einen vorläufigen Insolvenzverwalter ohne Verwaltungs- und Verfügungsbefugnis, der aber mit entsprechenden Zusatzbefugnissen, die ihn an den starken annähern, ausgestattet ist. Handelt es sich um einen vorläufigen Insolvenzverwalter ohne entsprechende Befugnisse – und somit um einen reinen Berater des Schuldners –, so muß dieser entweder eine erforderliche reine Sicherung des Vermögens glaubhaft machen oder den Nutzen des Grundstücks für das Vermögen unter der Verwaltung des Schuldners ausführlicher begründen, als wenn er ein Verwalter mit Verwaltungs- und Verfügungsbefugnis ist und in seiner Stellung der gesetzliche Fortführungsauftrag enthalten ist. Eine routinemäßige Bescheidung des Antrages ohne Prüfung der Erforderlichkeit ist unzulässig.

c) Wirtschaftliche Zumutbarkeit gemäß § 30 d Abs. 1 S. 2 ZVG analog?

Die einstweilige Einstellung der Zwangsversteigerung kann für den betroffenen Gläubiger mit enormen wirtschaftlichen Einbußen verbunden sein. Im Rahmen des § 30 d Abs. 4 ZVG gibt es keine dem § 30 d Abs. 1 S. 2 ZVG entsprechende Regelung, nach der die einstweilige Einstellung der Zwangsversteigerung für den betroffenen Gläubiger wirtschaftlich zumutbar sein muß. Es stellt sich also die Frage, ob und – wenn ja – in welchem Rahmen die Belange des vollstreckenden Gläubigers bei der einstweiligen Einstellung der Zwangsversteigerung im Eröffnungsverfahren berücksichtigt werden müssen.

Nach überwiegender Meinung in der Literatur soll § 30 d Abs. 1 S. 2 ZVG analog – als „*Ausdruck eines allgemeinen vollstreckungsrechtlichen Prinzips*“[317] –

---

[317] *Wenzel* NZI 1999, 101, 102. Auch im Rahmen der Zivilprozeßordnung können Maßnahmen der Zwangsvollstreckung nur eingestellt werden „*unter voller Würdigung des Schutzbedürfnisses des* [vollstreckenden] *Gläubigers*“, § 765 a Abs. 1 S. 1 ZPO.

beim Antrag des vorläufigen Insolvenzverwalters angewandt werden.[318] Für das eröffnete Verfahren bedeutet § 30 d Abs. 1 S. 2 ZVG, daß die Interessen des vollstreckenden Gläubigers gegen die der Insolvenzgläubiger – nicht gegen die des Schuldners – abzuwägen sind.[319] Die einstweilige Einstellung ist zum Beispiel selbst für eine Großbank als betreibende Gläubigerin unzumutbar, wenn bereits bei sofortiger Versteigerung unsicher ist, ob die bestehende Forderung der Gläubigerin ganz erfüllt werden kann, und die Forderung sich jährlich um rund 500 000 DM wegen auflaufender Zinsen erhöhen würde – insbesondere wenn die Dauer der einstweiligen Einstellung ungewiß ist.[320] Unzumutbar ist eine einstweilige Einstellung auch, wenn der betroffene Gläubiger vollstrecken muß, um seine eigenen Verbindlichkeiten einem größeren, schutzbedürftigen Gläubigerkreis gegenüber zu erfüllen[321] oder wenn sich der Gläubiger selbst in einer ernsten Krise befindet.[322] Es wird jedoch davon ausgegangen, daß regelmäßig die Interessen der Insolvenzgläubiger das größere Gewicht gegenüber dem vollstreckenden Gläubiger haben werden.[323]

Für die Frage, ob § 30 d Abs. 1 S. 2 ZVG analog im Eröffnungsverfahren anzuwenden ist, sind nicht die Regeln und Prinzipien des allgemeinen Vollstreckungsrechts entscheidend, sondern die der Insolvenzordnung. Wie oben gesehen,[324] ist eine analoge Anwendung des § 30 d Abs. 1 S. 2 ZVG bei der Zwangsversteigerung von Absonderungsberechtigten zwingend, weil ansonsten die Zwangsversteigerung von Absonderungsberechtigten im Eröffnungsverfahren stärker beschränkt werden könnte als im eröffneten. Bei der Abwägung im Rahmen des § 30 d Abs. 1 S. 2 ZVG kann das Vollstreckungsgericht auf die zu § 30 c Abs. 1 S. 2 ZVG a. F. entwickelten Grundsätze zurückgreifen. Durch die Versteigerung muß die Verwertung wesentlich erschwert werden und die einst-

---

318 So *Stöber* NZI 1998, 105, 108; *ders.*, § 30 d ZVG Rdnr. 6.2.; *Lwowski/Tetzlaff* WM 1999, 2336, 2339; *Böttcher* § 30 d ZVG Rdnr. 15; *Hintzen*, Kölner Schrift, S. 1107 ff., Rdnr. 107; *Wenzel* NZI 1999, 101, 102, der jedoch im Zweifel den Insolvenzgläubigern den Vorrang einräumen will; a. A. *Hinzten* ZInsO 1998, 318, 320.

319 *Vallender* ZIP 1997, 1993, 2001; *Stöber* § 30 d ZVG Rdnr. 3 mwN. So bereits zu § 30 c ZVG a.F., *OLG Braunschweig*, Beschl. v. 5. 9. 1967 – 2 W 30/67, NJW 1968, 164.

320 *AG Bremen*, Beschl. v. 14. 2. 1980 – 106 K 114-116/79, ZIP 1980, 389 (§ 30 c ZVG a.F.); *Wenzel* NZI 1999, 101, 102. Der Verwalter wollte im betreffenden Fall abwarten, ob das Grundstück Bauland werden würde. *Hintzen*, Kölner Schrift, S. 1107 ff., Rdnr. 85, hält die Unzumutbarkeit dagegen bei Banken und Versicherungen auf Grund ihrer wirtschaftlichen Verhältnisse selten für gegeben.

321 *Stöber* § 30 d ZVG Rdnr. 3.

322 *LG Göttingen*, Beschl. v. 21. 12. 2001 – 10 T 69/01, ZInsO 2002, 142, 144.

323 *Hintzen*, Kölner Schrift, S. 1107 ff., Rdnr. 85; *Kübler/Prütting-Kemper* § 165 InsO Rdnr. 31. So auch das *LG Göttingen*, Beschl. v. 21. 12. 2001 – 10 T 69/01, ZInsO 2002, 142 ff. sowie dessen Vorinstanz; a. A. anscheinend *Eickmann* ZfIR 1999, 81, 82.

324 Teil 1 C. I. 3. b) bb).

weilige Einstellung muß dem betreibenden Gläubiger unter Berücksichtigung seiner wirtschaftlichen Verhältnisse zumutbar sein.[325] Eine Berücksichtigung der wirtschaftlichen Belange von Insolvenzgläubigern analog § 30 d Abs. 1 S. 2 ZVG kommt dagegen nicht in Frage. Denn eine solche gibt es für die Insolvenzgläubiger, deren Zwangsversteigerung im eröffneten Verfahren unter § 89 InsO fällt, nicht.

d) Wirkung

Wie auch bei der Zwangsvollstreckung in bewegliche Gegenstände kann die einstweilige Einstellung der Zwangsversteigerung nur die Verwertung des Gegenstandes verhindern, die Wirkung der Beschlagnahme bleibt bestehen.[326] Der Grundbuchvermerk wird nicht gelöscht. Der vollstreckende Gläubiger bleibt Beteiligter des Vollstreckungsverfahrens. Er ist aber nicht mehr der Betreibende, weil sein Recht auf Verfahrensfortgang sowie einzelne Folgen des Betreibens durch die Einstellung weggefallen sind.[327] Eine Untersagung der Zwangsversteigerung kommt nicht in Frage.[328]

e) Betroffene Gläubiger

Es können sowohl von Absonderungsberechtigten als auch von Insolvenzgläubigern betriebene Zwangsversteigerungen eingestellt werden.[329] Hierdurch sollen das Vollstreckungsverbot nach § 89 InsO und die Rückschlagsperre bereits im Eröffnungsverfahren Bedeutung erlangen.[330] Genau betrachtet werden jedoch durch § 30 d Abs. 4 ZVG nur die Wirkungen in bezug auf Zwangsvollstreckung in Immobilien ins Eröffnungsverfahren vorgezogen, die Wirkung hinsichtlich der betroffenen Gläubiger im Vergleich zu § 89 InsO dagegen sogar erweitert, weil auch die Zwangsversteigerung von Absonderungsberechtigten von § 30 d Abs. 4 ZVG erfaßt wird. Die Wirkung des § 88 InsO wird dagegen nicht ins Eröffnungsverfahren vorgezogen, sondern nur unterstützt. Denn durch § 30 d Abs. 4 ZVG wird verhindert, daß der vollstreckende Gläubiger Befriedigung erlangt, was die Anwendung der Rückschlagsperre ausschließt.[331]

---

[325] Vgl. hierzu unter anderem *LG Göttingen*, Beschl. v. 21. 12. 2001 – 10 T 69/01, ZInsO 2002, 142 ff., insb. 144.

[326] Siehe hierzu oben Teil 2 B. II. 1.

[327] *Eickmann* § 6 VII. 1; § 2 I. 3. a); § 2 II. 1. a).

[328] Vgl. unten Teil 2 B. III. 2. a) cc) (a).

[329] *Böttcher* § 30 d Rdnr. 15; *Stöber* § 30 d ZVG Rdnr. 6.3.

[330] *Stöber* § 30 d ZVG Rdnr. 6.3.

[331] Vgl. *Heidelberger Kommentar-Eickmann* § 88 InsO Rdnr. 10.

f) Zinsen und Ausgleich eines etwaigen Wertverlustes

Spätestens drei Monate nach der einstweiligen Einstellung der Zwangsversteigerung müssen die gemäß § 30 e Abs. 1 S. 2 ZVG geschuldeten Zinsen aus der Masse gezahlt werden. Die Verpflichtung zur Zinszahlung an den Gläubiger, dessen Zwangsversteigerung einstweilig eingestellt wurde, ist eine Auflage, die laut § 30 e Abs. 1 ZVG mit der Anordnung der einstweiligen Einstellung verbunden werden muß. Die Forderung als solche muß jedoch nicht getilgt werden.[332]

Weiter steht dem an der Vollstreckung gehinderten Gläubiger auf Antrag nach § 30 e Abs. 2 ZVG der Ausgleich eines etwaigen Wertverlustes, der durch eine tatsächliche Nutzung des betroffenen Grundstückes entstanden sein muß,[333] ab Einstellung zu. Allerdings erhält nur ein tatsächlich wirtschaftlich gesicherter Gläubiger, das heißt, dessen Grundpfandrecht im Rahmen des derzeitigen Verkehrswertes des Grundstückes liegt, Zinsen und Wertausgleich, § 30 e Abs. 3 ZVG.[334] Auch § 30 e Abs. 2 ZVG gilt bereits im Eröffnungsverfahren, § 30 e Abs. 1 S. 2 ZVG. Diese Schutzvorschriften entsprechen den §§ 169 S. 2, 172 InsO, die bei der Beschränkung der Zwangsvollstreckung in bewegliches Vermögen gelten.

g) Einstellungsaufhebung

Die einstweilige Einstellung der Zwangsvollstreckung ist gemäß § 30 f Abs. 2 S. 2, Abs. 1 S. 1 ZVG auf Antrag des vollstreckenden Gläubigers oder nach § 30 f Abs. 1 S. 1 ZVG aufzuheben, wenn die Eröffnung abgewiesen oder der Eröffnungsantrag zurückgenommen wird. Der Insolvenzverwalter kann der Aufhebung auch zustimmen.[335] Auf Grund der Kosten für die Masse, die durch die einstweilige Einstellung der Zwangsversteigerung entstehen, müßte ein entsprechender Antrag auch dem vorläufigen Verwalter zustehen.

Eine Aufhebung von Amts wegen durch das Vollstreckungsgericht, wenn die Maßnahme nicht mehr erforderlich, das heißt, nicht mehr nützlich ist, gibt es im Rahmen des § 30 d ZVG nicht. Dem Insolvenzgericht ist dies bei Anordnungen von Sicherungsmaßnahmen nach § 21 InsO gemäß § 25 InsO möglich.[336]

---

[332] *Vallender* Rpfleger 1997, 353, 355.

[333] *Stöber* § 30 e ZVG Rdnr. 3.1.

[334] *Hennings* Rdnr. 2.120.

[335] *Hennings* Rdnr. 2.121.

[336] Ausschußbericht zu § 29 RegE [§ 25 InsO], in: *Balz/Landfermann* S. 236.

h) Zusammenfassung

Der vorläufige Insolvenzverwalter mit oder ohne Verwaltungs- und Verfügungsbefugnis kann die einstweilige Einstellung der Zwangsversteigerung nach § 30 d Abs. 4 ZVG beantragen. Dies bedeutet zugleich, daß die einstweilige Einstellung einer Zwangsvollstreckung in eine Immobilie die Einsetzung eines vorläufigen Insolvenzverwalters erfordert und nicht wie die einstweilige Einstellung von Zwangsvollstreckungen in bewegliche Gegenstände nach § 21 Abs. 2 Nr. 3 InsO isoliert erfolgen kann.

Die Einstellungsvoraussetzungen sind aus dem Sicherungszweck des § 21 InsO abzuleiten. Eine analoge Anwendung des § 30 d Abs. 1 ZVG ist daher grundsätzlich nicht geboten. Die vom Insolvenzgericht bereits angeordneten Sicherungsmaßnahmen dienen als Hinweis für das Vollstreckungsgericht.

2. Einstellung der Zwangsverwaltung nach § 153 b ZVG

a) Streitstand und Lösungsmöglichkeiten

Trifft die Zwangsverwaltung mit einem Insolvenzverfahren zusammen, ergeben sich zahlreiche Kollisionslagen, durch die der Insolvenzverwalter in seiner Arbeit behindert wird. Im eröffneten Verfahren hat der Insolvenzverwalter deshalb die Möglichkeit, gemäß § 153 b ZVG beim Vollstreckungsgericht einen Antrag auf einstweilige Einstellung der Zwangsverwaltung zu stellen. Die Frage ist, ob auch im Eröffnungsverfahren auf Antrag des vorläufigen Insolvenzverwalters die Zwangsverwaltung einstweilig eingestellt werden kann.

Für das Eröffnungsverfahren wird großteils in der Literatur nur festgestellt, daß eine dem § 153 b ZVG entsprechende Regelung fehlt und dem vorläufigen Insolvenzverwalter kein entsprechendes Recht zusteht.[337] Teilweise wird eine analoge Anwendung des § 30 d Abs. 4 ZVG ausdrücklich abgelehnt[338] beziehungsweise die Möglichkeit zur einstweiligen Einstellung der Zwangsverwaltung im Eröffnungsverfahren mangels ausdrücklicher Regelung verneint.[339] *Gerhardt*,

---

337 *Kübler/Prütting-Kemper* § 165 InsO Rdnr. 56; *Heidelberger Kommentar-Landfermann* § 165 InsO Rdnr. 8; *Stöber* § 153 b ZVG Rdnr. 3.1; *Haarmeyer/Wutzke/Förster/Hintzen* § 153 b ZVG Rdnr. 3; *Hess/Weis/Wienberg-Weis* Art. 20 EGInsO Rdnr. 28 ff.; *Städtler*, S. 235 f.

338 Ausführlich *Stengel* ZfIR 2001, 347, 352 ff.

339 *Steder* ZIP 2002, 65, 68; *Hintzen*, Kölner Schrift, S. 1107 ff., Rdnr. 118; *Smid-Depré* § 49 InsO Rdnr. 71; *Vallender* EWiR 1998, 649, 650; *LG Cottbus*, Beschl. v. 28. 1. 2000 – 7 T 549/99, ZInsO 2000, 107, 108.

Jungmann und *Klein*[340] wollen dagegen auch dem vorläufigen Insolvenzverwalter die Möglichkeit eröffnen, die Zwangsverwaltung einstellen zu lassen. Als Lösungsweg wird vorgeschlagen, den § 30 d Abs. 4 ZVG entsprechend über die allgemeine Verweisungsnorm des § 146 Abs. 1 ZVG anzuwenden.[341]

Neben der von *Gerhardt* und *Jungmann* vertretenen Konstruktion, § 30 d Abs. 4 ZVG auf Grund der Verweisungsnorm des § 146 Abs. 1 ZVG auf die Zwangsverwaltung anzuwenden, sind folgende weitere Möglichkeiten zu prüfen. § 30 d Abs. 4 ZVG könnte auf Grund analoger Anwendung auf die einstweilige Einstellung der Zwangsverwaltung[342] oder § 153 b ZVG analog direkt auf das Eröffnungsverfahren angewendet werden.[343] Eine Anwendung des § 30 d Abs. 4 ZVG auf die Zwangsverwaltung müßte sich dabei aus der Systematik des Zwangsversteigerungsgesetzes ergeben. Eine analoge Anwendung des § 153 b ZVG müßte aus der Insolvenzordnung hergeleitet werden.

aa) Entsprechende Anwendung des § 30 d Abs. 4 ZVG auf Grund der Verweisungsnorm des § 146 Abs. 1 ZVG auf die Zwangsverwaltung?

§ 146 Abs. 1 ZVG steht im Titel *„Zwangsverwaltung“*. Die Norm verweist auf die Regeln der Zwangsversteigerung, soweit sich aus den §§ 147 ff. ZVG nichts Abweichendes ergibt. Zunächst ist zu prüfen, ob sich aus der Systematik des Gesetzes über die Zwangsversteigerung und die Zwangsverwaltung ergibt, daß der § 146 Abs. 1 ZVG auch auf die Regeln der einstweiligen Einstellung der Zwangsversteigerung verweist. Kann man dies bejahen, handelt es sich um eine entsprechende Anwendung im Sinne einer Verweisung, *„die ein gesetzestechnisches Mittel* [ist], *um umständliche Wiederholungen zu vermeiden“*,[344] und nicht um eine Analogie als Ausfüllung einer planwidrigen Lücke.

§ 146 Abs. 1 ZVG bezieht sich nach seinem Wortlaut nur auf die Regelungen hinsichtlich der *„Anordnung“* von Zwangsverwaltungen und Zwangsversteigerungen. Dementsprechend enthalten die §§ 147 bis 151 ZVG, aus denen sich laut § 146 Abs. 1 ZVG für die Anwendbarkeit der Zwangsversteigerungsnormen nichts anderes ergeben darf, auch nur Regelungen hinsichtlich der Anordnung von Zwangsverwaltungen. In allen anderen Bereichen – wie zum Beispiel für die Aufhebung der Zwangsverwaltung – gibt es in den §§ 152 bis 161 ZVG jeweils eigene Verweisungsvorschriften auf die Regeln der Zwangsversteige-

340 ZInsO 2002, 1065, 1069.
341 So *Gerhardt*, Grundpfandrechte, Rdnr. 254 und *Jungmann* NZI 1999, 352, 354.
342 So anscheinend, *Klein* ZInsO 2002, 1065, 1069.
343 So die Verfasserin, siehe unten Teil 2 B. III. 2. a) cc).
344 *Larenz/Canaris* S. 82.

rung.[345] Somit kommen über § 146 ZVG nur Vorschriften, die sich auf die Anordnung der Zwangsversteigerung beziehen, entsprechend zur Anwendung. Auch für die §§ 30 a ff. ZVG a. F. war unstreitig, daß sie auf Grund ihres Inhalts nicht auf die Zwangsverwaltung anzuwenden waren.[346]

Daher ist § 30 d Abs. 4 ZVG nicht über § 146 ZVG entsprechend auf die Zwangsverwaltung anzuwenden.

bb) Analoge Anwendung des § 30 d Abs. 4 ZVG auf die Zwangsverwaltung?

Die einstweilige Einstellung der Zwangsverwaltung hat mit den §§ 153 b ff. ZVG eine eigenständige Regelung erhalten, bei der eine Verweisungsvorschrift auf die Normen der Zwangsversteigerung fehlt. Um § 30 d Abs. 4 ZVG trotzdem analog auf die Zwangsverwaltung anwenden zu können, müßte es sich hierbei um eine planwidrige Lücke handeln, und die einstweilige Einstellung der Zwangsversteigerung und der Zwangsverwaltung müßten vergleichbare Sachverhalte sein.

Eine planwidrige Lücke scheint aus der oben erarbeiteten Systematik des Gesetzes über die Zwangsversteigerung und die Zwangsverwaltung zunächst unwahrscheinlich. Zwar sind die Regelungen der §§ 30 d Abs. 4, 153 b ZVG erst mit Einführung der Insolvenzordnung in das Gesetz über die Zwangsversteigerung und die Zwangsverwaltung aufgenommen worden. Aber auf Grund der unterschiedlichen Charaktere von Zwangsversteigerung und Zwangsverwaltung liegen auf alle Fälle keine – für die Analogie erforderlichen – vergleichbaren Sachverhalte vor. Denn es gilt auch im Gesetz über die Zwangsversteigerung und die Zwangsverwaltung, daß unterschiedliche Sachverhalte unterschiedliche Behandlungen erfordern.[347]

Der gravierendste Unterschied zwischen Zwangsversteigerung und Zwangsverwaltung ist, daß der Schuldner bei der Zwangsversteigerung das Eigentum an seinem Grundstück verliert, bei der Verwaltung „nur" das Nutzungsrecht. Für die einstweilige Einstellung der Zwangsverwaltung ergeben sich aus den Unterschieden zur Zwangsversteigerung insgesamt höhere Anforderungen.[348] Die einstweilige Einstellung der Zwangsverwaltung ist nur in besonderen Ausnahmefällen zulässig.[349] Im übrigen liegt ein weiterer gravierender Unterschied in

---

345 Vgl. *Stöber* § 146 ZVG Rdnr. 4.3.

346 *Eickmann* § 6 VIII. 1.

347 *Stöber* § 146 ZVG Rdnr. 4.2.

348 *Stöber* § 153 b ZVG Rdnr. 2.3.

349 *Stöber* § 153 b ZVG Rdnr. 2.1.

dem zu leistenden Nachteilsausgleich.[350] Nach den §§ 30 d ff. ZVG muß der Ausgleich erst nach drei Monaten erfolgen, nach den §§ 153 b ff. ZVG sofort mit Einstellung beginnen. Außerhalb eines Insolvenzverfahrens hat der Schuldner im Gegensatz zur Zwangsversteigerung zum Beispiel nicht die Möglichkeit, die Zwangsverwaltung nach Vorschriften des Gesetzes über die Zwangsversteigerung und die Zwangsverwaltung einstellen zu lassen.[351] Auch dies zeigt, daß an die einstweilige Einstellung der Zwangsverwaltung andere Anforderungen zu stellen sind.

Eine analoge Anwendung des § 30 d Abs. 4 ZVG würde dem Unterschied zwischen Zwangsversteigerung und Zwangsverwaltung nicht gerecht und ist daher abzulehnen.

cc) Analoge Anwendung des § 153 b ZVG im Eröffnungsverfahren?

(1) Planwidrige Lücke

Für eine analoge Anwendung des § 153 b ZVG müßte eine planwidrige Lücke vorliegen. Ob eine solche Lücke vorliegt, ist an der Regelungsabsicht des Gesetzgebers zu überprüfen.[352] Hierbei ist auf den Zweck und den Grundgedanken der analog anzuwendenden Regel zurückzugehen.[353] Es ist dabei zu beachten, daß nicht schon dann eine Lücke vorliegt, wenn eine Regelung aus politischen Gründen wünschenswert wäre.[354] Auch darf der Gesetzgeber die Lücke nicht mit Absicht gelassen haben.[355] Nach seiner Grundabsicht müßte der Gesetzgeber die erforderliche Regelung übersehen haben oder irrtümlich davon ausgegangen sein, die Regelung sei bereits getroffen.[356]

Mit den §§ 187 ff. RegE waren Regelungen über die einstweilige Einstellung von Zwangsvollstreckungen in unbewegliche Gegenstände zunächst in der Insolvenzordnung vorgesehen, wurden dann aber vom Rechtsausschuß in das Gesetz über die Zwangsversteigerung und die Zwangsverwaltung verlagert. Um die Regelungsabsicht des Gesetzgebers zu erkennen, muß zunächst geprüft werden, ob mit der Verlagerung eine inhaltliche Änderung beabsichtigt war und – falls nein – welcher Inhalt dem § 25 RegE, der § 21 InsO weitestgehend entsprach, zugesprochen wurde.

---

[350] *Stengel* ZfIR 2001, 347, 353.
[351] *Hintzen* Teil E, Rdnr. 65.
[352] *Larenz/Canaris* S. 194.
[353] *Larenz/Canaris* S. 203.
[354] *Larenz/Canaris* S. 195.
[355] Fall des sog. *„Schweigen des Gesetzes“*, *Larenz/Canaris* S. 191.
[356] *Larenz/Canaris* S. 200.

(a) Inhaltliche Änderung durch die Verlagerung der Zuständigkeit für die einstweilige Einstellung von Immobiliarzwangsvollstreckungen in das Gesetz über die Zwangsversteigerung und die Zwangsverwaltung?

Noch der Regierungsentwurf enthielt mit § 25 Abs. 2 Nr. 3 RegE die Möglichkeit, daß das Insolvenzgericht Zwangsvollstreckungsmaßnahmen untersagen oder einstweilig einstellen lassen konnte. Dabei war diese Möglichkeit nicht auf bewegliche Gegenstände beschränkt. Auf Anraten des Rechtsausschusses wurde die einstweilige Einstellung von Zwangsvollstreckungen in unbewegliches Vermögen in die Zuständigkeit des Vollstreckungsgerichts verlagert. Durch diese Zurückverlagerung sollte das Insolvenzgericht entlastet werden und das Gericht mit der größeren Sachnähe entscheiden.[357] Daher wurde Absatz 4 dem § 30 d ZVG angegliedert. Aus der Begründung des Rechtsausschusses läßt sich schließen, daß der Gesetzgeber mit der Verlagerung in das Gesetz über die Zwangsversteigerung und die Zwangsverwaltung keine inhaltliche Änderung zu § 25 Abs. 2 Nr. 3 RegE, dem § 21 InsO weitestgehend entsprach, beabsichtigt hat.

Hiergegen spricht auch nicht, daß im Unterschied zum § 21 Abs. 2 Nr. 3 InsO aktuelle Fassung nur eine einstweilige Einstellung, aber keine generelle Untersagung von Zwangsversteigerungen möglich ist und die einstweilige Einstellung nur auf Antrag des vorläufigen Insolvenzverwalters erfolgen kann. Diese Abweichungen ergeben sich aus der Systematik des Gesetzes über die Zwangsversteigerung und die Zwangsverwaltung. Das Vollstreckungsgericht kann die Zwangsverwaltung nur von Amts wegen einstellen, wenn aus dem Grundbuch ein entgegenstehendes Recht ersichtlich ist,[358] ansonsten ist immer ein Antrag erforderlich. Da das Vollstreckungsgericht nicht mit der jeweiligen Insolvenz befaßt ist, würden ihm ohne diesen Antrag auch die nötigen Informationen fehlen, um zu beurteilen, ob die einstweilige Einstellung der Zwangsverwaltung erforderlich ist. Somit entspricht das Antragserfordernis den tatsächlichen Erfordernissen und der Systematik des Gesetzes über die Zwangsversteigerung und die Zwangsverwaltung.

Die generelle Untersagung, die in § 21 Abs. 2 Nr. 3 InsO vorgesehen ist, konnte nicht in das Gesetz über die Zwangsversteigerung und die Zwangsverwaltung übernommen werden. Denn dann hätte man damit im Eröffnungsverfahren eine weitergehende Regelung als im eröffneten Verfahren, weil das Gesetz über die Zwangsversteigerung und die Zwangsverwaltung grundsätzlich keine generelle Untersagung von Zwangsvollstreckungen vorsieht. Dies ist auf keinen Fall mög-

---

357 Vgl. unten Teil 2 B. III. 2. a) cc) (a).

358 *Hintzen* Teil E Rdnr. 64.

lich, da die vorläufigen Sicherungsmaßnahmen nie über die Maßnahmen nach Eröffnung hinausgehen dürfen.[359]

Mit dieser Einschränkung, daß eine generelle Untersagung nicht möglich ist, wäre auch die ursprünglich geplante Fassung des § 21 Abs. 2 Nr. 3 InsO auszulegen gewesen. Dies muß insbesondere gelten, da die Gesetzesbegründung darauf hinweist, daß mit § 21 Abs. 2 Nr. 3 InsO eine Lage wie nach Eröffnung geschaffen werden soll. Diese Feststellung der Begründung ist auch nach Änderung der Zuständigkeit durch den Rechtsausschuß beibehalten worden.

Somit ist abschließend festzustellen, daß sich aus der Zuständigkeitsverlagerung keine inhaltliche Änderung ergibt. War keine inhaltliche Änderung beabsichtigt, dann müßten alle Möglichkeiten der einstweiligen Einstellung von Zwangsvollstreckungsmaßnahmen in Immobilien – dem eröffneten Verfahren entsprechend – möglich sein. Wenn also § 25 RegE die einstweilige Einstellung auch der Zwangsverwaltung im Eröffnungsverfahren vorgesehen hätte,[360] was im Folgenden zu prüfen ist, würde dies für die Möglichkeit der einstweiligen Einstellung der Zwangsverwaltung auch im Eröffnungsverfahren nach der Insolvenzordnung sprechen.

(b) Einstweilige Einstellung der Zwangsverwaltung im Eröffnungsverfahren auf Grund des Inhalts von § 25 RegE?

Von der Möglichkeit der einstweiligen Einstellung der Zwangsverwaltung im Eröffnungsverfahren kann jedoch nur ausgegangen werden, wenn dies in § 25 RegE nach dem Willen des Gesetzgebers vorgesehen war. Hiervon scheint man allerdings auf den ersten Blick nicht ausgehen zu können. Denn der Gesetzgeber hatte auch bei der ursprünglichen Fassung des § 25 RegE trotz des allgemeinen Begriffs *„Maßnahmen der Zwangsvollstreckung"* – zumindest laut der Ausschußbegründung – nur die Zwangsversteigerung von Immobilien vor Augen: *„Die ursprünglich vorgesehene Zuständigkeit des Insolvenzgerichts für* ***die einstweilige Einstellung der Zwangsversteigerung*** *in unbewegliches Vermögen [...] ist vom Ausschuß auf das Vollstreckungsgericht zurückverlagert worden."*[361]

Es ist jedoch unklar, woher der Ausschuß die Annahme nimmt, daß nur die einstweilige Einstellung der Zwangsversteigerung vorgesehen war. Denn dem Wortlaut des § 25 RegE ist eine solche Einschränkung nicht zu entnehmen. Wei-

---

359 *Kleiner* S. 129; *Stöber* § 30 d ZVG Rdnr. 6.2.

360 So *Klein* ZInsO 2002, 1065, 1069.

361 Ausschußbericht zu § 25 RegE [§ 21 InsO], in: *Balz/Landfermann* S. 229 f. Hervorhebung durch Fettdruck durch die Verfasserin.

ter ist es auffällig, daß der Ausschuß bei den Normen, die für das eröffnete Verfahren gelten sollten und ebenfalls in das Gesetz über die Zwangsversteigerung und die Zwangsverwaltung zurückverlagert wurden, nur auf die §§ 187 bis 189 RegE Bezug nimmt, nicht aber § 190 RegE erwähnt, der die einstweilige Einstellung der Zwangsverwaltung vorsah. § 153 b ZVG entspricht im Wesentlichen § 190 RegE und beruht ebenfalls auf der Rückverlagerung der Zuständigkeit für Zwangsvollstreckungen in Immobilien auf das Vollstreckungsgericht.

Die Begründung des Regierungsentwurfes zu § 25 RegE bezieht sich dagegen ausschließlich auf Beispiele über bewegliche Gegenstände: Vergleiche *„insbesondere die §§ 191 und 197 des Entwurfs [§§ 166, 172 InsO].“*[362] Aus dieser Begründung lassen sich keine Rückschlüsse auf die Zwangsvollstreckungen in Immobilien ziehen. Der Wortlaut des § 25 Abs. 2 Nr. 3 RegE sprach nur ganz allgemein von *„Maßnahmen der Zwangsvollstreckung“*.

Die Aussage der Ausschußbegründung könnte auf folgendes zurückzuführen sein. Der Gesetzgeber konnte sich nur an den unter der Konkursordnung bestehenden Möglichkeiten zur einstweiligen Einstellung der Zwangsvollstreckung in unbewegliche Gegenstände orientieren. Dann wären aus der eben zitierten Aussage keine Rückschlüsse hinsichtlich der Fragestellung auf den Willen des Gesetzgebers zu ziehen. Denn nach der Konkursordnung war die einstweilige Einstellung der Zwangsverwaltung im Gegensatz zur Zwangsversteigerung überhaupt nicht möglich.[363] Nur der Konkursverwalter konnte die einstweilige Einstellung der Zwangsversteigerung nach § 30 c ZVG a. F. auf Antrag erreichen. Es könnte also sein, daß die Möglichkeit, die Zwangsverwaltung einstweilig einstellen zu lassen, zur Zeit der Regierungsbegründung nicht bedacht wurde und der Gesetzgeber nur die ursprüngliche Lage der Konkursordnung berücksichtigt hat.

Es läßt sich also keine sichere Aussage darüber treffen, ob die einstweilige Einstellung der Zwangsverwaltung im Eröffnungsverfahren nicht gewollt war oder übersehen wurde.[364] Dementsprechend stellt auch *Depré*[365] fest, daß sich *„anhand der Gesetzmaterialien nicht eindeutig beantworten“* läßt, *„ob die auf die Zeit nach der Verfahrenseröffnung beschränkte Einstellungsmöglichkeit auf eine bewußte gesetzgeberische Entscheidung zurückzuführen ist“*. Auf Grund der Gesetzesbegründung läßt sich also nicht ausschließen, daß die Lücke vom Gesetz-

---

362 Begr. zu § 25 RegE [§ 21 InsO], in: *Balz/Landfermann* S. 229.

363 *Vallender* Rpfleger 1997, 353, 355; *Zeller/Stöber*, 14. Aufl., § 30 a ZVG Rdnr. 1.

364 **Anderes** *Klein* ZInsO 2002, 1065, 1069, der davon ausgeht, daß von § 25 Abs. 2 Nr. 3 RegE auch die Zwangsverwaltung erfaßt worden wäre.

365 In: Smid § 49 InsO Rdnr. 7.

geber unbeabsichtigt war. Es liegt sogar nahe, daß der Gesetzgeber die Zwangsverwaltung nicht bedacht hat.

(c) Zum Vergleich: Die Regelungen in Vergleichs- und Gesamtvollstreckungsordnung

Ein Vergleich mit den Regeln der Vergleichsordnung, § 13 Abs. 1 VglO, und vor allem der Gesamtvollstreckungsordnung, § 2 IV GesO, führt ebenfalls zu der Annahme einer unbeabsichtigten Lücke. In beiden Bereichen wurde unter der Zwangsvollstreckung immer Zwangsversteigerung und Zwangsverwaltung verstanden.[366] Daß der Gesetzgeber grundsätzlich hinter diesen Regelungen nicht zurückbleiben wollte, kann zwar nicht pauschal gesagt werden.[367] Da sich aber kein Hinweis diesbezüglich findet, unterstützt insbesondere die Auslegung des § 2 Abs. 4 GesO die Annahme einer Lücke. Somit liegt eine planwidrige Lücke vor, die mit § 153 b ZVG auszufüllen ist.

(2) Vergleichbarkeit von einstweiliger Einstellung der Zwangsverwaltung im Eröffnungsverfahren und im eröffneten Verfahren

Im Weiteren ist die Bedeutung des § 153 b ZVG für das eröffnete Verfahren darzustellen, um so festzustellen, ob diese mit der Situation im Eröffnungsverfahren vergleichbar ist und somit eine Notwendigkeit für die einstweilige Einstellung der Zwangsverwaltung im Eröffnungsverfahren besteht.

(a) Die Zwangsverwaltung

Bei der Zwangsverwaltung über ein Grundstück wird ein Verwalter gemäß §§ 146, 150 ZVG eingesetzt. Der Verwalter hat im Interesse des Gläubigers das Grundstück zu verwalten. Dem Schuldner wird die Verwaltungs- und Nutzungsbefugnis über das Grundstück entzogen. Der vollstreckende Gläubiger wird aus den Erträgen des Grundstückes befriedigt.

Dem Zwangsverwalter steht gemäß der §§ 148 Abs. 2, 150, 148 ZVG das Besitzrecht an dem betreffenden Grundstück und den mitbeschlagnahmten Sachen zu. Weiter hat der Zwangsverwalter nach §§ 20 Abs. 2, 148 Abs. 1 in Verbindung mit § 21 Abs. 1, Abs. 2 ZVG das Nutzungsrecht. Diese Rechte ermögli-

---

366 So für die GesO: *LG Leipzig*, Beschl. v. 13. 3. 1996 – 12 T 7686/95, ZIP 1996, 881; *LG Magdeburg*, Beschl. v. 30. 1. 1996 – 3 T 70/96, Rpfleger 1996, 210; *LG Düsseldorf*, Beschl. v. 23. 4. 1998 – 25 T 255-260/98, ZIP 1998, 1727; *Hess/Binz/Wienberg* § 2 GesO Rdnr. 120; *Smid-Smid* § 2 GesO Rdnr. 202 f. So für die VglO: *Bley/Mohrbutter* § 13 VglO Rdnr. 7; *Kilger/K. Schmidt* § 13 VglO Rdnr. 2.

367 So aber *Jungmann* NZI 1999, 352, 354.

chen dem Zwangsverwalter die ihm nach § 152 Abs. 1 ZVG obliegende Verwaltung des Grundstückes.

Die Zwangsverwaltung bezieht sich auch auf die wesentlichen und nicht wesentlichen Bestandteile des Grundstückes und vor allem – was praktisch besonders bedeutsam ist – auf das Zubehör.[368] Erzeugnisse unterliegen nur der Beschlagnahme der Zwangsverwaltung, wenn sie selbst Zubehör geworden sind und nicht von vornherein zum Verkauf bestimmt waren.[369] Der Geschäftsbetrieb des Schuldners als Ganzes kann dagegen nicht von der Beschlagnahme der Zwangsverwaltung erfaßt werden.[370] Denn ein Unternehmen als Ganzes kann niemals Gegenstand einer Einzelzwangsvollstreckung sein.[371] Somit unterliegen Forderungen, Rechte, Beziehungen und Wirtschaftsgüter wie zum Beispiel die Buchführung, Organisation, Know-how, Absatzbeziehungen, Kundenkreis, Patente, Urheberrechte und ähnliches nicht der Disposition des Zwangsverwalters.[372]

Weiter konkretisiert § 5 ZwVerwVO die Rechte des Zwangsverwalters aus § 152 ZVG dahingehend, daß die bisherige Nutzung beizubehalten ist und noch nicht genutzt Flächen zu vermieten sind.[373] Der Zwangsverwalter kann dabei das Grundstück zu einem angemessenen Entgelt, § 5 Abs. 2 S. ZwVVO, an den Schuldner vermieten oder verpachten oder ihn vom Grundstück verweisen, um das Grundstück anderweitig zu vermieten oder zu verpachten.[374]

(b) Zusammentreffen von Zwangsverwaltung und Insolvenzverfahren

Treffen Zwangsverwaltung und Insolvenzverfahren zusammen, ergeben sich aus Sicht des Insolvenzverwalters aus diesen Rechten der Zwangsverwalters folgende Probleme. Die Zwangsverwaltung entzieht der Masse mit Miet- und Pachtzinsen (§ 1123 BGB) wertvolle Vermögensgegenstände;[375] substanzerhaltende und zum Haftungsverband gehörende bewegliche Sachen hindern die Liquidation der Insolvenzmasse.[376] Das Besitzrecht des Zwangsverwalters verdrängt das

---

368 Zur Zuordnung von Grundstückszubehör und Betriebszubehör, siehe *Eickmann* ZIP 1986, 1517, 1519.

369 *Eickmann* ZIP 1986, 1517, 1520.

370 *Eickmann* ZIP 1986, 1517, 1521.

371 *Blomeyer* § 26 II 1.

372 *Eickmann* ZIP 1986, 1517, 1523.

373 *Haarmeyer/Wutzke/Förster*/Hinzen § 5 ZwVerwVO Rdnr. 1.

374 *Haarmeyer/Wutzke/Förster*/Hinzen § 5 ZwVerwVO Rdnr. 11; *Bertram* ZMR 1990, 325, 326.

375 *OLG Brandenburg*, Urt. v. 14. 1. 1999 – 8 U 56/98, ZIP 1999, 1533, 1534; *LG Traunstein*, Beschl. v. 9. 6. 2000 – 4 T 1597/00, NZI 2000, 438.

376 *Eickmann* ZIP 1986, 1517.

Besitzrecht des Insolvenzverwalters.[377] Durch das hieraus folgende Nutzungsrecht des Zwangsverwalters wird die Nutzung für die Insolvenzmasse erschwert, zum Beispiel wenn benötigte Bodenerträge nicht mehr verwendet werden können oder das Grundstück als Geschäftsfläche, Lagermöglichkeit oder ähnliches genutzt werden soll.[378] Vermietet der Zwangsverwalter zum Beispiel ein so benötigtes Grundstück an einen Dritten, kann der Insolvenzverwalter hierdurch unter Umständen zur Betriebsstillegung gezwungen werden.[379] Hierdurch kommt es zu einem faktischen Eingriff in die Entscheidungen der Insolvenzorgane. Bereits unter der Konkursordnung bestand für diesen Extremfall Einigkeit darüber, daß dem Zwangsverwalter die Vermietung an einen Dritten in diesen Fällen nicht zustand.[380] Daher war der Zwangsverwalter verpflichtet, das Grundstück zu einem angemessenen Entgelt an den Insolvenzverwalter zu vermieten. Für diese Situation stand dem Zwangsverwalter somit das oben genannte Wahlrecht, an wen er vermietet, auch nach alter Rechtslage nicht zu.

(c) Die einstweilige Einstellung der Zwangsverwaltung nach § 153 b ZVG

Für die einstweilige Einstellung der Zwangsverwaltung gab es bis zur Einführung des § 153 b ZVG keine ausdrückliche Regelung. Daher wurde sie früher ganz abgelehnt, da „*wegen des notwendigen Zusammenhangs der fortdauernden Verwaltungstätigkeit*“ eine einstweilige Einstellung nicht möglich sei.[381] Diese Ansicht wandelte sich jedoch, und so wurde es einhellige Meinung, daß die Zwangsverwaltung in besonderen Fällen – nicht nur insolvenzrechtlichen – nach den Regeln der Zivilprozeßordnung eingestellt werden kann.[382] Folge dieser einstweiligen Einstellung ist, daß der Zwangsverwalter das Grundstück zwar weiter verwalten und aus den Nutzungen die laufenden Verbindlichkeiten dekken kann sowie weiterhin seine Rechte und Pflichten behält.[383] Aber die laufen-

---

377 *Eickmann* ZIP 1986, 1517, 1521; *Stöber* § 150 ZVG Rdnr. 3.3.

378 *Stöber* Rdnr. 670 a.

379 *Lwowski/Tetzlaff* WM 1999, 2336, 2338; *Wenzel* NZI 1999, 101, 103; *Haarmeyer/Wutzke/Förster*/Hinzen § 153 b ZVG Rdnr. 4; *Niesert* InVo 1998, 141, 144; *K.Schmidt/Uhlenbruck-Wittig* Rdnr. 930; *Vallender* Rpfleger 1997, 353, 355; *Obermüller/Hess* Rdnr. 811; *Hintzen*, Kölner Schrift, S. 1107 ff., Rdnr. 120.

380 So zur Konkursordnung, *Eickmann* § 39, 3.

381 *Nußbaum* § 9 I. So auch noch *LG Cottbus*, Beschl. v. 28. 1. 2000 – 7 T 549/99, ZInsO 2000, 107, 108, das hiermit die Möglichkeit der Einstellung der Zwangsverwaltung im Eröffnungsverfahren ablehnt. A. A. *Böttcher* § 146 ZVG Rdnr. 78; *Stengel* ZfIR 2001, 347, 350 Fn. 30.

382 *Eickmann* § 6 VIII. 1; *Stöber* § 146 ZVG Rdnr. 6; *Pölsch* NJW 1956, 372: Einstweilige Einstellung nach § 765 a ZPO.

383 *Stöber* § 146 ZVG Rdnr. 6.6.

den Zahlungen an den betreibenden Gläubiger werden nicht mehr getätigt, sondern hinterlegt.[384]

Mit § 153 b ZVG ist mit Einführung der Insolvenzordnung nun eine ausdrückliche Regelung für den Insolvenzfall in das Gesetz über die Zwangsversteigerung und die Zwangsverwaltung aufgenommen worden. § 153 b ZVG wurde eingeführt, um zu verhindern, daß die Nutzung der Insolvenzmasse durch eine Zwangsverwaltung wesentlich erschwert wird. Eine solche Erschwerung liegt insbesondere vor, wenn die Fortführung eines Unternehmens gefährdet wird.[385] Im eröffneten Verfahren ist die Nutzung auch wesentlich erschwert, wenn das beschlossene oder geplante Verwertungskonzept, ein Sanierungskonzept oder die Abwicklung eines Insolvenzplans scheitern würden.[386] Anhaltspunkt ist das im Berichtstermin von der Gläubigerversammlung beschlossene Verwertungskonzept.[387] Daß die Wertigkeit des Grundbesitzes durch die Zwangsverwaltung gemindert wird, muß der Insolvenzverwalter jedoch hinnehmen.[388] Es zeigt sich auch an dieser Stelle, daß der Gesetzgeber ein besonderes Augenmerk auf die Fortführung von Unternehmen gelegt hat.

Die einstweilige Einstellung gemäß dem neu eingeführten § 153 b ZVG bewirkt, daß der Verfahrensgang aufgehalten wird. Die Beschlagnahme wird nicht aufgehoben und der Vermerk nicht gelöscht. Verfahrenshandlungen seitens des Zwangsverwalters unterbleiben jedoch.[389] Die einstweilige Einstellung kann teilweise erfolgen[390] und zum Beispiel auf einige *„reale Teile des Grundstücks, wie zum Beispiel einen Gewerberaum* [oder] *ein Fabrikgelände*" beschränkt werden.[391] Der Zwangsverwalter verliert seine Verwaltungsbefugnis. Das Verwaltungsrecht des Insolvenzverwalters gemäß § 80 Abs. 1 InsO hat nach der Einstellung wieder Vorrang.

Der Zwangsverwalter kann aus den Nutzungen nach Einstellung der Zwangsverwaltung keine Zahlungen mehr an die vollstreckenden Gläubiger leisten. Dieser Nachteil ist gemäß § 153 b Abs. 2 ZVG aus der Insolvenzmasse auszugleichen.[392] Eine Abwägung der Interessen des vollstreckenden Gläubigers und der Gläubigergesamtheit *„gebietet und fordert"* § 153 b ZVG im Gegensatz zu

---

384 *Stöber* § 146 ZVG Rdnr. 6.6; *Pölsch* NJW 1956, 372; *Eickmann* § 6 VIII. 1.

385 *Stöber* § 153 b ZVG Rdnr. 2.3.

386 *Haarmeyer/Wutzke/Förster/Hintzen* § 153 b ZVG Rdnr. 4; *Hintzen* Rpfleger 1999, 256, 262.

387 *Kübler/Prütting-Kemper* § 165 InsO Rdnr. 57.

388 *Hintzen* Teil E Rdnr. 67.

389 *Stöber* § 153 b ZVG Rdnr. 7.1; *Stengel* ZfIR 2001, 347, 352.

390 *Städtler* S. 237.

391 *Stöber* Rdnr. 670 a.

392 *Hintzen* Teil E Rdnr. 67; *Stengel* ZfIR 2001, 347, 352; *Städtler* S. 235.

§ 30 d Abs. 1 S. 2 ZVG deshalb nicht.[393] Als Nachteilsausgleich sind die laufenden Beträge zu decken, die der Gläubiger aus der Zwangsverwaltung erhalten hätte.[394] Wird durch die einstweilige Einstellung eine Vermietung oder Verpachtung an einen Dritten verhindert, ist das Entgelt, das nachweisbar hätte erzielt werden können, dem betreibenden Gläubiger zu ersetzen.[395] Darüber hinaus werden die Interessen des die Zwangsverwaltung betreibenden Gläubigers durch § 153 c ZVG gewährt. Der Ausgleich setzt mit Einstellung und nicht erst ab dem Berichtstermin ein, § 153 b Abs. 2 ZVG.

Die Einstellung widerspricht nicht dem *„notwendigen Zusammenhang der fortdauernden Verwaltungstätigkeit*", da der Insolvenzverwalter die Interessen nun anstatt des Zwangsverwalters wahrnimmt. Ohne diesen Wechsel würde die einstweilige Einstellung für den Insolvenzverwalter keinen Sinn machen. Mit diesen Wirkungen wird erreicht, daß dem Verwalter eine Fortführung des Schuldnerunternehmens ermöglicht wird.

(d) Die Situation im Eröffnungsverfahren und die Übertragbarkeit der Anforderungen des § 153 b ZVG

Der Gesetzgeber hat in der Insolvenzordnung ein besonderes Augenmerk auf die mögliche Fortführung eines Unternehmens gelegt und dies bereits im Eröffnungsverfahren. Denn wird der Fortführungsentscheidung durch eine Stillegung im Eröffnungsverfahren vorgegriffen, wird die Möglichkeit, das Verfahren effektiver abzuwickeln, zerstört. Damit kann das Unternehmen nicht mehr saniert oder wenigstens eine wirtschaftlich günstigere Gesamtverwertung erreicht werden. Darüber hinaus wird mit einer Stillegung im Eröffnungsverfahren eine Entscheidung getroffen, die gemäß § 157 InsO dem Berichtstermin vorbehalten ist. Daher wird mit einer Stillegung im Eröffnungsverfahren in die Gläubigerautonomie – ein weiteres Hauptziel der Insolvenzrechtsreform – eingegriffen. Aber nicht nur durch eine Stillegung, sondern auch bereits mit einer nur teilweisen Beschränkung der Fortführungsmöglichkeiten können die Ziele des Gesetzgebers beeinträchtigt werden.

Aus diesem Grund hat der starke vorläufige Insolvenzverwalter gemäß § 22 Abs. 1 S. 2 Nr. 2 InsO die Pflicht, ein Unternehmen bis zur Eröffnungsentscheidung fortzuführen. Um ihm dies zu ermöglichen, geht die Verwaltungs- und Verfügungsbefugnis inklusive der Prozeßführungsbefugnis auf den vorläufigen

---

393 *Stöber* § 153 b ZVG Rdnr. 2.3; *Hess/Weis/Wienberg-Weis* Art. 20 Rdnr. 31: *„da der betreibende Gläubiger hier vollen Ausgleich aus der Insolvenzmasse erhält."* **A. A.** *Haarmeyer/Wutzke/Förster/Hintzen* § 153 b ZVG Rdnr. 7.

394 *Haarmeyer/Wutzke/Förster/Hintzen* § 153 b ZVG Rdnr. 9.

395 *Lwowski/Tetzlaff* WM 1999, 2336, 2339.

Verwalter über, und er erhält die Möglichkeit, gemäß § 55 Abs. 2 InsO Masseverbindlichkeiten zu begründen. Darüber hinaus wird durch weitere Normen – zum Beispiel die §§ 21 Abs. 2 Nr. 3, 112 InsO – dafür Sorge getragen, daß das Schuldnervermögen vor dem Auseinanderreißen im Eröffnungsverfahren geschützt wird.

§ 153 b ZVG ist eingeführt worden, um die Fortführung eines Unternehmens nach Eröffnung durch den Insolvenzverwalter zu sichern und die Gefährdung durch eine Zwangsverwaltung auszuschließen. Ausgangspunkt des § 153 b ZVG ist die Verfahrenseröffnung. Denn mit Eröffnung geht die Verwaltungs- und Verfügungsbefugnis gemäß § 80 Abs. 1 InsO auf den Insolvenzverwalter über, und das gesamte Vermögen des Schuldners ist mit dem Insolvenzbeschlag gemäß § 35 InsO belegt. Auf diesen Insolvenzbeschlag des betreffenden Grundstückes wird in Hinblick auf § 153 b ZVG verwiesen.[396] Für die konkrete Einstellung nach § 153 b ZVG kommt es dann darauf an, daß *„eine wirtschaftlich sinnvolle Nutzung“* der Insolvenzmasse ohne die Einstellung wesentlich erschwert würde.

Eine diesen Eröffnungswirkungen vergleichbare Ausgangslage ergibt sich, wenn ein vorläufiger Insolvenzverwalter mit Verwaltungs- und Verfügungsbefugnis eingesetzt wird. Es entsteht eine dem Insolvenzbeschlag entsprechende Situation.[397] Der starke vorläufige Insolvenzverwalter hat im wesentlichen dieselben Befugnisse und Pflichten wie der Insolvenzverwalter nach Eröffnung. Insbesondere hat der starke vorläufige Verwalter eine Fortführungspflicht. Daher kann auch im Eröffnungsverfahren bereits ein Nutzungskonflikt in der oben dargestellten Weise zwischen Zwangsverwaltung und Insolvenzverfahren wie im eröffneten Verfahren entstehen.[398] Gerade diesen Nutzungskonflikt zu beseitigen, ist Regelungsanliegen des § 153 b ZVG. Der Schutz des Schuldnervermögens durch § 153 b ZVG, mit dem Ziel eine „Gesamtlösung“[399] zu erreichen, ist unvollständig, wenn er im Eröffnungsverfahren nicht besteht.[400] Die Voraussetzung des § 153 b ZVG, die Erschwerung einer wirtschaftlich sinnvollen Nutzung, kann direkt auf die Nutzung des Vermögens des Schuldners im Eröffnungsverfahren angewendet werden.

Es ist zwar *Stengel* zuzustimmen, daß der praktische Anwendungsbereich für eine Einstellung gemäß § 153 b ZVG im Eröffnungsverfahren gering sein wird,

---

396 *Stöber* § 153 b ZVG Rdnr. 2.2.

397 Siehe hierzu oben unter Teil 2 A. III.

398 Teil 2 B. III. 2. a) cc) (2) (b).

399 Die Gesamtlösung meint die Veräußerung des gesamten Unternehmens oder von Teilen, die Sanierung oder Betriebsfortführung.

400 *Lwowski/Tetzlaff* WM 1999, 2336, 2339.

weil dem vorläufigen Insolvenzverwalter kein besonderes Kündigungsrecht zusteht und ihm bei einem Antrag nach § 153 b ZVG ein vergrößertes Haftungsrisiko trifft.[401] Jedoch kann hieraus nicht die grundsätzliche Möglichkeit einer analogen Anwendung ausgeschlossen werden. Die Voraussetzungen einer Analogie sind mit der oben dargelegten unbeabsichtigten Lücke und den vergleichbaren Situationen, wie *Stengel* für die Einsetzung eines starken vorläufigen Verwalters selbst einräumt,[402] gegeben. Auch wenn sich praktisch nur wenige Fälle ergeben werden, in denen der Antrag auf Einstellung der Zwangsverwaltung für den vorläufigen Verwalter in Frage kommt, ist dies kein Grund, die grundsätzliche Möglichkeit zu verneinen.

§ 153 b ZVG ist somit analog im Eröffnungsverfahren anzuwenden, wenn ein vorläufiger Insolvenzverwalter mit Verwaltungs- und Verfügungsbefugnis eingesetzt worden ist.[403] Der schwache vorläufige Insolvenzverwalter dagegen kann keinen Einstellungsantrag gemäß § 153 b ZVG stellen. Denn es fehlt dann an einer der Eröffnung vergleichbaren Situation. Die Verwaltungs- und Verfügungsbefugnis ist nicht übergegangen, und es muß noch nicht einmal eine Verfügungsbeschränkung im Sinne des § 21 Abs. 2 Nr. 2 InsO erlassen worden sein.

b) Abschließende Betrachtung zur einstweiligen Einstellung der Zwangsverwaltung im Eröffnungsverfahren

Es würde dem Unterschied von Zwangsversteigerung und Zwangsverwaltung widersprechen, § 30 d Abs. 4 ZVG analog auf die Zwangsverwaltung anzuwenden. Die analoge Anwendung des § 153 b ZVG, wenn ein vorläufiger Insolvenzverwalter mit Verwaltungs- und Verfügungsbefugnis eingesetzt worden ist, ist dagegen interessengerecht. Die Voraussetzung des § 153 b ZVG, die Erschwerung einer wirtschaftlich sinnvollen Nutzung, kann direkt auf die Nutzung des Vermögens des Schuldners im Eröffnungsverfahren übertragen werden. Und wird § 153 b ZVG analog angewendet, ist auch der Interessenausgleich zwischen dem zwangsvollstreckenden Gläubiger und der Gläubigerschaft dem Unterschied zwischen Zwangsversteigerung und Zwangsverwaltung entsprechend angemessen geregelt, indem sich der Ausgleich nach § 153 b Abs. 2 ZVG richtet. § 153 c ZVG ist ebenfalls analog anzuwenden.

Mit diesem Lösungsweg wird einerseits die bestehende Lücke ausgefüllt, der Erforderlichkeit der einstweiligen Einstellung von Zwangsverwaltungen im Er-

---

401 *Stengel* ZfIR 2001, 347, 353 f.; *Eickmann* ZfIR 1999, 81, 86 (zum Problem des Kündigungsrechts).

402 In: ZfIR 2001, 347, 353.

403 A. A. *LG Cottbus*, Beschl. v. 28. 1. 2000 – 7 T 549/99, ZInsO 2000, 107, 108, das auf den Charakter eines fortlaufenden Verfahrens der Zwangsverwaltung abstellt.

öffnungsverfahren Genüge getan und andererseits die Unterschiede zwischen Zwangsversteigerung und Zwangsverwaltung berücksichtigt. Darüber hinaus entspricht eine analoge Anwendung des § 153 b ZVG im Eröffnungsverfahren auch der hohen praktischen Bedeutung der Zwangsverwaltung. Die Zahl der Zwangsverwaltungen übersteigt die Zahl der Insolvenzverfahren etwa um das Doppelte.[404]

Der vorläufige Insolvenzverwalter mit Verwaltungs- und Verfügungsbefugnis kann somit gemäß § 153 b ZVG analog die einstweilige Einstellung der Zwangsverwaltung beantragen.

404 *Haarmeyer/Wutzke/Förster*/Hinzen Einl. Rdnr. 1.

Teil 3 – Zusammenfassung

A. Allgemeine Voraussetzungen des § 21 InsO

I. Zulässiger Antrag

Voraussetzung für das Tätigwerden der Insolvenzgerichte ist gemäß § 13 Abs. 1 InsO grundsätzlich ein zulässiger Antrag. Ein solcher Antrag ist gegeben, wenn die Sachurteilsvoraussetzungen, die auf Grund der Verweisung des § 4 InsO auch im Insolvenzverfahren gelten, vorliegen und der Antrag im Sinne der §§ 4 InsO, 253 ZPO ordnungsgemäß ist.

Aus den §§ 4 InsO, 253 ZPO ergibt sich, daß der antragstellende Gläubiger die die Zuständigkeit begründenden Tatsachen – soweit es ihm möglich ist – darlegen muß. Ein Beweis der Zuständigkeit kann vom ihm nicht gefordert werden. Um Mißbrauchsgefahren auszuschließen, sind dieselben Anforderungen auch an einen Schuldnerantrag zu stellen. Im übrigen hat das Insolvenzgericht seine Zuständigkeit von Amts wegen zu ermitteln. Sicherungsmaßnahmen können bereits – um Verzögerungen zu verhindern – angeordnet werden, wenn noch Zweifel an der Zuständigkeit bestehen.

Von der Entscheidung, ob ein Regel- oder Verbraucherinsolvenzverfahren eröffnet wird, hängt im Einzelnen ab, welche Sicherungsmaßnahmen angeordnet werden können. Die für die Entscheidung benötigten Tatsachen hat das Insolvenzgericht von Amts wegen zu ermitteln. Vor einer abschließenden Klärung der Verfahrensart, kann das Insolvenzgericht nur Maßnahmen anordnen, die in beiden Verfahrensarten zulässig sind.

Fehlt einer juristischen Person bei Antragstellung der gesetzliche Vertreter, so ist ein Prozeßvertreter gemäß § 57 ZPO und kein Notorgan nach § 29 BGB analog zu bestellen. Sicherungsmaßnahmen können bereits vor Bestellung des Prozeßvertreters erlassen werden. Dies ist auch noch nach Einführung des Beschwerderechts gemäß § 21 Abs. 1 S. 2 InsO n. F. möglich.

Neben den allgemeinen Zulässigkeitsvoraussetzungen muß der Gläubiger gemäß § 14 Abs. 1 InsO seine Forderung und den Insolvenzgrund glaubhaft machen und ein rechtliches Interesse an der Eröffnung haben. Die Anforderungen, die an die Glaubhaftmachung zu stellen sind, sollten – in Hinblick auf die weitreichenden Folgen von Sicherungsmaßnahmen – auch bei Sozialversicherungsträgern und Krankenkassen nicht abgesenkt werden. Auch wenn der Insolvenzgrund nur von der dem Antrag zugrundeliegenden Forderung abhängt, ist die Forderung für einen zulässigen Antrag als Voraussetzung, Sicherungsmaßnahmen anordnen zu können, nur glaubhaft zu machen, nicht aber zu beweisen.

Für den Schuldnerantrag gibt es keine besonderen Zulässigkeitsvoraussetzungen. Sicherungsmaßnahmen sind somit grundsätzlich sofort zulässig. Um allerdings das mißbräuchliche Erschleichen von Sicherungsmaßnahmen zu verhindern, sollten nur bei Anträgen auf Grund einer Antragspflicht des Schuldners gegebenenfalls sofort Sicherungsmaßnahmen erlassen werden.

Die Zulassung ist kein Beschluß im Rechtssinne, sondern nur die Kurzformel für die Feststellung, daß die Voraussetzung des § 14 Abs. 1 InsO beim Gläubigerantrag vorliegen. Da es beim Schuldner keine besonderen Zulässigkeitskriterien gibt, ist beim Schuldnerantrag auch nicht von Zulassung zu sprechen. Neben der Zulassung muß das Insolvenzgericht noch die allgemeinen Zulässigkeitskriterien prüfen. Für die Anordnung von Sicherungsmaßnahmen ist es ausreichend, daß einem Schuldnerantrag beziehungsweise bei einem zugelassenen Gläubigerantrag ein ordnungsgemäßer Antrag im Sinne der §§ 4 InsO, 253 ZPO gestellt ist und allgemeine Zulässigkeitsvoraussetzungen nicht offensichtlich fehlen. Und selbst bei der Ordnungsgemäßheit des Antrags können in Hinblick auf die Eilbedürftigkeit der Sicherungsmaßnahmen Ausnahmen gemacht werden. Die Feststellung der nicht offensichtlichen Unzulässigkeit ist als vorläufige Zulässigkeit zu bezeichnen.

Ab der Zulassung, also der bloßen Feststellung der Voraussetzungen des § 14 Abs. 1 InsO, hat das Insolvenzgericht gemäß § 5 Abs. 1 S. 1 InsO alle Umstände, die für das Verfahren von Bedeutung sind, von Amts wegen zu ermitteln – inklusive aller sonstigen Zulässigkeitsvoraussetzungen. Dies schließt aber nicht aus, daß es sich der Hilfe des Antragstellers bei der Sachverhaltsaufklärung bedient, wenn dieser Zugriff auf die erforderlichen Informationen hat.

Ab Feststellung, daß der Antrag nicht offensichtlich unzulässig ist, und beim Gläubigerantrag zudem, daß er zugelassen ist, reicht der Antrag solange als Grundlage für den Bestand bereits angeordneter Sicherungsmaßnahmen als auch zu deren Ergänzung aus, solange der Antrag nicht als unzulässig beziehungsweise unbegründet abgewiesen wird.

II. Sinn und Zweck

Sinn und Zweck des § 21 InsO ist es, die Verschlechterung der Vermögenslage des Schuldners zum Nachteil der Insolvenzgläubiger zu verhindern. Die Aus-

und Absonderungsberechtigten werden nicht durch § 21 InsO geschützt. Verschlechterung ist jedes Abhandenkommen einzelner Vermögensgegenstände, aber auch der Wertverlust des Vermögens durch Zerschlagung. Daher ist es das Ziel des § 21 InsO, das Vermögen zu sichern und zu erhalten. Die Herstellung der Eröffnungsfähigkeit fällt dagegen nicht unter den Sicherungszweck des § 21 InsO. § 21 InsO stellt damit eine „*Generalklausel*" dar, nach der alles zulässig ist, was sich in den Grenzen des Sinn und Zwecks dieser Regelung bewegt.

III. Erforderlichkeit

Der Begriff der Erforderlichkeit beschränkt das Insolvenzgericht in seinen Anordnungsmöglichkeiten und verpflichtet zugleich. Das Insolvenzgericht darf nur Maßnahmen anordnen, die geeignet und notwendig sind, muß aber Maßnahmen anordnen, die auch ausreichend sind. Zur Ausfüllung dieser Kriterien sind alle mittelbaren und unmittelbaren Wirkungen bei der Entscheidung des Insolvenzgerichts über die Anordnung zu berücksichtigen. Ausgangspunkt ist die konkrete Gefährdungslage, deren Feststellung in der Regel die meisten Probleme bereitet. Zur Informationsgewinnung kann sich das Insolvenzgericht eines Gutachters bedienen. Um dem Sicherungszweck zu genügen, kann das Insolvenzgericht als Anhaltpunkte für eine bestimmte Gefährdungslage auf die Struktur des Schuldners abstellen und aus ihr eine „*indizielle Vermutung*" für Schädigungshandlungen, insbesondere für die Anordnung von Verfügungsbeschränkungen, ableiten. Je stärker der Eingriff in die Rechte des Betroffenen ist, desto konkreter müssen die Anhaltspunkte sein. Bei der Einstellung von Zwangsvollstreckungen liegt das Problem dagegen bei der Feststellung des Gefährdungspotentials. Bei dieser Anordnung kann das Insolvenzgericht insbesondere bei Großverfahren immer von einem Gefährdungspotential ausgehen. Bei überschaubaren Verfahren ist dagegen eine konkrete Prüfung vorzunehmen.

Die Verhältnismäßigkeit im engeren Sinne ist bei der Anordnung von Verfügungsbeschränkungen und der einstweiligen Einstellung und Untersagung von Zwangsvollstreckungen nicht zu berücksichtigen. Bei den Verfügungsbeschränkungen wird die Verhältnismäßigkeit bereits durch die Erforderlichkeit impliziert und bei der Vollstreckungseinstellung findet auf Grund gesetzgeberischer Entscheidung in der Insolvenzordnung eine Abwägung nicht statt.

Die Erforderlichkeit ist für jede einzelne Sicherungsmaßnahme getrennt zu prüfen. Unzulässige Kombinationsmöglichkeiten gibt es nicht. Die Sicherungsmaßnahmen sind grundsätzlich beliebig kombinierbar.

Dem Insolvenzgericht steht bei der Entscheidung, ob und welche Sicherungsmaßnahmen anzuordnen sind, Ermessen zu. Ermessen ist aber nicht im verwaltungsrechtlichen Sinne zu verstehen ist, sondern meint den Spielraum, der dem Insolvenzgericht durch den Begriff der Erforderlichkeit eingeräumt ist.

B. Anordnungsmöglichkeiten

I. Verfügungsverbote und -beschränkungen

Nach zivilrechtlicher Begrifflichkeit ist nach Verbotsgesetzen, Verfügungsverboten und Verfügungsbeschränkungen zu unterscheiden. Die Insolvenzordnung regelt in § 21 Abs. 2 Nr. 2 InsO Verfügungsverbote **und** Verfügungsbeschränkungen, wobei die Verbote relativ und die Beschränkungen absolut wirken. Die besonderen Formen der Verbote und Beschränkungen folgen denselben Regeln wie die allgemeinen.

Von den Verfügungsbeschränkungen sind alle Verfügungen und rechtsgeschäftsähnlichen Handlungen erfaßt, Verpflichtungsgeschäfte jedoch nicht. Der Anwendungsbereich umfaßt nur Verfügungen, die der Schuldner nach Wirksamkeit der Verfügungsbeschränkung über Gegenstände der zukünftigen Masse vornimmt – unabhängig davon, ob sie auf Grund einer wirtschaftlichen Gesamtbetrachtung für die Masse günstig oder ungünstig sind. Eine verfügungsbeschränkungswidrige Verfügung führt zur absoluten Unwirksamkeit. Hierbei handelt es sich um eine schwebende Unwirksamkeit. Der vorläufige Insolvenzverwalter kann den Verfügungen des Schuldners zustimmen. Durch eine Verfügungsbeschränkung ist der gutgläubige Erwerb an beweglichen Sachen ausgeschlossen. Zwangsvollstreckungsmaßnahmen werden von den Verfügungsbeschränkungen nicht betroffen.

Das kombinierte allgemeine Verfügungsverbot ist eine Verfügungsbeschränkung, bei der das allgemeine Verfügungsverbot und die Einsetzung eines vorläufigen Insolvenzverwalters gleichzeitig angeordnet werden. Mit dem kombinierten allgemeinen Verfügungsverbot werden zahlreiche Wirkungen der Verfahrenseröffnung in das Eröffnungsverfahren vorgezogen. Neben den Wirkungen der §§ 55 Abs. 2, 81 f., 85 Abs. 1 S. 1, 86 InsO, § 240 S. 2 ZPO geht vor allem die Verwaltungs- und Verfügungsbefugnis – inklusive der Verpflichtungsbefugnis – auf den vorläufigen Insolvenzverwalter über, § 22 Abs. 1 S. 1 InsO. Der Übergang der Verpflichtungsbefugnis auf den vorläufigen Insolvenzverwalter ergibt sich aus dem Sinn und Zweck des kombinierten allgemeinen Verfügungsverbotes und ist anhand einer extensiven Auslegung des § 38 InsO zu erreichen.

Bei den isolierten allgemeinen und besonderen Verfügungsverboten handelt es sich um relativ wirkende Verfügungsverbote. Das kombinierte besondere Verfügungsverbot ist dagegen eine absolut wirkende Verfügungsbeschränkung. Ein kombiniertes besonderes Verfügungsverbot bewirkt den partiellen Übergang der Verwaltungs- und Verfügungsbefugnis auf den vorläufigen Insolvenzverwalter. Die Wirkungen des § 55 Abs. 2 InsO werden jedoch durch ein besonderes Verfügungsverbot nicht ausgelöst und können auch nicht durch eine Einzelermächtigung von den Gerichten angeordnet werden.

Beim allgemeinen Zustimmungsvorbehalt handelt es sich ebenfalls um eine absolut wirkende Verfügungsbeschränkungen. Der Hauptunterschied zum kombinierten allgemeinen Verfügungsverbot liegt in der Verpflichtungsbefugnis, die beim Zustimmungsvorbehalt beim Schuldner verbleibt. § 55 Abs. 2 InsO ist nicht analog auf den Zustimmungsvorbehalt anwendbar. Der besondere Zustimmungsvorbehalt folgt denselben Regeln wie der allgemeine.

Alle Verfügungsbeschränkungen sind gemäß § 23 InsO öffentlich bekannt zu machen. Bei allen übrigen Sicherungsmaßnahmen hat eine Bekanntmachung zu unterbleiben, es sei denn, es hat bereits wegen einer Verfügungsbeschränkung eine Bekanntmachung zu erfolgen. In das Grundbuch und die übrigen Register nach § 23 Abs. 3 InsO sind die Verfügungsbeschränkungen und -verbote einzutragen, in die Register des § 23 Abs. 2 InsO nur die Verfügungsbeschränkungen.

II. Beschränkung von Zwangsvollstreckungen

Das Schuldnervermögen wird im Eröffnungsverfahren besonders durch zahlreiche Zwangsvollstreckungen gefährdet. Die Zwangsvollstreckungen drohen nicht nur einzelne Gegenstände dem Vermögen zu entreißen, sondern vor allem auch die wirtschaftliche Einheit eines Unternehmens zu zerstören. Daher müssen Zwangsvollstreckungen und damit der Prioritätsgrundsatz gemäß § 804 Abs. 3 ZPO im Eröffnungsverfahren beschränkt werden, um eine effektive Verfahrensabwicklung und vor allem eine gleichmäßige Befriedigung aller Gläubiger nach Eröffnung zu gewährleisten.

Die Einstellungsmöglichkeiten der Insolvenzordnung sind im Verhältnis zur Konkursordnung, in der nach überwiegender Meinung Zwangsvollstreckungen weder durch das Veräußerungsverbot noch durch die Anordnung der Sequestration verhindert werden konnten, erweitert worden. Im Rahmen der Insolvenzordnung können Zwangsvollstreckungen in Mobilien gemäß § 21 Abs. 2 Nr. 3 InsO einstweilig eingestellt oder untersagt werden. Mit dem Einstellungsbeschluß steht den betroffenen Zwangsvollstreckungsmaßnahmen ein Vollstrekkungshindernis entgegen, eine Verwertung ist nicht mehr möglich. Ein bereits begründetes Pfändungspfandrecht bleibt jedoch bestehen. Allerdings kann dies gemäß § 88 InsO mit Eröffnung seine Wirksamkeit verlieren. Werden Zwangsvollstreckungen untersagt, so sind Zwangsvollstreckungen unzulässig, bei einem Verstoß gegen § 21 Abs. 2 Nr. 3 InsO ist die Maßnahme gemäß § 766 ZPO anfechtbar und es entsteht keine Pfändungspfandrecht.

Von einer Anordnung gemäß § 21 Abs. 2 Nr. 3 InsO sind alle Zwangsvollstrekkungen betroffen, die sich nicht auf unbewegliches Vermögen beziehen. Neben der Zwangsvollstreckung in bewegliche Gegenstände gehören hierzu auch Vollstreckungen wegen anderer Ansprüche, soweit es sich hierbei um Insolvenzforderungen handelt. Ebenso fallen der Arrest und die einstweilige Verfügungen in den Anwendungsbereich des § 21 Abs. 2 Nr. 3 InsO. Auch eine eidesstattliche Offenbarungsversicherung gemäß § 807 ZPO ist unzulässig, weil es für sie während einer Anordnung gemäß § 21 Abs. 2 Nr. 3 InsO am Rechtsschutzinteresse fehlt.

Im Rahmen einer Anordnung gemäß § 21 Abs. 2 Nr. 3 InsO ist insbesondere problematisch, welche Gläubigergruppen von dieser Anordnung erfaßt werden. Hierzu ist ein ausführlicher Vergleich mit dem eröffneten Verfahren erforderlich, da Sicherungsmaßnahmen nur soweit reichen können, wie die Wirkungen des eröffneten Verfahrens. Bei einer pauschalen Anordnung, die den Wortlaut des § 21 Abs. 2 Nr. 3 InsO wiedergibt, sind die Zwangsvollstreckungen von Insolvenzgläubigern und Absonderungsberechtigten erfaßt. Die Zwangsvollstrekkungen von Aussonderungsberechtigen können – wie auch im eröffneten Verfahren – nicht beschränkt werden. Die §§ 112, 107 Abs. 2 und 103 InsO, die von der Gegenmeinung als Argumentationsgrundlage für eine Ausdehnung auf Aussonderungsberechtigte verwendet werden, können für die Begründung der Zwangsvollstreckungsbeschränkung nicht herangezogen werden, da durch diese Normen nur ein noch bestehender Vertrag erhalten wird. Ist eine Zwangsvollstreckungen einzustellen, besteht ein solcher Vertrag bereits nicht mehr. Die Zwangsvollstreckung von Massegläubigern gemäß § 55 Abs. 2 InsO kann ebenfalls nicht beschränkt werden.

Zwangsvollstreckungen in Immobilien können auf Antrag des vorläufigen Insolvenzverwalters mit oder ohne Verwaltungs- und Verfügungsbefugnis gemäß § 30 d Abs. 4 ZVG eingestellt werden. Die glaubhaft zu machende Erforderlichkeit der Einstellung ergibt sich aus dem Sinn und Zweck des § 21 InsO. Die konkreten Kriterien leiten sich aus dem jeweiligen Einzelfall ab. Eine analoge Anwendung des § 30 d Abs. 1 S. 2 ZVG ist bei Absonderungsberechtigten nötig, bei Insolvenzgläubigern ausgeschlossen. Der vorläufige Insolvenzverwalter mit Verwaltungs- und Verfügungsbefugnis kann gemäß § 153 b ZVG analog die einstweilige Einstellung einer Zwangsverwaltung beantragen.

Literaturverzeichnis

Ahrendt, Christian / Struck, Christian Begründung von Masseverbindlichkeiten durch den vorläufigen Insolvenzverwalter mit Zustimmungsvorbehalt, ZInsO 1999, 450.

Ahrens, Martin Buchbesprechung: *Hans-Peter Kirchhof/Hans-Jürgen Lwowski/Rolf Stürner*, Münchener Kommentar zur Insolvenzordnung, Bd. 1, NZI 2002, 27.

App, Michael Das Rechtsbehelfsverfahren gegen Vollstreckungsmaßnahmen nach Eröffnung des Insolvenzverfahrens, NZI 1999, 138.

Arbeitskreis der Insolvenzverwalter Deutschland e. V. Vorschläge zur Änderung des Unternehmensinsolvenzrechts, NZI 2002, 3. (zitiert: Arbeitskreis)

Bähr, Biner Zahlungszusagen bei Betriebsfortführung im Insolvenzeröffnungsverfahren, ZIP 1998, 1553.

Balz, Manfred Aufgaben und Strukturen des künftigen einheitlichen Insolvenzverfahrens, ZIP 1988, 273.

Balz, Manfred / Landfermann, Hans-Georg Die neuen Insolvenzgesetze, 2. Aufl., Düsseldorf 1999.

Baumbach, Adolf / Lauterbach, Wolfgang / Albers, Jan / Hartmann, Peter Zivilprozeßordnung, 60. Auflage, München 2002.

Baur, Fritz / Stürner, Rolf Zwangsvollstreckungs-, Konkurs- und Vergleichsrecht, Bd. II Insolvenzrecht, 12. Aufl., Heidelberg 1990. (zitiert: Bd. II)
– Zwangsvollstreckungs-, Konkurs- und Vergleichsrecht, Bd. I Einzelzwangvollstreckungsrecht, 12. Aufl., Heidelberg 1995. (zitiert: Bd. I)

Baur, Jürgen F. / Stürner, Rolf Sachenrecht, 17. Aufl., München 1999. (zitiert: Sachenrecht)

Beer, Hubert Die relative Unwirksamkeit – Eine Darstellung unter besonderer Berücksichtigung der Interessen- und Wertungsjurisprudenz, Diss., Berlin 1975.

Benckendorff, Hans-Peter Freigabe von Kreditsicherheiten in der Insolvenz, in: Kölner Schrift zur Insolvenzordnung, 2. Aufl., Berlin 2000, S. 1099.

Berger, Christian Rechtsgeschäftliche Verfügungsbeschränkungen, Habil., Tübingen 1998.

Berscheid, Ernst-Dieter Stellung und Befugnisse des vorläufigen Insolvenzverwalters aus arbeitsrechtlicher Sicht, ZInsO 1998, 9.
– Rang der Entgeltansprüche bei Bestellung eines vorläufigen Insolvenzverwalters mit und ohne Arbeitgeberfunktion, ZInsO 1999, 679, 700.
– Fehlerfestival im Insolvenzeröffnungsverfahren und bei Verfahrenseröffnung, ZInsO 2001, 989.

Bertram, Siegfried Befugnis des Zwangsverwalters zu gewerblicher Tätigkeit, ZMR 1990, 325.

Bley, Erich / Mohrbutter, Jürgen Vergleichsordnung, Bd. 1 u. 2, 4. Aufl., Berlin 1979.

Blomeyer, Arwed Zivilprozeßrecht, Vollstreckungsverfahren, Heidelberg 1975.

Böttcher, Roland Verfügungsentziehungen, Rpfleger 1983, 187.
– Verfügungsbeschränkungen, Rpfleger 1984, 377.
– Verfügungsbeschränkungen, Rpfleger 1985, 1.
– Verfügungsverbote, Rpfleger 1985, 381.
– ZVG – Gesetz über die Zwangsversteigerung und die Zwangsverwaltung, 3. Aufl., München 2000.

Bollig, Klaus Aufgaben, Befugnisse und Entschädigung des gerichtlichen Sachverständigen im Konkurseröffnungsverfahren, KTS 1990, 599.

Bork, Reinhard Anmerkung zu *BGH*, Urt. v. 4. 5. 1995 – IX ZR 256/93, JZ 1996, 51.
– Die Verbindung, Vermischung und Verarbeitung von Sicherungsgut durch den Insolvenzverwalter, in: Festschrift für Hans Friedhelm Gaul zum 70. Geburtstag, Bielefeld 1997, S. 71. (zitiert: FS Gaul)
– Einführung in das neue Insolvenzrecht, 3. Aufl., Tübingen 2002.
– § 55 Abs. 2 InsO, § 108 Abs. 2 InsO und der allgemeiner Zustimmungsvorbehalt, ZIP 1999, 781.
– Allgemeiner Teil des Bürgerlichen Gesetzbuchs, Tübingen 2001. (zitiert: BGB AT)

– Der zu allen Rechtshandlungen ermächtigte „schwache“ vorläufige Insolvenzverwalter: ein starker vorläufige Insolvenzverwalter, ZIP 2001, 1521.

Braun, Eberhard Insolvenzordnung, München 2002.

Braun, Eberhard / Bußhardt, Harald Zwangsvollstreckung nach Einleitung des Gesamtvollstreckungsverfahrens, ZIP 1992, 902.

Braun, Eberhard / Uhlenbruck, Wilhelm Unternehmensinsolvenz, 2. Aufl., Düsseldorf 1999.

Brox, Hans / Walker, Wolf-Dietrich Zwangsvollstreckungsrecht, 6. Aufl., München 1999.

Bülow, Peter Grundfragen der Verfügungsverbote, JuS 1994, 1.

Bundesministerium für Justiz Erster Bericht der Kommission für Insolvenzrecht, Köln 1985. (zitiert: BMJ EB)
– Diskussionsentwurf Bundesministerium der Justiz, Gesetz zur Reform des Insolvenzrechts, Köln 1988. (zitiert: BMJ DiskE)

Canaris, Claus-Wilhelm Die Auswirkungen von Verfügungsverboten vor Konkurs- und Vergleichseröffnung im Girovertragsrecht, ZIP 1986, 1125.

Castendiek, Johann H. Probleme der durch einstweilige Verfügung und im Konkurseröffnungsverfahren angeordnete Sequestration, Diss., Heidelberg 1968.
– Die Verhinderung „künstlicher“ Masseschulden und Massekosten durch Maßnahmen im Konkurseröffnungsverfahren, KTS 1978, 9.

Eckardt, Diederich Die Ausübung von Mobiliarsicherheiten in der Unternehmenskrise, ZIP 1999, 1734.

Eckardt, Hans-Georg Anmerkung zu *OLG Köln*, Urt. v. 26. 6. 2001 – 19 U 199/00, EWiR 2001, 1011.

Eckert, Hans-Georg Miete, Pacht und Leasing im neuen Insolvenzrecht, ZIP 1996, 897.

Eickmann, Dieter Probleme des Zusammentreffens von Konkurs und Zwangsverwaltung, ZIP 1986, 1517.
– Zwangsversteigerungs- und Zwangsverwaltungsrecht, München 1991.
– Problematische Wechselbeziehungen zwischen Immobiliarvollstreckung und Insolvenz, ZfIR (Zeitschrift für Immobiliarrecht) 1999, 81.
– Die Verfügungsbeschränkungen des § 21 Abs. 2 Nr. 2 InsO und der Immobiliarrechtsverkehrs, in: Festschrift für Wilhelm Uhlenbruck zum 70. Geburtstag, Köln 2000, S. 149. (zitiert: FS Uhlenbruck)

Feuerborn, Sabine Rechtliche Probleme der Unternehmensfortführung durch den Sequester und den vorläufigen Insolvenzverwalter, KTS 1997, 171.

Fikentscher, Wolfgang Schuldrecht, 9. Aufl., Berlin 1997.

Foerste, Ulrich Grenzen der Durchsetzung von Verfügungsbeschränkung und Erwerbsverbot im Grundstücksrecht, Diss., Berlin 1986.

Förster, Karsten Der allgemeine Zustimmungsvorbehalt begründet keine Masseforderungen! Antwort auf Reinhard Bork: § 55 Abs. 2 InsO, § 108 Abs. 2 InsO und der allgemeine Zustimmungsvorbehalt, ZIP 1999, 781 ff., ZInsO 1999, 332.
– „Halbstarker" vorläufiger Verwalter und Masseverbindlichkeiten, Anm. zu *Reinhard Bork*: Der zu allen Rechtshandlungen ermächtigte „schwache" vorläufige Insolvenzverwalter: Ein „starker" vorläufige Insolvenzverwalter, ZIP 2001, 1521 ff., ZInsO 2001, 790.

Foltis, Richard Verwertungsbefugnisse des vorläufigen Insolvenzverwalters nach § 21 Abs. 2 Nr. 2 2. Alt. InsO („Sicherungsverwalter") – Anmerkung zum Beschluß der LG Berlin v. 21. 4. 1999, ZInsO 1999, 386.

Frankfurter Kommentar zur Insolvenzordnung Hrsg. v. Klaus Wimmer, 2. Aufl., Neuwied 1999. (zitiert 2. Aufl.)
– 3. Aufl., Neuwied 2002.

Fricke, Friedrich W. Zur Prozeßführungsbefugnis des Sequesters gem. § 106 KO, MDR 1978, 99.

Frind, Frank Anmerkung zu *KG*, Beschl. v. 16. 11. 1999 – 28 AR 136/99, EWiR 2000, 679.

Frind, Frank / Schmidt, Andreas Sozialversicherungsträger – Nassauer des Insolvenzverfahrens? (Teil 1) ZInsO 2001, 1133.
– Sozialversicherungsträger – Nassauer des Insolvenzverfahrens? (Teil 2) ZInsO 2002, 8.

Fritsche, Stefan Zivilrechtliche Verfügungsverbote im Hinblick auf konkurs- und insolvenzrechtliche Regelungen, DZWIR 2002, 1.

Gaul, Björn Verwertungsbefugnis des Insolvenzverwalters bei Mobilien trotz Sicherungsübereignung und Eigentumsvorbehalt, ZInsO 2000, 256.

Gerhardt, Walter Insolvenzverfahren und Einzelzwangvollstreckung, in: Festschrift Einhundert Jahre Konkursordnung, Köln 1977, S. 111. (zitiert: FS 100 Jahre KO)
– Absolute und relative Unwirksamkeit als rechtliches Steuerungsinstrument im Insolvenzfall – Eine Strukturanalyse, in: Festschrift für Werner Flume zum 70. Geburtstag, Köln 1978, S. 541. (zitiert: FS Flume)
– Inhalt und Umfang der Sequestrationsanordnung, ZIP 1982, 1.
– Die Verfahrenseröffnung nach der Insolvenzordnung und ihre Wirkung – Verfügungsbeschränkungen im Eröffnungsverfahren, ZZP 109 (1996), S. 415.
– Verfügungsbeschränkungen in der Eröffnungsphase und nach Verfahrenseröffnung, in: Kölner Schrift zur Insolvenzordnung, 2. Aufl., Berlin 2000, S. 193. (zitiert: Kölner Schrift)
– Grundpfandrechte im Insolvenzverfahren, 8. Aufl., Köln 1999. (zitiert: Grundpfandrechte)
– Neue Probleme der Insolvenzverwalterhaftung, ZInsO 2000, 574.

Gundlach, Ulf / Frenzel, Volkhard / Schmidt, Nikolaus Die Haftung des Insolvenzverwalters gegenüber Aus- und Absonderungsberechtigten, NZI 2001, 350.

Haarmeyer, Hans Protokoll zur Öffentlichen Anhörung: „Erste Erfahrungen mit der Insolvenzordnung“ am 27. September 1999, S. 12.
– Verfahrensrechtliche Voraussetzungen für die Anordnung von Sicherungsmaßnahmen, ZInsO 2001, 203.

Haarmeyer, Hans / Pape, Gerhard Das Ende des zu allen Rechtshandlungen ermächtigten „schwachen“ vorläufigen Insolvenzverwalter – Zu den Konsequenzen aus dem Urteil des BGH v. 18. 7. 2002 – IX ZR 195/01, ZInsO 2002, 854.

Haarmeyer, Hans / Wutzke, Wolfgang / Förster, Karsten Gesamtvollstreckungsordnung, 3. Aufl., Köln 1995. (zitiert: GesO)
– Handbuch der Insolvenzordnung, 2. Aufl., München 1998. (zitiert: InsO, 2. Aufl.)
– Handbuch der Insolvenzordnung, 3. Aufl., München 2001. (zitiert: InsO)

Haarmeyer, Hans / Wutzke, Wolfgang / Förster, Karsten / Hintzen, Udo Zwangsverwaltung, München 2000.

Häsemeyer, Ludwig Die Regelung der Masseverbindlichkeiten, der Masseunzulänglichkeit und des Verfahrenskostenvorschusses, in: Insolvenzrecht im Umbruch, München 1991, S. 106. (zitiert: Umbruch)
– Insolvenzrecht, 2. Aufl., München 1998.

Hahn, Carl Die gesamten Materialien zu den Reichs-Justizgesetzen, Bd. IV: Die gesamten Materialien zur Konkursordnung, Berlin 1889.

Hanisch, Hans Zur Reformbedürftigkeit des Konkurs- und Vergleichsrecht, ZZP 90 (1977), 1.

Haunschild, Michael Verwertungsrecht des Insolvenzverwalters und Kostenbeiträge der Gläubiger nach §§ 165 ff. InsO, DZWIR 1999, 60.

Hauser, Wolfgang / Hawelka, Michael Neue Masseverbindlichkeiten und Gefährdung der „Kaug"-Vorfinanzierung durch die InsO, ZIP 1998, 1261.

Heidelberger Kommentar zur Insolvenzordnung Hrsg. v. Dieter Eickmann / Axel Flessner / Friedrich Irschlinger / Hans-Peter Kirchhof / Gerhart Kreft / Hans-Georg Landfermann / Wolfgang Marotzke, 2. Aufl., München 2001.

Helwich, Günther Die Vereinbarkeit von Einzelzwangsvollstreckungsmaßnahmen mit dem künftigen Insolvenzrecht, DGVZ 113 (1998), 50.
– Neuordnung der vorläufigen Insolvenzverwaltung im künftigen Insolvenzrecht, MDR 1998, 516.

Henckel, Wolfram Masselosigkeit und Masseschulden, in: Festschrift Einhundert Jahre Konkursordnung, Köln 1977, S. 169. (zitiert: FS 100 Jahre KO)

– Buchbesprechung: Festschrift für Werner Flume zum 70. Geburtstag, ZZP 94 (1981), 347.
– Anmerkung zu *BGH*, Urt. v. 30. 1. 1986 – IX ZR 79/85, JZ 1986, 694.
– Fehler bei der Eröffnung des Insolvenzverfahrens – Abhilfe und Rechtsmittel, ZIP 2000, 2045.

Hennings, Dorothee Zwangsversteigerungs- und Zwangsverwaltungsrecht, 4. Aufl., Stuttgart 2000.

Herbert, Ulrich Die Sequestration im Konkursantragsverfahren, Diss., Regensburg 1988.

Hergenröder, Curt Wolfgang Schulden ohne Ende oder Ende ohne Schulden? Verbraucherinsolvenzverfahren und Restschuldbefreiung im Zeichen der Reform, DZWIR 2001, 397.

Hess, Harald Kommentar zur Konkursordnung, 6. Aufl., Kriftel 1998.
– Anmerkung zu *LG Hamburg*, Beschl. v. 21. 11. 2002 – 326 T 171/01, EWiR 2002, 349.

Hess, Harald / Binz, Fritz / Wienberg, Rüdiger Gesamtvollstreckungsordnung, 4. Aufl., Kriftel 1998.

Hess, Harald / Weis, Michaela / Wienberg, Rüdiger Kommentar zur Insolvenzordnung, Bd. 1: Insolvenzordnung, 2. Aufl., Heidelberg 2001.
– Kommentar zur Insolvenzordnung, Bd. 2: InsVV und EGInsO, 2. Aufl., Heidelberg 2001.

Hintzen, Udo Sicherungsmaßnahmen im Insolvenzeröffnungsverfahren, ZInsO 1998, 75.
– Zwangsvollstreckung in den Grundbesitz im Insolvenzeröffnungsverfahren, ZInsO 1998, 318.
– Zwangsvollstreckungsverbote im Insolvenzeröffnungsverfahren, ZInsO 1998, 174.
– Handbuch der Immobiliarvollstreckung, 3. Aufl., München 1999.
– Insolvenz und Immobiliarzwangsvollstreckung – Vollstreckungshindernisse und neues Einstellungsrecht des Insolvenzverwalters, Rpfleger 1999, 256.
– Vollstreckung und Insolvenz: Ausgewählte Aspekte zur Vollstreckungsklausel, Pfändung von Arbeitseinkommen, Entscheidungszuständigkeit, Zwangsversteigerung und Zwangsverwaltung, in: Kölner Schrift zur Insolvenzordnung, 2. Aufl., Berlin 2000, S. 1107. (zitiert: Kölner Schrift)

– Zwangsversteigerung von Immobilien: Grundbuchauswertung, Anordnung, Termine, Verteilung, Berlin 2000. (zitiert: Zwangsversteigerung)
– Anmerkung zu *AG Mainz*, Beschl. v. 14. 2. 2001 – 201 M 180/01, ZInsO 2001, 575.

Huber, Michael Die Abwicklung gegenseitiger Verträge nach der Insolvenzordnung, NZI 1998, 97.

Huntemann, Eva / Graf Brockdorff, Christian Der Gläubiger im Insolvenzverfahren, Berlin 1999.

Irmen, Helmut / Werres, Stefan Die Zwangsmaßnahmen des vorläufigen Insolvenzverwalters und der verfassungsrechtliche Schutz der räumlichen Privatsphäre, NZI 2001, 579.

Jaeger, Ernst Konkursordnung, Bd. 1 (§§ 1-70), 8. Aufl., Berlin 1958.
– Konkursordnung, Bd. 2 (§§ 71-206), Bd. 2, 1. Hb.Bd., 8. Aufl., Berlin 1973.
– Konkursordnung (§§ 1-40), 9. Aufl., Berlin 1997.

Jaffé, Michael / Hellert, Joos Keine Haftung des vorläufigen Insolvenzverwalters bei Anordnung eines allgemeinen Zustimmungsvorbehaltes, ZIP 1999, 1204.

Jauernig, Othmar Zwangsvollstreckungs- und Insolvenzrecht, 21. Aufl., München 1999.

Jungmann, Carsten Die einstweilige Einstellung der Zwangsverwaltung im Insolvenzverfahren, NZI 1999, 352.

Kießling, Erik / Singhof, Bernd Verfügungsbeschränkungen in der vorläufigen Insolvenz – insbesondere zu Grundlagen und Wirkungen besonderer Verfügungsverbote und Zustimmungsvorbehalte –, DZWIR 2000, 353.

Kilger, Joachim Der Konkurs des Konkurses – Betrachtungen zur gegenwärtigen Situation des deutschen Insolvenzrechts, KTS 1975, 142.
– Referat, in: Verhandlungen des 51. Deutschen Juristentag, Bd. II, Stuttgart 1976, O 33.

– Probleme der Sequestration im Konkurseröffnungsverfahren, in: Festschrift Einhundert Jahre Konkursordnung, Köln 1977, S. 189. (zitiert: FS 100 Jahre KO)

Kilger, Joachim / Schmidt, Karsten Insolvenzgesetze – KO/VglO/GesO, 17. Aufl., München 1997.

Kirchhof, Hans-Peter Rechtsprobleme bei der vorläufigen Insolvenzverwaltung – Zur Haftung des vorläufigen Insolvenzverwalters bei der Unternehmensfortführung und zu Fragen der Masseschulden und Masseunzulänglichkeit, ZInsO 1999, 365.

– Struktur und Probleme der vorläufigen Insolvenzverwaltung, in: Erster Leipziger Insolvenzrechtstag – Dokumentation des Symposiums vom 6. März 2000 –, Berlin 2000, S. 7. (zitiert: Symposium)

Klein, Rolf-Dieter Einstweilige Einstellung der gerichtlichen Zwangsverwaltung in Massegrundstücke auch auf Antrag des vorläufigen Insolvenzverwalters? ZInsO 2002, 1065.

Kleiner, Oswald Bedeutung und Probleme der Sicherungsmaßnahmen während des Konkurseröffnungsverfahrens – § 106 KO – , Diss., Hamburg 1993.

Koch, Frank Die Sequestration im Konkurseröffnungsverfahren, Diss., Göttingen 1982.

Krull, Helge Zur Abwicklung schwebender Vertragsverhältnisse im künftigen Insolvenzverfahren, ZInsO 1998, 291.

Kübler, Bruno M. / Prütting, Hanns InsO – Kommentar zur Insolvenzordnung, Bd. I, II, Stand: April 2002.

Kuhn, Georg / Uhlenbruck, Wilhelm Konkursordnung, 11. Aufl., München 1994.

Landfermann, Hans-Georg Allgemeine Wirkungen der Insolvenzeröffnung, in: Kölner Schrift zur Insolvenzordnung, 2. Aufl., Berlin 2000, S. 159. (zitiert: Kölner Schrift)

Larenz, Karl Lehrbuch des Schuldrechts, Bd. I, Allgemeiner Teil, 14. Aufl., München 1987.

– Allgemeiner Teil des deutschen Bürgerlichen Rechts, 7. Aufl., München 1989. (zitiert: AT)

Larenz, Karl / Canaris, Claus-Wilhelm Methodenlehre der Rechtswissenschaft, 3. Aufl., Berlin 1995.

Liwinska, Malgorzata Das Zusammentreffen von Einzelzwangsvollstreckung und Insolvenzverfahren, InVo 2002, 125.

Lohkemper, Wolfgang Die Zwangsvollstreckung während der Sequestration und in einem vorläufigen Insolvenzverfahren, ZIP 1995, 1641.

Lwowski, Hans-Jürgen / Tetzlaff, Christian Verwertung unbeweglicher Gegenstände im Insolvenzverfahren – Ausgewählte Rechtsfrage zur Verwertung von Grundpfandrechten und Zubehör in der Insolvenz – , WM 1999, 2336.

Maier, Werner / Krafft, Gernot M. Verbraucherinsolvenz und Restschuldbefreiung nach der Insolvenzordnung, BB 1997, 2173.

Marotzke, Wolfgang Der Eigentumsvorbehalt im neuen Insolvenzrecht, JZ 1995, 803.
– Die insolvenzrechtliche Kündigungssperre (§ 112 InsO), in: Festschrift für Wolfgang Zöllner zum 70. Geburtstag, Bd. II, München 1998, S. 1193.
– Anmerkung zu *ArbG Aachen*, Urt. v. 20. 9. 1999 – 5 Ca 3683/99 d, EWiR 2000, 183.
– Gegenseitige Verträge im neuen Insolvenzrecht, 3. Aufl., Berlin 2001.
– Anmerkung zu *LG Karlruhe*, Urt. v. 6. 2. 2002 – 1 S 141/01, EWiR 2002, 351.
– BGB und InsO: zwei neue Leistungsstörungsrechte im Widerstreit, KTS 2002, 1.

Maus, Karl Heinz Umsatzsteuerrechtliche Folgen der Sicherungsverwertung in der Insolvenz, ZIP 2000, 339.

Medicus, Dieter Allgemeiner Teil des BGB, 8. Aufl., Heidelberg 2002.

Meyer, Henning Durchführung und Abwicklung der vorläufigen Verwaltung mit gerichtlichem Zustimmungsvorbehalt nach §§ 21 Abs. 2 Nr. 2 Alt. 2, 55 Abs. 2, 25 Abs. 2 InsO, DZWIR 2001, 309.

– Anmerkung zu LG Leipzig, Urt. v. 30. 8. 2001 – 11 O 2044/01, DZWIR 2002, 40.

Mönning, Rolf Dieter Betriebsfortführung in der Insolvenz, Maastricht 1997.

Münchener Kommentar zum Bürgerlichen Gesetzbuch Hrsg. v. Kurt Rebmann / Franz Jürgen Säcker, Bd. 1: §§ 1- 240, 4. Aufl., München 2001.

– Bd. 2: §§ 241-432, FernAbsG, 4. Aufl., München 2001.

Münchener Kommentar zur Insolvenzordnung Hrsg. v. Hans-Peter Kirchhof / Hans-Jürgen Lwowski / Rolf Stürner, Bd. 1: Einleitung, §§ 1-102, InsVV, München 2001.

– Bd. 2: §§ 103-269, München 2002.

Münchener Kommentar zur Zivilprozeßordnung Hrsg. v. Gerhardt Lüke / Peter Wax, Bd. 1, §§ 1 - 354, 2. Aufl., München 2000.

Muth, Johannes M. Anmerkung zu *OLG Stuttgart*, Beschl. v. 2. 1. 1995 – 2 W 28/93, EWiR 1995, 275.

Nerlich, Jörg / Römermann, Volker Insolvenzordnung, Stand: April 2002.

Niester, Burkhardt Das Recht der Aus- und Absonderung nach der neuen Insolvenzordnung, InVo 1998, 141.

Nußbaum, Arthur Die Zwangsversteigerung und Zwangsverwaltung, Tübingen 1916.

Obermüller, Manfred / Hess, Harald InsO – Eine systematische Darstellung der Insolvenzordnung unter Berücksichtigung kreditwirtschaftlicher und arbeitsrechtlicher Aspekte, 2. Aufl., Heidelberg 1998.

Olshausen, Eberhard v. „Verfügung“ statt „Rechtshandlung“ in § 81 InsO oder: Der späte Triumph der Reichstagsabgeordneten Levin Goldschmidt, ZIP 1998, 1093.

Onusseit, Dieter Umsatzsteuer im Konkurs, München 1987.

– Anmerkung zu *LG Bonn*, Urt. v. 26. 4. 1991 – 15 O 381/90, EWiR 1991, 603.

Palandt, Otto Bürgerliches Gesetzbuch, 61. Aufl., München 2002.

Pape, Gerhard Zur Systematik des Paragraphen 60 KO – insbesondere zu den Auswirkungen der Masseinsuffizienz auf Klagen und Zwangsvollstrekkungsmaßnahmen einzelner Gläubiger gegen den Konkursverwalter, Göttingen 1985.
- Anmerkung zu *OLG Köln*, Beschl. v. 1. 8. 1988 – 2 W 131/88, EWiR 1988, 1111.
- Zu den Schwierigkeiten des Sequesters ohne Verwaltungsmacht, ZIP 1994, 89.
- Neuordnung der Sicherungsmaßnahmen im Insolvenzeröffnungsverfahren, WPrax 1995, 236, 252.
- Die Verwertung von Grundpfandrechten im Anwendungsbereich der Gesamtvollstreckungsordnung, KTS 1996, 231.
- Aktuelle Probleme im Eröffnungsverfahren – Anmerkung für die insolvenzrechtliche Praxis zum ZInsO-Jubiläumsseminar am 28. Mai 1999, ZInsO 1999, 398.
- Ablehnung und Erfüllung schwebender Rechtsgeschäfte durch den Insolvenzverwalter, in: Kölner Schrift zur Insolvenzordnung, 2. Aufl., Berlin 2000, S. 531. (zitiert: Kölner Schrift)
- Anmerkung zu *OLG Zweibrücken*, Beschl. v. 12. 4. 2001 – 3 W 23/01, EWiR 2002, 223.

Pape, Gerhard / Uhlenbruck, Wilhelm Insolvenzrecht, München 2002.

Paulus, Chrioph G. Ist der Sequester des Konkurseröffnungsverfahrens prozeßführungsbefugt? Ein Anmerkung zu dem Urteil des *OLG Hamburg, ZIP 1982, 860*, ZZP 96 (1983), 356. Teil 1 III

Pfefferle, Roland Zur Reform der Konkursanfechtung und der Rückschlagsperre, ZIP 1984, 147.

Plagemann, Hermann Anmerkung zu *OLG Celle*, Beschl. v. 9. 2. 2000 – 2 W 101/99, EWiR 2000, 1025.

Pölsch, E. § 765 a ZPO und das Zwangsverwaltungsverfahren, NJW 1956, 372.

Pohlmann, Ulrich Befugnisse und Funktionen des vorläufigen Insolvenzverwalters, Köln 1998.

Prager, Martin / Thiemann, Stephan Die Aufhebung der vorläufigen Verwaltung und sonstiger Sicherungsmaßnahmen, NZI 2001, 634.

Prütting, Hanns Allgemeine Verfahrensgrundsätze der Insolvenzordnung, in: Kölner Schrift zur Insolvenzordnung, 2. Aufl., Berlin 2000, S. 221. (zitiert: Kölner Schrift)

– Aktuelle Fragen der Rechtsmittel im Insolvenzrecht, NZI 2000, 145.

Prütting, Hanns / Stickelbrock, Barbara Befugnisse des vorläufigen Insolvenzverwalters – aktuelle Entwicklungen in der Rechtsprechung, ZIP 2002, 1608.

Rendels, Dietmar Probleme der Gutachtertätigkeit im Insolvenzeröffnungsverfahren, NZG 1998, 839.

Riedel, Ernst Auswirkungen der Insolvenzordnung auf die Zwangsvollstrekkung in das Arbeitseinkommen des Schuldners, KKZ (Kommunal-Kassen-Zeitschrift) 1999, 217.

Ringstmeier, Andreas Anmerkung zu *AG Wuppertal,* Urt. v. 13. 6. 2001 – 96 C 96/01, EWiR 2002, 113.

Rosenberg, Leo / Gaul, Hans Friedhelm / Schilken, Eberhard Zwangsvollstreckungsrecht, 11. Aufl., München 1997.

Rosenberg, Leo / Schwab, Karl Heinz / Gottwald, Peter Zivilprozeßrecht, 15. Aufl., München 1993.

Ruhwedel, Edgar Grundlagen und Rechtswirkungen sogenannter relativer Verfügungsverbote, JuS 1980, 161.

Schmahl, Hermannjosef Zur Praxis öffentlich-rechtlicher Gläubiger bei der Stellung und Rücknahme von Eröffnungsanträgen, NZI 2002, 177.

Schmidt, Andreas Der vorläufige Treuhänder im Verbraucherinsolvenzverfahren – „kleiner Bruder" des vorläufigen Insolvenzverwalters, ZIP 1999, 915.

– Anmerkung zu *OLG Köln*, Beschl. v. 20. 12. 1999 – 2 W 273/99, EWiR 2000, 971.

– Anmerkung zu *OLG Köln*, Beschl. v. 29. 12. 1999 – 2 W 188/99, EWiR 2000, 401.

Schmidt, Bernd Das (neue) Spannungsverhältnis zwischen Insolvenzverwalter und Grundpfandgläubiger, InVo 1999, 73.

Schmidt, Karsten / Uhlenbruck, Wilhelm Die GmbH in Krise, Sanierung und Insolvenz, 2. Aufl., Köln 1999.

Seagon, Christopher / Wiester, Roland Erste praktische Erfahrungen mit der Insolvenzordnung aus Verwaltersicht, ZInsO 1999, 627.

Skrotzki, A. Der Gerichtsstand im Insolvenzverfahren, KTS 1960, 71.

Smid, Stefan Funktion des Sequesters und Aufgaben des Insolvenzgerichts in der Eröffnungsphase nach der verabschiedeten Insolvenzordnung, WM 1995, 785.
- Gesamtvollstreckungsordnung, 3. Aufl., Baden-Baden 1997.
- Erste Erfahrungen mit dem Insolvenzeröffnungsverfahren nach den §§ 21 ff. InsO, DZWIR 1999, 104.
- Insolvenzordnung, Köln 1999 (zitiert: 1. Aufl.)
- Anmerkung zu *AG Düsseldorf*, Beschl. v. 11. 5. 2000 – 27 C 18048/99, DZWIR 2000, 348.
- Insolvenzordnung, 2. Aufl., Köln 2001.

Soergel, Hs. Th. Kommentar zum Bürgerlichen Gesetzbuch mit Nebengesetzen, Bd. 1, 12. Aufl., Köln 1987.

Spiekhoff, Andreas Anmerkung zu *OLG Thüringen*, Beschl. 12. 4. 2000 – 5 U 135/99, DZWIR 2000, 514.

Spliedt, Jürgen D. Die „halbstarke" Verwaltung – unbeherrschbare Masseverbindlichkeiten oder sinnvolle Alternative? ZIP 2001, 1941.
- Anmerkung zu *BGH*, Urt. v. 18. 7. 2002 - IX ZR 195/01, EWIR 2002, 919.

Statisches Bundesamt Statistisches Jahrbuch für die Bundesrepublik, Stuttgart 1999.

Städtler, Hans Jörg Grundpfandrechte in der Insolvenz: eine rechtsvergleichende Untersuchung der Effektivität von Grundpfandrechten in der Insolvenz des Schuldners in Deutschland und Frankreich, Diss., Tübingen 1998.

Steder, Brigitte Erfaßt eine Anordnung gem. § 21 II Nr. 3 InsO das Verfahren zur Abnahme der eidesstattlichen Versicherung nach §§ 807, 899 ff. ZPO? NZI 2000, 456.
– Auswirkungen des Vollstreckungsverbotes gemäß § 21 Abs. 2 Nr. 3 InsO, ZIP 2002, 65.

Stein, Friedrich / Jonas, Martin Kommentar zur Zivilprozeßordnung, Bd. 2, §§ 91-252, 21. Aufl., Tübingen 1994.
– Bd. 6, §§ 704 - 863, 21. Aufl., Tübingen 1995.

Stengel, Ulrich Zwangsverwaltung im Eröffnungsverfahren nach Gesamtvollstreckungsordnung und Insolvenzordnung, ZfIR 2001, 447.

Stephan, Guido Vorläufige Sicherungsmaßnahmen bei Eigenantrag in der Unternehmensinsolvenz (Das „Gutachtenmodell"), NZI 1999, 104.

Stöber, Kurt Insolvenzverfahren und Vollstreckungs-Zwangsversteigerung, NZI 1998, 105.
– Zwangsvollstreckung in das unbewegliche Vermögen, ZVG Handbuch, 7. Aufl., München 1999.
– Zwangsversteigerungsgesetz, 17. Aufl., München 2002.

Stürner, Rolf Prinzipien der Einzelzwangsvollstreckung, ZZP 99 (1986), 291.

Tetzlaff, Christian Anmerkung zu *OLG Hamm*, Beschl. v. 17. 1. 2002 – 27 U 150/01, EWiR 2002, 487.

Thiemann, Stephan Anmerkung zu *OLG Köln*, Beschl. v. 26. 1. 2000 – 2 W 226/99, DZWIR 2000, 205.
– Die vorläufige Masseverwaltung im Insolvenzeröffnungsverfahren, Diss., Berlin 2000.

Thomas, Heinz / Putzo, Hans Zivilprozeßordnung, 23. Aufl., München 2001.

Tintelnot, Albrecht Schuldnerverzug und Konkurs – Zugleich ein Betrag zur Dogmatik des § 63 KO, ZIP 1989, 144.
– Die gegenseitigen Verträge im neuen Insolvenzrecht, ZIP 1995, 616.

Uhlenbruck, Wilhelm Zur Krise des Insolvenzrechts, NJW 1975, 897.

– Falsche Kostenentscheidung der Gerichte bei Antragsrücknahme und Abweisung des Konkursantrages mangels Masse? KTS 1983, 341.
– Die Rechtsstellung des Sequesters de lege lata und des vorläufigen Insolvenzverwalters de lege ferenda, KTS 1990, 15.
– Das Verbot der Einzelzwangvollstreckung im Insolvenzverfahren, InVo 1996, 85.
– Die Rechtsstellung des vorläufigen Insolvenzverwalters, in: Kölner Schrift zur Insolvenzordnung, Berlin 1997, S. 239. (zitiert: Kölner Schrift, 1. Aufl.)
– Zur Zulässigkeit von Insolvenzanträgen des Schuldners, InVo 1999, 333. Teil 1 I.
– Buchbesprechung: *Andreas Viertelhausen,* Einzelzwangsvollstreckung während des Insolvenzverfahrens, KTS 2000, 154.
– Die Rechtsstellung des vorläufigen Insolvenzverwalters, in: Kölner Schrift zur Insolvenzordnung, 2. Aufl., Berlin 2000, S. 325. (zitiert: Kölner Schrift)
– Insolvenzordnung, 12. Aufl., München 2003.

Vallender, Heinz Die Rechtsprechung des Bundesgerichtshofes zur Konkursverwalterhaftung, ZIP 1997, 345.
– Einzelzwangsvollstreckung im neuen Insolvenzrecht, ZIP 1997, 1993.
– Zwangsversteigerung und Zwangsverwaltung im Lichte des neuen Insolvenzrechts, Rpfleger 1997, 353.
– Anmerkung zu *LG Düsseldorf*, Beschl. v. 23.4.1998 – 25 T 255-260/98, EWiR 1998, 649.
– Allgemeine Anforderungen an Anträge im Insolvenzverfahren, MDR 1999, 280.
– Die Anordnung der vorläufigen Insolvenzverwaltung, DZWIR 1999, 265.

Vallender, Heinz / Fuchs, Karlhans / Rey, Andreas Der Eigenantrag und seine Behandlung bis zur Eröffnungsentscheidung, NZI 1999, 140.
– Der Gläubigerantrag und seine Behandlung bis zur Eröffnungsentscheidung, NZI 1999, 181.

Viertelhausen, Andreas Einzelzwangsvollstreckung während des Insolvenzverfahrens, Diss., Hamburg 1999.
– Eidesstattliche Versicherung im Insolvenzverfahren? DGVZ 2001, 36.

Voß, Rudolf Anmerkung zu *OLG Braunschweig*, Beschl. v. 13. 4. 2000 – 1 W 29/00, EWiR 2000, 1021.

– Anmerkung zu *OLG Naumburg*, Beschl. v. 28. 3. 2001 – 5 AR 1/01, EWiR 2001, 875.

Weyand, Raimund Insolvenzdelikte – Unternehmenszusammenbruch und Strafrecht, 5. Aufl., Bielefeld 2001.

Weber, Friedrich Fragen der Gestaltung der Konkursverfahrens in rechtspolitischer und rechtsvergleichender Sicht, KTS 1959, 80.
– Anmerkung zu *BGH*, Urt. v. 29. 5. 1961 – VII ZR 46/60, JZ 1963, 223.
– Insolvenzrechtsreform und Mobiliarsicherheiten, WM 1992, 1133.

Weber, Richard / Irschlinger, Friedrich / Wirth, Hanns Sequestration und Masseverbindlichkeiten, KTS 1980, 92.

Wellensiek, Jobst Die Aufgaben des Insolvenzverwalters nach der Insolvenzordnung, in: Kölner Schrift zur Insolvenzordnung, 2. Aufl., Berlin 2000, S. 403.

Wenzel, Frank Die Rechtsstellung des Grundpfandgläubigers im Insolvenzverfahren, NZI 1999, 101.

Wessel, Wilhelm Der Sachverständige im Konkurseröffnungsverfahren, Diss., Köln 1993.
– Der Sachverständige im Insolvenzeröffnungsverfahren nach § 5 InsO, DZWIR 1999, 230.

Wienberg, Rüdiger Anmerkung zu *LG Leipzig*, Urt. v. 30. 8. 2001 – 11 O 2044/01, EWiR 2001, 1061.

Winter, Ulli Einstellung der Zwangsvollstreckung in der außergerichtlichen Schuldenbereinigung, Rpfleger 2002, 119.

Wolff, Th. Konkursordnung, 2. Aufl., Berlin 1921.

Zeller, Friedrich / Stöber, Kurt Zwangsversteigerungsgesetz, 14. Aufl., München 1993.

Zöller, Richard Zivilprozeßordnung, 23. Aufl., Köln 2002.